# Der große ADAC-Ratgeber

# Garten

## Sommerblumen

# Der große ADAC-Ratgeber
# Garten
## Sommerblumen

EIN
ADAC
BUCH

AUTOREN:
Rainer Bäßler, Ernst Deiser, Rudolf Eichin,
Heinrich Loeser, Brigitte Stein

ZEICHNUNGEN:
Anina Westphalen

**Dieses Buch entstand in Zusammenarbeit zwischen dem ADAC Verlag, München, und dem Verlagshaus Stuttgart**



Projektleitung: Michael Dultz, Wolf Keienburg
Redaktionsleitung: Siegrid Kroeber, Mariele Radmacher - Martens
Textredaktion:
Annette Baldszuhn, Karin Greiner, Dr. Thomas Hagen,
Dr. Ursula Kraxner, Dr. Angelika Weber
Bildbeschaffung: Elisabeth Franz, Eva von Reibnitz
Korrektorat: Dr. Linde Lang
Herstellung: Augustin Wiesbeck
Produktionskoordination: John C. Bergener, Hans - Joachim Preußer
Graphische Gestaltung: Günter Stahl
Layout: Günter Stahl, Augustin Wiesbeck
Titelgestaltung: Graupner & Partner, München
Satz: Typobauer Filmsatz GmbH, Ostfildern
Repro: Eder Repros Offset - Repro GmbH, Ostfildern
Druck und Bindearbeiten: Mohndruck Graphische Betriebe GmbH, Gütersloh

Gedruckt auf »BRO - MM plus«
der Papierfabrik Scheufelen, Lenningen
Hergestellt aus 100 % chlorfrei gebleichtem Zellstoff (TCF)

Printed in Germany

Bildnachweis siehe Seite 240

Die Daten und Fakten dieses Ratgebers wurden mit äußerster Sorgfalt recherchiert und geprüft. Da viele Informationen aber Veränderungen unterworfen sind, kann leider keine absolute Gewähr für die dauerhafte Richtigkeit übernommen werden.

Einige der beschriebenen Pflanzen sind mehr oder weniger stark giftig. Beim Umgang mit ihnen ist daher Vorsicht geboten, und es ist vor allem darauf zu achten, daß Kinder oder Haustiere keinesfalls Teile dieser Pflanzen essen.

Verletzungen bei der Gartenarbeit, insbesondere offene Wunden, bedürfen der fachkundigen Behandlung durch einen Arzt.

Bei der Verwendung von Düngern und Pflanzenschutzmitteln sind die Gebrauchsanweisungen streng zu befolgen.

ISBN 3-87003-632-X

# Inhalt

# Wo Sommerblumen gedeihen



# Vom Samenkorn zur blühenden Pflanze



# Reiche Blüte ist der Dank

## So bleiben Sommerblumen gesund



## Viel Pracht für wenig Geld

# Ein Sommer voller Blüten

## Ein- und zweijährige Pflanzen

*Leuchtend gelbe Studentenblumen und Zinnien, orangefarbene und rote Eschscholzien stehen in schönem Kontrast zum blauen Natternkopf.*

Die an Farben und Formen so reichen Sommerblumen sind den bunten Schmetterlingen vergleichbar. Beide, Blumen und Falter, lieben Licht und Wärme und verschwinden wieder, wenn die ersten kalten Nächte den Winter ankündigen. Sommerblumen wirken flüchtig im Vergleich zu den dauerhaften Gestalten der Bäume und Sträucher und kurzlebig im Vergleich zu den jährlich wiederaustreibenden Stauden. Doch auch viele Einjährige erfreuen immer wieder aufs neue, weil sie alljährlich mit großen Mengen von Samen die nächste Generation und damit auch die Blütenpracht des nächsten Jahres vorbereiten.

# Was sind Sommerblumen?

Die kugeligen Büsche der Sommerzypresse sind mit ihrem filigranen Blattwerk ein attraktiver Laubschmuck.

Mit dem Begriff Sommerblumen verbinden sich Wärme, Sonne und Farbenpracht. Nicht zu Unrecht, denn die Fülle an Wuchs- und Blütenformen ist außerordentlich groß, die Farbskala reich. Mit Sommerblumen lassen sich Garten und Haus reizvoll gestalten. Als Beet- und Balkonpflanzen verschönern sie das Wohnumfeld in unseren oft tristen Siedlungen und leisten somit einen Beitrag zur Verbesserung der Wohn- und Lebensqualität. Voraussetzung für ihr Gedeihen sind allerdings Wärme, viel Licht, ausreichend Feuchtigkeit und eine angemessene Düngung.

Unter den Sommerblumen gibt es kleinwüchsige, niedrige Formen, aber auch starkwachsende, die schon nach kurzer Zeit eine stattliche Größe erreichen können, daneben aufrecht wachsende, hängende und schlingende. Die meisten Sommerblumen werden wegen ihres reichen Blütenflors kultiviert, ihre Blühdauer erstreckt sich – von Ausnahmen abgesehen – fast über das ganze Sommerhalbjahr. Nur wenige Arten und Sorten, wie etwa die Sommerzypresse *(Kochia scoparia)*, pflanzt man wegen ihres schönen Laubs.

Die Bezeichnung Sommerblumen bezieht sich hauptsächlich auf ihre Verwendung. Sie werden im Sommerhalbjahr angepflanzt, entwickeln sich rasch, blühen mehrere Monate und verschwinden im Herbst wieder. Gärtner sprechen auch von einem „Sommerflor“.

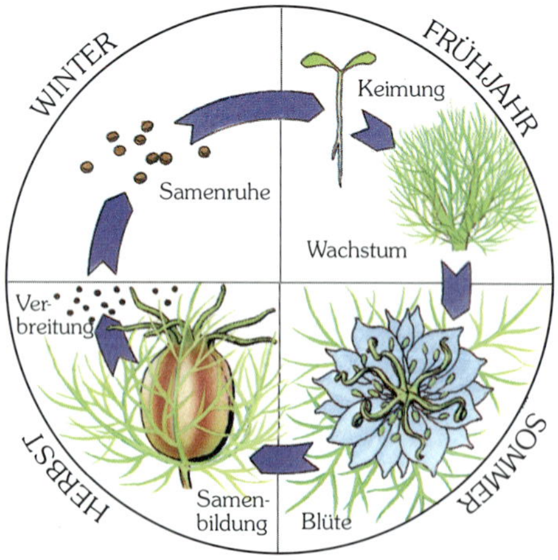


Lebenszyklus einer einjährigen Pflanze: Im Frühjahr keimen die Samen, und die Pflanze beginnt zu wachsen. Im Sommer kommt sie zur Blüte, im Herbst werden Samen gebildet, die den Winter überdauern. Dieser Kreislauf vollzieht sich jedes Jahr aufs neue.

Unter Sommerblumen lassen sich drei Gruppen zusammenfassen: einjährige und zweijährige Pflanzen, außerdem die in ihrer Heimat mehrjährigen Pflanzen, die jedoch in unseren Breiten den Winter im Freien nicht überstehen und daher meist nur einjährig kultiviert werden.

## Einjährige Pflanzen

Einjährige oder annuelle Pflanzen, wie z.B. das Schmuckkörbchen *(Cosmos bipinnatus)* und die Jungfer im Grünen *(Nigella damascena)*, durchlaufen ihre Entwicklung von der Keimung der Samen bis zur Blüte und Reifung neuer Samen in einer Vegetationsperiode, also in einem Jahr, und sterben danach ab. In ihrem Lebenszyklus ist die Überdauerung un-

*Sommerblumen werden wegen ihrer großen Vielfalt an Farben und Formen gern im Garten gepflanzt.*

günstiger Jahreszeiten von der Natur nicht vorgesehen, weshalb sie auch keine Schutzmechanismen gegen Frost besitzen. Ihre Überlebensstrategie besteht in der Produktion von Samen, die sehr widerstandsfähig sind. Mit ihnen überdauern einjährige Pflanzen für das Wachstum schlechte Zeiten wie den Winter.

## Zweijährige Pflanzen

Zweijährige oder bienne Pflanzen, wie z.B. der Goldlack *(Cheiranthus cheiri)* und die zweijährige Bartnelke *(Dianthus barbatus)*, benötigen dagegen zwei Vegetationsperioden für ihre volle Entwicklung. Zur Blüte und Samenbildung gelangen sie erst nach einer Überwinterung.

Bei vielen Zweijährigen, z.B. bei Gartenstiefmütterchen (*Viola-Wittrockiana*-Hybriden), erscheinen die Blüten schon im zeitigen Frühjahr. Andere, wie die Marienglockenblume *(Campanula medium)* oder manche Arten der Königskerze *(Verbascum)*, blühen dagegen erst im Sommer des zweiten Jahres. Die Samen keimen oft noch im selben Jahr und wachsen zu Jungpflanzen heran. Diese überwintern im ersten Jahr als Blattpflanze, oft mit dicht dem Boden anliegenden Blattrosetten. Erst im zweiten Jahr erfolgt die Blütenbildung. Häufig wird die Winterkälte auch für die Entstehung von Blüten benötigt, z.B. bei einigen Sorten der Bartnelke.

## Einjährig kultivierte Sommerblumen

Viele Pflanzen, wie z.B. Fuchsien (*Fuchsia*-Hybriden), Pelargonien (*Pelargonium-Peltatum*- und *Pelargonium-Zonale*-Hybriden) und

**Tip**

**Die überwinternden Blattrosetten sind häufig frostempfindlich, vor allem wenn keine wärmende Schneedecke sie schützt. Mit einer zeitweisen Reisigabdekkung während der strengen Frostperioden lassen sich Schäden vermeiden.**

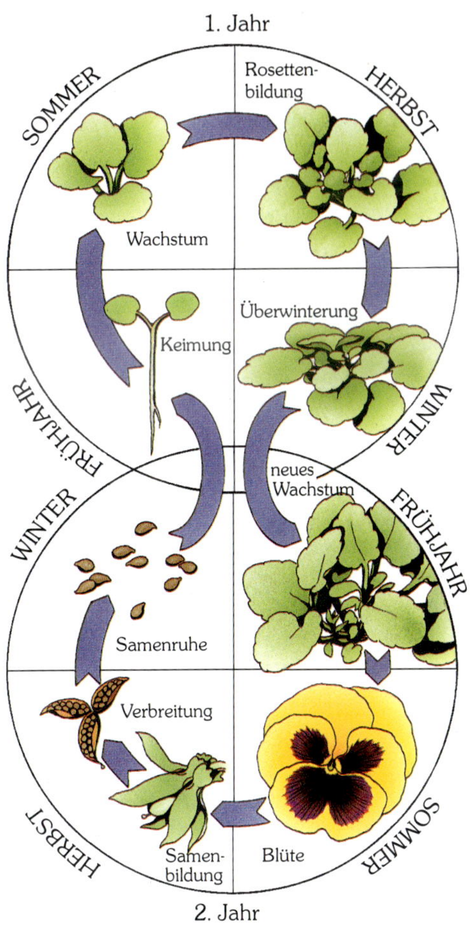


*Lebenszyklus einer zweijährigen Pflanze: Im ersten Jahr wächst aus den Samen nach der Keimung zunächst nur eine Rosettenpflanze, die den Winter mit ihren unterirdischen Organen überdauert und nur bei sehr strengen Frösten durch eine Reisigdecke geschützt werden muß. Erst im Frühling oder Sommer des zweiten Jahres werden die Blüten gebildet und reifen wiederum zu Samen, die den zweijährigen Wachstumsrhythmus fortsetzen.*

*Ziergräser wie die Mähnengerste bringen Ruhe und Ausgeglichenheit in eine Pflanzung.*

Schönmalve (*Abutilon*-Arten und -Hybriden), aber auch unbekanntere Arten wie die Goldsternwedelie *(Wedelia trilobata)* und der Strandstern *(Asteriscus maritimus)*, die in ihrer wärmeren Heimat mehrjährig sind, werden bei uns wegen mangelnder Winterhärte nur einjährig gezogen. Gerade unter ihnen finden sich die meisten Dauerblüher, also Arten, die von Mai bis Oktober oft ohne Unterbrechung üppig blühen.

Auch die Stauden, ebenfalls mehrjährige Pflanzen mit nicht verholzendem, krautigem Sproß, überdauern den Winter in einer Ruheperiode. Dabei sterben bei vielen Arten im Herbst die oberirdischen Sproßteile ab, nur die Wurzeln und bodennahen oder unterirdischen Sproßteile überwintern.

Zu den Stauden werden auch Zwiebel- und Knollenpflanzen gezählt, die in Form von speziell umgebildeten Organen, den Zwiebeln

*Die bunte Farbenfülle der Sommerblumen sorgt zwischen Stauden und Rosen den ganzen Sommer über für einen prachtvollen Anblick.*

Voraussetzung dafür ist eine rechtzeitige Anzucht von Jungpflanzen, die dann ab Mitte Mai ins Freie gebracht werden können. Diese Dauerblüher sind in besonderer Weise für die Gestaltung bunter Blumenbeete und für die Bepflanzung von Balkonkästen und anderen Pflanzgefäßen geeignet.

## Ausdauernde Pflanzen

Ein- und zweijährige Pflanzen unterscheiden sich von ausdauernden, langlebigen Pflanzen im wesentlichen durch ihre Lebensdauer und die Überlebensstrategien während der für das Wachstum ungünstigen Jahreszeiten. So überdauern Bäume und Sträucher die in unseren Breiten unwirtliche Winterzeit durch eine Einschränkung der Lebensaktivitäten, durch Wachstumsruhe. Als Vorbereitung dazu werden bei den sommergrünen Laubgehölzen die empfindlichen Blätter im Herbst abgeworfen. Die immergrünen Nadelgehölze schützen ihre Blätter durch ihre besondere Form und spezielle Schutzmechanismen vor Austrocknung und Frost.

oder Knollen, überwintern. Diese harren geschützt unter der Erde aus, bis die Wärme des Frühjahrs das Wachstum wieder anregt. Einige von ihnen, z.B. Dahlien (*Dahlia*-Hybriden), Gladiolen (*Gladiolus*-Hybriden) und das Blumenrohr (*Canna-Indica*-Hybriden), vertragen aber selbst im Schutz des Bodens die winterlichen Fröste nicht. Diese Arten werden im Frühjahr gepflanzt und nach der sommerlichen Blüte im Herbst wieder aus dem Boden geholt und frostfrei überwintert.

Zwischen den einzelnen Wuchsformen gibt es viele Übergangsformen. Halbsträucher wie Cinerarie *(Senecio bicolor)* oder Kapaster *(Felicia amelloides)* sind teils verholzende, teils staudige Pflanzen. Manche zweijährigen Arten wie Vergißmeinnicht *(Myosotis sylvatica)* wachsen bei günstigen Bedingungen auch ausdauernd, man bezeichnet sie als Halbstauden.

## Blüten- und Blattschmuckpflanzen

Gärtnerisch werden die Sommerblumen je nach ihrem Aussehen und ihrer Verwendung noch zusätzlich in zwei große Gruppen unter-

**Tip**

**Werden den eigentlich ausdauernden Arten während des Winters frostfreie Bedingungen geboten, die denen an ihrem Heimatstandort ähneln, wachsen sie auch in unseren Breiten mehrjährig. Durch die Überwinterung können solche Pflanzen viele Jahre Freude bereiten.**

**Tip**

**Blattschmuckpflanzen schaffen zwischen verschiedenen Blütenpflanzen Übergänge. Durch ihr Laub bilden sie reizvolle Kontraste zu den üppigen Blüten und unterstreichen deren Wirkung.**

teilt. Die Blütenpflanzen bestechen in erster Linie durch auffallende Blüten, die mehr oder weniger anhaltend den Garten zieren. Der Schmuck kann aus wenigen, aber sehr großen und auffallend gefärbten Blüten bestehen, z.B. bei der Sonnenblume *(Helianthus annuus)*, bei anderen Arten eher in der großen Fülle der Blüten, wie z.B. bei der Männertreu *(Lobelia erinus)*.

Blattschmuckpflanzen wie die Sommerzypresse *(Kochia scoparia)*, die Cinerarie *(Senecio bicolor)* oder das Elfengold *(Plectranthus madagascariensis)* wirken dagegen durch ihr besonders schön gefärbtes, gezeichnetes oder geformtes Laub. Bei ihnen spielen die Blüten nur eine untergeordnete Rolle, einige blühen in unseren Breiten gar nicht. Mehrere Arten und Sorten aber tragen sowohl schöne Blüten wie auch dekoratives Laub, z.B. die *Pelargonium-Zonale*-Hybriden.

## Ziergräser

Botanisch werden die meisten Gräser mit ihren dekorativen Halmen zu den Stauden gerechnet, allerdings gibt es auch bei ihnen einige Arten, die nur einjährig wachsen, z.B. Hasenschwanzgras *(Lagurus ovatus)* oder Zittergras *(Briza maxima)*. Gräser zeichnen sich durch schmale, langgestreckte Blätter aus, die ein dichtes Büschel bilden. Aus diesen Horsten entspringen auf meist langen Stengeln die Blüten, die in kompakten Ähren oder lockeren Rispen stehen. Auch die Fruchtstände mancher Gräser wirken noch lange nach der Blüte sehr attraktiv, sie halten sich oft bis weit in den Herbst.

*Die aus tropischen Gefilden stammenden Dahlien lieben sonnige, warme Stellen.*

*Kletternde Arten wie Sternwinde, Schwarzäugige Susanne, Feuerbohne, Kapuzinerkresse und Glockenrebe (von links nach rechts) bilden mit ihrer Blütenfülle farbenfrohe Vorhänge. Zu ihren Füßen wachsen gelbe Studentenblumen, weißer und rosa Duftsteinrich, blauer Leberbalsam und Ziergras.*

## Kletternde Arten

Nicht nur bei den ausdauernden, sondern auch bei den kurzlebigen Pflanzen haben manche verschiedene Techniken des Kletterns entwickelt, wodurch sie sich andere Lebensräume erschließen können. Im Sommerblumengarten sorgen einjährige Kletterpflanzen für neue Akzente und Schmuck an ungewöhnlichen Stellen.

Schlingpflanzen wie Feuerbohne *(Phaseolus coccineus)*, Prunkwinde *(Ipomoea tricolor)*, Sternwinde *(Quamoclit lobata)* oder Schwarzäugige Susanne *(Thunbergia alata)* winden sich mit ihren Trieben an einer Stütze hoch. Sie halten beim Winden stets eine bestimmte Richtung ein: Man unterscheidet Linkswinder, die gegen den Uhrzeigersinn um die Stütze wachsen, und Rechtswinder, die die Stütze stets im Uhrzeigersinn umwinden.

Rankpflanzen haben einzelne Organe zu Kletterhilfen umgebildet. Mit langen, dünnen Ranken an den Trieben oder langen Blattstielen umwickeln und umklammern sie die Kletterhilfe und halten sich an ihr fest. Rankend wachsen z.B. Duftwicken *(Lathyrus odoratus)*, Kapuzinerkresse *(Tropaeolum majus)* und Schönranke *(Eccremocarpus scaber)*.

**Tip**

**Blüten der Ziergräser sollte man nicht ausschneiden. Sie zeigen im Beet oft eine erstaunliche Haltbarkeit und wirken selbst im verblühten Zustand sehr dekorativ. Sie können aber durchaus für die Vase oder zum Trocknen geschnitten werden. Gräserblüten lockern bunte Sträuße auf und geben Trockenarrangements den letzten Schliff.**

**Tip**

**Schlingpflanzen winden sich am besten um senkrechte Kletterhilfen wie Stäbe, Spanndrähte oder Schnüre. Rankpflanzen brauchen dagegen gitterförmige Stützen wie Holz- oder Kunststoffgitter, Baustahlmatten oder kreuzweise verspannte Drähte.**

# Wissenswertes über Sommerblumen

**Tip**

**Botanische Namen lassen sich oft nur schwer merken, aber sie sind die Garantie dafür, daß man auch tatsächlich die Art einkauft, die man haben wollte. Vor dem Einkauf sollte man sich also die Namen von gewünschten Pflanzenarten und -sorten genau notieren.**

Bedingt durch die lange Blühdauer, haben Sommerblumen im Vergleich zu anderen Wuchsformen einen unbestreitbaren Vorteil, wenn es um die Anlage ständig blühender Pflanzungen im Garten und am Haus geht. Die meisten Stauden und Blütensträucher blühen nur in bestimmten Monaten jeweils für eine mehr oder weniger kurze Zeit. Wer den ganzen Sommer über einen blühenden Garten wünscht, muß deshalb eine größere Artenvielfalt anpflanzen und die verschiedenen Arten geschickt nach ihrer Blütezeit zusammenstellen. Mit Sommerblumen gelingt es leichter, Garten, Balkon oder Terrasse in ein Blütenmeer zu verwandeln.

## Herkunft unserer Gartenblumen

Die Mehrzahl unserer Sommerblumen stammt aus wärmeren, sonnenreicheren Ländern. Vor allem die einjährigen Samenpflanzen sind in den Halbtrocken- oder Trockengebieten der Erde stark vertreten. Ihre Samen überdauern selbst längere Trockenzeiten. So sind beispielsweise Ringelblume *(Calendula officinalis)*, Duftsteinrich *(Lobularia maritima)* und die Jungfer im Grünen *(Nigella damascena)* in den Halbtrockengebieten des Mittelmeerraums heimisch, aber auch mehrjährige Arten wie die Blaue Mauritius *(Convolvulus sabatius)* und der Strandstern *(Asteriscus maritimus)*, die bei uns einjährig kultiviert werden.

Zahlreiche Arten sind aus Südafrika, Asien, Amerika und Australien zu uns gelangt. Viele Sommerblumen werden bereits seit langer Zeit bei uns kultiviert und haben schon zu den Zeiten unserer Urgroßeltern Gärten und Häuser geschmückt. Die Ringelblume wird von Hildegard von Bingen schon im 12. Jh. als Heilpflanze erwähnt. Andere hingegen sind erst vor wenigen Jahren eingeführt worden, wie beispielsweise das aus Australien stammende Blaue Gänseblümchen *(Brachycome multifida)*, das erst 1982 als Beet- und Balkonpflanze bekannt gemacht worden ist.

*Ein buntes Blütenmeer aus den verschiedensten Sommerblumen bringt Schwung in jeden Garten.*

## Gezüchtete Gartenformen

Die meisten Sommerblumen sind in ihrer heutigen Form das Resultat oft langwieriger und intensiver gärtnerischer Züchtungsarbeit. Es sind sog. Gartenformen. Dabei sind in vielen Fällen die Ausgangsarten zwar erhalten geblieben, wurden aber in wesentlichen Merkmalen gegenüber der Wildart verbessert. Zahlreiche Sommerblumen sind Kreuzungsprodukte verschiedener Wildarten, sog. Hybriden, die mit ihren „Eltern" oft nur noch wenig Ähnlichkeit aufweisen. Sie besitzen jedoch dank ihrer Farben- und Formenvielfalt eine stärkere optische Wirkung und werden durch bessere Wuchseigenschaften den Ansprüchen an eine Sommerblume besser gerecht als die Ausgangsarten.

Die durch die züchterische Arbeit entstandenen Farb- und Formvarianten von Wildarten oder Hybriden, die beim Gärtner oder im Samenhandel erhältlich sind, bezeichnet man als Sorten. Jede Sorte besitzt einen Namen, der oft schon Aufschluß über die besonderen Eigenschaften gibt. So ist beispielsweise 'Schneeteppich' eine weißblühende Sorte des Duftsteinrichs *(Lobularia maritima)*. Die meisten der heute gezüchteten Sommerblumen werden in Sorten gehandelt. Von vielen Arten gibt es Dutzende: Vom Fleißigen Lieschen *(Impatiens walleriana)* sind über 20 Farbserien mit jeweils zwischen 5 und 19 Einzelfarben im Handel erhältlich (siehe auch Seite 64). Die einzelnen Sortimente sind einem ständigen Wandel unterworfen. Jährlich kommen neue Sorten hinzu, und viele ältere verschwinden wieder vom Markt.

## $F_1$-Hybriden

Im Samenhandel werden häufig sog. $F_1$-Hybriden oder Heterosissorten angeboten. $F_1$ bezeichnet die erste Filialgeneration, also die erste Tochtergeneration. $F_1$-Hybriden sind das Ergebnis eines speziellen Züchtungsverfahrens, bei dem zwei einheitliche Elternlinien gekreuzt werden. Solche Sorten weisen die gewünschten Eigenschaften aber nur in der ersten Generation ($F_1$) auf.

Werden jedoch von $F_1$-Hybriden Samen geerntet – sofern die Pflanzen überhaupt Samen ansetzen und nicht steril sind – und ausgesät, so entsteht ein vielfältiges Gemisch aus Pflanzen mit unterschiedlichen, meist negativen Eigenschaften, so daß sich ein Nachbau nicht lohnt. Da die Züchtungsarbeit langwierig und teuer ist, stellen $F_1$-Hybriden für den Züchter einen Schutz dar, der es ihm ermöglicht, aus seiner Arbeit auch den finanziellen Nutzen zu ziehen.

*Die anspruchslosen Ringelblumen, die ursprünglich aus dem Mittelmeerraum stammen, werden schon seit langer Zeit in Bauerngärten gepflanzt.*

Die $F_1$-Sorten zeichnen sich gegenüber den Elternlinien durch eine stark gesteigerte Vitalität und Leistungsfähigkeit aus. Diese Eigenschaft wird von Züchtern „Heterosiseffekt" genannt; daher findet sich bei Saatgutangeboten häufig auch die Bezeichnung „Heterosis".

Im Gegensatz zu den Heterosissorten können von manchen anderen Sorten Samen geerntet und weiter kultiviert werden, ohne daß sich die Sorte verändert. Solche Sorten werden als „samenecht" oder „samenbeständig" bezeichnet.

### Botanische Namen

Deutsche Pflanzennamen sind oft regional unterschiedlich, und darüber hinaus bezeichnen sie manchmal sogar verschiedene Pflanzen. So heißen z.B. *Semperflorens*-Begonien in einigen Gebieten Eisbegonien, in anderen wiederum Gottesaugen. Die Jungfer im Grünen *(Nigella damascena)* wird auch Gretel im Busch, Braut in Haaren oder Schwarzkümmel genannt. Als Flockenblume werden zwei verschiedene Pflanzengattungen benannt, nämlich *Amberboa* und *Centaurea*.

Deshalb verwendet man zur genauen Identifikation einer bestimmten Art stets den botanischen Namen. Die botanische Benennung ist international gültig und bezeichnet eine Art eindeutig. Sie setzt sich immer aus zwei Wörtern zusammen. An erster Stelle, stets groß geschrieben, steht der Gattungsname, z.B. *Dianthus* für Nelke. An zweiter Stelle folgt, stets klein geschrieben, der eigentliche Artname, z.B. *barbatus* für bärtig. Der exakte botanische Name der Pflanze lautet also *Dianthus barbatus*, die Bartnelke.

Zusätzlich zu den Arten werden bei Gartenpflanzen verschiedene Sorten unterschieden, die sich durch eine besondere Eigenschaft auszeichnen, z.B. die Blütenfarbe, eine ungewöhnliche Wuchsform oder durch gefüllte Blüten. Sortennamen stehen stets in einfachen Anführungszeichen oben, z.B. *Dianthus barbatus* 'Albus', eine weißblühende Sorte.

### Die Wahl von Arten und Sorten

Heute spielen auch bei der Gartengestaltung Modetrends, wie etwa Duft, bestimmte Farben oder der Füllungsgrad der Blüten, eine bedeutende Rolle. Andererseits haben die Diskussion ökologischer Zusammenhänge und der Gedanke des Umweltschutzes bei manchen Menschen zu Vorurteilen gegenüber gärtnerischen Zuchtformen geführt und den Wunsch nach mehr Ursprünglichkeit und stärkerem Anbau von Wildarten geweckt. Viele auch bei uns verbreitete Wildarten, etwa Klatschmohn, Kamille oder Kornblume, sind durchaus willkommene Gäste im Garten. Sie wirken besonders reizvoll, wenn sie in größeren Gruppen auftreten. Reine Wildarten machen aber auf Dauer als Sommerblumen nur dann Freude, wenn sie die für eine Sommerblume notwendigen Eigenschaften in ausreichendem Umfang besitzen.

Beim Züchter wie beim Gärtner ist seit einiger Zeit bei der Wahl von Sommerblumen ein Trend zu einfachen oder nur halbgefüllten Blüten zu beobachten. Diese haben gegenüber gefüllten Blüten unbestreitbare Vorteile: Sie sind weniger regenanfällig und auch ökologisch wertvoller, da sie Insekten besseren Zugang zur Nahrung ermöglichen.

*Dicht an dicht gedrängt stehen bei den gefüllten Pompondahlien die Einzelblüten und formen einen kleinen Blütenball.*

*Die einfachen Blüten der Anemonenblütigen Dahlien ermöglichen vielen Insekten leichten Zugang zur Nahrungsquelle.*

*Durch Züchtung entstanden aus den schlichten Wildformen des Mohns auch Sorten mit ungewöhnlichen Blüten.*

# Von Blüte zu Blüte – Sommerblumen für Insekten

Die Blütenpracht eines bunten Blumengartens oder eines abwechslungsreich bepflanzten Balkons kann zahlreiche Insektenarten anlocken. Die Schmetterlinge sind darunter die auffallendsten und schönsten. Viel häufiger als Schmetterlinge sind jedoch Bienen, Hummeln und Schwebfliegen auf den Blüten anzutreffen, die ihnen zuckerhaltigen Nektar und eiweißreichen Pollen bieten. Als Gegenleistung dafür werden die Blüten von den Insekten bestäubt, eine Voraussetzung für Befruchtung und Samenbildung.

*Eine Honigbiene sucht nach Nektar und wird dabei über und über mit Pollen bepudert, der zum Teil an der nächsten Blüte abgestreift wird und dort die Narbe bestäubt.*

Blütenbesuchende Insekten bringen Abwechslung und Leben in den Garten oder auf den Balkon und ermöglichen vielfältige Naturbeobachtungen, angefangen von den oft verblüffenden Flugleistungen etwa der Schwebfliegen bis hin zum faszinierenden Farbenspiel mancher Schmetterlingsarten.

Die von Jahr zu Jahr zunehmende Zerstörung der Natur durch Überbauung und Intensivierung der Landwirtschaft führt zu einem stetigen Rückgang wildlebender Tier- und Pflanzenarten. Auch Insekten sind davon betroffen. Heute sind etwa 45% aller Schmetterlingsarten in Mitteleuropa gefährdet, weil u.a. die Futterpflanzen für Raupen und Falter immer weniger Lebensraum finden. Auch viele Wildbienenarten sind gefährdet oder bereits völlig verschwunden.

Natürlich kann ein Garten oder eine begrünte Terrasse, selbst bei noch so überlegter Gestaltung und Pflanzenwahl, kein Naturschutzgebiet sein und auch kein vollwertiger Ersatz für verlorengegangene natürliche Lebensräume. Dennoch können Gärten einen kleinen Beitrag zur Erhaltung der Artenvielfalt leisten. Auch bunte Sommerblumengärten bieten Möglichkeiten, etwas für blütenbesuchende Insekten zu tun. Dabei ist wichtig, daß man Arten und Formen mit einfachen oder nur halbgefüllten Blüten pflanzt, weil bei ihnen die Nahrungsquelle für Insekten leichter zugänglich ist als bei gefüllten Blüten.

## Nektar für die Bienenkönigin

Bienen und Hummeln gehören zu den eifrigsten Blütenbesuchern überhaupt und haben als Bestäuber die größte Bedeutung unter allen Insektenarten. Die Honigbiene besucht eine ergiebige Blütenart für längere Zeit ausschließlich. Durch diese Blütenstetigkeit wird die Befruchtung der Blüte, die sie an Geruch, Farbe und Zeichnungsmuster wiedererkennt, gesichert.

Honigbienen leben in perfekt organisierten Staaten. Das einzelne Tier ist nur innerhalb des sozialen Ver-

*Einen idealen Unterschlupf für Insekten bilden hohle Stengel in einer leeren Konservendose.*

bunds lebensfähig. Zusammengehalten wird das Bienenvolk durch Geruchsstoffe (Pheromone), die von der Königin abgegeben werden. Die Königin, das einzige fortpflanzungsfähige Tier in einem Bienenvolk, wird ständig von einem „Hofstaat" sie betreuender Arbeiterinnen umgeben. Ein Verständigungssystem, die sog. Sprache der Bienen, steuert die Handlungen des Einzelindividuums im Stock. In den Bienenstock zurückkehrende Flugbienen können ihren Artgenossinnen durch tanzartige Bewegungen differenzierte Informationen über die Art und Menge der Nahrung sowie Richtung und Entfernung der Futterquelle mitteilen. Auch die Flugleistungen sind beachtlich. Immerhin erreichen Honigbienen Geschwindigkeiten von 20–30 km/h und meistern auch gewagte Flugmanöver.

### Die Einsiedler unter den Bienen

Weit weniger bekannt sind die Wildbienen, die oft mit der Honigbiene verwechselt werden. In Mitteleuropa gibt es rd. 500 Arten. Die meisten sind sog. Solitärbienen, d.h., sie leben nicht in einem Insektenstaat, sondern führen ein einsames Einsiedlerdasein. Ihre Nistplätze sind beispielsweise Insektenfraßgänge in altem Holz, hohle, trockene Pflanzenstengel oder leere Schneckenhäuser. Als Baumaterialien zur Gestaltung ihrer Behausungen dienen diesen Tieren Sand, Blattstücke oder Pflanzenhaare. So tapeziert die Mohnbiene ihren Bau mit Blütenblättern, meist vom Mohn, während die Wollbiene Pflanzenhaare sammelt und damit ihr Nest auskleidet.

Viele Wildbienenarten sind Kuckucksbienen. Sie bauen nicht selbst, sondern legen, wie der Kuckuck, ihre Eier in fremde Nester. Die Zerstörung der natürlichen Lebensräume durch den Menschen bedroht auch die Wildbienen sehr stark. Mit einfachen Nisthilfen, über die Naturschutzorganisationen informieren, können auch im Garten oder auf dem Balkon Wildbienen angesiedelt werden. Wie alle Bienen sind sie harmlos. Sie wehren sich nur dann, wenn ihr Leben bedroht wird.

*Steinhummeln drängen notfalls mit Gewalt zum Nektar.*

### Hummeln – jedes Jahr ein neuer Staat

Die Hummeln, die ebenfalls zur Familie der Echten Bienen gehören, unterscheiden sich von diesen u.a. durch den Aufbau und die Organisation des Staates. Allein die begatteten Königinnen überleben den Winter und gründen im Frühjahr einen neuen Staat. Sie holen sich oft schon im Februar an den frühblühenden Pflanzen Nahrung. Mit dem Nestbau und der Gründung eines Volkes beginnen sie meist im März/April.

Hummelbauten sind einfache topf- oder krugförmige Gebilde aus Wachs, die von der verbreiteten Erdhummel beispielsweise gerne in verlassenen Mauselöchern angelegt werden. Die ersten Jungen versorgt die Königin noch selbst. Später übernehmen diese Aufgabe die Arbeiterinnen, und die Königin legt nur noch Eier. Im Herbst gehen die Staaten zugrunde. Nur die begatteten jungen Königinnen überleben den Winter geschützt in Erdhöhlen.

*Mauerbienen nutzen neben hohlen Pflanzenstengeln auch leere Schneckenhäuser zum Nestbau.*

### Mit Trick zum Nektar

Bienen und Hummeln bevorzugen vor allem blaue, gelbe und weiße Blüten. Die einzelnen Arten suchen jeweils die Blütentypen auf, deren Nektarangebot mit ihrem Rüssel erreichbar ist. Die Honigbiene hat z.B. einen etwa 6 mm langen Rüssel, während die Gartenhummel mit 22 mm den Längenrekord hält. Steinhummel und Erdhummel naschen sogar mit Hilfe eines Tricks

*Die Wollbiene baut ihr Nest in Erdgänge, in Ritzen in Stein oder Holz und kleidet es mit Pflanzenhaaren aus.*

**Tip**

**Beispiele für Sommerblumen, die häufig von Bienen besucht werden:**
**Balsamine *(Impatiens balsamina)***
**Boretsch *(Borago officinalis)***
**Dahlie (*Dahlia*-Hybriden)**
**Feuerbohne *(Phaseolus coccineus)***
**Glockenblumen (*Campanula*-Arten)**
**Judassilberling *(Lunaria annua)***
**Jungfer im Grünen *(Nigella damascena)***
**Kapuzinerkresse (*Tropaeolum*-Hybriden)**
**Löwenmaul *(Antirrhinum majus)***
**Malve *(Malva sylvestris)***
**Pantoffelblume *(Calceolaria integrifolia)***
**Bienenfreund *(Phacelia tanacetifolia)***
**Resede *(Reseda odorata)***
**Ringelblume *(Calendula officinalis)***
**Sonnenblume *(Helianthus annuus)***
**Verbene (*Verbena*-Hybriden)**
**Wicke *(Lathyrus odoratus)***

den Nektar auch an solchen Blüten, die für ihren etwa 10 mm langen Rüssel ungeeignet sind, indem sie die Blüten an der Basis gewaltsam aufbrechen. Dies kann man manchmal an Ziertabakblüten beobachten, wobei das Aufbrechen der Blütenröhre als leises Knacken hörbar ist.

## Harmlos und nützlich – die Schwebfliegen

Die Schwebfliegen sind eine sehr artenreiche Familie. Die zwischen 8 und 15 mm großen Fliegen sind meist lebhaft schwarz und gelb gestreift und werden deswegen oft mit Wespen verwechselt, sind aber völlig harmlos und an der Flügelzahl leicht von Wespen unterscheidbar: Alle Fliegen besitzen nur ein Flügelpaar, die Wespen dagegen zwei. Die farbliche Nachahmung (Mimikry) stechender Bienen und Hummeln ist bei den Schwebfliegenarten sehr verbreitet. Sie hat den einfachen biologischen Vorteil, Feinde, wie Vögel, davon abzuhalten, die wehrlosen Tiere aufzufressen.

Schwebfliegen sind zu ganz beachtlichen Flugleistungen fähig, und es ist immer wieder faszinierend zu beobachten, wie sie lange Zeit völlig lautlos an ein und derselben Stelle schweben, um dann, genauso lautlos, blitzschnelle Ortsveränderungen vorzunehmen.

Im Garten sind natürlich die Arten besonders gerne gesehen, die sich als Nützlinge betätigen. Deren Weibchen legen nämlich ihre länglichen hellen Eier mitten in Blattlauskolonien. Bereits nach wenigen Tagen schlüpfen aus den Eiern nacktschneckenartige, fußlose Larven. Sie gehen vor allem abends und nachts auf Jagd nach Läusen. Eine Larve saugt während ihrer etwa zweiwöchigen Entwicklung ungefähr 700 Blattläuse aus. Die ausgewachsenen Larven verpuppen sich dann in einer tropfenförmigen Puppenhülle, die an einem Blatt festgeklebt wird. Die meisten Arten treten in drei bis vier Generationen pro Jahr auf.

## Gute Landeplätze bevorzugt

Die erwachsenen Insekten nehmen an Blüten Nektar und Pollen auf. Der eiweißreiche Pollen wird vor allem von den weiblichen Tieren für die Eireife benötigt. Oft sind Schwebfliegen auf Doldenblütlern anzutreffen, auf blühenden Kräutern wie Fenchel oder Petersilie, aber auch auf einfachblühenden Mohngewächsen oder auf Korbblütlern, zu denen viele Sommer-

*Das Landkärtchen legt seine Eier in Perlenschnüren ab.*

*Die gefräßigen Larven der Schwebfliegen, die sich im Garten nützlich machen, ernähren sich vorwiegend von Blattläusen.*

*Ein im Sommer frisch geschlüpftes Landkärtchen.*

blumen gehören. Im allgemeinen werden runde, flache, scheibenförmige Blüten bevorzugt angeflogen. Beliebte Blütenfarben sind Blau und Gelb. Wichtig ist immer, daß die Tiere auf der Blüte gut landen können und Nektar und Pollen für ihren nur kurzen Rüssel erreichbar sind. Diese Voraussetzungen erfüllen unter den Sommerblumen beispielsweise Wucherblumen, Dahlien, die Blaue Mauritius und die Mittagsblume.

Die meisten Schwebfliegenarten sind nicht standorttreu oder territorial gebunden, sondern unternehmen mehr oder weniger ausgedehnte Wanderungen. So vorüberziehende Tiere werden vor allem von reichblütigen Pflanzen und Blüten mit guter Fernwirkung angelockt. Diese Eigenschaften besitzen gerade viele Sommerblumen in idealer Weise.

## Schmetterlinge fliegen auf Rot, Blau und Gelb

Die Raupen vieler Schmetterlingsarten ernähren sich von Pflanzen, daher werden manche von ihnen als Schädlinge betrachtet wie z.B. die Raupen der Gammaeule und des Kohlweißlings. Obwohl Schmetterlingsraupen oft den Eindruck wahlloser Gefräßigkeit machen, haben sie meist sehr spezielle Nahrungsansprüche. Manche von ihnen können sogar nur auf einer einzigen Pflanzenart leben. Häufig müssen zu den entsprechenden Futterpflanzen auch noch spezielle Bedingungen des Umfelds hinzukommen. Der Schwalbenschwanz siedelt im Garten nur dann, wenn er Doldenblütler an besonders windgeschützten Stellen als Raupennahrung vorfindet, und das Tagpfauenauge legt seine Eier bevorzugt auf Brennesseln ab, die halbschattig und luftfeucht gelegen sind.

Wer sich mit gelegentlich durchziehenden Faltern zufriedengibt, braucht nur geeignete Blütenpflanzen anzubieten. Bevorzugte Blütenfarben sind Rot, Blau und Gelb. Wer jedoch bestimmte Schmetterlingsarten in seinem Garten ansiedeln will, muß eben auch für die erforderlichen Raupenfutterpflanzen sorgen. Wie zahlreich ein Garten oder Balkon von Faltern besucht wird, ist natürlich auch eine Frage der Umgebung. Ein innerstädtischer Bereich wird nie konkurrieren können mit einem Garten auf dem Lande, in der Nähe von Obstwiesen, Waldrändern oder naturbelassenen Weingärten. Auch in der Nähe von Fluß- und Bachläufen können viele Arten eher angelockt werden, weil dies bevorzugte Wanderwege der Falter sind.

Schmetterlingsfalter haben einen Saugrüssel von teilweise beträchtlicher Länge, der beim Flug eingerollt getragen wird. Mit ihm können sie auch an Blütentypen Nektar aufnehmen, deren Nektardepots für Schwebfliegen und Bienen unzugänglich sind. Besonders gut ist der Rüssel

*Schwebfliegen schrecken Freßfeinde mit ihrem wespenähnlichen Tarnkleid ab.*

beispielsweise beim Taubenschwänzchen zu erkennen, einem Wanderfalter, der auch manchmal Balkonkästen besucht und wie ein Kolibri vor den Blüten schwebend Nektar trinkt. Das Taubenschwänzchen ist oft an Phlox und Pelargonien zu finden.

*In schwirrendem Flug saugt das Taubenschwänzchen mit seinem langen Rüssel den Blütennektar einer Pelargonie auf. Obwohl es zu den Nachtfaltern gehört, ist es tagsüber aktiv.*

## Sommerblumen, die Schmetterlinge anlocken

| Schmetterling | Falternahrung | Raupen/Nahrung |
|---|---|---|
|  **Admiral** *(Vanessa atalanta)* | Kaisernelke (*Dianthus-Chinensis*-Hybriden), Dahlie (*Dahlia*-Hybriden), Sonnenblume *(Helianthus annuus)*, Sonnenhut *(Rudbeckia hirta)*, Sommeraster *(Callistephus chinensis)*, Strohblume *(Helichrysum bracteatum)*, Studentenblume (*Tagetes-Patula*-Hybriden), Verbene (*Verbena*-Hybriden), Wandelröschen (*Lantana-Camara*-Hybriden), Zinnie *(Zinnia elegans)*, Meerlavendel *(Limonium sinuatum)* | Brennesseln  |
|  **Distelfalter** *(Vanessa cardui)* | Bartnelke *(Dianthus barbatus)*, Sonnenblume *(Helianthus annuus)*, Ringelblume *(Calendula officinalis)*, Studentenblume (*Tagetes-Patula*-Hybriden), Wandelröschen (*Lantana-Camara*-Hybriden), Zinnie *(Zinnia elegans)*, Zonalpelargonie (*Pelargonium-Zonale*-Hybriden) | 35 Wildpflanzenarten, vor allem Disteln  |
|  **Ochsenauge** *(Maniola jurtina)* | Dahlie (*Dahlia*-Hybriden), Männertreu *(Lobelia erinus)*, Meerlavendel *(Limonium sinuatum)*, Ringelblume *(Calendula officinalis)*, Sommeraster *(Callistephus chinensis)*, Strohblume *(Helichrysum bracteatum)*, Studentenblume (*Tagetes-Patula*-Hybriden) | Gräserarten  |
|  **Landkärtchen** *(Araschnia levana)* | Sommeraster *(Callistephus chinensis)*, Strohblume *(Helichrysum bracteatum)* | Brennesseln  |
|  **Tagpfauenauge** *(Inachis io)* | Kaisernelke (*Dianthus-Chinensis*-Hybriden), Dahlie (*Dahlia*-Hybriden), Fuchsie (*Fuchsia*-Hybriden), Leberbalsam *(Ageratum houstonianum)*, Duftsteinrich *(Lobularia maritima)*, Ringelblume *(Calendula officinalis)*, Strohblume *(Helichrysum bracteatum)*, Studentenblume (*Tagetes-Patula*-Hybriden), Stiefmütterchen (*Viola-Wittrockiana*-Hybriden), Sonnenblume *(Helianthus annuus)*, Sommeraster *(Callistephus chinensis)*, Schmuckkörbchen *(Cosmos bipinnatus)*, Wandelröschen (*Lantana-Camara*-Hybriden), Zinnie *(Zinnia elegans)* | Brennesseln  |

| **Raupen/Nahrung** | **Falternahrung** | **Schmetterling** |
|---|---|---|
| Echter Kreuzdorn, Faulbaum  | Bartnelke *(Dianthus barbatus)*, Kaisernelke (*Dianthus-Chinensis*-Hybriden), Dahlie (*Dahlia*-Hybriden), Feuerbohne *(Phaseolus coccineus)*, Fleißiges Lieschen *(Impatiens walleriana)*, Löwenmaul *(Antirrhinum majus)*, Meerlavendel *(Limonium sinuatum)*, Stiefmütterchen (*Viola-Wittrockiana*-Hybriden), Studentenblume (*Tagetes-Patula*-Hybriden), Wicke *(Lathyrus odoratus)*, Zinnie *(Zinnia elegans)*, Zonalpelargonie (*Pelargonium-Zonale*-Hybriden) | **Zitronenfalter** *(Gonepteryx rhamni)*  |
| Wildveilchenarten, Mädesüß  | Studentenblume (*Tagetes-Patula*-Hybriden), Wandelröschen (*Lantana-Camara*-Hybriden) | **Kaisermantel** *(Argynnis paphia)* besonders geschützt gemäß § 20 e ff BNatSchG  |
| Schmetterlingsblütler, z. B. Hauhechel und Kleearten  | Duftsteinrich *(Lobularia maritima)*, Sommeraster *(Callistephus chinensis)*, Studentenblume (*Tagetes-Patula*-Hybriden) | **Hauhechelbläuling** *(Polyommatus icarus)* besonders geschützt gemäß § 20 e ff BNatSchG  |
| zahlreiche Doldenblütler, z. B. Wilde Möhre, Möhre  | Eisenkraut (*Verbena*-Hybriden), Hängepelargonie (*Pelargonium-Peltatum*-Hybriden), Ringelblume *(Calendula officinalis)*, Studentenblume (*Tagetes-Patula*-Hybriden), Zinnie *(Zinnia elegans)*, Zonalpelargonie (*Pelargonium-Zonale*-Hybriden) | **Schwalbenschwanz** *(Papilio machaon)* laut Roter Liste gefährdet  |
| Brennesseln  | Bartnelke *(Dianthus barbatus)*, Dahlie (*Dahlia*-Hybriden), Duftsteinrich *(Lobularia maritima)*, Verbene (*Verbena*-Hybriden), Fuchsie (*Fuchsia*-Hybriden), Wandelröschen (*Lantana-Camara-Hybriden*), Kapuzinerkresse (*Tropaeolum*-Hybriden), Kokardenblume (*Gaillardia pulchella*), Levkojen *(Matthiola incana)*, Leberbalsam *(Ageratum houstonianum)*, Löwenmaul *(Antirrhinum majus)*, Männertreu *(Lobelia erinus)*, Meerlavendel *(Limonium sinuatum)*, Sommeraster *(Callistephus chinensis)*, Sonnenblume *(Helianthus annuus)*, Strohblume *(Helichrysum bracteatum)*, Studentenblume (*Tagetes-Patula*-Hybriden), Zinnie *(Zinnia elegans)*, Zonalpelargonie (*Pelargonium-Zonale*-Hybriden) | **Kleiner Fuchs** *(Aglais urticae)*  |

# Keine Blume steht allein

## Gestalten mit Sommerblumen

*Schwungvoll umrahmt eine farbenfrohe Rabatte aus Feuersalbei und Studentenblumen das vom majestätischen Blumenrohr überragte Beet.*

Bunte Sommerblumen in ihrer Fülle an Formen und Farben sorgen im Garten an allen Ecken für Lebensfreude und Blütenschmuck. Ihre Vielgestaltigkeit und Blühfreudigkeit beflügeln die Phantasie, aus unscheinbaren Samenkörnchen farbenfrohe Blütenmeere zu gestalten. Mit Sommerblumen läßt sich das Grundgerüst des Gartens aus Gehölzen und Stauden zu einem wahren Gemälde ergänzen, und mit ihrer Hilfe kann der Garten jedes Jahr durch abwechslungsreiche Kombinationen in ein neues Licht getaucht werden.

# Grundsätze bei der Gestaltung

Phantasie und Mut zum Ausprobieren stehen bei der Gestaltung mit Sommerblumen an erster Stelle. Über Geschmack läßt sich bekanntlich streiten – so entscheidet letztlich auch das persönliche Empfinden über die Zusammenstellung der verschiedenen Arrangements. Jede Kombination mit Sommerblumen und deren Wirkung im „Gesamtwerk Garten" strahlt ihren eigenen Reiz aus und ist Ausdruck für subjektive Kreativität.

Nach ein paar Grundregeln kann jeder Gärtner seine grüne Wohnstube in ein individuelles Prunkstück verwandeln, das seinen persönlichen Vorstellungen entspricht. Bepflanzungspläne können Hinweise geben und inspirieren, keinesfalls aber als Patentmuster für allgemein bewunderte Gartengestaltung gelten. Pflanzbeispiele sollen anregen, selbst zu experimentieren und seinen eigenen Stil in der Gartengestaltung zu finden.

Da Sommerblumen kurzlebig sind, lassen sich mit ihnen nur zeitlich begrenzte Ensem-

*Bunte Rabatten aus Sommerblumen rahmen jeden Weg harmonisch ein.*

**Tip**

**Bei <u>Kompositionen mit verschiedenen Farben</u> sollten die einzelnen Farbtöne in ihren Nuancen zur anderen Farbe hin tendieren. Ein ins Orange changierendes Rot paßt gut zu Gelb, ein Rot mit Stich ins Violett gut zu Blau.**

*Durch eine Staffelung der Blumen nach Wuchshöhen präsentieren sich alle Blüten von ihrer schönsten Seite. Den Hintergrund bilden Kletterrosen, rosa und blaue Clematis, vor denen pastellfarbene Duftwicken, Fingerhut in Rosatönen, blauer Gartenrittersporn und bunte Stockmalven besonders schön leuchten. Orangefarbene Ringelblumen, weiße Sommermargeriten, blauer Leberbalsam, rosarote Schleifenblumen und Löwenmaul in bunten Farben ergeben eine duftige Unterpflanzung.*

bles schaffen. Doch Pflanzungen, die Gefallen finden, können im nächsten Jahr wiederholt oder sogar verfeinert werden. Manchmal bekommt ein Beet eher zufällig den letzten Pfiff, wenn ein paar übriggebliebene Pflanzen noch an die eine oder andere Stelle gesetzt wurden. Andererseits lassen sich Arrangements, die in ihrer Ausführung nicht völlig befriedigend ausgefallen sind, schnell durch ein paar nachträglich gepflanzte Sommerblumen verbessern oder aber im nächsten Jahr völlig verändern.

ist ein wenig Fingerspitzengefühl gefragt, um die überschäumende Farbenpracht der Sommerblumen in Einklang zu bringen und mit ihnen ein natürliches und ausgewogenes Bild zu schaffen.

Farbkombinationen müssen deshalb sorgsam geplant und zusammengestellt werden, um nicht aufdringlich oder überfrachtet zu wirken. Für gefällige Blumenarrangements sollte man ein wenig Farbenlehre anwenden, die Erfolge werden überzeugen.

*Duftig frisch wirken blaue Kornblumen zusammen mit weißem Schleierkraut.*

*Sehr kontrastreich wirkt eine Pflanzung in den Komplementärfarben Blau und Gelb, hier eine Kombination aus niedrigen Studentenblumen und dem etwas höheren blauen Natternkopf.*

## Farben und Farbkombinationen

Sommerblumen leben in erster Linie durch ihre Farbenpracht. Ihre Blüten, aber auch ihr Laub stellen dem Gestalter eine reiche Palette an Tönen und Schattierungen zur Verfügung, mit denen er wie ein Maler kreativ werden kann. In der natürlichen Vegetation kommen die vielen Farben der Flora bunt durcheinandergewürfelt vor, ohne das Auge zu irritieren. Eine so harmonische Wirkung soll auch im Garten entstehen, hier muß allerdings der Mensch den Pinsel von Mutter Natur in die Hand nehmen.

Durch Züchtungen wurden bei vielen Sommerblumen ganz besonders hervorstechende, manchmal geradezu unnatürlich wirkende Blütenfarben erzielt, die sich durch ihre intensivere Leuchtkraft in den Vordergrund drängen. Größere und oft gefüllte Blüten tun ein übriges, den Effekt zu verstärken. Manchmal

Farben haben unterschiedliche Temperamente. Rot gilt als Signalfarbe, erregend und feurig. Gelb strahlt eine heitere, leichte Stimmung aus, während Blau frisch und kühl, Grün beruhigend und belebend wirkt. Je nach Farbintensität und Mischung entstehen wieder andere Eigenschaften. So kann ein kräftiges, grelles Rot schon fast stechend, samtiges Dunkelrot eher bescheiden und dämpfend sein. Als warm werden alle Gelb-, Rot-, Orange- und Brauntöne bezeichnet, kalt nennt man dagegen Blau, Violett und Grün.

Weiß ist keine eigentliche Farbe und dennoch für die Farbgebung eines Beetes sehr wichtig. Weiß läßt die anderen Farben noch mehr strahlen, hebt stumpfe Farbtöne hervor und vermittelt zwischen den einzelnen kräftigen Farben. Ähnliche Effekte kann man mit silbrigen Tönen erzielen.

So wie Weiß den Ausdruck einer anderen Farbe verändern kann, so können dies auch die einzelnen Farben untereinander. Orange kann neben Rot sehr aufdringlich erscheinen, während es neben Gelb oder Braun eher sanft und warm wirkt.

*Die leuchtend roten Farbtupfer der Hahnenkamm-Celosie ziehen alle Blicke auf sich.*

**Tip**

**Blau und alle seine Schattierungen haben eine gute Fernwirkung und lassen kleine Gärten größer erscheinen. Blau im Zusammenklang mit Weiß wirkt sehr elegant und duftig, in der Kombination mit Rot dagegen eher matt und dämpfend. Blaue Blüten sind im Garten sehr beliebt, da sie zusammen mit beruhigendem Grün auf die meisten Menschen sehr anziehend wirken.**

**Tip**

**Mehr als drei Grundfarben sollte man bei der Gestaltung eines Beetes nicht verwenden, sonst entsteht leicht ein überladener, unausgewogener Eindruck. Schon drei Grundfarben erlauben mit ihren vielen Schattierungen und Nuancen eine sehr große Variationsbreite.**

Für die Gestaltung eines Beetes wird man sich seine Lieblingsfarbe heraussuchen und diese dann mit anderen Farben kombinieren. Die Farbgebung eines Beetes kann z.B. in einer vorherrschenden Grundfarbe mit nur wenigen eingestreuten Farbtupfern erfolgen, die dann besondere Akzente setzen. Ebenso können drei Grundfarben miteinander kombiniert werden, z.B. Blau, Gelb und Weiß oder Rot, Gelb und Grün. Kontraste erzeugen Spannung, die Pflanzung wirkt lebendig und auffallend. Nostalgisch und romantisch, aber auch zart und elegant muten Pflanzungen an, die Ton in Ton gehalten werden.

*Vor einer weißen Hauswand kommen die Blüten der hohen Stockrosen besonders gut zur Geltung.*

## Höhen und Wuchsformen

Neben den Farben müssen bei der Gestaltung auch die verschiedenen Wuchshöhen und Pflanzengestalten berücksichtigt werden. Ein Beet wird meist aus Pflanzen mit unterschiedlichen Wuchshöhen zusammengestellt, die größten Pflanzen stehen im Hintergrund, die niedrigsten vorne. So präsentieren sich alle Blumen dem Betrachter von ihrer schönsten Seite. Beete, die von mehreren Seiten betrachtet werden, z.B. runde Beete oder Rabatten mitten im Garten, können abweichend von dieser Regel bepflanzt werden.

Staffelungen der verschiedenen Wuchshöhen ergeben ein abwechslungsreiches, interessantes Bild, weil alle Blüten und Farben besonders gut zur Geltung kommen. Aber natürlich können auch ausschließlich niedrige Blumen zu einem bunten Teppich zusammengefügt oder viele mittelhohe Arten nebeneinander gepflanzt werden.

**Tip**

**Von besonderer Ausstrahlung sind Beete, die in nur einer Farbe gestaltet werden. Blüten in allen Schattierungen einer Grundfarbe harmonieren besonders gut und lassen die einzelnen Formen und Strukturen gut hervortreten. Dottergelbe Knollenbegonien, zitronengelbe Tagetes, gelbbrauner Sonnenhut, zartgelbe Kapkörbchen und cremefarbener Ziertabak können z.B. zu einem sonnig-heiteren Ensemble vereint werden.**

Durch Abwechslung der verschiedenen Wuchsformen lassen sich zusätzlich zur Farbgebung und Höhenstaffelung interessante Effekte erzielen. Hier helfen vor allem die hübschen Gräser und die attraktiven Blattschmuckpflanzen wie Cinerarie *(Senecio bicolor)* und Sommerzypressen *(Kochia scoparia).* Aber auch die Blütenpflanzen zeigen eine große Vielfalt in Laubfärbung und -form. Die feingeschlitzten Blätter des Schmuckkörbchens *(Cosmos bipinnatus)* und der Jungfer im Grünen *(Nigella damascena)* kontrastieren zum kräftigen, derben Laub des Gartenfuchsschwanzes *(Amaranthus caudatus)*, die saftgrünen Blätter der Fleißigen Lieschen *(Impatiens walleriana)* heben sich gut von den runzlig-filzigen der Vanilleblume *(Heliotropium arborescens)* ab.

## Hintergrund und Umgebung

Grundsätzlich sollte die Umgebung des Beetes bei der Gestaltung mit berücksichtigt werden. Eine dunkle Hecke als Hintergrund wird die Sommerblumen stärker leuchten lassen als eine blühende Laubhecke, weil die Farben der Sommerblumen auf die Blüten der Heckensträucher abgestimmt werden müssen. Eine

*Ein Arrangement in drei Farben: weiße Sterngladiolen, Scharlachlobelien und blauer Ziersalbei.*

*Studentenblumen in verschiedenen Sorten wurden zu einer Ton-in-Ton-Pflanzung kombiniert, ergänzt durch rote Verbenen und gelben Husarenknopf.*

weiße Hausmauer ist ein neutraler Hintergrund, vor dem beliebig mit Farben gespielt werden kann, wohingegen eine rote Ziegelmauer schon wieder Zugeständnisse an die Farbgebung erfordert.

Grüne Rasenflächen bilden einen idealen Rahmen für vielfältige Pflanzungen, sie unterstreichen die Wirkung eines Beetes. Vor bunten Stauden und blühenden Gehölzen hingegen müssen sich die kurzlebigen Sommerblumen unterordnen. Dort sollen sie die Ausstrahlung der langlebigen Gewächse verstärken und deren harmonische Begleiter sein.

## Ein Beet gestalten

Wie ein Architekt geht man bei der Gestaltung am besten von einem Plan aus. Man zeichnet das Beet in seinen Umrissen auf ein Blatt Papier und trägt dort möglichst maßstabsgerecht die gewünschten Blumen unter Berücksichtigung ihrer Wuchsgrößen und der entsprechenden Pflanzabstände ein. Mit Hilfe des Planes kann man auch den Pflanzenbedarf besser abschätzen und später die Blumen auf der Beetfläche richtig verteilen. Wer sich die Mühe macht, die Pflanzflächen auch noch in den jeweiligen Blütenfarben auszumalen, bekommt ein besonders lebendiges Bild von der späteren Pflanzung. Für kleinere Arrangements und einzelne Blumengruppen genügt es, den Plan nur in Gedanken zu entwerfen.

Beim Entwurf eines Beetes wird stets mit dominierenden, das Beet beherrschenden Arten begonnen, den sog. Leitpflanzen. Hohe bis mittelhohe und besonders prachtvoll blühende Pflanzen wie etwa Sonnenblume *(Helianthus annuus)*, Marienglockenblume *(Campanula medium)*, Trichtermalve *(Malope trifida)* oder Spinnenpflanze *(Cleome spinosa)* bekommen als erste ihren Platz. Sie werden wegen ihrer auffälligen Gestalt meist einzeln oder in Gruppen von etwa drei Pflanzen verwendet.

Zu ihnen gesellt man die sog. Begleitpflanzen, alle mittelhohen und niedrigen Arten mit vielen kleinen Blüten wie z.B. Duftsteinrich *(Lobularia maritima)*, Männertreu *(Lobelia erinus)*, Schleierkraut *(Gypsophila elegans)* oder Sommerphlox *(Phlox drummondii)*. Begleitpflanzen erfüllen ihre Rolle am besten, wenn sie zu mehreren in Gruppen gepflanzt werden. Je niedriger der Wuchs und je kleiner die Blüten sind, desto vielzähliger werden die Tuffs ausfallen. Begleitpflanzen sollen die Wirkung der Leitpflanzen unterstreichen, ohne selbst zu sehr in den Hintergrund zu rücken.

Je nachdem welche Pflanzen insgesamt verwendet werden sollen, können auch schon einmal solche Arten zu Leitpflanzen werden, die man neben anderen als Begleitpflanzen einordnen würde. Beispielsweise übernehmen Strauchmargeriten *(Chrysanthemum frutescens)* neben niedrigem Leberbalsam *(Agera-*

**Tip**

**Einzelne, verstreut eingesetzte hohe Blumen wie Fingerhut, Tithonien oder Stockrosen setzen besondere Akzente in einem Beet und ziehen den Blick auf sich.**

*So gestaffelt, kommen alle Pflanzen optimal zur Geltung: Majestätische Sonnenblumen werden von niedrigeren Sommerblumen umschmeichelt.*

**Tip**

**Vor roten oder braunen Mauern oder Wänden sollte man vor allem Pflanzen mit weißen und gelben Blüten verwenden, die dort herrlich leuchten. Rote oder blaue Töne würden vor solchem Hintergrund nicht wirken.**

**Tip**

**Sehr ruhig und ausgeglichen wirkt ein Beet, wenn Grashorste oder grünlaubige Blattschmuckpflanzen wie Fuchsschwanz oder Sommerzypresse wiederholt an verschiedenen Stellen zwischen bunte Blumen gesetzt werden. Die grünen Farbtupfer sorgen für ein beschauliches Bild, die Farben der Blumen kommen besonders gut zur Geltung.**

*tum houstonianum)* die eindeutig führende Rolle, während sie neben dem majestätischen Blumenrohr *(Canna-Indica-*Hybriden) eher bescheiden zurückstehen.

Ein Beet erscheint besonders harmonisch, wenn es rhythmisch aufgebaut wird. Einige Elemente im Beet sollen sich in Abständen wiederholen. Dadurch bekommt es eine übersichtliche Struktur, und alle Pflanzen sind in einen Rahmen eingebunden. Solche strukturierenden Gestaltungselemente können z.B. einzelne Arten sein, die mehrfach an verschie-

**Terrassenbepflanzung mit Gehölzen, Stauden und Sommerblumen:** *Ausdauernde Pflanzen und Sommerblumen (in der Skizze grau) ergänzen sich zu einer prunkvollen Terrassengestaltung in den Grundfarben Gelb, Rot und Blau, die in verschiedenen Schattierungen miteinander kombiniert wurden: Federborstengras ①, Studentenblume ②, Sonnenhut ③, Clematis ④, Kletterrose ⑤, Sternwinde ⑥, Gartenrittersporn ⑦, Kokardenblume ⑧, Schmuckkörbchen ⑨, Blaues Gänseblümchen ⑩, Taglilie ⑪, Leberbalsam ⑫, Mignondahlie ⑬, Fächerwacholder ⑭, Sonnenblume ⑮, Schmetterlingsstrauch ⑯, Studentenblume ⑰, Petunie ⑱, Feinstrahl ⑲, Mignondahlie ⑳, Königslilie ㉑, Storchschnabel ㉒, Sternligularie ㉓, Sonnenblume ㉔, Chinaschilf ㉕, Schwertlilie ㉖, Frauenmantel ㉗, Leberbalsam ㉘.*

denen Stellen im Beet verwendet werden. Sie müssen nicht einmal von gleicher Farbe sein, allein die gleichartige Struktur verbindet. Fleißige Lieschen *(Impatiens walleriana)* in verschiedenen Sorten können in kleinen Pulks z. B. diese Gliederung übernehmen. Statt einer bestimmten Pflanzenart kann aber auch eine Farbe sich wie ein roter Faden durch das Beet ziehen, etwa durch die Verwendung roter Nelken *(Dianthus)*, roter Pelargonien (*Pelargonium-Zonale*-Hybriden) und roten Feuersalbeis *(Salvia splendens)*.

# Phantasievolle Blumen-arrangements

Fleißige Lieschen gedeihen gut im Halbschatten.

Blumenrohr und hoher Ziertabak erzeugen ein tropisches Flair.

**Tip**

**Für ein <u>buntes Frühlingsbeet</u> pflanzt man im September oder Oktober Tulpen- oder Hyazinthenzwiebeln, dazwischen werden die <u>zweijährigen Frühlingsblüher</u> gesetzt. Blütenfarben der Zwiebelblumen und der Unterpflanzung sollten dabei kontrastierend gewählt werden. Im Mai werden die Frühlingsblüher dann abgeräumt, die Sommerblumen können gepflanzt werden.**

## Sommerblumenbeete in sonniger Lage

Die meisten Sommerblumen gedeihen an sonnigen und warmen Plätzen im Garten am besten und sind deshalb ideal für die Gestaltung von Beeten am Südhang der Terrasse, von Rabatten mitten im Garten und von Pflanzungen in voller Sonne. Hier lassen sich vielgestaltige Arrangements unter ganz verschiedenen Aspekten schaffen.

Lebensfroh und erheiternd wirken Beete in kräftigen Farbkombinationen, bei denen die Blütenfarben stark miteinander kontrastieren. Gedämpftes Blau von Leberbalsam *(Ageratum houstonianum)* umschmeichelt z.B. leuchtend rote Kaisernelken (*Dianthus-Chinensis*-Hybriden) und goldene Pantoffelblumen *(Calceolaria integrifolia)*.

Pastellfarbener Gartenrittersporn *(Delphinium ajacis)*, unterpflanzt mit lavendelfarbenem Eisenkraut *(Verbena rigida)* und durchsetzt mit duftigem Schleierkraut *(Gypsophila elegans)*, wirkt besonders zart und sanft. Ein Flair von tropischer Farbenpracht verbreitet dagegen eine Pflanzung aus Vanilleblumen *(Heliotropium arborescens)*, Gazanien (*Gazania*-Hybriden), Ziertabak *(Nicotiana* x *sanderae)* und leuchtend rotem Blumenrohr (*Canna-Indica*-Hybriden).

## Sommerblumenbeete in halbschattiger und schattiger Lage

Beete, die zeitweise in der Sonne und zeitweise im Schatten liegen, wirken im gedämpften Licht verhaltener als Beete in voller Sonne. Hier kommen alle zarteren Blütenfarben wie Creme, Hellgelb, Rosa, Hellblau und Hellviolett besonders gut zur Geltung. Auffallende Leuchtpunkte setzen einzelne kräftig gefärbte Blumen. Im Schatten heben weiße und sehr helle Blütenfarben die Stimmung. Mit hellblühenden Fleißigen Lieschen *(Impatiens walleriana)* und Levkojen *(Matthiola incana)*, hellrosa Fuchsien (*Fuchsia*-Hybriden) und weißen oder rosa Vergißmeinnicht *(Myosotis sylvatica)* bringt man Licht in düstere Ecken.

Je mehr ein Beet im Schatten liegt, desto ausdrucksstärker sollen die verschiedenen Formen der Pflanzen wirken, die unterschiedlichen Gestalten bei Blättern und Blüten werden hier den Gesamteindruck wesentlich beeinflussen. Blattschmuckpflanzen wachsen auch im Schatten, und als ruhiger, grüner Teppich unterstreichen sie die Farben der wenigen Blüten besonders wirkungsvoll.

## Frühjahrsblüte mit Zweijährigen

Obwohl der Name Sommerblumen zuerst an die wärmste Jahreszeit denken läßt, setzt die Saison der kurzlebigen Pflanzen schon früh im Jahr ein. Bald nachdem der letzte Schnee verschwunden ist, beginnen Gartenstiefmütterchen (*Viola-Wittrockiana*-Hybriden), Tausendschön *(Bellis perennis)* und Vergißmeinnicht *(Myosotis sylvatica)*, etwas später auch

*Romantische Blütenfülle rund um einen Brunnen: Vor weißem Staudenphlox im Hintergrund stehen Trompetenzungen, Goldkamillen und gelbe Wandelröschen. Rosa Levkojen überragen blaue Kapastern und bunten Sommerphlox. Den Vordergrund bilden Weiße Zwergwucherblumen, Kugelamarant, Zittergras, blaue Glockenwinde und der niedrige Duftsteinrich.*

der duftende Goldlack *(Cheiranthus cheiri)* zu blühen.

Vor allem in Rabatten und als Unterpflanzung für die prachtvollen Gartentulpen entfalten die anmutigen Frühlingsblüher ihren ganzen Charme. Frühlingsträume werden wahr, wenn sich rosa Tulpen über himmelblauen Vergißmeinnicht wiegen und gelbe Tulpen aus einem Teppich dunkelblauer Stiefmütterchen leuchten.

## Sommerblumen, Stauden und Rosen

Sehr oft werden Sommerblumen als Ergänzung in Staudenbeete gesetzt, wo sie zeitweilig entstehende Lücken füllen oder gestalterische Akzente setzen. Viele Stauden haben im Vergleich zu den ein- und zweijährigen Arten eine kurze Blühdauer, hier sorgen Sommerblumen für dauerhaften Blütenschmuck und machen das Beet vom Frühsommer bis zum Herbst zu einem farbenfrohen Blütenmeer. Ein besonderer Reiz liegt oft darin, eine bestimmte Staude oder Staudengruppe durch kurzlebige Arten, die von Jahr zu Jahr wechseln, immer wieder in ein neues Licht zu tauchen.

Zu Prachtstauden wie Rittersporn, Türkenmohn und Phlox passen vor allem Sommerblumen, die zum einen die prächtigen Farben

der Staudenblüten widerspiegeln und zum anderen deren herrschaftliche Ausstrahlung noch unterstreichen. Ziersalbei *(Salvia farinacea, Salvia horminum)*, Atlasblumen *(Godetia grandiflora)*, hohe Verbenen *(Verbena bonariensis)*, Gartenlöwenmaul *(Antirrhinum majus)*

**Tip**

**Ungewöhnlich, aber von besonderem Reiz sind <u>Ornamentbeete</u> nach dem Vorbild höfischer Renaissancegärten. Ein symmetrisches Linien- oder Flechtmuster aus Kiesstreifen, niedrigem Buchs oder Blauschwingel wird flächig mit bunten Blumen gefüllt. So ergibt sich ein abgezirkeltes Bild, das wie ein kunstvoller Teppich wirkt.**

*Vergißmeinnicht als Unterpflanzung zu Lilienblütigen Tulpen (oben). Ein duftiges Ensemble für sonnige Stellen: rosarote Bartnelken, Klatschmohn, blaue Schwertlilien, Kornblumen und andere Arten (links).*

**Tip**

**Viele Sommerblumen gedeihen auch im <u>Halbschatten</u>, nur für <u>schattige Lagen</u> ist die Auswahl begrenzt. Je weniger Licht die Pflanzen bekommen, desto weniger Blüten setzen sie in der Regel an. Für Sommerblumen sollten deshalb die sonnigen Gartenplätze reserviert werden, im Schatten können sie eher eine abwechslungsreiche Staudenflora ergänzen.**

und viele andere Arten eignen sich bestens für gelungene Kombinationen. Zu Wildstauden wie Storchschnabel, Spornblume, Malve, Königskerze und Seifenkraut passen eher verhaltene Schönheiten unter

**Gestaltung eines sonnigen Beetes:**
*Farbenfroh wirkt diese Pflanzung aus vielerlei Sommerblumen (in der Skizze grau) und Stauden an einem Sonnenplatz, die im Spätsommer ihre größte Leuchtkraft entfaltet. Warme Orangetöne und Goldnuancen kontrastieren zu den kühlen Violett- und Blautönen. Beherrschend wirken der dunkle Wunderbaum ② und das Indische Blumenrohr ⑤, zu deren Füßen sich ein bunter Blütenteppich ausbreitet. Höhere Arten werden von polstrigen umschmeichelt: die Saatwucherblume ⑧ von blauvioletten Verbenen ⑭ und die Studentenblumen ⑪ mit ihren dicken Blütenbällen von Polsterglockenblumen ⑯ und Husarenknopf ⑫. Im Hintergrund des Beetes sorgen Sonnenbraut ①, Glattblattaster ③ und Sonnenhut ④ für den rechten Rahmen. Blickpunkte setzen die Rutenhirse ⑩ und mehrere Horste des Kleinen Pampasgrases ⑥ mit ihren weißen Blütenrispen, die neben rotem Gartenziertabak ⑦, roten Kissenastern ⑬, rosa Kaisernelken ⑮ und orangefarbenen Schmuckkörbchen ⑨ besonders leuchten.*

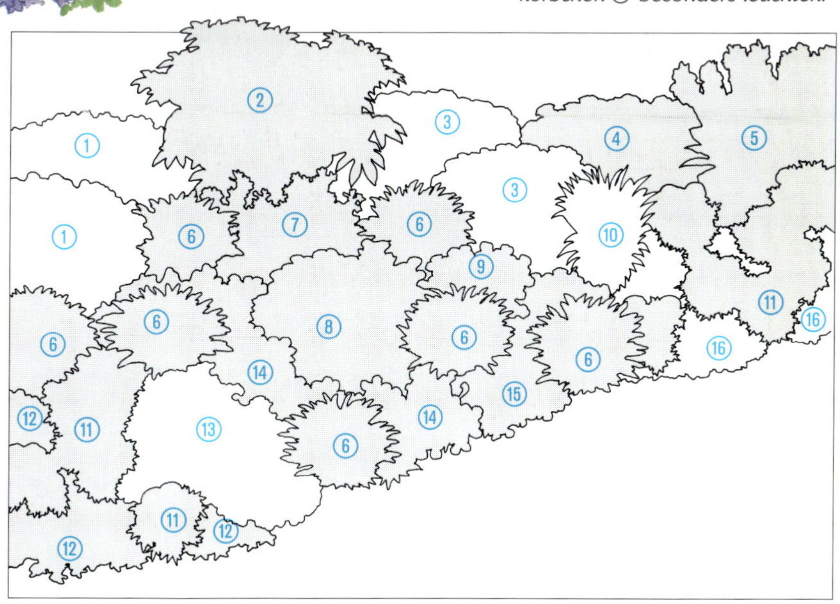

den Sommerblumen, die sich ihren Wildcharakter weitgehend bewahrt haben, etwa Jungfer im Grünen *(Nigella damascena)*, Bartfaden (*Penstemon*-Hybriden), Kornblumen *(Centaurea cyanus)*, Klatschmohn *(Papaver rhoeas)* und Reseda *(Reseda odorata)*.

Rosen, die Königinnen der Blumen, werden erst durch den passenden Hofstaat zu wahren Majestäten. Beetrosen brauchen viel Wuchsraum, und der nackte Boden zwischen den edlen Blumen wird mit niedrigen Stauden und Sommerblumen kaschiert. Neben Stauden wie Lavendel, Katzenminze und Blauschwingel lassen auch viele Sommerblumen die

Rosen zu voller Schönheit erblühen. Eine schlichte Unterpflanzung mit Duftsteinrich *(Lobularia maritima)*, Schleifenblumen *(Iberis amara, Iberis umbellata)* oder Zwergwucherblumen *(Chrysanthemum paludosum)* ergibt ein ideales Umfeld für die markanten Rosenblüten. Aber auch höhere Arten wie Marienglockenblume *(Campanula medium)*, Spinnenpflanze *(Cleome spinosa)*, Kapaster *(Felicia amelloides)*, Bechermalve *(Lavatera trimestris)* und das oft gepflanzte Schleierkraut *(Gypsophila elegans)* sind eine elegante Ergänzung.

*Sommerblumen wie der weiße Duftsteinrich und Mähnengerste passen gut zu Rosen, begleitet von hohen weißen Madonnenlilien.*

### Steingarten im Sommer

Die Hauptblütezeit im Steingarten fällt in den Frühling und Frühsommer. Da ist es naheliegend, mit Sommerblumen die Blüte nahtlos fortzusetzen. Hier füllen vor allem polstrig wachsende Arten die Lücken zwischen den Steinen, z.B. bunter Sommerphlox *(Phlox drummondii)*, blaue Glockenwinde *(Nolana paradoxa)*, der vielseitige Duftsteinrich *(Lobularia maritima)*, zierliche Schleifenblumen (*Iberis*-Arten) und Kugelamarant *(Gomphrena globosa)*.

Zarte und duftige Trompetenzungen *(Salpiglossis sinuata)*, fiedrige Mädchenaugen *(Coreopsis tinctoria)*, leuchtende Bärenkamille *(Ursinia versicolor)*, Blaue Gänseblümchen *(Brachycome multifida)*, Gelbe Gänseblümchen *(Thymophylla tenuiloba)* und Spanische Gänseblümchen *(Erigeron karvinskianus)* sorgen bis zum Spätsommer für ein anhaltend hübsches Bild zwischen abgeblühten Polster- und Alpinpflanzen.

### Sommerblumen am Wasser

Wasser, das Elixier des Lebens, übt einen magischen Reiz auf jeden aus und spielte bei der Gestaltung von Gärten schon immer eine bedeutende Rolle. Mit Sommerblumenarten, die einen feuchten Boden bevorzugen, bekommen Teichufer und Bachrand neue Perspektiven. Gauklerblumen (*Mimulus*-Hybriden), Sterntaler *(Melampodium paludosum)*, Drüsiges Springkraut *(Impatiens glandulifera)* und Vergißmeinnicht *(Myosotis sylvatica)* wetteifern mit vielen ausdauernden Pflanzen um die schönsten Blüten.

Im weiteren Umkreis des Teiches, wo der Boden zwar noch feucht, aber nicht mehr ständig naß ist, können viele weitere Sommerblumen einen geeigneten Standort finden. Bei der üppigen Wasserversorgung blühen sehr viele Arten überreich und ergänzen die angestammte Flora. Hier finden z.B. Mutterkraut *(Chrysanthemum parthenium)*, Sonnenhut *(Rudbeckia hirta)*, Bartfaden (*Penstemon*-Hybriden) und hohe Leberbalsam-Sorten *(Ageratum houstonianum)* einen Lebensraum.

*Trockenheitsliebende Sommerblumen wie Gazanien, Mittagsblumen und Strandstern (von links nach rechts) finden an den extremen Standorten im Steingarten geeignete Wuchsplätze.*

**Tip**

**In neu angelegten Staudenbeeten bleiben anfangs oft große Lücken zwischen den noch kleinen Pflanzen, die hervorragend mit Sommerblumen gefüllt werden können. Jedes Jahr kann die Anzahl der zugepflanzten Sommerblumen reduziert werden, bis schließlich die Stauden den Platz vollständig für sich beanspruchen.**

**Tip**

**Klassische Begleiter zu allen Rosen sind silbrig behaarte oder graulaubige Pflanzen wie Cineraria oder der bizarre Silberkopf. Einen reizvollen Kontrast zu den edlen Blumen bilden auch die vielen Ziergräser, z.B. Zittergras, Mähnengerste, Federborstengras oder Hiobstränе.**

*Eine breite Palette rosafarbener Blumen: hinten Schmuckkörbchen, Stockmalven, Ackerrittersporn, in der Mitte Duftende Flockenblumen, Bechermalven, Zinnien, vorne Cinerarien, Sonnenflügel, Jungfer im Grünen und Morgenröschen (jeweils von links).*

## Duftbeete mit Sommerblumen

Wohlgerüche in den verschiedensten Nuancen gehören ebenso zu den Blumen wie ihre Farben. Pflanzen müssen alle Sinne anregen, nicht nur das Auge – das jedenfalls ist die Ansicht vieler Menschen. Durch die Züchtung ist vielen Blumen der ursprüngliche Duft verlorengegangen, aber immer stärker besinnt man sich wieder auf den Reiz der verschiedenen Blumendüfte – von süßlich-schwer über orientalisch-harzig bis fruchtig-leicht. So lohnt es sich durchaus, Wohlgerüche und Aromen der Pflanzen bei der Planung mit zu berücksichtigen und den Garten damit zum Erlebnis auch für den Geruchssinn zu machen.

Viele Pflanzen duften nur verhalten, andere verströmen dagegen ihren Duft verschwenderisch. Düfte werden ebenso wie Farben individuell verschieden erlebt, nicht jeder nimmt ein bestimmtes Aroma als Wohlgeruch wahr. Hier hilft nur Ausprobieren.

Besonders intensiv duftende Sommerblumen sind z.B. Vanilleblumen *(Heliotropium arborescens)*, deren tiefviolette Blüten stark nach Vanille riechen, Levkojen *(Matthiola incana)* mit betörendem Bukett, Duftsteinrich *(Lobularia maritima)*, dessen Honigduft auch viele Insekten verführt, Wicken *(Lathyrus odoratus)* mit leichtem, frischem Parfüm und Ziertabak *(Nicotiana alata)* mit schwerem orientalischem Geruch. Im Frühling entfaltet bereits der Goldlack *(Cheiranthus cheiri)* seinen intensiven Duft, sogar Gartenstiefmütterchen (*Viola-Wittrockiana*-Hybriden) duften zart.

## Idyllische Gartenecken

Manche Arten werden bereits seit sehr langer Zeit in den Gärten gezogen. Vor allem alte Bauerngärten bergen eine Vielzahl schon fast verschwundener Sommerblumen, die heute aber wieder zu neuen Ehren gelangen. Einige Sommerblumen waren lange Zeit in völlige Vergessenheit geraten, bis sie eines Tages wieder auf dem Markt erschienen. So war z.B. die Duftende Flockenblume *(Amberboa moschata)* früher eine beliebte Bauerngartenpflanze, die heute wieder als interessante Schnittblume und schließlich auch für den Garten wiederentdeckt wurde.

Mit vielen Arten wird ein romantisches Gefühl oder die Sehnsucht nach den guten alten Zeiten verbunden, so etwa mit den Balsami-

**Tip**

**Zum kompakten und zwergigen Wuchs der Gehölze und Stauden im Steingarten passen vor allem ebenfalls niedrig wachsende Sommerblumen. Von vielen Arten gibt es kleinbleibende Sorten, z.B. Zwergzinnien, Liliput-Tagetes, Miniatur-Veilchen und Zwergwicken.**

*Eine Kombination aus verschiedenfarbigen Levkojen und niedrigem Duftsteinrich sieht nicht nur gut aus, sondern duftet auch verschwenderisch.*

**Tip**

**Im Wohlgeruch geradezu schwelgen kann man, wenn viele Duftpflanzen miteinander in einem eigenen Beet kombiniert werden. Vor allem in den frühen Abendstunden kann man das Duftpotpourri in vollen Zügen genießen, da viele Blumen gerade dann das intensivste Aroma entfalten.**

**Tip**

**An frühere Zeiten erinnern Düfte, die man z. B. mit den verschiedenen Nelken in die Beete bringen kann. Bartnelken, Gartennelken, vor allem Chabaud-Nelken und Kaisernelken zeichnen sich allesamt durch einen feinen Duft aus, und ihre schönen Blüten passen zu vielen anderen Blumen.**

nen *(Impatiens balsamina)* oder den Levkojen *(Matthiola incana)*. Sogar manche neuere Züchtung zielt auf diese Ausstrahlung, so etwa die gefüllten Sorten des Fleißigen Lieschens *(Impatiens walleriana)*, deren Blüten an kleine Röschen erinnern.

Idyllische Gartenecken mit nostalgischen Pflanzen schafft man am besten in einem lauschigen Gartenwinkel, z.B. an einer Laube, einer Gartenbank oder vor ein paar hübschen Sträuchern. Die Blütenfarben sollten vor allem in Pastelltönen gehalten werden. Hübsche Arrangements lassen sich z.B. kreieren mit

*Solch reizvolle Akzente können Sommerblumen im Gemüsegarten setzen: leuchtend roter Ziertabak zwischen Tomaten und knackigem Salat – ein wahrer Augenschmaus.*

Mandelröschen *(Clarkia unguiculata)*, Hainblumen *(Nemophila menziesii)*, Mutterkraut *(Chrysanthemum parthenium)* und Purpurskabiosen *(Scabiosa atropurpurea)*.

Vielleicht ist es der Wunsch nach einem Stückchen heiler Welt, der auch den Wildblumen wieder mehr Beachtung zukommen läßt. Kornblume *(Centaurea cyanus)*, Klatschmohn *(Papaver rhoeas)* und Kornrade *(Agrostemma githago)* waren früher weitverbreitete Ackerblumen, die durch Intensivierung der Landwirtschaft zurückgedrängt wurden. Heute freut man sich im Garten wieder an ihnen, wohl mit dem Gedanken an längst vergangene Kindertage. Am Rande eines Rasens oder einer Blumenwiese bieten Kombinationen aus Acker- und Wiesenwildkräutern einen hübschen Anblick. Zu den bereits genannten Arten kann man auch noch Rittersporn *(Delphinium ajacis, Delphinium consolida)*, Sommerblutströpfchen *(Adonis aestivalis)* und Hundszunge *(Cynoglossum amabile)* gesellen.

**Tip**

**Extravagant und sehr auffällig wirkt eine Pflanzung mit dem mächtigen Wunderbaum, der aus einem Teppich von niedrigen Blumen weithin herausleuchtet. Ähnlich imposant sehen einzelne Blumenrohr-Pflanzen inmitten von Kissen aus Duftsteinrich aus.**

Alte Bauerngartenblumen wie z.B. Stockrose *(Alcea rosea)*, Marienglockenblume *(Campanula medium)*, Ringelblume *(Calendula officinalis)*, Jungfer im Grünen *(Nigella damascena)* und Judassilberling *(Lunaria annua)* sorgen durch Selbstaussaat immer wieder für Nachwuchs und werden in Bauerngärten als Farbtupfer zwischen den Nutzpflanzen geduldet. Manche von ihnen sind Heilpflanzen, man stellt aus ihnen Hausarzneien her, die allerlei Beschwerden lindern. Diese Sommerblumen haben auch heute noch ihre Liebhaber und werden gerne wieder im Nutzgarten angepflanzt. Zwischen Salat, Kohlköpfen und Tomaten setzen sie bunte Akzente und lassen die Gemüsebeete zu wahren Schmuckstücken des Gartens aufblühen.

### Mittelmeerzauber mit Sommerblumen

Exotische Pflanzen mit südlichem Flair erzeugen die Illusion mediterraner Üppigkeit. Vielleicht läßt sich die Sehnsucht nach dem fernen Süden mit einer Pflanzung aus trockenheitsverträglichen und eher ungewöhnlichen Sommerblumen ein wenig stillen. Erforderlich ist ein den ganzen Tag von der Sonne verwöhntes, möglichst durch eine Mauer zusätzlich geschütztes Gartenplätzchen. Oft ist ein solcher Standort neben einer Terrasse gegeben. Kübelpflanzen, Terrakottagefäße und passende Sommerblumen ergeben das gewünschte Ambiente.

*Ein blühender Vorhang aus Feuerbohnen ist nicht nur schön, sondern auch nützlich, denn aus den roten Blüten entwickeln sich schmackhafte Bohnen.*

Im Bauerngarten pflegt man seit alters die Kunst, Blumen, Gemüse und Kräuter zu einer bunten Pflanzung zusammenzufügen.

**Tip**

**Auf alten Baumstämmen, auf Geländerpodesten oder anderen säulenartigen Unterlagen kann man Gefäße mit darin gepflanzten Kletterpflanzen aufstellen, die dann ihre Triebe malerisch herabhängen lassen. Hierfür eignen sich besonders Blaue Mauritius, Surfinia-Petunien, Kapuzinerkresse und Duftwicken.**

Zur Pflanzung eignen sich natürlich vor allem Arten, deren Heimat im Mittelmeerraum oder in anderen südlichen Gefilden liegt und die daher mit den extrem hohen Temperaturen zurechtkommen, wie etwa Strandstern *(Asteriscus maritimus)*, Mittagsblumen *(Dorotheanthus bellidiformis)*, Gazanien (*Gazania*-Hybriden), Bärenohr (*Arctotis*-Hybriden), Kapkörbchen *(Dimorphotheca sinuata)*, Sternenglimmer *(Linanthus androsaceus* ssp. *luteus)* und Portulakröschen *(Portulaca grandiflora)*.

## Blühende Vorhänge

Kletternde Sommerblumen erfüllen oft gleich zweierlei Funktionen: Zum einen sind sie zierende Blütenvorhänge, zum anderen bieten sie Schutz vor Sonne, Wind und Einblicken. An einem Spalier oder an Spanndrähten an der Terrasse gezogen, weben Feuerbohnen *(Phaseolus coccineus)*, Glockenreben *(Cobaea scandens)*, Schwarzäugige Susanne *(Thunbergia alata)* und andere Arten schnell dichte Vorhänge, deren Laub Schatten spendet und neugierigen Blicken von draußen die Durchsicht verwehrt. Außerdem halten die grünen Vorhänge kühlen Windzug ab, so daß in ihrem Schutz ein behagliches Plätzchen entsteht.

Die vielen hübschen Blüten der Kletterpflanzen bilden eine lebendige, farbenfrohe „Tapete". Man kann sie aus nur einer Art gestalten oder aber auch mehrere Arten miteinander kombinieren. Sehr hübsch sieht z.B. Schwarzäugige Susanne *(Thunbergia alata)* neben Feuerbohnen *(Phaseolus coccineus)* aus oder Kanarienkresse *(Tropaeolum peregrinum)* neben Glockenrebe *(Cobaea scandens)*.

Kletterpflanzen überziehen aber auch auf charmante Art und Weise unschöne Mauern

**Tip**

**Wind- und Sichtschutz schaffen Hecken, die man durchaus auch mit Sommerblumen gestalten kann. Statt einer Pflanzung immergrüner oder laubabwerfender Sträucher bilden hohe Sommerblumen wie Sonnenblumen, Stockrosen oder Bechermalven eine platzsparende, bunte und ungewöhnliche Hecke, die sowohl an der Grundstücksgrenze wie auch mitten im Garten als Raumteiler angepflanzt werden kann.**

**Gestaltung eines vorwiegend schattigen Beetes:**
*Die prachtvolle Kombination aus Stauden und Sommerblumen (in der Skizze grau) in überwiegend schattiger Lage wurde in Pastelltönen komponiert. Weiße Blüten sorgen für besondere Lichtreflexe und hellen das Arrangement auf. Ein mächtiger Geißbart ④ vor einer Mauer mit Efeu ③, eine üppige rosarote Hortensie ⑧ und mehrere Funkien ⑫ bilden das ausdauernde Gerüst des Beetes. Ihre Blütenfarben wiederholen sich in den gewählten Sommerblumen. Aus einem Teppich Fleißiger Lieschen ⑪ in zartem Hellviolett und Weiß erheben sich drei Fuchsien-Hochstämmchen ⑦, die von den Blütenkerzen des Fingerhuts ② und den blauen Kelchen der Glockenblumen ⑤ umrahmt werden. Intensiv rosafarbene Knollenbegonien ⑥ bilden das Pendant zur Hortensie auf der anderen Beetseite. Im Hintergrund sorgt Bergtabak ① nicht nur für Blütenschmuck, sondern auch für betörenden Duft. Den letzten Schliff erhält das Beet durch zierlich belaubte Goldnesseln ⑨ und einige Hainsimsen ⑩, deren Grün ausgleichend und beruhigend wirkt.*

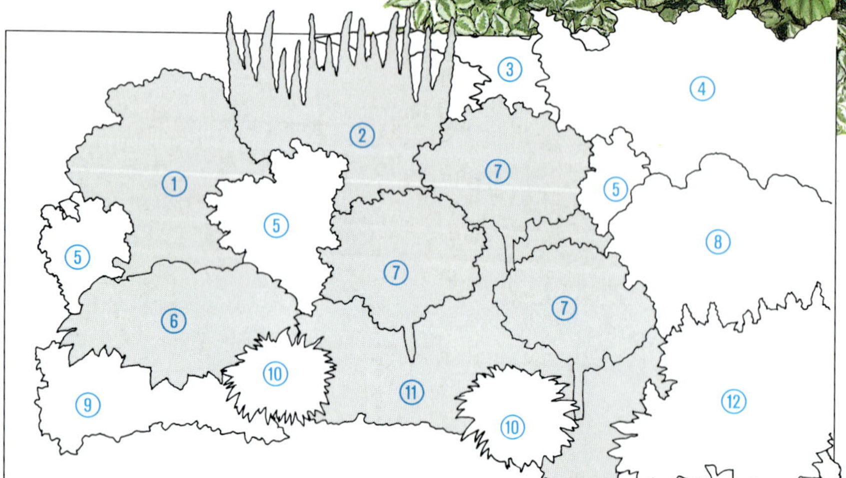

und Wände, verflechten sich mit unansehnlichen Zäunen oder lassen lange Triebe von Podesten und Säulen herabhängen. Purpurglockenwein *(Rhodochiton atrosanguineus)*, Schönranke *(Eccremocarpus scaber)*, Maurandien (*Asarina*-Arten), Japanischer Hopfen *(Humulus scandens)* und Ballonwein *(Cardiospermum halicacabum)* sowie Flaschenkürbisse *(Lagenaria siceraria)* sind sicherlich ungewöhnliche Arten, die aber für sehr interessante Aspekte sorgen.

An frei stehenden Rankgittern, Pergolen und Blumenbögen werden die rasant wachsenden Himmelsstürmer zu kunstvoll geschlungenen Blumengirlanden, die den ganzen Sommer über reichen Blüten- oder Fruchtschmuck bis in große Höhen treiben. Besonders der überaus schnellwüchsige Japanische Hopfen *(Humulus scandens)* überwächst mit seinen langen Trieben schnell die Holme und bildet ein schattenspendendes Dach.

# Sommerblumen auf Balkon und Terrasse

Farbenfrohe Blumenpracht muß sich nicht auf den Garten beschränken. Von alters her werden Haus und Hof mit Blumengefäßen geschmückt. Sommer für Sommer prunken üppige Blumenarrangements auf Fenstersimsen, an Balkongeländern und auf der Terrasse. Der Garten im kleinen gilt nicht nur als Dekoration, sondern bedeutet auch ein Stück Lebensqualität. Die Pflanzung und Pflege der Sommerblumen in mobilen Gefäßen ist einfach und leicht nachzuvollziehen, wenn man sich an einigen Grundregeln orientiert.

*Der rustikale Balkonkasten mit Kaisernelken ist feinfühlig auf den Charakter des Holzhauses abgestimmt.*

**Tip**

**Vorteile eines geräumigen Kastens:**

- **Er kann viel Erde aufnehmen, dadurch vergrößert sich der Wurzelraum, und die Pflanzen können sich gut entwickeln.**
- **Er kann mehr Wasser und Nährstoffe speichern, dadurch verringert sich der tägliche Pflegeaufwand.**
- **Er bietet mehr Pflanzen Platz, dadurch ergeben sich vielfältige Gestaltungsmöglichkeiten.**
- **Er ermöglicht eine risikolosere Überwinterung von Dauerbepflanzungen, denn die Pflanzen vertrocknen nicht so schnell.**

### Pflanzgefäße als Lebensraum

Anders als im Garten muß für Balkon- und Terrassenkultur der Boden erst einmal geschaffen werden. Ein Pflanzgefäß, gefüllt mit Erde, stellt hier den Lebensraum für die Blumen dar.

Weitverbreitete Pflanzgefäße vor allem für Balkone sind Kästen in unterschiedlichen Längen und Breiten aus verschiedenen Materialien. Der Handel bietet eine reiche Auswahl, vom preiswerten und leichten Kunststoffkasten über haltbare, aber schwere Faserzementgefäße bis zu dekorativen Holz- oder Terrakottakästen.

Die Kästen können je nach Geschmack und Bedarf ausgewählt werden. Kunststoffkästen sind leicht, preiswert, witterungsbeständig und einfach zu reinigen. Allerdings erhitzen sie sich in der Sonne rasch, was zur schnellen Austrocknung der Erde führt. Faserzementgefäße, heute asbestfrei und daher unbedenklich, sind langlebig, standfest, frostsicher, mildern Temperaturschwankungen und werden in mehreren Farben angeboten. Terrakottagefäße sind attraktive, atmungsaktive Behälter, aber teuer, schwerer, stoßempfindlich und nicht frostbeständig. Holzkästen sind dekorativ, standfest und frostbeständig, erfordern aber einen höheren Pflegeaufwand, weil es durch die ständige Feuchtigkeit des Substrats von innen heraus leicht zu einer Fäulnis kommen kann. Zur Verbesserung der Haltbarkeit empfiehlt sich deshalb eine Imprägnierung mit pflanzenverträglichen Mitteln.

Entscheidend für das Gedeihen der Pflanzen ist das Volumen (Länge×Breite×Höhe) der Pflanzgefäße. Daher sollte stets beachtet werden, daß sie ausreichend geräumig sind. Die Höhe sollte mindestens 15 cm (besser 18 cm) und die Breite ebenfalls mindestens 15 cm (besser 18–20 cm) betragen. Die Länge

*Zum romantischen Ambiente passen die weißen und blauen Petunien mit gelben Pantoffelblumen und Blauen Gänseblümchen, zwischen denen vereinzelt rote Pelargonien leuchten.*

richtet sich nach dem vorhandenen Platz, es gibt Kästen von 40 cm bis 120 cm.

Material und Farbe des Kastens sollen zur Umgebung passen, ebenso zur vorgesehenen Bepflanzung. Der Kasten sollte sich unterordnen, sich nicht zu sehr in den Vordergrund drängen und optisch die Wirkung der Bepflanzung herausstreichen.

Unabhängig von Material und Größe des Kastens müssen immer ausreichend Abzugslöcher vorhanden sein, durch die überschüssiges Regen- oder Gießwasser ablaufen kann.

Neben den Kästen kommen viele weitere Gefäße für die Balkon- und Terrassenbepflanzung in Frage. Kübel und Schalen bieten Platz für hübsche Arrangements, die eine leere Ecke schmücken oder einen besonderen Akzent setzen können. Einzeltöpfe haben den Vorteil, daß sie sehr einfach umgestellt werden können. Wandgefäße und Ampeln nehmen Sommerblumen mit hängendem Wuchs auf, in ihnen können viele weitere Pflanzen platzsparend untergebracht werden.

Für alle diese Gefäße gelten die gleichen Regeln wie für Kästen. Sie müssen ausreichend groß sein, um den Pflanzen genügend

*Feuerbohnen geben den Fenstern dieses Fachwerkhauses einen lebendigen Rahmen. Die Pelargonien schweben wie bunte Schmetterlinge am Sims.*

*Kübelpflanzen und üppig blühende Ampeln verwandeln jede Terrasse in ein lauschiges Plätzchen, an dem man gerne sitzt.*

Wurzelraum zu bieten, müssen über einen Wasserabzug verfügen und sollten sich im Material der Gesamtgestaltung anpassen.

## Sichere Standplätze

Kästen, Kübel und andere Gefäße brauchen einen sicheren Standplatz für den Sommer. Sie werden auf den Boden oder auf Brüstungen gestellt oder an Geländern befestigt. Bei

**Tip**

**Passende Untersätze für die Kästen, Kübel und Töpfe nehmen ablaufendes Wasser auf und bewahren vor unschönen Gießrändern auf dem Boden und Tropfenfall auf darunterliegende Balkone.**

Lustig-bunt wirkt diese Mischung aus Blauen Gänseblümchen, roten Nelken, gelben Husarenknöpfen und anderen Sommerblumen mit ihrer Blütenfülle.

und Wandgefäße sowie Ampeln müssen ebenfalls stabil und sicher angebracht werden, auch für diese Gefäße gibt es im Handel entsprechende Vorrichtungen.

Vor der Anbringung von Balkonkästen sollte man sich beim Vermieter erkundigen, welche Vorschriften für den Balkonschmuck gelten. Normalerweise dürfen Balkonkästen auch ohne Zustimmung des Vermieters angebracht und nach eigenem Gutdünken bepflanzt werden, allerdings darf die Sicherheit nicht beeinträchtigt werden. Manchmal wird eine Aufhängung der Kästen an den Außenseiten des Balkons untersagt. Vor der Aufstellung vieler schwerer Kästen sollte die Tragfähigkeit und Statik des Balkons überprüft werden. Bauliche Veränderungen durch feste Installation von Halterungen oder Rankgittern bedürfen einer Genehmigung. Eine Verschmutzung der Fassade und der darunterliegenden Balkone muß ausgeschlossen sein.

Verschiedenfarbige Hängepelargonien, zartblaue Bleiwurz und orangegelbe Zinnien drängen sich durch das schmiedeeiserne Gitter und bilden einen duftigen Blütenvorhang.

**Tip**

**Gekaufte Pflanzen stammen meist aus Gewächshäusern und müssen sich erst an die neuen Bedingungen gewöhnen. Die Pflanzaktion sollte an einem milden, bedeckten Tag erfolgen, damit die Pflanzen keinen unnötigen Schock bekommen. Selbst herangezogene Blumen werden vor dem Umpflanzen abgehärtet (siehe Seite 75).**

jeder Anbringung von Gefäßen muß sichergestellt sein, daß kein Schaden entstehen kann. Befestigungen müssen so stabil sein, daß die Gefäße auch bei Sturmböen fest verankert bleiben. Berücksichtigen muß man in jedem Fall das nicht unerhebliche Eigengewicht. Gefäß, Substrat, Pflanzen und gespeichertes Wasser summieren sich sehr schnell (bei einem 80 cm langen Kasten z.B. beträgt das Gewicht 40–50 kg), so daß unter Umständen die Tragfähigkeit der Halterungen oder des Balkons überschritten werden kann.

Für die Anbringung von Kästen gibt es viele Möglichkeiten. Je nach Beschaffenheit des Balkons können sie mit Haken, Eckhaltern oder anderen Vorrichtungen befestigt werden. Die Kästen können einfach eingehängt oder verschraubt werden, müssen aber in jedem Fall waagrecht und kippsicher stehen. Einzel-

## Bepflanzung der Gefäße

Traditionell beginnt die Balkonblumensaison Mitte Mai nach den Eisheiligen. Vor der Bepflanzung müssen Kästen und Kübel sorgfältig gereinigt werden, um eventuell in Erdresten noch vorhandene Schädlinge oder Krankheitserreger zu entfernen. Wandungen und Abzugslöcher der Gefäße werden kontrolliert, gegebenenfalls die Gefäße instandgesetzt oder ausgetauscht.

Vor dem Einfüllen des Substrats kann als unterste Schicht eine Dränage eingebracht werden, die für besonders guten Wasserabzug sorgt und keine Staunässe aufkommen läßt.

*Bauernhäuser im Alpenraum sind berühmt für die überschäumende Blütenpracht ihrer Balkone.*

Eine Dränschicht empfiehlt sich besonders für fest installierte Kästen. Als Dränmaterial geeignet sind z. B. Splitt, feiner Kies, Ziegelscherben oder Blähton. Wer auf eine Dränschicht verzichtet, muß wenigstens die Abzugslöcher durch übergelegte Ziegelscherben, grobe Kieselsteine oder ähnliches vor Verstopfung durch Erde schützen.

Als Substrat kann handelsübliche Balkonblumenerde, Einheitserde (Typ T, sog. Topferde, bei salzempfindlichen Pflanzen Typ P, sog. Pikiererde) oder selbstgemischte Erde verwendet werden (siehe auch Seite 68). Auf jeden Fall soll für die Saisonbepflanzung jedes Jahr neue Erde verwendet werden. Das Gefäß wird zu drei Vierteln mit Substrat gefüllt, die Erde anschließend geebnet und an den Rändern etwas festgedrückt.

Die Pflanzen werden vor dem Austopfen noch einmal gegossen, damit der Wurzelballen gut durchtränkt ist und beim Umpflanzen keinen Schaden nimmt. Die ausgetopften Pflanzen werden in entsprechend große Pflanzlö-

**Tip**

**Kästen und Kübel, die direkt auf den Boden oder eine Mauer gestellt werden, können mit Holzklötzen oder flachen Ziegeln unterlegt werden. Dadurch wird eine bessere Durchlüftung gewährleistet.**

**Tip**

**Balkonblumen, die in Torfpreßtöpfen oder verrottbaren Gefäßen angezogen wurden, brauchen vor dem Pflanzen nicht ausgetopft zu werden. Da ihre Wurzeln durch die Gefäße hindurchwachsen, kommen sie samt Anzuchtgefäß in die Erde, müssen aber vor der Pflanzung gut durchfeuchtet werden.**

## Automatische Bewässerung auf dem Balkon

Eine automatische Bewässerungsanlage erleichtert die Pflege von Balkonblumen. Sie führt den Pflanzen genau die Menge Wasser zu, die sie benötigen. Selbst während längerer Abwesenheit sind die Balkonkästen dank der Hilfe moderner Technik gut versorgt. Vor allem bei üppig bepflanzten Balkonen oder Terrassen kommen die Vorzüge eines solchen Systems zum Tragen, die Zeit- und Arbeitsersparnis für die Bewässerung ist bei einer automatischen Anlage gegenüber der herkömmlichen Gießtechnik mit der Kanne enorm.

Mit den meisten Anlagen lassen sich beliebig viele Gefäße dauerhaft mit Wasser versorgen, denn sie können im Baukastenprinzip erweitert werden.

Das Gießwasser wird über ein Schlauchsystem vom Leitungsanschluß zu den Gefäßen und den einzelnen Pflanzen geleitet und über Tropfvorrichtungen auf die Erde gebracht. Das Wasser gelangt also direkt in den Wurzelraum, es können keine Schäden an den Blättern entstehen. Ein Druckminderungsgerät mit Feinfilter sorgt für die nötige Reduzierung des Leitungsdrucks und gleichzeitig für die Reinigung des Wassers, damit die Tropfschläuche nicht verstopfen.

Vorteilhaft ist eine computergesteuerte Anlage, bei der ein Rechner den Bedarf an Gießwasser ermittelt und mit Hilfe eines Feuchtesensors die Zufuhr bestimmt. Eine Rückmeldung über den aktuellen Bedarf erhält der Computer über den Feuchtigkeitsmesser, der die in der Erde vorhandene Feuchtigkeit mißt. Der Computer reguliert dann die Öffnung des Ventils, die Zulaufgeschwindigkeit und die Wassermenge.

Bei einfacheren Systemen muß die Zulaufmenge von Hand bestimmt werden, was manchmal Probleme bereitet. Je nach Witterung und Bepflanzung ist der Wasserbedarf unterschiedlich, die richtige Gießmenge muß mit viel Fingerspitzengefühl eingestellt werden. Bei sehr hohem Wasserbedarf an heißen Tagen oder bei geringem Bedarf in Regenperioden kann es zu Unter- bzw. Überversorgung kommen, eine Nachregulierung der Wasserzufuhr ist deshalb immer wieder nötig.

Alle Anlagen müssen am Anfang den individuellen Bedürfnissen entsprechend eingestellt werden. Danach sollten sie eine Zeitlang täglich, später in größeren Abständen immer wieder einmal überprüft und, falls erforderlich, nachreguliert werden. Nur dann kann man sicher sein, daß die Bewässerung gut funktioniert.

*Kasten in Weiß-Gelb-Blau für sonnigen Stand (links): Die gelben Pantoffelblumen leuchten aus dem blauen Rahmen von Fächerblumen (außen), Vanilleblumen (Mitte) und Ziersalbei (hinten), davor die weißen Blütenkissen des Duftsteinrichs.*

*Kasten in Rosa-Rot-Violett für den Halbschatten (rechts): Stehende und hängende Fuchsien mit Fleißigem Lieschen (Mitte) werden auf beiden Seiten von rosa Knollenbegonien und violetten Vanilleblumen eingerahmt.*

**Tip**

**Spezielle Balkonkästen erleichtern durch eine Vorrichtung zur Wasserspeicherung die Pflege. Aus einem Wasserreservoir wird die jeweils nötige Feuchtigkeit über Saugdochte, Sauglappen oder -roste zu den Wurzeln geleitet.**

**Tip**

**Balkonerde soll leicht feucht sein, wenn gedüngt wird. Ausgetrocknete Erde wird vor dem Düngen schwach gegossen. Nach einiger Zeit, wenn die Feuchtigkeit aufgesogen und verteilt ist, kann der Dünger ausgebracht werden.**

cher gesetzt, die man mit einer kleinen Handschaufel vorbereitet hat. Das Substrat wird wieder gleichmäßig um die Pflanzen verteilt, die Pflanzen selbst werden gut angedrückt. Anschließend füllt man die fehlende Erde auf. Nach dem Befüllen soll ein 2–3 cm hoher Gießrand bleiben, damit das Wasser nicht über den Rand läuft.

Die Kästen und Kübel werden gründlich gegossen und an den vorgesehenen Platz gebracht. Bis sie sich an die neue Umgebung gewöhnt haben, brauchen die Pflanzen eventuell noch ein wenig Schutz vor praller Sonne oder kühler Witterung.

### Pflege der Balkonblumen

Auf Balkon und Terrasse sind Pflanzen ganz besonders auf die pflegende Hand des Gärtners angewiesen. Der begrenzte Wurzelraum kann nur sehr wenig Wasser und Nährstoffe aufnehmen, die Vorräte sind schnell erschöpft und müssen ergänzt werden. Damit sich die Blütenpracht die gesamte Saison über hält, müssen die Pflanzen immer wieder kontrolliert und versorgt werden.

Zur täglichen Gewohnheit sollte neben dem Gießen auch das Ausputzen gehören. Verwelkte Blüten und Blätter werden regelmäßig ausgebrochen oder abgezupft. Dadurch wird die Bildung neuer Blüten angeregt, und die Bepflanzung sieht stets adrett aus. Gleichzeitig werden die Pflanzen auf möglichen Krankheits- und Schädlingsbefall überprüft, um möglichst frühzeitig etwas dagegen unternehmen zu können.

Bei einigen Balkonpflanzen, wie z.B. Petunien *(Petunia)*, Strauchmargeriten *(Chrysanthemum frutescens)*, Pantoffelblumen *(Calceolaria)* oder Lobelien *(Lobelia)*, empfiehlt sich nach dem ersten Blütenflor – am besten in der Zeit von Mitte bis Ende Juli – ein Rückschnitt (siehe auch Seite 102), bei dem etwa ein Drittel der Triebe zurückgenommen wird. Für die kurze Blühpause entschädigt ein kräftiger zweiter Flor.

Balkon- und Gefäßbepflanzungen brauchen in Trockenperioden viel Wasser. Das Substrat speichert nur in Maßen Feuchtigkeit, sie muß regelmäßig ergänzt werden. Bei trockenem, sonnigem Wetter rechnet man für einen

*Bunt arrangiert: rote Pelargonien, gelbe und weiße Wucherblumen, blaue Männertreu, rosa Fleißige Lieschen und gelber Husarenknopf.*

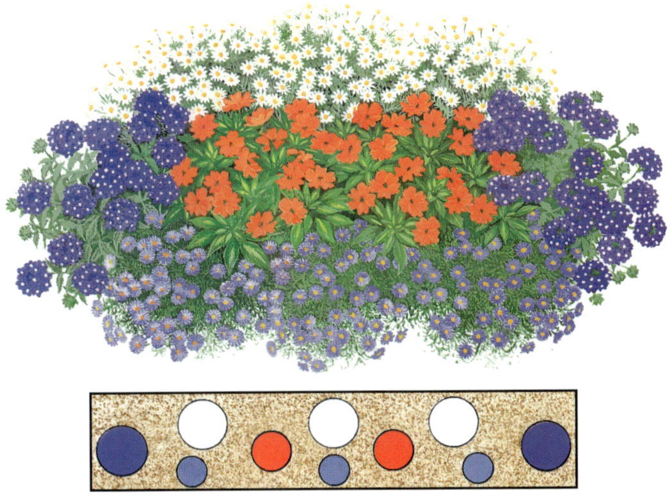

*Kasten in bunten Sommerfarben für sonnigen Stand (links): Abwechslungsreiche Vielfalt bieten violette Petunien, Blaue Mauritius, gelbe Wandelröschen, oran gefarbene Zinnien sowie eine stehende und eine hängende Pelargonie in Rot.*

*Kasten mit weiß-rot-violettem Farbendreiklang für sonnige Lage (rechts): Strauchmargeriten überragen die signalroten Neu-Guinea-Impatiens, ein Gegengewicht dazu bilden violette Verbenen (außen) und Blaue Gänseblümchen (unten).*

100 cm langen und 20 cm breiten Balkonkasten mit durchschnittlich 4 l Wasser täglich. Für das Gießen gelten die gleichen Prinzipien wie im Garten (siehe Seite 84), nur wird auf dem Balkon besser abends als morgens gegossen.

### Bewässerungshilfen

Technische Hilfen wie vollautomatische Bewässerungssysteme erleichtern die tägliche Pflege. Sie empfehlen sich vor allem bei einer sehr üppigen Bepflanzung. Im Handel gibt es viele verschiedene Systeme mit unterschiedlichem Anschaffungs- und Installationsaufwand. Sehr komfortabel sind computergesteuerte Systeme, die die Feuchtigkeit gezielt je nach Bedarf zuführen.

### Düngung auf dem Balkon

Da das Erdvolumen in Kästen und Kübeln nur begrenzt ist, der Nährstoffvorrat daher schneller zur Neige geht als im Garten, muß während des Sommers mehrfach gedüngt werden. Wurden die Balkonblumen in Einheitserde T oder ein ähnlich aufgedüngtes Substrat gepflanzt, wird mit der Nachdüngung etwa 4–6 Wochen nach der Pflanzung begonnen. Ist die Pflanzerde bereits mit einem Langzeit- oder Depotdünger versehen, braucht frühestens nach 10 Wochen nachgedüngt zu werden.

Die Nachdüngung erfolgt meist mit mineralischen Volldüngern, in denen alle wichtigen Haupt- und Spurennährstoffe für die Pflanzen schnell verfügbar sind. Sie sind im Handel in flüssiger, pulverisierter oder fester Form erhältlich und werden, wie in der Gebrauchsanleitung angegeben, mit Wasser verdünnt angesetzt. In der Regel verabreicht man bis Ende August/Anfang September in Abständen von 1–2 Wochen 2 g (ml) pro Liter Wasser. Salzempfindliche Pflanzen düngt man öfter, dafür niedriger dosiert. Düngestäbchen werden je nach Vorschrift (z. B. 4–6 Stück für einen 1 m langen Kasten) gleichmäßig verteilt in das Substrat gesteckt. Sie sorgen über einen längeren Zeitraum (4–8 Wochen) für Nährstoffe. Im übrigen wird man an der Entwicklung der Pflanzen erkennen, wann sie Nährstoffe brauchen (siehe auch Seite 89–99).

### Balkonblumen überwintern

Viele Sommerblumen auf Balkon und Terrasse, die von Natur aus mehrjährig sind, können auch überwintert werden. Nach der Über-

**Tip**

**Bei Ampelpflanzen, die in ihren Gefäßen an heißen Tagen besonders schnell austrocknen, wird das Tauchbad dem Gießen oft vorgezogen. Man taucht dazu das Ampelgefäß so lange in ein entsprechend großes, wassergefülltes Gefäß, bis keine Luftbläschen mehr aufsteigen. Die Pflanzen bleiben bei diesem Bad über Wasser.**

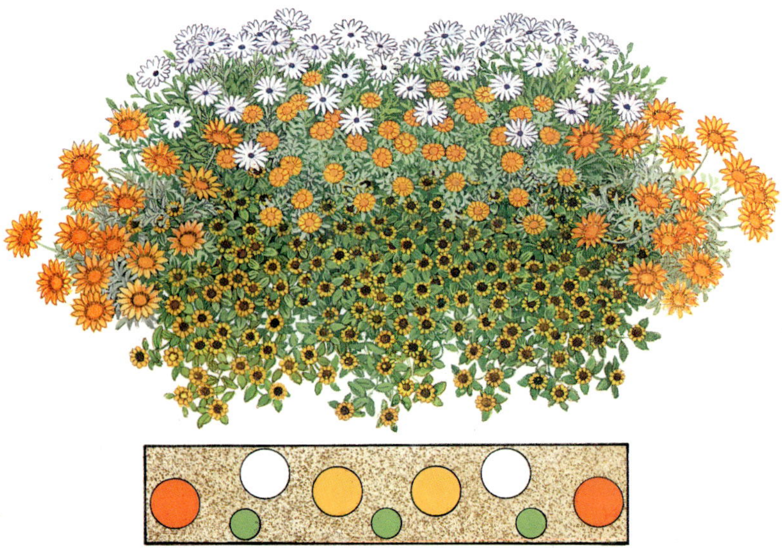

*Kasten in weißen und gelben Tönen für sonnige Lage (links): Schlicht, aber dennoch wirkungsvoll fügen sich Kapkörbchen (hinten), Gazanien (außen), Strandstern (Mitte) und Husarenknopf (unten) zu einer harmonischen Pflanzung zusammen.*

*Kasten mit verschwenderischem Duft für sonnige Lage (rechts): Beherrscht vom weißen Ziertabak, streben die Triebe von roten Hängenelken, schmückendem Elfengold sowie violettem und weißem Duftsteinrich in schwungvollen Linien nach unten.*

**Tip**

**Blumenschmuck kommt erst dann voll zur Geltung, wenn er gestalterisch auf Umgebung und Hintergrund abgestimmt ist. Kräftig leuchtende Blütenfarben passen am besten vor hellen Hintergrund, zarte Pastelltöne heben sich vor dunklen Mauern gut ab. Eine Ton-in-Ton-Pflanzung wirkt elegant und zart, eine lustig-bunte Kombination fröhlich und lebhaft.**

winterung sorgen die Pflanzen erneut für bunten Blumenschmuck in den Gefäßen.

Pelargonien, Fuchsien und andere Arten dürfen bereits ab Ende August/Anfang September nicht mehr gedüngt werden, auch das Gießen sollte man nach und nach reduzieren. Die Pflanzen können über den Winter in ihren Gefäßen bleiben oder auch umgetopft werden. Wie die Pflanzen richtig überwintert werden, wird auf Seite 104f. beschrieben.

### Mit Geschick und Phantasie pflanzen

Balkonblumen und bepflanzte Gefäße sorgen den ganzen Sommer über für lebendigen, farbenfrohen Schmuck. Je sorgfältiger die Arrangements zusammengestellt werden, desto mehr gewinnen Balkon und Terrasse an Flair. Werden die verschiedenen Blumen harmonisch aufeinander abgestimmt, steigert sich ihr Reiz um ein Vielfaches.

### Standort beachten

Die Auswahl der Balkon- und Terrassenblumen muß sich wie im Garten nach den Standortbedingungen richten. Je nach Lage und Witterungseinflüssen werden am jeweiligen Standort nur Pflanzenarten verwendet, die mit den dort herrschenden Bedingungen zurechtkommen. Für den heißen, sonnigen Südbalkon kommen andere Pflanzen in Frage als für eine halbschattige Terrasse oder einen windigen, überwiegend schattigen Nordbalkon.

Die meisten Sommerblumen bevorzugen sonnige, nicht zu heiße, windgeschützte Südwest- oder Südostlagen, aber auch für alle anderen Gegebenheiten gibt es genügend Auswahl. Mit der Balkonblumenauswahl auf Seite 48f. lassen sich unter Berücksichtigung der Ansprüche Pflanzensembles für jeden Ort zusammenstellen.

### Nah- und Fernwirkung

In erster Linie will man den Balkonschmuck in unmittelbarer Nähe genießen. Blüten, Blätter und Düfte heben die Stimmung und machen den Aufenthalt auf Balkon und Terrasse zum Vergnügen. Daneben soll der Balkonschmuck aber auch das Haus zieren, seine Architektur unterstreichen und es für jeden Betrachter zur Augenweide machen.

Ein harmonisches Miteinander von Haus und Blumen erreicht man durch gezielte Farbkombinationen, durch geschickte Gruppierungen und durch ausgewogene Bepflanzung. Für die Gestaltung von Balkonkästen gibt es Grundregeln, mit denen sehr einfach reizvolle Arrangements geschaffen werden können.

### Leit- und Beipflanzen

In einem repräsentativen Blumenkasten übernehmen sog. Leitpflanzen die dominierende Funktion, sie geben dem Pflanzenarrangement ein Grundgerüst. Leitpflanzen sind überwiegend aufrecht wachsende, 20–40 cm hohe Arten mit ausdrucksstarkem Wuchs, plakativen Blüten und beherrschender Gestalt, z.B. Pelargonien (*Pelargonium-Zonale*-Hybriden), Strauchmargeriten *(Chrysanthemum frutescens)* oder *Begonia*-Knollenbegonien-Hybriden. Sie werden als erste im Kasten verteilt und wegen ihrer Dominanz meist in den Hintergrund gesetzt.

Als „Fußvolk" gesellen sich zu den herrschaftlichen Leitpflanzen sog. Beipflanzen, überwiegend breitwüchsige, 10–30 cm hohe, manchmal auch bodendeckende Arten. Sie ordnen sich in Gestalt und Ausstrahlung den Leitpflanzen unter, verstärken deren Wirkung, haben aber auch selbst ihre Reize.

Um einen Kasten optimal auszunutzen und alle Dimensionen mit Blüten zu schmücken, werden oft noch Hängepflanzen zu den Leit- und Beipflanzen gesetzt. Mit 30–50 cm langen Trieben begrünen sie die Seiten, Fronten und Räume unterhalb des Kastens.

Durch gezielte Anordnung der Leit- und Beipflanzen können verschiedene Wirkungen erzielt werden. Klassische Kombinationen bestehen aus mehreren Leitpflanzen, die im Vordergrund von Beipflanzen begleitet werden. Kästen, die an den Balkoninnenseiten aufgehängt werden, erzielen die beste Wirkung, wenn die Leitpflanzen nach außen, die Bei- und Hängepflanzen nach innen zum Balkon hin weisen. In Kästen und Schalen, die frei aufgestellt und von allen Seiten betrachtet werden, kommen Leitpflanzen in die Mitte, die Beipflanzen rundherum.

### Gruppierung im Kasten

Je geräumiger das Pflanzgefäß ist, desto großzügiger und vielfältiger kann die Bepflanzung ausfallen. Breite Kästen können mit einem zwei- oder dreireihigen Aufbau gestaltet werden, in schmalen Kästen werden die Pflanzen eher einreihig stehen. Um den geringen Raum möglichst gut auszunutzen, werden die Pflanzen stets auf Lücke gesetzt, d.h. in den Reihen versetzt zueinander gepflanzt.

In einem 100 cm langen, 20 cm breiten und 18 cm hohen Kasten finden etwa neun bis elf Pflanzen Platz, in kleineren Kästen entsprechend weniger. Weil die Pflanzen während des Sommers beträchtlich wachsen, sollten sie auf keinen Fall zu dicht nebeneinander gesetzt werden. In der Regel bleiben zwischen den Pflanzen etwa 15–20 cm Abstand, abhängig von Entwicklungsstand und Wuchsverhalten der einzelnen Arten.

Lebhaft bunter Blumenschmuck, zart pastellfarbene Kombinationen oder auch Arrangements in nur zwei oder drei Farben bieten Abwechslung zu den traditionellen Balkonbepflanzungen, die nur aus einer Pflanzenart bestehen. Die Fülle verschiedener Sommerblumen, die für Balkon und Terrasse in Frage kommen, nimmt stetig zu. Außer den klassischen Pelargonien, Petunien und Fuchsien haben sich viele weitere Arten im Sortiment fest etabliert, jedes Jahr kommen Neuheiten hinzu.

Mit ein wenig Phantasie und Lust am Gestalten lassen sich Kästen und Kübel immer neu arrangieren, Balkon und Terrasse stets in ein neues Gewand kleiden. Die meisten Arten sind robust und wuchsfreudig, und sie können ohne Probleme miteinander kombiniert werden. Für alle Lagen und Situationen findet man heute ein reichhaltiges Angebot von Pflanzen, mit denen man seine Blumenträume auf dem Balkon verwirklichen kann.

*Abgestufter Aufbau eines Balkonkastens in der Seitenansicht: im Hintergrund eine Pelargonie als Leitpflanze, in der Mitte Pantoffelblumen als Beipflanzen und vorne eine Blaue Mauritius als Hängepflanze.*

*Romantisch wirkt die Balkonpflanzung in violetten und blaulila Tönen aus Fächerblumen, Vanilleblumen und Verbenen (von rechts nach links).*

**Tip**

**Eine Kastenpflanzung wirkt besonders gelungen, wenn Pflanzen mit unterschiedlichen Wuchshöhen eingesetzt werden. Die Gestaltung kann symmetrisch oder auch asymmetrisch aufgebaut sein, z.B. an einem Ende mit einer hohen Pflanze, am anderen Ende als Gegengewicht mit einer hängenden Pflanze.**

## Beliebte Sommerblumen für Balkonkästen

| Botanischer Name / Deutscher Name | Standort | Blütenfarbe | Wuchs in cm | Verwendung | Bemerkung |
|---|---|---|---|---|---|
| *Acalypha hispaniolae* Katzenschwanz | ○ ◑ | rosa, rot | 20–40 | H | R ⋂ |
| *Ageratum houstonianum* Leberbalsam | ○ | weiß, blau, rosa, violett | 10–20 | L B | W |
| *Asteriscus maritimus* Strandstern | ○ | gelb | 25–35 | B H | ⋂ |
| *Begonia*-Knollen-begonien-Hybriden Knollenbegonie | ○ ◑ ● | weiß, rosa, gelb, rot, orange | 20–60 | L (H) | R ⋂ |
| *Begonia-Semperflorens*-Hybriden Eisbegonie | ○ ◑ | weiß, rosa, rot | 15–40 | L B | E W |
| *Brachycome multifida* Blaues Gänseblümchen | ○ | violett, blau | 20–25 | B H | ⋂ |
| *Calceolaria integrifolia* Pantoffelblume | ○ ◑ | gelb | 25–40 | L B (H) | R |
| *Chrysanthemum frutescens* Strauchmargerite | ○ | weiß, gelb, rosa | 25–40 | L (B) (H) | W ⋂ |
| *Chrysanthemum multicaule* Gelbe Zwergwucherblume | ○ | gelb | 20–25 | B (H) | W |
| *Chrysanthemum paludosum* Weiße Zwergwucherblume | ○ | weiß | 15–30 | B (H) | W |
| *Convolvulus sabatius* Blaue Mauritius | ○ | blau | 15–40 | B H | ⋂ |
| *Cuphea ignea* Zigarettenblümchen | ○ ◑ | rot | 25–30 | B (H) | |
| *Delosperma pruinosum* Sonnenblitzerli | ○ | violett | 10–25 | (B) H | E ⋂ |
| *Dianthus caryophyllus* Hängenelke | ○ ◑ | rosa, rot | bis 30 | (B) H | R ⋂ |
| *Dianthus-Chinensis*-Hybriden Kaisernelke | ○ | weiß, violett, rosa, rot | 15–30 | B | |
| *Diascia barberae* Elfensporn | ○ | rosa | 25–30 | B H | ⋂ |
| *Dimorphotheca*-Hybriden, *D. pluvialis, D. sinuata* Kapkörbchen | ○ | weiß, rosa, gelb, orange | 25–50 | L (B) | W |
| *Erigeron karvinskianus* Spanisches Gänseblümchen | ○ | weiß, rosa | 20–30 | B H | ⋂ |
| *Euryops tenuissimus* Euryops | ○ | gelb | 30–50 | L B | ⋂ |
| *Felicia amelloides* Kapaster | ○ | blau | 20–50 | B (H) | ⋂ |
| *Fuchsia*-Hybriden Fuchsie | ◑ ● | weiß, violett, rosa, rot | 20–40 | (L) (H) | R ⋂ |
| *Gazania*-Hybriden Gazanie | ○ | weiß, rosa, gelb, rot, orange | 15–30 | L B | R ⋂ |
| *Heliotropium arborescens* Vanilleblume | ○ ◑ | violett | 30–50 | B (H) | R ⋂ |
| *Heterocentron*-Hybriden Kaskadenblume | ○ | rosa | 25 | B H | R ⋂ |
| *Impatiens-Neu-Guinea*-Hybriden Neu-Guinea-Impatiens | ○ ◑ ● | weiß, rot, orange, violett, rosa | 20–50 | L B | ⋂ |
| *Impatiens walleriana* Fleißiges Lieschen | ○ ◑ | weiß, rot, orange, violett, rosa | 15–30 | B H | W |
| *Lantana-Camara*-Hybriden Wandelröschen | ○ | weiß, rosa, gelb, rot, orange, violett | 30–50 | B H | ⋂ |
| *Lobelia erinus* Männertreu | ○ ◑ | weiß, blau, rosa, violett | 10–40 | B H | |

| Botanischer Name<br>Deutscher Name | Standort | Blütenfarbe | Wuchs in cm | Verwendung | Bemerkung |
|---|---|---|---|---|---|
| *Lobelia valida*<br>Lobelie | ○ ◑ | blau | aufrecht 25–30 | L B | W |
| *Lobularia maritima*<br>Duftsteinrich | ○ ◑ | weiß, rosa, violett | hängend 6–15, breitbuschig | B H | W |
| *Lotus berthelotii, L. maculatus*<br>Hornklee | ○ | gelb, orange, rot | hängend 30, breitbuschig | B H | ⋒ |
| *Lysimachia congestiflora*<br>Asiatischer Felberich | ○ ◑ | gelb | hängend 15–20 | H | ⋒ |
| *Melampodium paludosum*<br>Sterntaler | ○ | gelb | 20–40 breitbuschig | B | |
| *Nicotiana × sanderae*<br>Ziertabak | ○ | weiß, rot, gelb, violett, rosa | aufrecht 25–45 | L | R |
| *Nolana napiformis, N. paradoxa*<br>Glockenwinde | ○ | weiß, violett, blau | hängend 10–50, breitbuschig | B H | |
| *Osteospermum ecklonis*<br>Kapkörbchen | ○ | weiß, gelb, rosa | aufrecht 25–50, breitbuschig | L B | W ⋒ |
| *Pelargonium-Peltatum*-Hybriden<br>Hängepelargonie | ○ ◑ | weiß, violett, rosa, rot | hängend 30–150 | H (L) (B) | ⋒ |
| *Pelargonium-Zonale*-Hybriden<br>Aufrechte Pelargonie | ○ ◑ | weiß, violett, rosa, rot | aufrecht 25–35 | L | ⋒ |
| *Petunia*-Hybriden<br>Petunie | ○ | weiß, rot, gelb, violett, rosa, blau | aufrecht, hängend 25–30 | H (L) (B) | R ⋒ |
| *Petunia*-Hybriden „*Surfinia*“<br>Surfinia-Petunie | ○ | weiß, rot, violett | hängend 100–150 | B H | ⋒ |
| *Plectranthus madagascariensis*<br>Elfengold | ○ ◑ | weiß | hängend bis 100 | B H Bl | ⋒ |
| *Plumbago auriculata*<br>Bleiwurz | ○ | weiß, blau | aufrecht, hängend bis 60 | L B | W R ⋒ |
| *Portulaca umbraticola*<br>Portulakröschen | ○ | weiß, rosa, gelb, rot, orange | aufrecht 10–15, breitbuschig | B | |
| *Salvia officinalis*<br>Gartensalbei | ○ | weiß, violett | aufrecht 30–40 | B Bl | ⋒ |
| *Sanvitalia procumbens*<br>Husarenknopf | ○ | gelb | hängend 10–25, breitbuschig | B H | W |
| *Scaevola aemula*<br>Blaue Fächerblume | ○ ◑ | blau | hängend 20–30, breitbuschig | B H | ⋒ |
| *Tagetes-Patula*-Hybriden<br>Studentenblume | ○ | gelb, orange, rot | 20–30 breitbuschig | B | |
| *Tagetes tenuifolia*<br>Studentenblume | ○ | gelb, orange, rot | 20–30 breitbuschig | B | |
| *Thunbergia alata*<br>Schwarzäugige Susanne | ○ | weiß, gelb, orange | aufrecht, hängend bis 150 | B H | |
| *Thymophylla tenuiloba*<br>Gelbes Gänseblümchen | ○ | gelb | hängend 15–20, breitbuschig | B H | |
| *Verbena*-Hybriden<br>Gartenverbene | ○ | weiß, violett, rosa, blau, rot | aufrecht 20–35, breitbuschig | B H | W |
| *Verbena tenera*<br>Verbene | ○ | rosa, weiß, rot, blau | hängend 25 | B H | W |
| *Wedelia trilobata*<br>Goldsternwedelie | ○ | gelb | hängend bis 150 | B H | ⋒ |
| *Zinnia angustifolia*<br>Zinnie | ○ | weiß, rot, gelb, orange | hängend 30–40 | B | |

○ sonnig ◑ halbschattig ● schattig aufrechter Wuchs breitbuschiger Wuchs hängender Wuchs **L** Leitpflanze **B** Begleitpflanze **H** Hängepflanze **Bl** Blattschmuckpflanze ⋒ Pflanze kann überwintert werden **W** Pflanze ist windverträglich **R** Pflanze ist regenempfindlich **E** Pflanze ist auch für extreme, sehr heiße Lagen geeignet

# Wo Sommerblumen gedeihen

## Klima und Boden

*Eine so üppige Fülle von Ringelblumen und Löwenmäulchen kann sich nur entwickeln, wenn die Ansprüche der Pflanzen optimal erfüllt werden.*

Wie alle Pflanzen benötigen auch Sommerblumen für ihr Wachstum und ihre Entwicklung Licht, bestimmte Temperaturen, Kohlendioxid und Sauerstoff aus der Luft sowie Wasser und mineralische Nährstoffe aus dem Boden. Die Ansprüche der Pflanzen an die Wachstumsbedingungen sind unterschiedlich, und sogar bei der einzelnen Pflanze können sie sich im Laufe ihrer Entwicklung mehr oder weniger stark verändern, sie können z. B. beim Keimling anders sein als bei der ausgewachsenen, blühenden Pflanze.

# Licht – ein unerläßlicher Wachstumsfaktor

Intensität des Lichts und Dauer der Belichtung haben weitreichende Auswirkungen auf das Wachstum und das äußere Erscheinungsbild der Pflanzen. Das Licht dient den Pflanzen als Energiequelle für die Synthese von Kohlenhydraten (Zucker und Stärke). Kohlenhydrate sind das Baumaterial für alle organischen Substanzen, aus denen der Pflanzenkörper besteht (z.B. Eiweiße, Zellulose, Fette, Farbstoffe), und geben durch ihren Abbau bei der Atmung die für den Stoffwechsel nötige Energie wieder frei. Die Lichtenergie wird vom Blattgrün, dem Chlorophyll, aufgenommen und nutzbar gemacht. Bei einem dann mit Hilfe der Lichtenergie ablaufenden komplizierten Prozeß entsteht aus Kohlendioxid und aus Wasser Zucker bzw. Stärke, außerdem als Nebenprodukt Sauerstoff, der an die Luft abgegeben wird. Diesen Vorgang nennt man Photosynthese.

*Die Blaue Mauritius öffnet ihre Blüten nur in voller Sonne.*

*Volles Licht über den ganzen Tag fördert nicht nur das Wachstum der lichthungrigen Sommerblumen, sondern läßt auch ihre Farben besonders prächtig leuchten.*

Die Photosynthese ist nicht nur die Voraussetzung für das Pflanzenwachstum, sondern einer der wichtigsten Prozesse für das Leben auf der Erde überhaupt. Aus der Photosynthese stammen der Sauerstoff, den auch wir Menschen atmen, und die Kohlenhydrate, die Hauptbestandteile menschlicher und tierischer Nahrung.

Das Licht hat auch einen großen Einfluß auf die äußere Gestalt der Pflanzen, z.B. auf Trieblänge, Blattform, Blattgröße und Farbstoffbildung. Ein bekanntes Phänomen ist, daß Pflanzen, die nur von einer Seite beleuchtet werden, dem Licht zugewandt wachsen. Man kann es bei Pflanzen, die auf einem Fensterbrett gezogen wurden und immer nur aus einer Richtung Licht erhielten, besonders gut beobachten: Blätter, ganze Triebe und Blüten wenden sich dem Licht zu, wachsen dadurch aber einseitig und gekrümmt. Dieser Prozeß wird als Phototropismus oder phototropische Bewegung bezeichnet.

*Sonnenblumen recken ihre Blütenköpfe immer der Sonne entgegen.*

Im Freien tritt ein einseitiges Wachstum zum Licht hin wegen der gleichmäßigeren Ausleuchtung meist nicht oder nur schwach auf. Pflanzen, die mit viel Licht heranwachsen können, sind meist gedrungener, verzweigen sich besser und haben eine kräftigere Blatt- und Blütenfarbe. Dies gilt natürlich immer nur dann, wenn auch die übrigen Wachstumsbedingungen günstig sind. Wichtig sind beispielsweise die Temperatur und die im Sonnenlicht enthaltene UV-Strahlung. So wachsen Balkonpflanzen im Hochgebirge wegen der niedrigeren Durchschnittstemperaturen und des höheren UV-Anteils im Licht meist gedrungener und sind kräftiger gefärbt als im Tiefland.

Bei vielen Sommerblumenarten öffnen sich die Blüten nur bei Tageslicht und bei manchen sogar nur zu bestimmten Tageszeiten. Bei der Teppichwinde *(Convolvulus tricolor)*, der Blauen Mauritius *(Convolvulus sabatius)* und den Gazanien (*Gazania*-Hybriden) gehen die Blüten erst in den frühen Vormittagsstunden auf und schließen sich bereits wieder am Spätnachmittag. Manche Arten wie Gazanien,

Kapkörbchen *(Dimorphotheca)*, Sonnenflügel *(Helipterum roseum)* und die Mittagsblume *(Dorotheanthus bellidiformis)* falten ihre Blütenblätter sogar nur bei Sonnenschein auf.

Für gutes Wachstum und großen Blütenreichtum brauchen die meisten Sommerblumen wenigstens für mehrere Stunden am Tag einen sonnigen Standort. Nur wenige Arten eignen sich für ständig halbschattige und schattige Plätze, z.B. Fuchsien (*Fuchsia*-Hybriden), Fleißige Lieschen *(Impatiens walleriana)*, Knollenbegonien (*Begonia*-Knollenbegonien-Hybriden) und Eisbegonien (*Begonia-Semperflorens*-Hybriden).

## Langtagpflanzen und Kurztagpflanzen

Bei zahlreichen Sommerblumen wird die Blütenbildung durch die tägliche Helligkeitsdauer, die Tageslänge, beeinflußt. Bei einigen Pflanzen wird die Blütenbildung – je nach Art – nur durch lange Tage mit mehr als 12–14 Stunden Helligkeit gefördert. Man nennt sie deshalb Langtagpflanzen. Zu ihnen gehören etwa Ringelblumen *(Calendula officinalis)*, Sommerastern *(Callistephus chinensis)*, Jungfer im Grünen *(Nigella damascena)*, Gartenlöwenmaul *(Antirrhinum majus)*, Petunien (*Petunia*-Hybriden), Sommerphlox *(Phlox drummondii)* und Wunderbaum *(Ricinus communis)*.

Andere Arten, die sog. Kurztagpflanzen, reagieren genau umgekehrt: Sie blühen – je nach Art – erst oder verstärkt, wenn die Tage kürzer als 12–14 Stunden sind. Beispiele dafür sind Schmuckkörbchen *(Cosmos bipinnatus)*, Zinnien *(Zinnia elegans)* und Dahlien (*Dahlia*-Hybriden). Bei letzteren fördert der Kurztag auch die Knollenbildung.

Wieder andere wie Pelargonien (*Pelargonium-Peltatum*- und *Pelargonium-Zonale*-Hybriden), Leberbalsam *(Ageratum houstonianum)* und Fleißiges Lieschen *(Impatiens walleriana)* blühen unabhängig von der Tageslänge, sie sind tagneutral. Bei einigen Sommerblumen, wie z.B. Fuchsien (*Fuchsia*-Hybriden) oder Schmuckkörbchen *(Cosmos sulphureus)*, kann die Reaktion auf die Tageslänge sogar von Sorte zu Sorte unterschiedlich sein.

Abgesehen von einigen Ausnahmen ist jedoch die Reaktion von Sommerblumen auf unterschiedliche Tageslängen für die Anzucht und Verwendung im Garten gewöhnlich nur von untergeordneter Bedeutung. Eine Ausnahme ist z.B. die mögliche Blütenverfrühung beim Schmuckkörbchen *(Cosmos bipinnatus)* durch frühe Aussaat im März, wenn für die Pflanze noch Kurztag herrscht. So früh herangezogen, blüht das Schmuckkörbchen schon im Frühsommer, während es bei späterer Aussaat um einiges größer wird und länger braucht, bis es blüht. Die Abhängigkeit des Blühverhaltens von der Tageslänge erklärt jedoch manche Beobachtungen, die man bei Sommerblumen machen kann, wie etwa das verstärkte Blühen bei Dahlien im Spätsommer und Herbst oder die Blühpause bei *Euryops tenuissimus* im Juli und August.

## Licht- und Dunkelkeimer

Die Samen der meisten Pflanzenarten keimen gleich gut, unabhängig davon, ob während der Keimung Licht oder Dunkelheit einwirkt. Sie sind lichtneutral. Jedoch gibt es auch bei den Sommerblumen Arten, deren Samenkeimung durch Licht oder Dunkelheit mehr oder weniger stark gefördert wird, sog. Licht- und Dunkelkeimer (siehe auch Seite 71). Zu den Dunkelkeimern gehören z.B. Jungfer im Grünen *(Nigella damascena)* und Bienenfreund *(Phacelia tanacetifolia)*, zu den Lichtkeimern Männertreu *(Lobelia erinus)* und Celosien *(Celosia argentea)*.

*Der Bienenfreund keimt besser bei Dunkelheit, daher müssen die Samen bei der Aussaat mit Erde bedeckt werden.*

*Federbusch-Celosien gehören zu den Lichtkeimern und werden deshalb bei der Aussaat nicht abgedeckt.*

*Blüten bildet der Wunderbaum nur, wenn es am Tag länger als zwölf Stunden hell ist.*

**Tip**

**Auf der Fensterbank läßt sich durch gelegentliches Drehen der Pflanzen ein einseitiges Wachstum zum Licht hin vermeiden, so daß auch unter diesen schwierigen Bedingungen gleichmäßig gewachsene Pflanzen entstehen.**

# Temperatur – ein wichtiger Regulator

*Bei günstigen Bedingungen wächst die Kresse kräftig heran (oben), bei zu viel Wärme vergeilen die Pflanzen (unten).*

**Tip**

**Bei der Überwinterung und der Anzucht von Pflanzen muß auf einen gleichmäßigen Temperaturverlauf geachtet werden, damit nicht durch kurzzeitige starke Wärme- oder Kälteeinwirkung Wachstumsstörungen auftreten.**

**Tip**

**Vergeilte Pflanzen mit dünnen langen Trieben und nur wenigen Blättern kann man unter Umständen noch retten. Sie werden bis auf ein oder zwei Blattpaare kräftig zurückgeschnitten und unter günstigeren Bedingungen weiterkultiviert. Bei guter Pflege treiben die Pflanzen neu aus und wachsen dann zu buschigen Exemplaren heran, die allerdings erst später zur Blüte kommen werden.**

Von der Keimung bis zur Blüte werden Wachstum und Entwicklung in starkem Maße von der Temperatur beeinflußt. Pflanzen entwickeln sich am besten, wenn sie die für sie jeweils optimalen Temperaturverhältnisse vorfinden. Viele Sommerblumen sind wärmebedürftig und wachsen deshalb in warmen Sommern oder an geschützten Standorten besonders üppig. In kühlen Sommern können sie vergeilen. Solche Schwierigkeiten treten häufig auf bei unsachgemäßer Überwinterung von Sommerblumen, etwa bei Fuchsien (*Fuchsia*-Hybriden), Pelargonien (*Pelargonium-Peltatum*- und *Pelargonium-Zonale*-Hybriden), Wandelröschen (*Lantana-Camara*-Hybriden) oder Strauchmargeriten *(Chrysanthemum frutescens)*, sowie bei zu warmer Anzucht von Sommerblumen, z.B. auf dem Fensterbrett im stark geheizten Zimmer.

Fuchsien würden beispielsweise am schnellsten bei 20°C und darüber wachsen. So hohe Temperaturen sind aber nur sinnvoll, wenn die Pflanzen gleichzeitig sehr viel Licht bekommen, weil sie sonst vergeilen. Da bei der Anzucht von Fuchsien in den Winter- und Frühjahrsmonaten die Lichtverhältnisse jahreszeitlich bedingt nicht gut sind, hält man sie bei nur etwa 15–17°C. Die Pflanzen wachsen dann zwar langsamer, aber kräftiger und stabiler.

*Nur an warmen und geschützten Standorten entwickeln sich Dahlien zu einer solchen Pracht.*

Der Feuersalbei *(Salvia splendens)* und die Zinnie *(Zinnia elegans)* z.B. gedeihen im Sommer bei etwa 20–25°C am besten und kümmern, wenn die Durchschnittstemperatur längere Zeit unter 15–18°C absinkt. Sie können dann sogar gelbliche, chlorotische Blätter bekommen. Aber auch das Gegenteil gibt es. So entwickelt sich z.B. der Leberbalsam *(Ageratum houstonianum)* in kühleren Sommern oft besser als in heißen.

Die für das Wachstum der einzelnen Pflanzen günstigen Temperaturen sind keineswegs immer gleich, sondern hängen auch von den herrschenden Lichtverhältnissen ab. Bei viel Licht liegt die optimale Temperatur höher als bei wenig Licht. Sind die Temperaturen dagegen bei schlechten Lichtverhältnissen zu hoch, bilden die Pflanzen lange, helle und instabile Triebe und verzweigen sich schlecht – sie vergeilen.

### Vernalisation – Winterkälte für die Blütenbildung

Einige zweijährige oder zweijährig gezogene Sommerblumenarten, wie z.B. Goldlack *(Cheiranthus cheiri)*, Fingerhut *(Digitalis purpurea)* und zweijährige Bartnelken *(Dianthus barbatus)*, benötigen die Winterkälte, um blühen zu können. Erst die Kälteeinwirkung regt die Blütenbildung an, man spricht von Vernalisation. Wirksam sind hierbei im allgemeinen Temperaturen zwischen 0°C und 10°C.

# Der Boden – Lebensraum der Pflanzen

Unsere Böden sind im Laufe der Erdgeschichte durch Verwitterung aus den Gesteinen der Erdkruste entstanden. Diese wurden und werden durch Niederschläge, Temperaturwechsel, Luft- und Wasserbewegungen zerkleinert und vermischt. Bodenbildende Einflüsse üben auch die Pflanzen selbst und im Boden existierende Lebewesen aus, und im Zusammenwirken mit den Witterungseinflüssen entstehen so im Laufe der Zeit mehr oder weniger fruchtbare Böden.

Von ganz besonderer Bedeutung für das Pflanzenwachstum ist die oberste Bodenschicht bis in eine Tiefe von etwa 30–60 cm. In dieser Schicht laufen die meisten Abbau- und Umwandlungsprozesse ab, und hier vollzieht sich das Hauptwurzelwachstum.

Im Boden sind die Pflanzen mit ihren Wurzeln verankert. Aus ihm beziehen sie Wasser, mineralische Nährstoffe und Sauerstoff für die Wurzelatmung. Der Boden ist aber gleichzeitig auch Lebensraum für eine riesige Anzahl anderer Lebewesen, wie Bakterien, Pilze, Algen, Fadenwürmer, Springschwänze und andere Insekten, Milben und Regenwürmer. Letztere sind groß und leicht zu erkennen, die Mehrzahl der Bodenorganismen ist jedoch mikroskopisch klein, so daß in einem Kilogramm Oberboden mehrere Billionen Lebewesen existieren können. Sie zersetzen die tote organische Substanz im Boden in ihre kleinsten Bestandteile; dadurch werden die darin enthaltenen Nährstoffe freigesetzt und können von den Wurzeln aufgenommen werden.

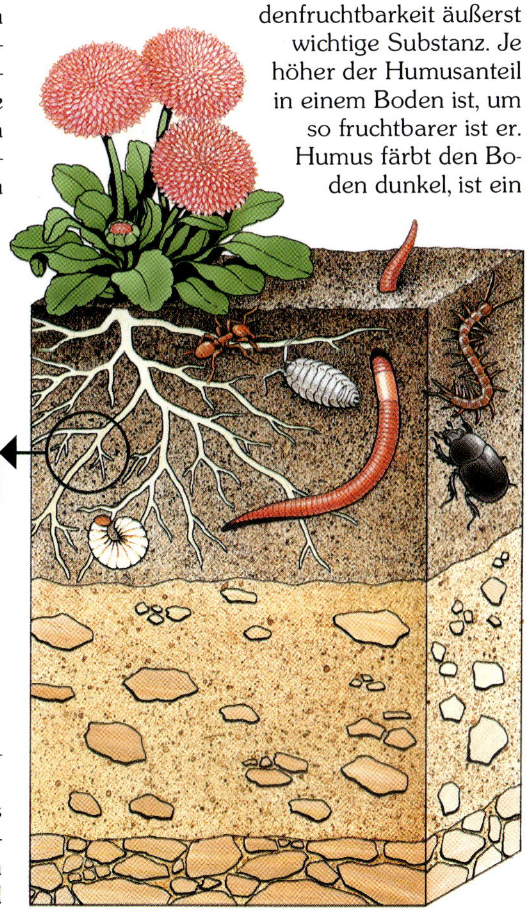

*Querschnitt durch einen humosen Gartenboden (rechtes Bild): Die obere Schicht ist feinkrümelig und durch Humusteile dunkel gefärbt, hier herrscht ein reges Bodenleben. In dieser Schicht wurzeln die Pflanzen bevorzugt. Je tiefer die Bodenschichten liegen, desto weniger Humusstoffe und feine Erdteilchen sind vorhanden, auch das Bodenleben wird spärlicher. Der vergrößerte Lupenausschnitt aus der oberen Erdschicht (linkes Bild) zeigt, wie sich die Pflanzen über feine Haarwurzeln mit Wasser und Nährstoffen versorgen. Eine ungeheure Vielzahl von mikroskopisch kleinen Lebewesen wie Pilzen, Bakterien und Rädertierchen zersetzt die organischen Stoffe.*

## Humus – ein wichtiger Faktor für die Bodenfruchtbarkeit

Die unzähligen Bodenlebewesen bilden aus abgestorbenem tierischem und pflanzlichem Material Humus, eine im Hinblick auf die Bodenfruchtbarkeit äußerst wichtige Substanz. Je höher der Humusanteil in einem Boden ist, um so fruchtbarer ist er. Humus färbt den Boden dunkel, ist ein wichtiger Faktor für die Wasser- und Nährstoffspeicherung, sorgt für gute Durchlüftung und einen ausgeglichenen Temperaturhaushalt. Humus trägt auch dazu bei, das empfindliche natürliche Gleichgewicht zwischen den verschiedenen Organismengruppen im Boden stabil zu halten. Ein humusreicher Boden kann Störungen besser ausgleichen als ein humusarmer.

Der Humusgehalt eines Bodens hängt von vielen Faktoren ab, die in einem komplexen Wechselspiel aufeinander wirken. Klima, Gesteins- und Bodenart, Oberflächengestalt sowie Bodenorganismen und Pflanzendecke – deren Zusammensetzung und Abbau in orga-

**Tip**

**Nur ein gesunder Boden, in dem das natürliche Gleichgewicht möglichst stabil ist, kann optimales Wachstum ermöglichen. Richtige Bodenpflege und Vermeidung jeglicher Beeinträchtigung sollte deshalb oberstes Ziel im Garten sein.**

*Die verschiedenen Bodenarten lassen sich gut unterscheiden: Ein sandiger Boden (Bild a) rieselt leicht vom Spaten. Ein sandig-lehmiger Boden (Bild b) ist an den groben, leicht brechenden Schollen erkennbar. Ein lehmig-toniger Boden (Bild c) hat an den Schnittflächen eine glänzende Oberfläche. Ein toniger Boden (Bild d) verschlämmt zu einer zähen Masse.*

*b*

**Tip**

**Aus der Bodenfärbung läßt sich ganz grob ein Rückschluß auf den Humusgehalt ziehen: Je dunkler die Erde ist, desto höher ist im allgemeinen der Humusanteil. Duftet die Erde angenehm wie frischer Waldboden, kann dies ebenfalls auf ein aktives Bodenleben und einen hohen Humusgehalt zurückgeführt werden. Humusarmer Boden zeigt dagegen eine helle Färbung und riecht kaum.**

nische Bodensubstanz – bedingen die Humusbildung eines Bodens. Bei Kultur- und Gartenböden spielt auch der Mensch eine wichtige Rolle. Durch Ernte, also den Entzug organischer Substanz, und durch Düngung, die Zuführung organischer Substanz, wird der Humusgehalt entscheidend beeinflußt.

Ziel des Gärtners wird es daher sein, die Aktivität der Bodenorganismen zu fördern, die die organische Substanz zersetzen, und dadurch einen möglichst hohen Humusgehalt des Bodens anzustreben. Die Humusbildung wird durch viele gärtnerische Maßnahmen gefördert, beispielsweise durch Gründüngung

*a*

*c*

*d*

(siehe Seite 88, 91), Kompostgaben (siehe Seite 96–99), schonende Bodenbearbeitung und Mulchen (siehe Seite 86–88).

### Schwere und leichte Böden

Abgestorbene tierische und pflanzliche Stoffe und der daraus entstehende Humus stellen die organische Substanz des Bodens dar. Sie umfaßt allerdings nur einen geringen Teil des Bodens, den Hauptanteil bildet die anorganische Substanz. Sie besteht je nach Ursprung und Verwitterung des Bodens aus verschiedenen Gemischen von Mineralen, Tonmineralen, Oxiden und Hydroxiden.

Je nach Größe der Mineralkörner des Bodens unterscheidet man verschiedene Bodenarten. Teilchen von mehr als 2 mm Korngröße (Kies und Steine) bilden das Bodenskelett, 2 mm große und kleinere den Feinboden. Die kleinsten Teilchen des Feinbodens nennt man Ton, die gröbsten Sand, dazwischenliegende Schluff.

Besteht ein Boden überwiegend aus gröberen Bestandteilen wie Sand und Kies, ist er ein grober und damit leichter Boden, z. B. Sandboden; besteht er überwiegend aus Ton und Schluff, ist er ein feiner und damit schwerer Boden. Unter Lehm versteht man eine Mischung aus Ton, Schluff und Sand. Je nach Mengenanteilen kann ein Lehmboden leichter oder schwerer sein.

Leichte, sandige Böden lassen sich einfach bearbeiten und sind gut durchlüftet, können allerdings nur wenig Wasser und Nährstoffe speichern. Schwere, tonige Böden sind dagegen nur schwer zu bearbeiten, schlecht durchlüftet und neigen zur Vernässung, können aber viele Nährstoffe speichern. Vor- und Nachteile beider Bodenarten vereinen Lehmböden, die im Garten die besten Voraussetzungen bieten.

### Krümelstruktur – Voraussetzung für Bodenfruchtbarkeit

Die Bodenorganismen durchmischen Humus und mineralische Bodenteilchen und verbinden sie zu größeren, stabilen Krümeln. Vor allem Pilzfäden und schleimförmige Bakterienkolonien verkleben und überziehen die Krümel und machen sie stabil gegenüber Witterungseinflüssen. Man nennt diesen Vorgang Lebendverbauung. Neben den Bodenorganismen trägt auch noch der Kalk im Boden zur Stabilisierung der Krümel bei.

Eine gute und vor allem beständige Krümelstruktur ist entscheidend für einen fruchtbaren und gut zu bearbeitenden Boden. Ihre Förde-

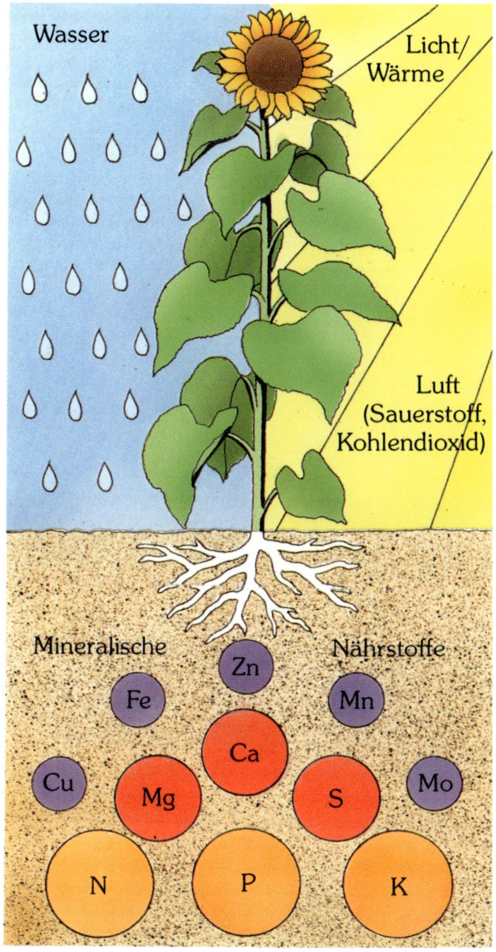


*Nur wenn alle Wachstumsfaktoren im richtigen Maß vorhanden sind, gedeiht die Pflanze optimal.*

rung und Erhaltung ist daher auch im Sommerblumengarten eines der Hauptziele der Bodenpflege. Fast alle Sommerblumen benötigen nämlich gute und fruchtbare Böden, damit sie optimal gedeihen können.

Ein gut krümeliger Boden wird als garer Boden bezeichnet. Durch Humuszufuhr und Bedecken des Bodens mit einer geschlossenen Pflanzendecke oder einer Mulchschicht wird die Bodengare gefördert (siehe auch Seite 86–88).

Erst durch die Krümel entstehen im Boden größere und kleinere Hohlräume, die Grob- und Feinporen. Sie ermöglichen Wassertransport und Wasserspeicherung bei gleichzeitiger Durchlüftung des Bodens. Der Anteil an Grob- und Feinporen entscheidet über die Luft- und Wasserführung. Leichte Sandböden enthalten viele lufthaltige Grobporen. Sie können daher das Wasser schlecht speichern und trocknen rasch aus, zeigen aber kaum Staunässe. Schwere tonhaltige Böden besitzen dagegen viele Feinporen, die das Wasser gut festhalten können, sind aber oft schlecht durchlüftet und neigen zur Vernässung. Am besten sind daher für die Pflanzen mittelschwere Böden mit guter Humusversorgung und Krümelstruktur geeignet.

## Nährstoffe im Boden

Alle Pflanzen müssen dem Boden mehrere lebensnotwendige Nährelemente entnehmen. Nach dem mengenmäßigen Bedarf teilt man diese in Hauptnährstoffe oder Hauptnährelemente und Spurennährstoffe oder Spurenelemente ein. Zu den Hauptnährstoffen gehören Stickstoff (N), Phosphor (P), Schwefel (S), Kalium (K), Calcium (Ca) und Magnesium (Mg). Wichtige Spurennährstoffe oder Spurenelemente sind u.a. Eisen (Fe), Kupfer (Cu), Mangan (Mn), Molybdän (Mo) und Zink (Zn). Von den Hauptnährstoffen benötigen die Pflanzen höhere Konzentrationen als von den Spurennährstoffen, von denen nur sehr geringe Mengen erforderlich sind.

Alle diese Nährelemente erfüllen in der Pflanze wichtige und zum Teil ganz besondere Funktionen. Beispielsweise fördert Stickstoff

*Kompost wird zur Humusanreicherung kargen und mageren Böden untergemischt.*

ganz allgemein das Wachstum, Phosphor die Blühwilligkeit, Kalium reguliert den Wasserhaushalt, und Magnesium ist notwendig zum Aufbau des Blattgrüns (Chlorophyll). Steht auch nur ein lebensnotwendiges Nährelement nicht in ausreichender Menge zur Verfügung, sind gesundes Wachstum und normale Entwicklung nicht möglich. Die Pflanzen zeigen dann mehr oder weniger typische Mangelerscheinungen, etwa Blattrandvergilbungen an

**Tip**

**Durch eine Förderung der Humusbildung und Erhöhung des Humusgehalts können alle Bodenarten, Sand-, Lehm- und Tonböden, nachhaltig verbessert werden. Humusanreicherung kann durch regelmäßige Kompostgaben, schonende Bodenbearbeitung, ausgewogene Düngung, aber auch durch Gründüngung und Mulchen erzielt werden.**

*Profil eines Gartenbodens mit deutlicher Schichtung.*

*Regenwürmer leisten einen wesentlichen Beitrag bei der Zersetzung und Durchmischung von organischer Substanz.*

**Tip**

**Eine Bodenprobe soll einen repräsentativen Mittelwert des Bodenzustandes in einem Garten geben. Wichtig ist daher die fachgerechte Entnahme der Proben. Wenn man direkt nach einer Düngung oder Kompostgabe Proben entnimmt, würde sich ein falsches Bild ergeben. Proben sollten auch nicht direkt neben dem Kompost entnommen werden, da dort die Erde durch Sickersäfte stark nährstoffangereichert ist.**

**Tip**

**Ein gut mit Humus versorgter, lockerer Boden hat im allgemeinen eine ausreichende Stickstoffnachlieferung. Regelmäßige, aber mäßige Kompostgaben fördern die Humusbildung und ergänzen die Stickstoffvorräte. Richtige Bodenpflege hält den Boden locker und krümelig, aktiviert das Bodenleben und trägt so ebenfalls zu einer ausgewogenen Stickstoffversorgung bei.**

älteren Blättern bei Kaliummangel oder Aufhellung der ganzen Pflanze bei zu wenig Stickstoff.

Aber auch Nährstoffüberschüsse bewirken äußerlich sichtbare Ernährungsstörungen, die vermieden werden sollten. Beispielsweise bewirkt ein Stickstoffüberschuß übermäßigen Wuchs mit großen, weichen Blättern und Trieben, verzögerte Blüte und erhöhte Anfälligkeit gegenüber Witterungseinflüssen und Krankheitserregern.

## Die Freisetzung von Nährstoffreserven

Im Boden ist ein Teil der Pflanzennährstoffe im Bodenwasser gelöst, also ungebunden, oder an winzige Bodenteilchen angelagert und somit locker gebunden. In beiden Fällen sind sie gut für Pflanzen verfügbar und können zu jeder Zeit von ihnen aufgenommen werden.

Ein weitaus größerer Teil ist jedoch in der mineralischen und organischen Bodensubstanz mehr oder weniger fest gebunden und damit nicht ohne weiteres für die Pflanzen nutzbar. Aus dieser Nährstoffreserve werden erst bei der Verwitterung der anorganischen Substanz oder beim Abbau der organischen durch Bodenlebewesen Nährstoffe freigesetzt und für Pflanzen verfügbar.

Die Freisetzung der Nährstoffe beim Abbau der organischen Substanz durch die Bodenlebewesen nennt man Mineralisierung. Allerdings verbrauchen Bodenlebewesen auch Nährstoffe. Sie benötigen sie für ihr eigenes Wachstum und ihre Vermehrung und legen so auch Pflanzennährstoffe vorübergehend fest (Nährstoffsperre). Sie können dabei sogar in starke Konkurrenz zu den Pflanzen treten, beispielsweise um Stickstoff. Werden stickstoffarme organische Substanzen wie Stroh in größerer Menge in den Boden gebracht, verbrauchen die Bodenorganismen den dort vorhandenen Stickstoff zum Abbau des Strohs und entziehen ihn dadurch den Pflanzen.

## Bodenuntersuchung beugt Düngefehlern vor

Die verfügbaren Nährstoffe im Boden und die Nachlieferung durch Verwitterung und Mineralisation reichen nicht immer aus, um Sommerblumen genügend zu ernähren, so daß eine Düngung nötig ist. Bevor man sagen kann, welche Nährstoffe und wieviel dabei zugeführt werden sollen, muß man wissen, wie groß die den Pflanzen zugänglichen Vorräte im Boden sind. Auskunft darüber gibt eine Bodenuntersuchung, die man am besten alle 2–3 Jahre durchführen sollte. Wiederholte Analysen sind notwendig, da sich der Nährstoffzustand des Bodens durch Kulturen und Düngung immer wieder verändert.

Exakte Ergebnisse bekommt man durch Analysen bei staatlichen Untersuchungsanstalten (Adressen siehe Seite 228f.) und auch bei

privaten Labors (Adressen für Bodenuntersuchung siehe Branchen-Telefonbuch unter Laboratorien). Für die Bodenanalyse werden etwa 500 g einer Bodenmischprobe benötigt. Je nach Größe des Gartens entnimmt man dazu an fünf bis zehn verschiedenen Stellen Einzelproben aus der oberen Schicht bis in etwa 30 cm Tiefe. Dazu gräbt man mit dem Spaten ein Loch und sticht am Rand spatentief eine Scholle ab. Mit einem Löffel streicht man von unten nach oben diagonal über die Schollenfläche und sammelt die so gewonnene Erde in einem Eimer. Die Einzelproben werden gründlich durchmischt und von groben Steinen und Wurzeln befreit. Etwa 500 g der Erdmischung füllt man in eine Plastiktüte, die mit einem Aufkleber mit Anschrift und Angaben zum Grundstück (Nutzungsform, bisherige Düngung) versehen wird. Diese Probe wird dann zur Analyse in die Untersuchungsanstalt eingeschickt.

*Eine gezielte Düngung zur ausgewogenen Nährstoffversorgung der Pflanzen sorgt für gutes Wachstum und prächtige Blüten.*

Ermittelt werden in erster Linie die Gehalte der Hauptnährstoffe Phosphor, Kalium und Magnesium. Zusätzlich wird der Säuregehalt in Form des pH-Wertes geprüft, nicht dagegen im Normalfall der Stickstoffgehalt, weil er sich im Boden laufend und auch kurzfristig oft stark verändert. Anhand der Ergebnisse erhält man von den Untersuchungsanstalten dann konkrete Düngungsvorschläge. Auf Wunsch werden die Proben auch auf andere Nährstoffe sowie Schadstoffe, z.B. Schwermetalle, untersucht.

Standard-Bodenuntersuchungen kosten bei den Untersuchungsanstalten nur eine geringe Gebühr. Auskünfte über Bodenuntersuchungen geben ortsansässige Obst- und Gartenbauvereine, die Landwirtschaftskammern und die staatliche Beratung für Haus- und Kleingärtner in den Bundesländern, die meistens bei den Landratsämtern bzw. Regierungspräsidien liegt.

Ungefähre Werte zu wichtigen Bodendaten kann man nach entsprechender Einarbeitung auch im Do-it-yourself-Verfahren mit im Handel erhältlichen Hobbylabors bekommen. Mit oft sehr einfachen Methoden, die auch der Laie gut durchführen kann, bekommt man je nach Ausstattung des Probensets Ergebnisse

*Mit Bodenprüfsets, die im Fachhandel erhältlich sind, kann man die Qualität der eigenen Erde leicht prüfen. Eine Bodenprobe wird mit verschiedenen Testflüssigkeiten versetzt und abgefiltert, und die Filtrate werden mit Farbskalen verglichen.*

über pH-Wert, Kalkversorgung und Gehalte der wichtigsten Nährstoffe, die Näherungswerte darstellen.

## Sachgerechte Düngung mit Stickstoff

Da die mineralische Bodensubstanz relativ wenig Stickstoff enthält, erfolgt die Stickstoffnachlieferung hauptsächlich durch die Freisetzung durch Bodenlebewesen (Mineralisierung) aus der organischen Bodensubstanz. Je höher der Humusgehalt eines Bodens ist, um so mehr Stickstoff enthält er auch. Bei ausreichender Feuchtigkeit und Wärme können oft in kurzer Zeit große Mengen mineralisiert werden.

Bei der Mineralisierung wird der organisch gebundene Stickstoff durch Mikroorganismen zunächst in Ammonium, dann über Nitrit in Nitrat umgewandelt. Ammonium und Nitrat können von den Pflanzen als Stickstoffquellen genutzt werden. Der mineralisierte Stickstoff wird allerdings von anderen Mikroorganismen wieder zu Produkten umgebaut, die von Pflanzen nicht genutzt werden können. Außerdem benötigen auch die Bodenlebewesen Stickstoff für die eigene Ernährung, und schließlich

**Tip**

**Vom pH-Wert eines Bodens oder Substrats hängt auch die Menge der zur Verfügung stehenden Spurennährstoffe ab. Ist der pH-Wert zu niedrig, kann beispielsweise Molybdänmangel auftreten; ist der pH-Wert zu hoch, kann es zu Bor-, Mangan- und Eisenmangel kommen. Vor allem Eisenmangel sieht man häufig an Pflanzen, er ist erkennbar an Vergilbungen der jüngsten Blätter, wobei die Adern grün bleiben. Deshalb ist es wichtig, daß Gartenböden einen günstigen pH-Wert zwischen 5,5 und 7,0 aufweisen.**

wird Stickstoff auch noch von der anorganischen Substanz gebunden.

Stickstoff unterliegt im Boden also vielschichtigen Umwandlungsprozessen. Gleichgültig ob er in Form von organischen oder mineralischen Düngern in den Boden gelangt ist, im Laufe der Umwandlungsphase entsteht immer Nitrat, das der Auswaschung unterliegt. Nitrat gelangt durch Regen bis ins Grundwasser und trägt so zu dessen Verunreinigung bei. Die Auswaschungsgefahr ist besonders groß, wenn mineralische oder organische Stickstoffdünger unsachgemäß angewendet werden, z.B. in zu großen Mengen oder zum falschen Zeitpunkt.

## Der pH-Wert als Maß für den Säuregehalt

Der pH-Wert gibt an, wie sauer oder basisch (alkalisch) ein Boden reagiert (Bodenreaktion). Je geringer der pH-Wert ist, desto mehr Säure enthält ein Boden, je höher der pH-Wert ist, desto weniger Säuren sind vorhanden.

Den Säuregrad von Böden stuft man nach folgender Einteilung ab:

*Gartennelken gedeihen am besten in einem neutralen Boden.*

| | | |
|---|---|---|
| pH geringer als 3 | = | extrem sauer |
| pH 3 bis 4 | = | sehr stark sauer |
| pH 4 bis 5 | = | stark sauer |
| pH 5 bis 6 | = | mäßig sauer |
| pH 6 bis 7 | = | schwach sauer |
| pH 7 | = | neutral |
| pH 7 bis 8 | = | schwach basisch |
| pH 8 bis 9 | = | mäßig basisch |
| pH 9 bis 10 | = | stark basisch |
| pH 10 bis 11 | = | sehr stark basisch |
| pH höher als 11 | = | extrem basisch |

Die einzelnen Sommerblumenarten haben zwar leicht unterschiedliche Ansprüche an den pH-Wert, wachsen aber von einigen Ausnahmen abgesehen gut im pH-Bereich von 5,5 bis 7,0. Einen niedrigeren pH-Wert benötigt beispielsweise der Katzenschwanz *(Acalypha hispaniolae)* mit 4,5 bis 5,5, wogegen Ringelblumen *(Calendula officinalis)* und Gartennelken *(Dianthus caryophyllus)* eher einen neutralen Boden um pH 7,0 brauchen. Gartenstiefmütterchen (*Viola-Wittrockiana*-Hybriden), Zinnien *(Zinnia elegans)* und Verbenen (*Verbena*-Hybriden) vertragen auch neutrale bis schwach basische Böden.

Liegt der pH-Wert des Gartenbodens zu niedrig, kann er mit Kalk (z.B. kohlensaurem Kalk) angehoben werden, denn Kalk neutralisiert die Bodensäuren. Ist der pH-Wert allerdings zu hoch, etwa als Folge einer zu starken Kalkgabe, läßt er sich nur sehr schwer wieder senken. Hier können nur sauer wirkende Dünger wie Kalimagnesia oder schwefelsaures Ammoniak helfen, den pH-Wert zu reduzieren.

*Die in den Trockengebieten Südafrikas heimischen Mittagsblumen brauchen sehr warme Standorte.*

Universalkultursubstrate, wie Blumenerden oder Einheitserden, haben einen pH-Wert zwischen 5,5 und 6,5. Werden diese Substrate für Gefäßpflanzungen verwendet, gibt es daher bezüglich des pH-Wertes bei den meisten Sommerblumen kaum Probleme.

### Kalk – ein wichtiger Bodendünger

Aus dem pH-Wert eines Bodens kann auf seine Kalkversorgung geschlossen werden. Hohe pH-Werte deuten auf viel Kalk im Boden hin. Kalk liefert zwar für die Pflanzen den Nährstoff Calcium, seine Auswirkungen auf den Boden selbst und damit auf die Bodenfruchtbarkeit sind aber bedeutender.

Kalk bindet nicht nur Säuren und stabilisiert den pH-Wert, sondern flockt auch die feinsten Bodenteilchen aus, hält sie in der Oberkrume fest. Er trägt zur Bildung von Bodenkrümeln bei und schützt diese auch vor Zerfall. Daneben fördert Kalk auch die Tätigkeit der Bodenorganismen, so daß sich aus toten Tier- und Pflanzenresten rascher wertvoller Humus bildet und darin enthaltene Nährstoffe den Pflanzen schneller wieder zur Verfügung stehen.

### Standorte im Garten und am Haus

Der Standort einer Pflanze wird geprägt durch das Zusammenwirken der einzelnen Wachstumsfaktoren wie Licht, Temperatur, Feuchtigkeit, Nährstoffe im Boden, pH-Wert und durch das Wechselspiel der Einflüsse, die die Pflanzen selbst aufeinander ausüben (Konkurrenz).

In jedem Garten finden sich Standorte mit unterschiedlichsten Wachstumsbedingungen. Vor der Pflanzung sollten daher die jeweiligen Standorte genau beobachtet und entsprechend den Verhältnissen die jeweils geeigneten Pflanzen dafür ausgesucht werden. Nur wenn alle Standortfaktoren den Pflanzen zusagen, werden sie gut gedeihen und üppig blühen.

Ein Beet vor einer nach Süden ausgerichteten, vollsonnigen Hauswand ist ein warmer, oft heißer Standort, der durch die Wärmeabstrahlung der Mauer auch nachts temperiert bleibt. Hier fühlen sich vor allem Pflanzen aus Trockengebieten wie z.B. Mittagsblumen *(Dorotheanthus)* wohl. Bei reichlicher Wasserversorgung können aber auch die meisten anderen Sommerblumen hier einen geeigneten Standort finden.

Im Bereich großer Bäume und Sträucher oder Hecken liegen mehr oder weniger halbschattige bis schattige Lagen, meist mit hoher Luftfeuchtigkeit und etwas kühleren Temperaturen. Beete auf der Nordseite von Gebäuden bieten kühle und schattige Lagen, für die nur wenige Sommerblumenarten wie z.B. Fuchsien (*Fuchsia*-Hybriden) geeignet sind.

**Tip**

**Eine naturgemäße Kalkdüngung, die sich auf alle Böden vorteilhaft auswirkt, erreicht man mit Gaben von reifem Kompost, denn die organischen Abfallstoffe enthalten viel Kalk.**

*Verbenen bevorzugen neutrale, vertragen aber auch leicht basische Böden.*

# Vom Samenkorn zur blühenden Pflanze

## Vermehrung und Kultur

*Wie ein kleines Kunstwerk stehen die Samen der Sonnenblume auf dem Blütenboden, jeder einzelne enthält die Anlagen für eine neue Pflanze.*

Wie sich aus einem so unscheinbaren Samenkorn eine prachtvolle Pflanze mit üppigem Blütenflor entwickelt, kann man bei den kurzlebigen Sommerblumen innerhalb weniger Wochen beobachten. Der Samen gleicht einer gewaltigen Datenbank, in ihm sind alle Eigenschaften wie Wuchsgröße, Blattform, Blütenfarbe und Wurzelwerk gespeichert. Findet der Samen günstige Bedingungen zum Wachsen, recken sich schon bald kleine, zarte Keimblättchen der Sonne entgegen, und aus den empfindlichen Jungpflänzchen werden schnell blühende Pflanzen, die Garten und Balkon in ein farbenprächtiges Blütenmeer tauchen.

# Das Saatgut

Einige Pflanzen wie Begonien haben nur winzige, staubfeine Samen.

*Bei anderen Arten wie der Kapuzinerkresse sind die Samen groß und grob.*

**Tip**

**Samentütchen, vor allem angebrochene, sollte man in einem dunklen Schraubglas oder in einer Schachtel, die an einen trockenen, kühlen Ort gestellt wird, aufbewahren. So bleibt das Saatgut bis zum Mindesthaltbarkeitsdatum, das meist auf der Tüte vermerkt ist, keimfähig.**

Der Einkauf des Saatgutes ist Vertrauenssache. Samenhandlungen, Gartenfachgeschäfte, Gartencenter und der Versandhandel bieten eine sehr große Auswahl an Blumensämereien. In kleine Tüten abgepackt kann man den Samen für verschiedene Arten und Sorten, aber auch für Blumenmischungen erhalten. Das Saatgut muß trocken und dunkel gelagert sein, am besten in sog. Keimschutzpakkungen, die den Samen luftdicht und sicher umhüllen und damit eine vorzeitige Keimung verhindern.

## Bedarfsgerecht einkaufen

Bereits vor dem Kauf von Saatgut muß überlegt werden, welche Blumen sich für welche Verwendungszwecke eignen. Wichtig ist, daß die Blumen auch entsprechend den Standorten ausgewählt werden, also schattenverträgliche Arten für die Rabatten im Schatten und sonnenhungrige Arten für die Südseiten. Für größere Arrangements erstellt man am besten einen Pflanzplan (siehe Seite 27) und berechnet daraus den Bedarf an Samen.

Viele Sommerblumen werden in Mischungen angeboten. 'Prachtmischungen', z.B. von Strohblumen *(Helichrysum bracteatum)* oder Sommerastern *(Callistephus chinensis)*, enthalten Samen, aus denen Blumen in mehreren verschiedenen Farben hervorgehen, wobei die Farbanteile aber variieren können. 'Formelmischungen' setzen sich dagegen aus festgelegten Anteilen von Einzelfarben zusammen.

Wer allerdings eine bestimmte Blütenfarbe bei seinen Sommerblumen bevorzugt, sollte zu Farbsorten greifen. Oft sagen schon die phantasievollen Sortennamen viel über die Farbe aus, z.B. blüht die Vergißmeinnicht-Sorte 'Blaues Wunder' tiefblau, die Sorte 'Rosa Traum' aber hellrosa. Bei vielen Sommerblumenarten gibt es Sortengruppen, die zusätzlich zum eigentlichen Sortennamen eine Farbbezeichnung tragen, z.B. die Fleißigen Lieschen *(Impatiens walleriana)* der Sortengruppe 'Accent', wobei 19 Einzelfarben und eine Mischung angeboten werden, etwa 'Accent Rosa', 'Accent Rot' oder 'Accent Weiß'. Mit

*Ein hübscher Blütenteppich läßt sich mit Vergißmeinnicht in den Farbsorten 'Rosa Traum' und 'Blaues Wunder' kombinieren.*

reinen Farbsorten lassen sich Beete und Rabatten effektvoller gestalten, weil man die Wirkungen der Farben aufeinander abstimmen kann.

Samen haben je nach Art eine sehr unterschiedliche Gestalt und Größe. Die Samen von Begonien sind nur staubfein (1000 Samen wiegen lediglich 0,025 g), während die Dahliensamen gut zu greifen sind (1000 Samen wiegen 25 g). Entsprechend unterschiedlich kann die Menge in der Samentüte ausfallen. Schon mancher Hobbygärtner war enttäuscht über die angeblich so geringe Menge, die er für teures Geld erworben hat, dann aber doch erstaunt, wie viele Blumen letztlich daraus wuchsen.

*Nur wenn die Samen wie in einem Saatband mit ausreichendem Abstand gesät werden, können sich die Jungpflanzen ungehindert entwickeln.*

## Verschiedene Saatgutformen

Viele Samen werden im natürlichen Zustand, also unbehandelt und unverändert, als Saatgut gehandelt. Oft aber wird das Saatgut zur besseren Handhabung oder für ein gleichmäßigeres Ergebnis veredelt, was auf den Samentüten meist vermerkt wird und einen höheren Preis zur Folge hat. Manche Samen werden noch zusätzlich gebeizt, um sie vor Krankheiten und Schädlingen während der ersten Wachstumsphase zu schützen.

*Normalsaatgut:* Unbehandeltes, von Samenträgern gewonnenes Saatgut muß bestimmten Mindestanforderungen (Reinheit, Keimfähigkeit usw.) genügen. Es gelangt, nach einer Reinigung, unbehandelt zum Verkauf.

*Kalibriertes Saatgut:* Da nicht immer alle Samen gleich groß sind, größere Körner aber meist schneller keimen, werden Samen oft nach ihrer Größe ausgesiebt, kalibriert. Nur Samen ab einer bestimmten Größe gelangen dann in den Verkauf. Vorteile sind eine gleichmäßigere Keimung und stärkere Pflanzen.

*Pilliertes Saatgut:* Zur Erleichterung der Aussaat werden feine Samen mit einer Ummantelung versehen, künstlich größer gemacht. Als sog. Pillen können die Samenkörner sehr einfach mit richtigem Abstand in die Erde gebracht werden, so daß man sich das spätere Vereinzeln spart. Zusätzlich enthält die Hülle Stoffe, die die Keimung fördern.

*Saatbänder, Saatplatten, Saatvliese, Saatsticks:* Besonders einfach wird eine richtige Aussaat mit diesen Saatgutaufbereitungen. Zwischen dünnen Papierstreifen oder Vliesschichten sind die Samen bereits im richtigen Abstand zueinander eingebettet, die Bänder, Platten oder Vliese brauchen nur ausgelegt zu werden. Saatsticks enthalten auf kleinen Pappstäbchen je ein Samenkorn, sie brauchen nur im richtigen Abstand in den Boden gesteckt zu werden.

## Selbstaussaat

Mehrere Sommerblumen sorgen selbst für Nachwuchs im nächsten Jahr, sie streuen ihren Samen allein aus. Vergißmeinnicht *(Myosotis)*, Steinrich *(Lobularia)*, Fingerhut *(Digitalis)*, Ringelblume *(Calendula)* und viele andere finden sich im Jahr nach der ersten Aussaat an nahe gelegenen oder auch weiter entfernten Stellen als Jungpflanzen wieder. Deshalb sollte man sich gut merken, wie diese Arten im

*Faszinierende Gebilde sind die Früchte der Bechermalve mit den ringförmig angeordneten Samen.*

*Die aufgeplatzte Samenhülle steckt noch über den zarten Keimblättern der Bechermalve.*

**Tip**

**Häufig wachsen aus dem Inhalt einer Samentüte so viele Pflanzen heran, daß man sie gar nicht alle verwenden kann. Daher sät man besser nur einen Teil der Samen aus, bewahrt den Rest auf oder teilt sich die Samen mit Nachbarn oder Freunden.**

Jungpflanzenstadium aussehen, damit man sie auch wiedererkennt. Die von selbst angeflogenen Sämlinge können dann beim Unkrautjäten ausgelesen und an passender Stelle gepflanzt werden.

fähig bleiben –, kann das Saatgut eventuell schon seine Keimkraft verloren haben. Besonders bei selbst gesammeltem oder schon länger gelagertem Saatgut empfiehlt sich, die Keimfähigkeit zu prüfen.

*Sobald die Kapseln des Klatschmohns bei leichtem Schütteln leise rasseln, sind die darin enthaltenen Samen reif und können geerntet werden.*

*Aus den reifen Fruchtständen des Fingerhuts lassen sich Samen für die Aussaat sammeln. Doch ist Vorsicht geboten: Alle Teile dieser Pflanze sind giftig.*

**Tip**

**Nicht von allen Pflanzen lohnt sich eine eigene Nachzucht. Vor allem bei $F_1$-Hybriden (siehe auch Seite 14f.) wird der selbstgezogene Nachwuchs enttäuschen, denn entweder keimt er gar nicht, oder die Sämlinge zeigen ein minderwertiges Ergebnis. Solche Arten und Sorten werden besser neu als Saatgut nachgekauft.**

## Samen selbst gesammelt

Von einigen Sommerblumen kann man selbst Samen für die nächste Aussaat gewinnen, etwa von Klatschmohn *(Papaver rhoeas)* oder von Feuersalbei *(Salvia splendens)*, von den bei der Selbstaussaat genannten und noch anderen Arten.

Sobald die Samenhüllen reif geworden und trocken sind, schneidet man sie ab und legt sie in eine Kiste. Nach mehrtägigem Nachtrocknen kann man die Samen herausschütteln oder durch vorsichtiges Klopfen aus den Schalen lösen und sammeln. Sie werden getrennt nach Arten in Briefkuverts oder kleine Schraubgefäße gefüllt und beschriftet. Im nächsten Frühjahr kommen sie dann zur Aussaat.

## Test der Keimfähigkeit

Mit einer Keimprobe läßt sich ganz einfach feststellen, ob das Saatgut eine Aussaat noch lohnt. Da die Haltbarkeit des Samens je nach Art sehr unterschiedlich ist – manche Samen keimen auch nach Hunderten von Jahren noch, während andere nur sehr begrenzt keimfähig bleiben –, kann das Saatgut eventuell schon seine Keimkraft verloren haben.

## Keimprobe

- Man zählt eine bestimmte Anzahl Samenkörner ab, etwa 20–40 Stück, je nach Größe des Samens.
- Die Samen werden auf feuchtes Zellstoff- oder Löschpapier in einer flachen Schale gelegt. Das Papier soll sich völlig mit warmem Wasser vollsaugen, es darf aber kein Wasser in der Schale stehen. Am besten übersprüht man Papier und Samen mit einem Zerstäuber.
- Die Schale wird an einen hellen, warmen Ort gestellt (z.B. auf die Fensterbank bei etwa 20°C) und gleichmäßig feucht gehalten.
- Sobald durch erste kleine grüne Spitzen und feine Würzelchen die Keimung der Samenkörner zu erkennen ist, werden die gekeimten Samen gezählt.
- Haben alle oder die Mehrheit der Samen gekeimt, ist das Saatgut einwandfrei. Hat nur die Hälfte gekeimt, braucht man die doppelte Menge Saatgut für das gleiche Ergebnis. Bei weniger als 20% Keimfähigkeit lohnt sich eine Aussaat nicht mehr.

# Aussaatgefäße und Anzuchterden

Damit die Samen keimen können, brauchen sie den Kontakt mit Erde und Wasser. Dafür muß man ihnen ein „Bett“ bereiten. Das Saatbett kann man mit sehr einfachen Mitteln herstellen oder aber auch mit Gefäßen, die eigens zu diesem Zweck angeschafft werden. Prinzipiell sollen Aussaatgefäße flach sein, damit die Wurzeln nicht zu lang werden, und sie sollen über Vorrichtungen für einen Wasserabzug verfügen, damit keine überschüssige Nässe stehenbleibt.

## Einfache Aussaatgefäße

Saat und Jungpflanzen brauchen nur wenig Platz, sobald die Pflänzchen groß werden, kommen sie ohnehin an einen neuen Ort. Für die relativ kurze Anzuchtdauer können deshalb recht einfache Gefäße benutzt werden, etwa flache Schalen, Kistchen oder Einzelgefäße. Es eignen sich z.B. Obststeigen, die mit Folie ausgekleidet werden, Kunststoffschalen oder auch kleine Blumentöpfe, ausgediente flache Quark- oder Joghurtbecher, sogar Eierkartons.

## Professionelle Aussaatgefäße

Der Handel bietet eine Vielzahl verschiedener Gefäße speziell für die Aussaat an, von einfachen Kunststoffschalen über Styroporkistchen bis zu sog. Multitopfplatten. Saatschalen aus Kunststoff sind leicht zu reinigen, bruchfest und über viele Jahre haltbar. Styroporgefäße sind zwar nur mäßig bruchfest, haben aber eine gute wärmedämmende Wirkung.

Multitopfplatten sind aus Kunststoff gepreßte kleine Einzeltöpfchen, die zur leichteren Handhabung dicht an dicht zusammenstehen. Die Topfgrößen sind von 3,5–7,0 cm Durchmesser zu erhalten, jede Platte umfaßt etwa 20–50 Töpfchen. Der Vorteil dieser Platten liegt darin, daß jede Jungpflanze ihren eigenen Wuchsbereich erhält, einen kräftigen Wurzelballen entwickeln kann und daß die Wurzeln nicht zusammenwachsen können. So werden die Sämlinge beim Verpflanzen nicht beschädigt.

## Torfquelltöpfe

Gefäß und Substrat sind in den beliebten Torfquelltabletten oder -töpfen bereits kombiniert. Die flachen Tabletten aus gepreßtem Torf werden in flache Gefäße gelegt, vorsichtig mit Wasser übergossen und quellen wie Hefeteig zu Topfform auf. In jeden Quelltopf wird dann ein Samen abgelegt, die Jungpflanzen können sich wie bei den Multitopfplatten einzeln zu kräftigen Jungpflanzen entwickeln. Mitsamt dem Quelltopf werden die Pflanzen später umgesetzt, die Wurzeln bleiben unbeschädigt.

Torfquelltöpfe gibt es mit und ohne stabilisierendes Kunststoffnetz. Die feinen Netze halten den Erdballen gut zusammen, vor dem Auspflanzen können sie vorsichtig entfernt werden. Meistens zerreißen sie jedoch von allein durch den Druck der Wurzeln. Quelltöpfe ohne Kunststoffnetze werden durch chemische Stabilisatoren gefestigt, die den Pflanzen nicht schaden.

## Anzuchterden

Substrate für die Anzucht von Pflanzen müssen auf die speziellen Bedürfnisse und Ansprüche der Keimlinge abgestimmt sein. Die zarten Wurzeln der Jungpflanzen sind anfangs sehr empfindlich, erst mit der Zeit werden sie robuster und kommen auch mit weniger fein abgestimmtem Boden zurecht.

Anzuchtsubstrate müssen feinkörnig und durchlässig sein, damit die feinen Wurzeln

leicht hindurchwachsen können und überschüssiges Wasser schnell ablaufen kann. Sie sollen nur geringe Mengen an Nährstoffen enthalten, zu hohe Nährsalzkonzentrationen wirken regelrecht ätzend auf die empfindlichen Würzelchen. Besonders wichtig ist, daß die Erden keimfrei sind, damit keine Schadorganismen die verletzlichen Jungpflanzen befallen können und die ganze Aussaat zunichte machen.

## Einheitserden

Industriell hergestellte Substrate aus Weißtorf und Ton in wechselnder Zusammensetzung unter Beimischung von Kalk und Nährstoffen werden Einheitserden genannt. Der Torf wirkt

**Tip**

**Alle Torfquelltöpfe sollten während der Anzucht dicht an dicht stehen, damit sie nicht austrocknen.**

*Der in einem Torfquelltopf angezogene Sämling zeigt eine gute Bewurzelung und kann samt dem Ballen umgepflanzt werden.*

*Ausgediente Obstkisten, die mit Folie wasserdicht ausgekleidet und mit Anzuchterde gefüllt werden, sind für die Vorkultur von Jungpflanzen gut geeignet.*

**Tip**

**Gefäße sind mehr und mehr auch aus Recyclingmaterialien erhältlich, vor allem die Schalen und Töpfe aus Altpapier, Zellulose und Flachs erlangen zunehmend Verbreitung. Da die Gefäßwände Wasser aufsaugen, müssen die in ihnen gezogenen Pflanzen aufmerksamer gegossen werden. Kulturgefäße aus Recyclingmaterial verrotten auf natürliche Weise, können kompostiert oder direkt in den Boden gepflanzt werden.**

*Aus reifem, gesiebtem Kompost, Gartenerde und Torf oder Torfersatzstoffen kann man sich selbst ein Substrat für die Pflanzenanzucht mischen. Zur Lockerung gibt man noch gewaschenen Sand hinzu.*

**Tip**

**Einheitserde Typ 0 oder Einheitserde 0 oder Nullerde: Torf-Ton-Substrat, gekalkt, ungedüngt, zur Anzucht geeignet**
**Einheitserde Typ VM oder Einheitserde VM oder Vermehrungserde: Torf-Ton-Substrat, gekalkt, schwach gedüngt, zur Anzucht geeignet**
**Einheitserde Typ P oder Einheitserde P oder Pikiererde: Torf-Ton-Substrat, gekalkt, gedüngt, zum Pikieren von Jungpflanzen geeignet**
**Einheitserde Typ T oder Einheitserde T oder Topferde: Torf-Ton-Substrat, gekalkt, gedüngt, vor allem für Topfkulturen geeignet**

dabei lockernd und wasserspeichernd, Ton sorgt für eine gute Pufferung, d.h. Regulation der Bodensäure, und Bindung der Nährstoffe. Folgende Einheitserden sind für die Aussaat und Jungpflanzenkultur geeignet:

*Einheitserde Typ 0*, auch kurz als Nullerde bezeichnet, enthält nur Torf, Ton und Kalk. Hier kann durch gezielte Düngung der Nährstoffbedarf der einzelnen Kulturen genau berücksichtigt werden.

*Einheitserde Typ VM*, sie heißt auch Vermehrungserde, besteht überwiegend aus Torf. Ein kleiner Anteil Ton sorgt für die nötige Nährstoffbindung. Zur Lockerung sind zusätzlich Kunststoff-Flocken und Perlit beigemischt. Der optimale Säuregrad wird durch Beimengung von Kalk erzielt, Nährstoffe sind in nur sehr geringer Konzentration vorhanden.

*Einheitserde Typ P*, sog. Pikiererde, ist nährstoffreicher als Vermehrungserde, sie enthält alle wichtigen Nährstoffe und Spurenelemente in gut dosierter Mischung und ist genau auf die Bedürfnisse der schon größeren Jungpflanzen ausgerichtet.

*Einheitserde Typ T*, sog. Topferde, besteht aus Torf, Ton und Kalk. Sie enthält doppelt soviel Nährstoffe wie Pikiererde, die erst nach 4–6 Wochen erschöpft sind, und ist vor allem für die Kultur in Gefäßen, z.B. in Einzeltöpfen und Balkonkästen, geeignet.

## Torfkultursubstrate

Torfkultursubstrate bestehen nur aus Weißtorf, der aufgekalkt ist. Durch den hohen Torfanteil bleiben sie zwar stabil in der feinen Struktur, neigen aber auch zur Austrocknung. Einmal trocken, nehmen sie nur schwer wieder Wasser auf, deshalb muß während der Anzucht in diesen Substraten ganz besonders auf eine gleichmäßige Feuchtigkeit geachtet werden. Torfkultursubstrate, die wenig Nährstoffe enthalten, sind speziell für die Jungpflanzenanzucht geeignet, solche mit hohem Nährstoffvorrat für ausgewachsene Pflanzen.

Im Trend liegt das Bestreben der Hersteller, die Torfanteile der Anzuchterden mehr und mehr zu verringern. Dadurch mindert sich die durch Torfabbau bedingte Bedrohung der Moore. Als Ersatzstoffe für den Torf werden Rindenhumus, Tonmehle und andere Materialien verwendet. Daher sollte man beim Kauf auf torfarme Substrate achten und Erden mit geringem Torfanteil bevorzugen.

## Selbstgemischte Anzuchterde

Aufwendig, aber preiswerter ist das Selbermischen von Anzuchterden. Ein bewährtes Rezept setzt sich aus je einem Drittel Erde, Sand und Torf zusammen. Für den Erdanteil eignen sich gut verrottete Komposterde, Laubhumuserde oder Maulwurfserde, die man von Maulwurfshügeln sammeln kann und die besonders locker und feinkrümelig ist. Für den lockernden Sandanteil wird gewaschener Kiessand oder Flußsand, grobkörnig und gereinigt, benötigt. Der Torfanteil wird als handelsüblicher Düngetorf beigefügt. Düngetorf enthält trotz seines irreführenden Namens keine Nährstoffe.

Die Bestandteile werden gründlich miteinander vermischt und am besten noch gesiebt. Durch anschließendes Dämpfen wird die Erde keimfrei gemacht. Bei häufiger Herstellung eigener Erdmischungen ist die Anschaffung eines Elektroerddämpfers rentabel. Mit ihm lassen sich etwa 50 l Erdmischung sehr einfach

*Großflächiger Torfabbau zerstört ein über Jahrtausende gewachsenes Moor binnen kurzer Zeit.*

sterilisieren. Sonst behilft man sich mit einem alten Metalltopf, in dem die Erdmischung für eine halbe Stunde im Backofen bei 100–120°C gedämpft wird. Ersatzweise kann man die Erde auch in handelsübliche Bratenschläuche füllen. Nach dem Abkühlen kann sie sofort verwendet werden.

Zusatzstoffe wie Tonmehl (Bentonit), Styroporflocken, Perlit oder feine Hydrokultursteinchen lockern die Erde zusätzlich. Will man diese Erde als Pikiererde nutzen, wird außerdem noch Volldünger untergemischt. Die Hälfte der sonst üblichen und laut Gebrauchsanweisung zu verwendenden Menge ist ausreichend.

# Vorkultur

Oft regiert im Garten noch Väterchen Frost, während im Schutze von Glas und Wärme die Anzucht von Sommerblumen schon auf Hochtouren läuft. Licht und Wärme locken bald zartes Grün an die Oberfläche. Bevor im Freien das Wachstum beginnt, sind aus den Samen bereits kräftige Pflanzen geworden, die über den ganzen Sommer für eine anhaltende Blütenpracht sorgen.

### Vorsprung durch frühe Anzucht

Eine Vorverlegung der Anzucht in Zeiten, die für das Wachstum im Freien noch ungünstig sind, bewirkt einen entscheidenden Vorsprung in der Entwicklung der Pflanzen. Auf der Fensterbank oder im Gewächshaus vorgezogene Pflanzen zeigen häufig bereits Knospen, wenn im Freiland erst gesät werden kann. Bis sie ins Freie können, stehen die Pflanzen schon voll in Knospen oder blühen bereits kräftig, im Garten oder Balkonkasten ergeben sie sehr bald ein eingewachsenes Bild.

### Die Aussaat

Nachdem Saatgefäße und Substrat bereitstehen, müssen die Samen ausgebracht werden.

*Unter Glas vorkultivierte Petunien sind zum Pflanztermin im Mai bereits zu kräftigen und blühenden Pflanzen herangewachsen.*

## Aussaat im Haus

*Für die Aussaat geeignet sind Gefäße wie Kisten oder Schalen, Multitopfplatten oder Einzeltöpfe, aus denen überschüssiges Wasser abfließen kann.*

*Das mit Anzuchterde gefüllte Gefäß wird ein paarmal vorsichtig auf den Tisch geklopft und die Oberfläche mit den Händen geglättet.*

*Danach streut man die Samen dünn und gleichmäßig in Reihen oder breitwürfig aus. Nur bei ausreichendem Abstand können sich die Keimlinge gut entwickeln.*

*Die Saat wird leicht festgedrückt, damit sie guten Bodenkontakt bekommt. Dann siebt man eine Erdschicht von etwa doppelter Samenstärke darüber.*

*Erde und Samen werden mit einer feinen Brause vorsichtig angegossen und das Gefäß mit Glas, durchsichtiger Folie oder einer Haube abgedeckt.*

*Sobald die grünen Keimblätter erscheinen, wird vorsichtig und stufenweise mit dem Lüften begonnen. Die Sämlinge brauchen jetzt Licht und Luft.*

**Tip**

**Sehr feine Samen von Lobelien oder Begonien müssen mit viel Fingerspitzengefühl gesät werden. Vermischt man solche Samen mit etwas feinem Sand, dann lassen sie sich leichter dünn ausstreuen.**

**Tip**

**Die Aussaaten sollten auf jeden Fall genau markiert werden, damit man weiß, in welchem Topf welche Pflanze heranwächst. Dazu steckt man entweder die leere Samentüte oder kleine Schildchen mit dem Art- und Sortennamen in die Gefäße.**

*Fingerhut (rechts) und Ziersalbei (unten) gehören zu den Lichtkeimern, ihre Samen deckt man nicht mit Erde ab, sondern drückt sie nur an.*

**Tip**

**Ist man im Zweifel darüber, ob man es mit einem Licht- oder Dunkelkeimer zu tun hat, bedeckt man die Saat nur dünn mit Erde, damit der Keimling schnell ans Licht kommt. Ganz spezielle Ansprüche bei der Aussaat sind im allgemeinen auf der Samentüte vermerkt.**

**Tip**

**Mit Styroporplatten lassen sich zu kalte oder auch über Heizkörpern liegende und damit zu warme Fensterbänke gut isolieren und doch zur Anzucht nutzen.**

Die Gefäße werden bis zum Rand mit Anzuchterde gefüllt. Die gefüllten Gefäße klopft man ein paarmal vorsichtig auf den Tisch, damit sich die Erde überallhin gleichmäßig verteilt und keine Löcher bleiben. Überflüssige Erde wird vom Rand des Gefäßes her mit einem Brettchen abgestrichen, das Substrat anschließend mit der Hand, einem Brettchen oder einer Maurerkelle leicht angedrückt und geglättet. Anschließend wird das Substrat gleichmäßig durchfeuchtet.

In das Saatbett kommen nun die Samenkörner. Gewöhnlich werden sie „breitwürfig ausgestreut", d.h. möglichst dünn und gleichmäßig über die Fläche verteilt. Je gleichmäßiger und dünner man sät, desto besser können sich die Pflänzchen entwickeln. Nur bei genügend Abstand zwischen den einzelnen Samen besteht keine Gefahr, daß sich die Sämlinge gegenseitig bedrängen und im Wachstum zurückbleiben. Am besten hält man dazu die Samentüte zwischen Daumen und Mittelfinger und klopft mit dem Zeigefinger die Samen langsam heraus. Man kann das Saatgut auch in die Handfläche geben und möglichst einzeln verteilen, das wird aber nur bei gröberen Samen gelingen. Der Abstand zwischen den Samen sollte etwa 1 cm betragen, bei groben Samen etwas mehr.

Die Samen werden mit einem Brettchen oder dem Handrücken leicht festgedrückt, damit sie Kontakt mit dem Erdreich haben. Mit einem Sieb wird nun eine dünne Erdschicht darübergestreut. Diese Schicht darf die Samen nur gerade bedecken, sie sollte etwa ein- bis zweimal so stark sein wie die Samen dick sind.

Zum Schluß wird noch einmal gegossen. Mit einer feinen Brause oder einem Zerstäuber werden die Saatschalen vorsichtig überbraust. Die Samen dürfen nicht weggeschwemmt werden, sollen aber genügend Feuchtigkeit vorfinden.

## Einzelsaat

In Töpfchen, Multitopfplatten oder Torfquelltöpfe werden die Samen einzeln gesät und nicht ausgestreut. Man legt auf das Substrat in jedem Gefäß jeweils ein Samenkorn und drückt es leicht an oder ein. Auch hier dürfen die Samen nur flach unter der Erdoberfläche liegen, sonst brauchen die Pflanzen viel zu lange, bis sie ans Licht kommen. Gründliches Angießen ist natürlich ebenso wichtig.

Um sicherzugehen, daß in jedem Topf mindestens ein Samen keimt, kann man auch drei oder vier Samen pro Gefäß auslegen; die schwächsten Pflänzchen werden dann nach dem Aufgehen verzogen, nur das kräftigste Exemplar bleibt stehen.

### Licht- und Dunkelkeimer

Licht kann die Keimung entweder fördern oder hemmen. Je nach Art ist dies verschieden. Neben vielen lichtneutralen Sommerblumenarten gibt es auch einige Lichtkeimer. Sie benötigen von Anfang an bei der Anzucht unbedingt Licht, damit die Samen überhaupt treiben. Solche Pflanzen sollten bei der Aussaat nicht mit Erde abgedeckt werden. Ihre Samen werden nur ausgestreut und angedrückt.

Zu den Lichtkeimern gehören z.B. *Begonia-Semperflorens*-Hybriden, Springkraut *(Impatiens)*, Gazanien *(Gazania)*, Fingerhut *(Digitalis)* und Salbei *(Salvia)*.

Dunkelkeimer brauchen dagegen das Signal Licht nicht, bei ihnen würde Licht sogar die Keimung unterbinden. Ihre Samen müssen bei der Aussaat mit Erde oder Pappe abgedeckt werden. Sobald aber die ersten Blättchen erscheinen, brauchen natürlich auch die Dunkelkeimer Licht.

Zu den Dunkelkeimern gehören z.B. Petunien *(Petunia)*, Gartenstiefmütterchen (*Viola-Wittrockiana*-Hybriden), Vergißmeinnicht *(Myosotis)*, Silberling *(Lunaria)* und Rittersporn *(Delphinium)*.

### Anzucht im Haus

Neben Erde und Wasser brauchen die Samen vor allem Wärme zum Keimen. Eine beheizte Kinderstube läßt das Wachstum rasch beginnen und fortschreiten. Wird im zeitigen Frühjahr mit der Vorkultur der Sommerblumen begonnen, müssen die Saaten warm gehalten werden. Das geschieht am besten im Haus auf der Fensterbank, im Frühbeet oder im Gewächshaus. Geschützt vor Kälte und allen Unbilden der Witterung, finden die Pflanzenkinder hier ideale Bedingungen, vor allem, wenn sie gut gepflegt werden.

*Der Silberling entwickelt seine zarten Keimblätter nur, wenn der Samen im Dunkel der Erde liegt.*

### Auf der Fensterbank

Für die Anzucht reicht eine helle Fensterbank in der Wohnung völlig aus. Allerdings darf sie nicht im Zug liegen und nicht zu kalt sein. Fensterbänke über Heizkörpern liefern zwar viel Wärme, lassen aber die Kulturen auch sehr schnell austrocknen.

Am besten richtet man die Jungpflanzenanzucht in einem kühlen Zimmer mit ausgeglichenem Raumklima auf einer möglichst geräumigen Fensterbank ein. Hier werden mehrere Saatschalen und Töpfe Platz finden. Auch im hellen Treppenhaus oder im Hobbyraum läßt sich oft ein geeigneter Platz finden.

### Ideales Kleinklima

Die Saat braucht nach dem Ausbringen vor allem Wärme, Wasser und Licht. Um den keimenden Samen optimale Startchancen für das Wachstum zu bieten, werden die Anzuchtgefäße mit Glas, durchsichtiger Folie oder Hauben überdeckt. Im Schutze eines solchen „Miniatur-Gewächshauses" bleibt die Luft stets feucht, der Boden kann nicht so schnell austrocknen, und die Temperatur liegt um ein paar Grad höher und schwankt nur wenig.

Eine Abdeckung kann ganz einfach mit einer Glasscheibe in passender Größe erfolgen.

**Tip**

**Ideale Feuchtigkeit für die Aussaat herrscht dann, wenn an Glas oder Folie ein dünner Wasserfilm haftet, sie beschlagen aussehen. Bilden sich dicke Tropfen an der Abdeckung, ist die Luft zu naß. Ein leichtes Anheben der Abdeckung oder Wenden der Glasscheibe läßt jedoch überschüssige Feuchtigkeit abziehen. Zeigt sich kein Wasserfilm, ist die Luft zu trocken – es muß gegossen werden.**

*Die Keimung der Samen von Stiefmütterchen wird durch Licht gehemmt, daher muß die Aussaat schattiert werden. Man übersiebt die Samen entweder mit Erde oder dunkelt die Gefäße mit Pappe oder schwarzer Folie ab.*

**Tip**

**Um später für alle Jungpflanzen ideale Wachstumsbedingungen zu schaffen, sollte man nur Arten mit möglichst ähnlicher Keimdauer zusammen in die Anzuchtschalen säen. Die Belüftung kann dann für alle Pflanzen zum richtigen Zeitpunkt erfolgen, kühlere Luft kann noch wenig entwickelte Pflänzchen nicht schädigen.**

Über einzelne Töpfe lassen sich Gläser stülpen. Komfortabler sind Aussaatschalen mit passendem Deckel oder sog. Zimmergewächshäuser, die vom Handel angeboten werden. Für welche Lösung man sich auch entscheidet: Während des Keimvorgangs dürfen die Sämlinge nicht an die Abdeckungen stoßen, sondern müssen stets frei stehen, damit keine Fäulnis entsteht. Nach der Keimung müssen die Abdeckungen dann abgenommen werden.

## Keimtemperaturen

Zur Keimung brauchen die Samen Wärme. Je nach Art sind die Ansprüche an die Temperatur unterschiedlich, doch die meisten Sommerblumen keimen am besten bei Temperaturen zwischen 18 und 20 °C. Aus den Tropen stammende Pflanzen bevorzugen höhere Keimtemperaturen, heimische Arten geben sich auch mit etwas niedrigeren Graden zufrieden. Bei mehr Wärme als notwendig erfolgt zwar oft eine schnellere Keimung, allerdings ist die Gefahr des Austrocknens größer, und die Sämlinge werden dann meist zu lang. Bei zu kühlen Temperaturen dauert die Keimung länger, manchmal unterbleibt sie ganz.

*In einer Saatkiste können mehrere Arten und Sorten gleichzeitig herangezogen werden, die einzelnen Bereiche werden durch dünne Holzstäbe voneinander abgegrenzt und jeweils mit einem Namensschild versehen.*

Zimmertemperatur und Sonneneinstrahlung bilden die wichtigsten Grundlagen für die Anzucht. Für Wärme und ausgeglichenen Temperaturverlauf sorgen die Abdeckungen. Spezielle Einrichtungen wie z.B. eine elektrische Heizmatte für Anzuchtschalen gewährleisten eine optimale Wärmeversorgung, sind aber zur Anzucht nicht unbedingt nötig.

**Tip**

**In den ersten Tagen nach dem Umsetzen brauchen die Pflanzen Schutz vor praller Sonne. Deshalb schattiert man die Aufzuchtgefäße mit Zeitungspapier oder dünner Pappe, die man auflegt oder vor die Gefäße stellt.**

## Licht

Auf der Fensterbank eines südwärts, südöstlich oder südwestlich gelegenen Fensterbrettes reicht die einfallende Lichtmenge meist aus. Allerdings nimmt die Lichtintensität mit zunehmender Entfernung vom Fenster rapide ab; schon in einem Meter Abstand vom Fenster ist die Lichtmenge zu gering für die Anzucht.

Für kompaktes Wachstum ist viel Licht notwendig, sonst wachsen die Pflanzen zu sehr in die Länge, bilden nur kleine Blätter, man spricht vom „Vergeilen". Die Sämlinge sollten an der Fensterbank mehrfach gedreht werden, damit alle Pflänzchen gleichmäßig Licht bekommen und schön buschig wachsen.

**Tip**

**Bei sehr kühler Witterung oder Nachtfrost helfen Schilfmatten oder Noppenfolien, die nötige Wärme im Frühbeet zu halten.**

## Keimdauer

Manche Pflanzen haben es eilig mit dem Wachsen, schon nach wenigen Tagen zeigen sie ihre Keimblätter. Ein geläufiges Beispiel für solche rasanten Keimer ist die Kresse, deren Samen bei genügend Wärme oft schon nach Stunden schwellen und platzen. Andere Pflanzen lassen sich dagegen viel Zeit, bis sie aus der Erde kommen. Die Dauer der Keimung richtet sich auch nach den Wachstumsbedingungen. Licht, Wärme, Feuchtigkeit und andere Faktoren beeinflussen die Zeitspanne von der Aussaat bis zum Auflaufen, d.h. dem Erscheinen der ersten Blätter.

## Belüften

Nachdem sich das erste zarte Grün an die Oberfläche schiebt, wird vorsichtig mit dem Lüften der Kulturen begonnen. Die Glasscheiben, Folien oder Hauben werden zuerst ein klein wenig, später mehr angehoben, so daß Frischluft darunter dringen kann. Je größer die Pflanzen werden, desto stärker wird gelüftet.

## Ausdünnen

Nur allzuoft gerät die Saat trotz aller Umsicht dichter als sie soll, und die jungen Pflanzen stehen dann viel zu nahe beieinander. Um schnell Platz zu schaffen, werden sie verzogen bzw. ausgedünnt. Dazu zieht man alle zu dicht stehenden Pflanzen heraus und läßt nur die kräftigen im richtigen Saatabstand stehen. So erhalten die verbleibenden Sämlinge genügend Raum zum Wachsen.

## Pikieren

Als Pikieren bezeichnet man das Umpflanzen bzw. Vereinzeln der Sämlinge. Pikieren wird erforderlich, wenn die Pflänzchen zusätzlich zu den beiden Keimblättern die ersten richtigen Laubblätter ausbilden. Etwa 3–5 Wochen nach der Aussaat ist es soweit. Damit sich die Pflanzen nicht gegenseitig bedrängen und weiterhin nach allen Seiten kräftig wachsen können, bekommen sie ein neues Quartier. Außerdem werden die Pflänzchen mit zunehmendem Wachstum anspruchsvoller, sie brauchen mehr Nährstoffe.

Die pikierfähigen Pflanzen werden vor dem Umpflanzen noch einmal schwach gegossen, damit sie leicht aus dem Erdreich zu nehmen sind und die Wurzeln nicht verletzt werden. Als neue Gefäße eignen sich größere Schalen oder Töpfe, die mit Einheitserde, Pikiererde oder selbstgemischter Erde (siehe Seite 68) gefüllt werden.

Die dicht an dicht stehenden Pflänzchen werden langsam und vorsichtig aus der Erde gehoben, zu lange Wurzelfäden können etwas gekürzt werden. Mit einem Pikierstab oder Hölzchen drückt man Löcher in die Erde und setzt die Sämlinge vorsichtig hinein. Sie sollen im neuen Quartier etwas tiefer eingepflanzt werden als vorher. Die Jungpflanzen brauchen jetzt einen Abstand von etwa 10 cm voneinander, sehr feine Sämlinge kann man auch dichter umsetzen. Anschließend wird gründlich gegossen. Empfindliche Arten sollten bis zum Einwurzeln nochmals abgedeckt werden, sie wachsen in der feucht-warmen Atmosphäre besser. Robustere Arten brauchen keine Abdeckung mehr.

### Anzucht im Frühbeet

Ein Frühbeetkasten ist besonders dann für eine frühe Aussaat ideal, wenn er beheizbar ist. Eine Bodenheizung im Kasten erzeugt die Wärme. Auch ein Warmer Kasten, in dem Mist durch seine Verrottung für Wärme sorgt, kann für frühe Aussaaten genutzt werden.

Der Kalte Kasten, ein Frühbeet ohne Zusatzheizung, weist wesentlich geringere Temperaturen auf. Erst ab Anfang April kann im normalen Frühbeet die Aussaat erfolgen; vorher sind die Temperaturen selbst im Schutz des Glases zu niedrig für die Samen. Dann aber ermöglicht das Frühbeet vor allem für raschwachsende Arten eine zügige Entwicklung. Selbst im April gesäte Sommerblumen können noch bis zum Mai zur Blüte kommen.

Die Aussaat erfolgt im Frühbeet wie im Haus in Saatschalen oder Gefäßen. Die im Frühbeet vorhandene Erde ist meistens viel zu nährstoffreich für Jungpflanzen. Die weitere

## Pikieren

*Sobald die Sämlinge neben den Keimblättern die ersten echten Laubblätter entwickelt haben, müssen sie pikiert werden.*

*Größere Topfplatten oder auch Saatschalen werden mit Erde gefüllt und die Pflanzlöcher mit einem Pikierstab vorgestochen.*

*Mit dem Pikierstab oder einem Hölzchen sticht man vorsichtig unter die Wurzeln der Sämlinge und lockert sie.*

*Man hebt die Sämlinge aus der Erde und knipst von sehr langen Wurzeln mit den Fingernägeln etwa ein Drittel ab.*

*Mit Hilfe des Pikierstabes setzt man die Sämlinge in die neuen Gefäße, ohne dabei die Wurzeln zu verletzen.*

*Nach dem Angießen kultiviert man die Pflanzen zunächst unter dem Schutz einer Abdeckhaube warm und hell weiter.*

**Tip**

**Knospen, die sich schon sehr früh an Jungpflanzen zeigen, können zugunsten einer üppigeren Hauptblüte ausgebrochen werden. Zwar kostet es einige Überwindung, sich von den ersten Blütenknospen zu trennen, dafür wird man durch eine kräftige und reiche Folgeblüte belohnt. Das Ausbrechen der Knospen ist bei allen Arten mit großen Blütenständen erfolgreich, z. B. bei Vanilleblume, Feuersalbei und Dahlien, kann jedoch zu geringfügiger Blühverzögerung führen.**

**Tip**

**Bei der Anzucht von Jungpflanzen kann es sinnvoll sein, das Bewässern etwas einzuschränken und sie trockener zu kultivieren. Man erreicht dadurch kompaktere Pflanzen mit festerem Aufbau und früherem Blütenansatz. Auch die Substratdurchwurzelung sowie die Widerstandsfähigkeit gegenüber Krankheitserregern und Witterungseinflüssen wird dadurch gefördert. Eine gezielte Wasserverknappung während der Anzucht, bei der die Pflanzen allerdings nicht welken dürfen, hat Vorteile bei Arten wie Schönmalve, Leberbalsam, Buntnessel, Männertreu, Duftsteinrich, Petunien, Sommerphlox, Pelargonien, Verbenen und Ringelblumen.**

*Durch Abschneiden des Haupttriebes werden die Seitenknospen zum Wachstum angeregt, die Pflanze verzweigt sich auf diese Weise besser.*

Pflege der Saat besteht im Ausdünnen, Belüften und Pikieren wie auf der Fensterbank.

### Anzucht im Gewächshaus

Kleingewächshäuser bieten die besten Voraussetzungen für eine erfolgreiche Anzucht, vor allem wenn sie beheizt sind. Besonders Arten mit langer Entwicklungsdauer, die schon ab Januar ausgesät werden müssen, wenn sie bis Mitte Mai blühen sollen (z.B. Petunien, Salvien, Begonien), können hier gut vorkultiviert werden. Techniken und Maßnahmen der Aussaat entsprechen auch im Gewächshaus denen auf der Fensterbank.

### Pflege der pikierten Pflanzen

Mit mehr Wuchsraum und neuer Erde entwickeln sich die Jungpflanzen rasch zu pflanzfähigen Exemplaren. Sie brauchen nun mehr Wasser, da über ihre wachsende Blattfläche zunehmend Wasser verdunstet, und auch mehr Nährstoffe, die durch eine milde Düngung zugeführt werden müssen. Eine erste Düngung wird nötig, wenn die Pflanzen in ungedüngte Pflanzerde pikiert wurden oder wenn es sich um Arten mit hohem Nährstoffverbrauch handelt. Gedüngt wird ein- bis zweimal wöchentlich mit flüssigem Volldünger, der dem Gießwasser zugesetzt wird. Die Konzentration des Düngers darf aber nur halb so hoch sein wie sonst üblich und auf der Gebrauchsanweisung angegeben. Nach und nach kann die Düngermenge auf die normale Konzentration angehoben werden.

### Entspitzen

Ziel dieser Maßnahme ist es, Pflanzen mit besonders dichtem, reichverzweigtem und buschigem Wuchs zu erhalten. Durch Einkürzen des Haupttriebes werden die Seitenknospen zu verstärktem Wachstum angeregt, die Pflanze verzweigt sich gut, bleibt gedrungen

## Frühbeet zum Selberbauen

Zur Jungpflanzenanzucht eignet sich ein Frühbeet, das leicht selbst gebaut werden kann.

Für ein 100x80 cm großes Frühbeet braucht man:

- 4 Kanthölzer 20 cm lang, 5x5 cm stark
- 2 Kanthölzer 37 cm lang, 5x5 cm stark
- 2 Kanthölzer 17 cm lang, 5x5 cm stark
- 5 Bretter, 100x20 cm groß, 2 cm stark
- 5 Bretter, 76x20 cm groß, 2 cm stark, eines davon diagonal durchgesägt
- 1 Fensterrahmen aus 4 Kanthölzern, 5x5 cm stark: 2 Hölzer von 100 cm Länge und 2 Hölzer von 72,5 cm Länge mit 4 Winkelverbindern zu einem Rahmen zusammenbauen
- Acrylglasscheibe, 100x82,5 cm
- 2 Scharniere
- verzinkte Senkkopfschrauben
- 1 Griff mit Schrauben
- Holzschrauben

Sämtliche Holzteile sollten kesseldruckimprägniert sein.

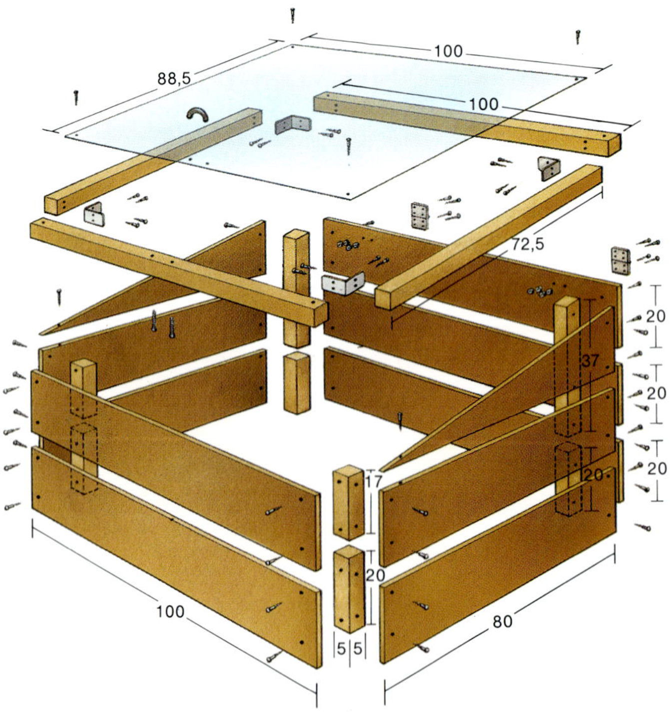


*Die schematische Darstellung der einzelnen Bauteile zeigt, wie die Bretter und Kanthölzer zum Frühbeet, das sich beliebig erhöhen läßt, zusammengeschraubt werden müssen.*

Entsprechend der Schemazeichnung werden die Bretter und Kanthölzer zu Rahmen verschraubt, wobei die Kanthölzer beim unteren Rahmen um 3 cm überstehen, beim oberen oben bündig abschließen müssen.

Auf dem Fensterrahmen wird mit Senkkopfschrauben die Acrylglasscheibe, dann der Griff befestigt. Durch zwei Scharnierverbindungen wird das Fenster mit dem oberen Kasten verbunden.

Man kann das Frühbeet beliebig erhöhen, indem man noch eine oder mehrere Etagen mit den Maßen des Untergestells baut, die dann aufeinandergesetzt werden: Mit nur einer Holzetage erwärmt sich der Innenraum rascher, die Sämlinge kommen in vollen Lichtgenuß. Mit weiteren Etagen wird der Kasten für die größeren Pflanzen geräumiger und kann sich nicht so leicht überhitzen wie beim niedrigen Kasten.

im Wuchs und setzt zusätzliche neue knospentragende Seitentriebe an.

Bei allen hochgewachsenen Jungpflanzen, die sich buschig verzweigen sollen, wird beim Entspitzen die Spitze der Leittriebe, wenn sie die gewünschte Länge erreicht haben, um etwa 2 cm eingekürzt. Das Entspitzen kann je nach Pflanzenart mehrfach wiederholt werden, später auch an allen lang werdenden Seitentrieben.

**Abhärten**

Um die vorkultivierten Sommerblumen auf das Auspflanzen ins Freiland vorzubereiten, müssen sie während einer Übergangsphase langsam an die neuen Bedingungen gewöhnt werden. Auf der Fensterbank, im Frühbeet oder Gewächshaus fanden die Sämlinge Schutz vor praller Sonne, vor allem vor UV-Strahlen, die vom Glas abgehalten wurden. Es herrschten ausgeglichene Temperaturen und eine hohe Feuchtigkeit. Im Freien dagegen sind die Pflanzen mehr oder weniger starken Schwankungen unterworfen.

Würden die Pflanzen den veränderten Bedingungen des Freilands plötzlich ausgesetzt, könnte das zu beträchtlichen Wachstumsstörungen und sogar Schäden führen. Daher werden die Jungpflanzen schon während der Vorkultur behutsam auf die neuen Gegebenheiten vorbereitet. Abdeckhauben und -folien werden nach und nach mehr angehoben, so akklimatisieren sich die Pflanzen. Die pikierten Pflanzen, die schon viel robuster sind als die zarten Sämlinge, werden allmählich auch an die stärkere Sonneneinstrahlung gewöhnt. Man stellt sie zuerst an milden, bedeckten Tagen stundenweise ins Freie oder gewährt ihnen draußen anfangs einen schattigen Platz. Nach einigen Tagen vertragen die Pflanzen dann die intensive Sonnenstrahlung, ohne daß Blattverbrennungen auftreten.

*Das Frühbeet wird regelmäßig gelüftet, um die Jungpflanzen an die Freiluftbedingungen zu gewöhnen.*

## Anlage eines Mistbeets

Ein Mistbeet oder Warmer Kasten ist fast so etwas wie ein kleines, beheiztes Gewächshaus und eignet sich gut für die Anzucht von Sommerblumen. Zusätzlich zu der unter Glas eingefangenen Sonnenwärme macht man sich hier die Wärme zunutze, die beim Abbau organischer Substanzen durch Bakterien erzeugt wird.

Die Fenster des Mistbeets werden nach Süden geneigt, damit die Wärmenutzung optimal ist. Die Abmessungen richten sich nach der Größe der Fenster, die in der Regel 100x150 cm oder 100x 80 cm groß sind. Die Umrandung wird aus stabilen Holzpfosten und -brettern hergestellt. Der Kasten sollte vom Boden bis zum oberen Rand an der Südseite 15–30 cm, an der Nordseite um 10 cm höher, also 25–40 cm hoch sein. Je größer der Luftraum im Kasten ist, desto langsamer erwärmt er sich, desto geringer ist aber auch die Gefahr rascher Überhitzung.

Das Entscheidende beim Mistbeet ist die sog. Wärmepackung. Zu diesem Zweck wird eine 50 cm tiefe Grube gegraben. Zum Schutz vor Wühlmäusen wird die Grube mit engem Maschendraht ausgelegt.

Mit der Packung beginnt man Anfang bis Ende Februar. Als erstes wird die Grube mit einer etwa 10 cm dicken Schicht Stroh oder trockenem Laub gefüllt, um Wärmeverluste nach unten zu vermeiden. Darauf kommt eine 30–50 cm dicke Schicht strohiger, aber nicht zu trockener Pferdemist, der vorher ein paar Tage in lockerem Haufen abgelagert wurde. Beim Befüllen wird der Mist lagenweise festgetreten und zum Schluß gründlich bewässert. Dann deckt man das Beet mit den Fenstern sowie nachts zusätzlich mit Strohmatten ab. Vier bis fünf Tage wird auf diese Weise „vorgeheizt", bevor man eine etwa 20 cm dicke Schicht aus gesiebter Komposterde auffüllt. Die Packung sackt mit der Zeit zusammen. Die Außenwände des Mistbeetkastens kann man mit Laub, Stroh oder Mist zusätzlich isolieren.

Wo Pferdemist nicht zu bekommen ist, kann ersatzweise auch strohiger Kuhmist verwendet werden, der allerdings weniger wärmt. Notfalls kann man mit Laub oder Stroh pakken, das mit warmem Wasser angefeuchtet und mit Kalkstickstoff (etwa 1300 g/m$^2$ Beetfläche) vermischt werden muß.

Mit der Aussaat bzw. dem Auspflanzen wird je nach Witterung frühestens ab März begonnen.

*Mistbeete werden in Schichten gepackt. Legt man um den Kasten eine Reihe Wegplatten, ist er selbst bei schlechtem Wetter von allen Seiten gut zugänglich.*

# Umzug ins Freie

Traditionell werden Sommerblumen Mitte Mai ins Freie gepflanzt. Erst nach den Eisheiligen besteht im hiesigen Klima kaum noch die Gefahr von Spätfrösten, die die Pracht der Sommerblumen zunichte machen könnten. Und bis zu diesem Zeitpunkt sind aus den kleinen Samen durch die Vorkultur kräftige Pflanzen geworden, die nun in Balkonkästen, auf Beeten und Rabatten für einen reichen Blütenflor bis zum Herbst sorgen.

### Vorbereitung der Pflanzflächen

Beete, die mit Sommerblumen gestaltet werden sollen, werden vor der Bepflanzung gründlich vorbereitet. Abgeblühte Zwiebelpflanzen wie Tulpen, Narzissen, Hyazinthen und kurzlebige Frühlingsblumen wie Stiefmütterchen und Tausendschön räumt man vor der Neubepflanzung von den Beeten. Danach wird der Boden mit dem Kultivator oder Krail gründlich gelockert und von Unkraut sorgfältig befreit.

Wurden die Beete bereits im Herbst mit Kompost versorgt, braucht jetzt keine zusätzliche Düngung zu erfolgen. Falls der Boden aber humus- und nährstoffarm ist, wird vor der Pflanzung noch eine Schicht reifer Kompost (etwa 3–5 $l/m^2$) flach in die oberen Erdschichten eingearbeitet. Statt Kompost kann auch ein organischer oder mineralischer Volldünger als Grunddüngung ausgestreut werden (siehe auch Seite 93f.). Nach dieser Vorbereitung kann sofort gepflanzt werden.

### Pflanzung

An einem trüben, nicht zu heißen Tag ist der Wechsel für die Pflanzen leichter zu verkraften, sie bekommen keinen großen „Pflanzschock". Für jede Pflanze wird mit einer Blumenkelle oder einem Pflanzholz ein Pflanzloch ausgehoben, das etwas tiefer und größer als der Wurzelballen der Pflanze ist. Die Sommerblume wird ausgetopft und in das Pflanzloch gesetzt, die Wurzeln sollen dabei möglichst nicht beschädigt werden. In Torfquelltöpfen angezogene Setzlinge müssen ausreichend tief eingepflanzt werden. Die Topfränder dürfen nicht über die Erdoberfläche ragen, sonst kann der gesamte Torfquelltopf mit dem Wurzelballen austrocknen.

## Auspflanzen ins Freie

*Mit einer Pflanzkelle hebt man ein ausreichend großes Pflanzloch aus und setzt die Pflanze, ohne ihre Wurzeln zu beschädigen, behutsam hinein.*

*Dann zieht man mit der Kelle oder mit der Hand von allen Seiten Erde an die Pflanze heran und drückt den Boden rundherum mit beiden Händen gut an.*

*Die frisch gesetzte Pflanze wird gründlich angegossen, damit die Wurzeln gut eingeschlämmt werden und überall Erdkontakt bekommen.*

Anschließend wird das Pflanzloch wieder mit Erde geschlossen und die Pflanze gut angedrückt. Durch Einschlämmen, d.h. gründliches Angießen, bekommen die Wurzeln überall Erdkontakt und können gut anwachsen. Angegossen wird am besten mit der Gießkanne, und der Boden rund um jede Pflanze wird gut mit Wasser versorgt.

### Pflanzabstände

Beim Pflanzen muß bereits berücksichtigt werden, wie groß die Sommerblumen werden. Arten, die später sehr hoch und ausladend wach-

**Tip**

**Ein kräftiges Angießen, das die Erde gründlich durchfeuchtet, ist grundsätzlich besser als mehrfaches leichtes Überbrausen. Die Feuchtigkeit kann dann in der Erde gespeichert werden, die Wurzeln finden länger Nachschub. Beim Übersprühen oder bei zu geringen Gießmengen ist das Wasser oft schon wieder verdunstet, noch ehe es in die Erde eindringen kann.**

**Tip**

**Die Pflanzen gewöhnen sich besser an die neuen Bedingungen im Freiland, wenn sie nicht gleich der Sonnenhitze ausgesetzt werden. Zum Auspflanzen wählt man daher am besten einen milden, trüben Tag.**

**Tip**

**Unempfindliche Sommerblumen wie Gartenlöwenmaul, Ringelblume, Nelken und Gartenrittersporn können schon ab Anfang Mai ausgepflanzt werden. Sie vertragen die noch rauhen Freilandbedingungen ohne Schaden. Empfindliche Sommerblumen wie das Fleißige Lieschen sollten dagegen erst Ende Mai ausgepflanzt werden.**

sen, brauchen natürlich mehr Abstand voneinander als kleinwüchsige oder schmal aufrecht wachsende. Zu dicht nebeneinander gesetzt, bedrängen sich die Pflanzen sehr bald und nehmen sich gegenseitig Licht, Wurzelraum und Nährstoffe.

Als Faustregel für den richtigen Pflanzabstand gilt, daß die endgültige Höhe der Pflanze in etwa auch ihrem Breitenwachstum entspricht. Dementsprechend sollte daher der Abstand gewählt werden. Kleine, buschige Pflanzen wie Sommerphlox *(Phlox drummondii)*, Studentenblume *(Tagetes tenuifolia)* oder Tausendschön *(Bellis perennis)* kommen mit Pflanzweiten von 20–30 cm aus, während hohe, ausladende Arten wie Spinnenpflanze *(Cleome spinosa)*, Bechermalve *(Lavatera trimestris)* oder Sonnenblume *(Helianthus annuus)* Abstände von 50–70 cm benötigen.

*Die beiden Bilder (oben und unten) zeigen, daß die Blumen anfängliche Lücken bei der Pflanzung durch üppiges Wachstum schnell überspielen und sich zu einem dichten Blütenteppich verweben.*

*Nach dem Einsetzen sollen die Pflanzen ebensotief wie vorher in der Erde stehen (oben). Bei zu tiefer (Mitte) oder zu hoher (unten) Pflanzung faulen oder vertrocknen sie leicht.*

# Andere Methoden der Anzucht

**Tip**

**Für einige Arten wie Stiefmütterchen und Nelken sind die Sommertemperaturen für die Keimung eher zu hoch, deshalb sollten diese Saaten durch Schattieren kühler gehalten werden. Man deckt die Saatschalen oder -beete mit Folie oder Bastmatten ab.**

**Tip**

**Wer Wert auf besonders kräftige Pflanzen und frühe Blüte legt, sollte auch die Arten vorkultivieren, die direkt ins Freie gesät werden können. Durch die Vorkultur wachsen die Pflanzen schneller und blühen frühzeitiger.**

**Tip**

**Manche Arten können schon vor den Eisheiligen Mitte Mai ins Freie gesät werden, obwohl sie frostempfindlich sind, z. B. Sonnenblumen oder Goldmohn. Ihre Samen bleiben unter der Bodendecke geschützt, sie keimen erst, wenn sich der Boden erwärmt.**

Robuste und anspruchslose Sommerblumen wie z. B. Kornblume *(Centaurea cyanus)*, Mandelröschen *(Clarkia unguiculata)* und Natternkopf *(Echium plantagineum)* können direkt ins Freie gesät werden. Sie keimen auch unter weniger günstigen Bedingungen und brauchen nicht unbedingt den Schutz von Zimmer oder Gewächshaus.

Je nach Art und Sorte wird von März bis Mai breitwürfig direkt ins Freie gesät. Manche Sommerblumen wie Mohn *(Papaver)* und Rittersporn *(Delphinium)* können schon im Spätsommer oder Herbst des Vorjahres ausgesät werden.

Die Pflanzflächen müssen vorher gelockert und glattgerecht werden. Die Samen werden dünn mit Erde abgedeckt oder flach eingeharkt. Bei trockener Witterung muß gegossen werden. Nach 2–4 Wochen erscheinen die Sämlinge. Man kann entweder ausdünnen oder aber zu dicht stehende Pflanzen pikieren und an andere Stellen setzen.

### Anzucht von zweijährigen Pflanzen

Zweijährige Pflanzen wie Gartenstiefmütterchen (*Viola-Wittrockiana*-Hybriden), zweijährige Bartnelken *(Dianthus barbatus)* und Marienglockenblumen *(Campanula medium)* haben einen anderen Wachstumsrhythmus als einjährige Sommerblumen. Sie wachsen im ersten Jahr vegetativ und treiben erst im zweiten Jahr nach der Aussaat Blüten. Zweijährige Arten werden größtenteils im Frühsommer gesät. Etwa im Juni werden die Samen ausgebracht, entweder im Frühbeet oder direkt im Freien auf einem Anzuchtbeet. Techniken und Kulturmaßnahmen entsprechen denen bei Einjährigen. Durch die sommerliche Wärme ist zu diesem Aussaattermin kein zusätzlicher Schutz notwendig, allerdings muß besonders auf ausreichende Feuchtigkeit geachtet werden.

Nach dem Auflaufen der Saat wird ausgedünnt und später pikiert. Frühlingsblühende Arten wie Gartenstiefmütterchen, Vergißmeinnicht *(Myosotis sylvatica)* und Tausendschön *(Bellis perennis)* können direkt an Ort und Stelle gepflanzt werden, alle anderen bleiben im Anzuchtquartier. Sie werden erst nach der Überwinterung auf die Beete gepflanzt. Am endgültigen Pflanzplatz überwinternde Arten sind in strengen Frostperioden für eine vorübergehende leichte Abdeckung aus Reisig dankbar. Die Winterabdeckung kann eine fehlende Schneedecke ersetzen, so bleiben die Blattrosetten auch bei Kahlfrösten (Frost ohne Schnee) geschützt.

### Vegetative Vermehrung

Neben der generativen Vermehrung, der Vermehrung durch Samen, ist die vegetative Vermehrung, die Vermehrung durch Pflanzenteile, eine einfache und schnelle Art,

## Aussaat im Freien

*Bei der Direktsaat an Ort und Stelle wird das Saatbeet gelokkert und mit einem Rechen glattgeharkt, so daß die Oberfläche fein zerkrümelt wird.*

*Anschließend werden die Samen meist zwischen März und Mai entweder breitwürfig oder in Saatreihen mit ausreichendem Abstand ausgebracht.*

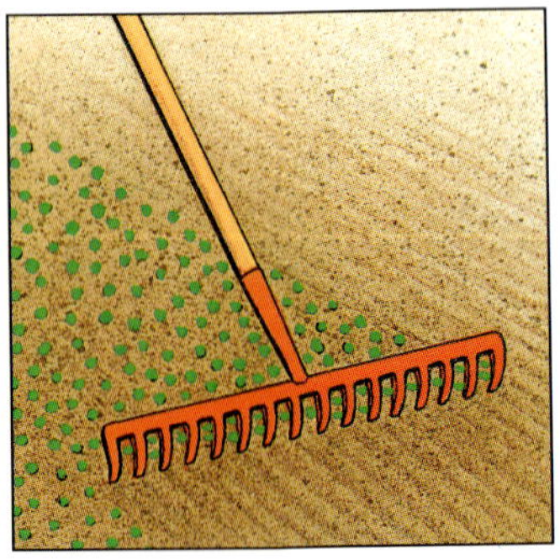

*Dann wird die Saat dünn mit Erde abgedeckt oder flach in die oberste Erdschicht eingeharkt und mit einer feinen Brause gründlich angegossen.*

## Stecklingsvermehrung

*Von einer gesunden, kräftig entwickelten Mutterpflanze schneidet man einen noch nicht verholzten, blütenlosen Trieb mit etwa vier Blattpaaren knapp unterhalb des Blattansatzes ab.*

*Die beiden unteren Blätter und eventuell ein weiteres Blattpaar werden mit den Fingernägeln abgeknipst. Es sollen aber mindestens zwei voll ausgebildete Blattpaare stehenbleiben.*

*Der Steckling wird einige Zentimeter tief in einen mit Vermehrungserde gefüllten Topf gesteckt, gut angedrückt, angegossen und anschließend mit einer Folienhaube abgedeckt.*

Jungpflanzen zu gewinnen. Über Teilung oder Stecklinge werden überwiegend solche Sommerblumen vermehrt, die zwar eigentlich ausdauernd sind, aber einjährig gezogen werden. Doch auch von kurzlebigen Arten kann man durch Stecklinge schnell neue Pflanzen bekommen, die noch im gleichen Jahr den Pflanzenbestand aufstocken.

### Vermehrung durch Stecklinge

Stecklinge sind von einer Mutterpflanze gewonnene Pflanzenteile, aus denen komplette neue Pflanzen herangezogen werden können. Bei Sommerblumen werden im allgemeinen nur Kopfstecklinge zur Vermehrung geschnitten, d.h. obere Triebteile werden zur Gewinnung neuer Pflanzen genutzt.

Kopfstecklinge werden im Frühjahr, Sommer oder Herbst von einjährigen, noch nicht verholzten, weichen und blütenlosen Haupt- oder Seitentrieben geschnitten. Die Mutterpflanze soll kräftig entwickelt und gesund sein. Mit einem scharfen, sauberen Messer wird ein Trieb mit etwa vier voll ausgebildeten Blättern bzw. Blattpaaren knapp unter einem Blattansatz geschnitten. Die unteren Blätter werden entfernt, es sollen zwei bis vier Blattpaare stehenbleiben. Der Steckling wird einige Zentimeter tief in Vermehrungserde, die noch zusätzlich mit einem Drittel Sand gelockert werden kann, gesteckt, gut angedrückt und gegossen. Unter einer Folienhaube wird der Steckling hell und warm aufgestellt. Nach einiger Zeit haben sich Wurzeln gebildet, die Jungpflanze kann umgepflanzt werden.

### Vermehrung durch Teilung

Bei Sommerblumen ist diese Form der Vermehrung weniger gebräuchlich. Geteilt werden können aber dicht zusammengewachsene Pflanzenbüschel, z. B. vom Duftsteinrich *(Lobularia maritima)*, Elfensporn *(Diascia)* oder von der Goldsternwedelie *(Wedelia trilobata)*. Dazu nimmt man die Pflanzen aus der Erde und trennt sie mit einem scharfen Messer in zwei oder mehrere Stücke. Die Teilstücke müssen jeweils über ausreichend Wurzeln verfügen und werden direkt wieder gepflanzt.

*Statt in normalen Töpfchen kann man Stecklinge auch in Torfquelltöpfen ziehen. Damit die Quelltöpfe nicht so schnell austrocknen, stellt man sie dicht an dicht in eine Kiste oder füttert sie in Erde ein.*

# Reiche Blüte ist der Dank

## Pflege der Sommerblumen

*Das aus Südamerika stammende Portulakröschen entwickelt eine überschäumende Fülle seidiger Blüten, wenn es an Stellen gepflanzt wird, die voll von der Sonne beschienen werden und an denen der Boden mager und trocken ist.*

Eine aufmerksame Pflege der Pflanzen wird durch ihr prächtiges Aussehen und reiche Blüte belohnt. Manche Arten sind sehr anspruchslos und gedeihen auch ohne aufwendige Pflege, andere wiederum müssen gewissenhaft umsorgt werden, damit sie zu voller Schönheit gelangen. Anders als in der freien Natur, in der die Pflanzen nur an Stellen siedeln, die ihren speziellen Ansprüchen genügen, ist der Garten ein künstlicher, von Menschen geschaffener Lebensraum, in dem die Pflanzen ihren Bedürfnissen entsprechend versorgt werden müssen.

# Bewässerung von Sommerblumen

Damit Sommerblumen zu voller Pracht erblühen, brauchen sie ausreichend und gleichmäßig viel Wasser. Häufiger Wechsel zwischen trockenem und feuchtem Boden kann dazu führen, daß Blütenknospen abfallen.

Wasser ist ein Element, ohne das kein Leben möglich wäre. Die ersten Lebensformen sind im Wasser entstanden, und auch die Lebewesen auf dem Land sind mehr oder weniger stark auf Wasser angewiesen. Eine Pflanze besteht zum größten Teil aus Wasser. Ihr Stoffwechsel funktioniert nur mit Hilfe von Wasser, die chemischen Aufbau- und Umsetzungsprozesse können nur im flüssigen Milieu ablaufen.

Wasser bildet das wichtigste Transportsystem der Pflanze. Mit Hilfe des Wasserstroms in den Leitbahnen können Nährsalze und Speicherstoffe zu allen Organen der Pflanze gelangen. Der Motor für diesen Transport ist die Verdunstung: Durch die Abgabe von Wasserdampf über die Blätter entsteht in der Pflanze ein Sog, der den Wurzeln eine erneute Aufnahme von Wasser aus dem Boden ermöglicht. Der dabei entstehende Druck in den Wasserleitungsbahnen sorgt dafür, daß die Pflanze straff und aufgerichtet steht. Ist der Wassertransport zu niedrig, weil der Nachschub aus dem Boden fehlt, fällt der Druck in der Pflanze – sie welkt.

Die wichtigsten Aufnahmeorgane für Wasser sind die Wurzeln. Angetrieben durch die Verdunstung, saugen sie das Wasser zusammen mit gelösten Nährsalzen aus dem Boden. Eine Wasseraufnahme ist aber natürlich nur so lange möglich, wie Wasser im Boden für die Pflanzen verfügbar ist. Damit die Gartenpflanzen kraftvoll und prächtig aussehen, muß also stets ein ausreichendes Wasserreservoir im Boden vorhanden sein. Im Gegensatz zur freien Natur kann im Garten der Wasserhaushalt durch menschlichen Eingriff gesteuert werden. Fehlende Niederschläge lassen sich durch Gießen ausgleichen.

**Tip**

**Leitungswasser kommt meistens sehr kalt, für viele Pflanzen zu kalt, aus dem Hahn. Die Pflanzen können durch kaltes Gießwasser einen Schock erleiden, der zu Wachstumsstörungen führt. Kaltes Wasser sollte daher besser erst abstehen und sich erwärmen dürfen, bevor es zum Gießen verwendet wird.**

### Wasser ist nicht gleich Wasser

Reines Wasser besteht aus zwei Atomen Wasserstoff und einem Atom Sauerstoff, die zu einem Molekül verbunden sind. In dieser puren Form kommt Wasser allerdings nur selten vor, z.B. künstlich gereinigt als destilliertes Wasser. Als Niederschlag, im Boden oder aus der Leitung ist Wasser immer mit Zusätzen verschiedener Stoffe in wechselnder Zusammensetzung und Menge versehen. Viele dieser Zusätze wie die nährenden Mineralsalze sind für die Pflanzenentwicklung wichtig, andere Beimengungen im Wasser, z.B. giftige Schwermetalle oder auch Nährsalze in zu hoher Konzentration, sind dagegen schädlich.

### Leitungswasser

Das Wasser aus der Leitung ist je nach Herkunft unterschiedlich mit erwünschten und unerwünschten Stoffen befrachtet. Besonders

*Ein so farbenfrohes Laubwerk entwickeln Buntnesseln nur, wenn sie nicht mit kalkhaltigem Wasser gegossen werden.*

auffällig ist dabei der Kalkgehalt des Wassers, der von Ort zu Ort recht unterschiedlich ist. Was sonst nur als unangenehme Eigenschaft beim Teekochen oder Waschen erscheint, kann für Pflanzen gravierende Folgen haben. Kalkempfindliche Pflanzen wie z.B. Buntnessel (*Coleus-Blumei*-Hybriden) und Fingerhut *(Digitalis purpurea)* leiden unter zu hohen pH-Werten, wie sie im Boden durch häufiges Gießen mit kalkreichem Leitungswasser entstehen. Die meisten Sommerblumen zeigen sich gegenüber Kalk zwar recht tolerant, dennoch gedeihen sie bei hohem Kalkgehalt schlechter.

Der Kalkgehalt des Leitungswassers kann beim zuständigen Wasserwerk erfragt werden. Das Wasser wird in verschiedene Härtebereiche je nach Kalkgehalt eingeteilt:

| Wasserhärtebereich | Grad Deutscher Härte °dH* |
|---|---|
| 1 weiches Wasser (geringer Kalkgehalt) | 0 bis 7 |
| 2 mittelhartes Wasser (mittlerer Kalkgehalt) | 7 bis 14 |
| 3 hartes Wasser (hoher Kalkgehalt) | 14 bis 21 |
| 4 sehr hartes Wasser (sehr hoher Kalkgehalt) | ab 21 |

* 1 °dH entspricht 10 mg Calciumoxid pro Liter Wasser

Bedenken bei der Verwendung von Leitungswasser ergeben sich auch, wenn allzu großzügig mit dem kostbaren Naß umgegangen wird. Wasser ist nicht unbegrenzt vorhanden und ein Gut, mit dem man verantwortungsvoll umgehen sollte. Noch dazu belastet ein verschwenderischer Wasserverbrauch auch die Finanzen. Wo es möglich ist, sollte deshalb der Verbrauch von Leitungswasser für den Garten so weit wie möglich eingeschränkt werden.

Wasser läßt sich sparen, wenn der Boden gut gepflegt und regelmäßig bearbeitet wird. Ein hoher Humusgehalt sorgt für hohe Speicherkapazität, das Wasser bleibt länger im Boden und fließt nicht so schnell ungenutzt ab. Wird die Bodenoberfläche häufig flach gelokkert und feinkrümelig gehalten, verringert sich die Verdunstung aus dem Boden erheblich. Auch durch Mulchen wird eine geringere Verdunstung erzielt.

## Brunnenwasser

In vielen Gärten steht Wasser aus einem Brunnen zur Verfügung. Mit Hilfe einer Pumpe wird Grundwasser an die Oberfläche geholt. Die Bohrung und der Betrieb eines Brunnens sind genehmigungspflichtig, die zuständige Behörde muß eine Erlaubnis erteilen. Auch Brunnenwasser, das oft noch kälter als Lei-

*Übergelegter Maschendraht verhindert, daß Kleintiere in die Regentonnen fallen.*

tungswasser ist, sollte immer erst abstehen und außerdem mit Bedacht verwendet werden, denn aus dem Grundwasser wird vielerorts das Trinkwasser gewonnen. Zu reichlicher Wasserverbrauch läßt den Grundwasserspiegel absinken und schließlich auch die Brunnen versiegen.

## Regenwasser

Das Auffangen von Niederschlägen ist die einfachste und billigste Weise, Wasser zum Gießen bereitzustellen. Regentonnen oder Zisternen speichern große Mengen, die bei Bedarf zur Verfügung stehen. Gesammelt wird der Niederschlag meist in Regentonnen, die das Wasser von Dächern über Regenrinnen auffangen. Abgestanden und damit auf die Umgebungstemperatur erwärmt, ist es zum Gießen gut geeignet.

Von der zunehmenden Umweltbelastung ist leider auch das Regenwasser betroffen. Mit den Niederschlägen werden Schadstoffe aus

*Ein Pumpbrunnen ist nicht nur nützlich, sondern sieht auch sehr dekorativ aus.*

*Durch eine verschließbare Klappe kann der Zulauf von Regenwasser gesteuert werden.*

**Tip**

**Wird Regenwasser vom Dachablauf gesammelt, sollte man den Zulauf von der Regenrinne in die Regentonne erst nach einer Weile öffnen. Dann sind die meisten Schadstoffe, die sich als Staub auf dem Dach angesammelt haben, weggespült.**

*Sehr durstige Pflanzen wie das Drüsige Springkraut (oben) und die Impatiens-Neuguinea-Hybriden (unten) lassen an warmen Tagen rasch ihre Blätter hängen, erholen sich aber nach ausgiebigem Wässern ebenso schnell.*

der Luft ausgewaschen und gelangen so in konzentrierter Form auf den Boden. Dennoch bildet Regenwasser immer noch die beste und kostengünstigste Alternative, an Gießwasser für den Garten zu kommen.

## Der beste Gießzeitpunkt

Pflanzen sind auf verschiedenste Weise vor zu hohem Wasserverlust geschützt. Sie sind von einer dünnen Haut aus wasserundurchlässigem Material umgeben, besitzen Wachsschichten oder Haarfilze auf den Blättern, schließen ihre Spaltöffnungen oder rollen ihre Blätter ein, um die Verdunstung herabzusetzen. Dadurch sind sie in der Lage, Trockenperioden eine gewisse Zeit lang schadlos zu überstehen.

Eine zusätzliche Wasserversorgung der Gartenpflanzen ist nur dann notwendig, wenn durch anhaltend trockene Witterung kein Vorrat mehr im Boden vorhanden ist. Lange währende Hitzeperioden, stetig wehender Wind und sengende Sonne trocknen den Boden besonders rasch aus. Durchlässiger Sandboden verliert sein Wasser viel rascher als humoser Lehmboden, offener, nicht von Pflanzen überwachsener Boden schneller als gemulchter oder von einer Pflanzendecke überzogener.

Eine trockene Erdkruste an der Oberfläche bedeutet noch lange keinen Wassermangel. Wird die trockene Krume abgehoben, zeigt sich darunter oft ausreichend feuchter Boden. Man prüft die Bodenfeuchtigkeit am besten, indem man einen Finger einige Zentimeter tief in das Erdreich steckt. Fühlt sich die Erde leicht feucht an, ist noch genügend Wasser vorhanden. Erst wenn keinerlei Feuchtigkeit mehr zu spüren ist, keine Erdteilchen mehr am Finger kleben bleiben, ist der Boden ausgetrocknet.

Gegossen werden muß spätestens dann, wenn die Pflanzen erste Welkeerscheinungen zeigen. Schlaff herabhängende Blattspitzen und Blütenköpfe sind deutliche Anzeichen für Wassermangel. Der beste Gießzeitpunkt im Garten ist der frühe Morgen, dann sind die Pflanzen für den Tag versorgt. Das Laub kann schnell abtrocknen, Pilzbefall wird so vermieden. Die noch niedrigen Boden- und Lufttemperaturen verhindern die schnelle Verdunstung, und kaltes Gießwasser wirkt nicht so nachteilig auf die Pflanzen.

Auch in den späten Nachmittagsstunden, wenn die größte Hitze des Tages vorbei ist, kann gegossen werden. Die abendliche Wärme sollte aber noch ausreichen, um Wasserfilme auf Blättern abzutrocknen, sonst kann bei der feuchten Atmosphäre Pilzbefall oder Fäulnis auftreten.

Eine Wasserzufuhr in den Mittagsstunden sollte man vermeiden, denn durch ein erhöhtes Wasserangebot werden die Pflanzen veranlaßt, ihre Spaltöffnungen zu erweitern, und es kann noch mehr Wasser verdunsten. Das wiederum hätte einen gesteigerten Wasserverbrauch zur Folge. Außerdem besteht die Gefahr, daß es durch Gießwasser, das auf dem Laub stehenbleibt, zu Verbrennungen kommt, da die Sonnenstrahlen durch Tropfen gebündelt und verstärkt werden – die Pflanze bekommt einen regelrechten „Sonnenbrand".

## Effektiv gießen

Die oberirdischen Teile der Pflanzen werden über ihre Wurzeln mit Wasser versorgt. Gießen hat nur dann einen Sinn, wenn das Wasser auch zu den unterirdischen Teilen gelangt,

*Strohblumen begnügen sich mit wenig Wasser. Sie blühen auf eher trockenen Böden viel üppiger als auf feuchten.*

wo es aufgenommen wird. Pflanzenwurzeln wachsen im Erdreich vor allem dorthin, wo sie regelmäßig Wasser vorfinden. Je gleichmäßiger die Feuchtigkeitsverteilung ist, desto kräftiger und weitläufiger wird der Wurzelstock, desto weitreichender wird der Raum, aus dem die Pflanze Wasser aufnehmen kann. Sind durch oberflächliches Gießen immer nur die oberen Schichten feucht, bildet sie nur ein ausgedehntes Wurzelgeflecht dicht unter der Oberfläche. Da aber diese Schichten als erste wieder austrocknen, leidet die Pflanze um so schneller wieder an Wassermangel.

Durch das Gießen sollte also in erster Linie der Boden mit Wasser versorgt werden, damit dank seiner Speicherkraft den Pflanzen noch lange nach dem Gießen ausreichend Feuchtigkeit zur Verfügung steht. Gründliches Durchfeuchten einmal am Tag ergänzt den Wasservorrat wirkungsvoll. Die Feuchtigkeit bleibt so nicht nur an der Bodenoberfläche, wo sie sehr schnell wieder verdunsten würde, sondern dringt auch in tiefere Schichten. Mehrfache oberflächliche Wassergaben sind dagegen nur wenig effektiv.

### Mit Kanne oder Schlauch?

Kleinere Beete und Pflanzungen gießt man am besten mit der Kanne. Das Wasser wird rund um die einzelnen Pflanzen direkt auf den Boden verteilt, die Pflanzen werden dabei möglichst wenig benetzt. Auf dem Boden sollen kleine Pfützen stehenbleiben, aus denen das Wasser nach einiger Zeit versickert. So kann die Feuchtigkeit tief ins Erdreich eindringen und den gesamten Wurzelraum versorgen.

**Tip**

**Besonders durstig sind schattenverträgliche Pflanzen wie Fleißiges Lieschen oder Knollenbegonien, wenn sie der Sonne ausgesetzt werden. Sie haben einen nur wenig ausgeprägten Verdunstungsschutz. Deshalb sollte man solche schattenliebenden Arten besser nicht an sonnige Stellen pflanzen, damit nicht dauernd gegossen werden muß.**

*Mit der Gießkanne läßt sich jede einzelne Pflanze genau nach Bedarf versorgen.*

Größere Pflanzungen mit der Kanne zu gießen ist oft mühselig. Hier kommt der Gartenschlauch zum Einsatz. Auch mit dem Schlauch soll primär der Boden Wasser erhalten. Die Spritzvorrichtung wird so eingestellt, daß weder ein scharfer Strahl noch ein feiner Nebel aus dem Schlauch kommt, sondern eher dicke Tropfen fallen. Man geht mit der Spritze möglichst nahe an die einzelnen Pflanzen heran und läßt das Wasser aus niedriger Höhe auf den Boden rinnen. Diese Methode ist günstiger und effektiver als das oft praktizierte Versprühen des Wassers mit feiner Düse aus großer Höhe.

### Technik als Gießhilfe

Mit ausgeklügelten technischen Systemen läßt sich das Gießen sehr vereinfachen. Automatische Bewässerungssysteme versorgen die Pflanzen während der gesamten Saison mit Wasser, ohne daß man Kannen schleppen müßte. Allerdings kosten diese Systeme im Vergleich zum „Handbetrieb" Geld. Sie werden vor allem gerne auf dem Balkon eingesetzt (siehe Seite 43).

**Tip**

**Ein wenig Durst tut manchen Pflanzen gut. Durch eine gezielt niedrig gehaltene Wasserversorgung bleiben sie gedrungen im Wuchs, straffer im Aussehen, widerstandsfähiger gegenüber Witterungseinflüssen und Krankheiten und setzen mehr Blüten an. Leberbalsam, Gazanien, Verbenen, Petunien, Hängepelargonien und andere zeigen sich bei sparsamem Gießen besonders blühfreudig.**

# Bodenverbesserung und Düngung

Eine weitere wichtige Grundlage für das Pflanzenwachstum ist der Boden. Er ist Wuchsraum für die Pflanzen, er speichert und liefert Nährstoffe und Wasser. Je nach seiner Beschaffenheit setzt er sich aus unterschiedlichen Bestandteilen zusammen, entsprechend unterscheiden sich auch seine Eigenschaften (siehe Seite 56).

## Bodenpflege

Die Gartenerde verdient eine besonders aufmerksame Behandlung und Pflege, denn ohne sie würde dem Garten im wahrsten Sinn des Wortes „der Boden unter den Füßen entzogen". Unachtsamkeiten und Vernachlässigung nimmt das komplexe Gefüge zwar eine ganze Weile hin, ohne daß ein direkter Schaden sichtbar wird. Diese Belastbarkeit ist aber nicht grenzenlos, irgendwann rächen sich alle Fehler bei der Bodenpflege. Die wachsende Umweltbelastung hinterläßt ebenfalls ihre Spuren im Boden, wenn sie sich auch oft erst nach Jahrzehnten bemerkbar macht.

Grund genug, dem Boden die Aufmerksamkeit zu widmen, die er verdient. Oberstes Prinzip ist die Gesunderhaltung des Bodens, damit er seine vielfältigen Funktionen optimal erfüllen kann. Während in der freien Natur der Bewuchs von der Bodenbeschaffenheit abhängt, der Boden also steuernder Faktor für das Pflanzenwachstum ist, werden im Garten andere Anforderungen an den Boden gestellt: Hier soll er vielfach den unterschiedlichen Bedürfnissen einzelner ganz bestimmter Pflanzen angepaßt werden.

Ein Boden, der sich für die meisten Sommerblumen eignet, soll gut durchlüftet, feinkrümelig, leicht sauer bis neutral und reich an Humus und Nährstoffen sein. Man wird also bestrebt sein, den vorhandenen, natürlich gewachsenen Boden so weit wie möglich an dieses Ideal anzugleichen.

## Vorsichtig lockern

Im zeitigen Frühjahr, wenn die letzten strengen Fröste vorüber sind und der Boden sich langsam erwärmt, wird mit der Bodenbearbeitung begonnen. Die winterlichen Niederschläge haben die Erde gründlich durchfeuchtet, und die Frosteinwirkung hat die Erdteilchen zersprengt. Der Boden ist feinkrümelig geworden.

Durch schmale Spalten und Risse in der Krume steigt mit zunehmender Erwärmung das Bodenwasser an die Oberfläche und verdunstet dort. Damit von der kostbaren Bodenfeuchtigkeit so viel wie möglich erhalten bleibt, müssen diese Spalten, auch Kapillaren genannt, zerstört, der Wassernachschub an die Oberfläche damit unterbrochen werden. Sobald die obersten Schichten des Bodens abgetrocknet sind, werden sie deshalb mit einem Kultivator oder Krail, mehrzinkigen Bodenbearbeitungsgeräten, oberflächlich gelockert. Durch die Bearbeitung wird die Erde schön locker, gleichmäßig krümelig und gleichzeitig belüftet. So bietet sie der neuen Saat oder Pflanzung ideale Startbedingungen.

Für die Bodenbearbeitung sollte der Boden den richtigen Feuchtigkeitsgehalt haben. Die Oberfläche soll gut abgetrocknet sein, die tieferen Schichten aber noch gut feucht. Zu nasser Boden läßt sich nur schwer bearbeiten und bleibt an den Geräten kleben. Außerdem ver-

*Mit dem Sauzahn läßt sich der Boden zwischen den Pflanzen gut lockern, dabei werden gleichzeitig auch Unkräuter aus der Erde gezogen.*

**Tip**

**Unkraut bedrängt nicht nur die Zierpflanzen, sondern kann auch Träger von Krankheiten sein, die auf Zierpflanzen übergehen können. Regelmäßiges Unkrautjäten gehört daher zu den Vorbeugemaßnahmen im Pflanzenschutz.**

*Unerläßliche Geräte für die Bodenbearbeitung: Spaten, Grabegabel, Krail und Laubrechen.*

schmieren auch die feinen Poren in der Bodenstruktur, die für die Belüftung wichtig sind. Bei zu trockenem Boden geht wertvolle Feuchtigkeit unnötig verloren, und die trockenen Krusten lassen sich nur schwer durchziehen.

### Umgraben des Bodens

Das Umstechen des Bodens mit dem Spaten oder der Grabegabel im Frühjahr ist nach neueren Erkenntnissen ungünstig. Die in tieferen Schichten lebenden Bodenorganismen gelangen dadurch an die Oberfläche, die in den oberen Schichten siedelnden finden in der neuen, unteren Lage keine idealen Bedingungen mehr: Das Bodenleben gerät aus dem Gleichgewicht, der Boden verliert an Vitalität. Darüber hinaus geht durch Umgraben die gespeicherte Feuchtigkeit in den unteren Bodenschichten ebenso verloren wie die feine Krümelstruktur in den oberen Schichten. Das tiefreichende Umstechen des Bodens erfolgt erst im Herbst (siehe Seite 88f.), und auch nur dann, wenn neue Flächen für eine Bestellung vorbereitet werden sollen.

### Unkraut bekämpfen

Während des Sommers beschränkt sich die Bodenbearbeitung auf gelegentliches Hacken. Nackter Boden muß von Zeit zu Zeit aufgelokkert werden, damit ausreichend Luft in die Erde eindringen kann, die Struktur krümelig bleibt und sich keine Schollen oder Platten bilden können. Durch die Bearbeitung mit der Hacke wird gleichzeitig aufkommendes Unkraut zwischen den Pflanzen abgeschlagen. Je kleiner die Pflanzen sind und je größer die offenen Bodenflächen, desto öfter sollte gehackt werden. Bei geschlossener Pflanzendecke wird eine Bodenbearbeitung unnötig, denn die Erde bleibt, von den Pflanzen geschützt, ausreichend locker und nahezu unkrautfrei.

**Tip**

**Eine <u>tiefreichende Lockerung</u> mit der Grabegabel <u>ohne Umsetzen der Bodenschichten</u> ist schonend für den Boden. Dazu wird die Grabegabel tief in den Boden eingestochen, ein paarmal energisch vor- und zurückbewegt und wieder herausgezogen, ohne daß untere Erdschichten nach oben umgesetzt werden.**

*Vor der Bepflanzung muß der Boden gründlich von allen Unkräutern befreit werden, die sich schnell überall ausbreiten (links). Besonders die Wurzeln von Quecken (unten), Giersch und Disteln müssen sorgfältig ausgestochen werden.*

Keimende Unkräuter werden so früh wie möglich ausgezupft oder ausgestochen. Solange die Unkrautpflanzen noch jung sind, haben sie noch keine tief- und festsitzenden Wurzeln und können leicht entfernt werden. Blütenbildung und erst recht Samenansatz müssen bei Unkräutern frühzeitig unterbunden werden, damit sie sich nicht verbreiten können.

## Schützende Bodendecken

Als Mulchen bezeichnet man die Abdeckung des offenen Bodens zwischen den Gartenpflanzen mit organischem Material, z. B. Rasenschnitt, Strohhäcksel oder Rindenschnitt.

*Eine Mulchschicht zwischen den Pflanzen unterdrückt Unkräuter und hält Feuchtigkeit und Wärme länger im Boden.*

Eine solche Bodendecke hält Wärme und Feuchtigkeit im Boden, unterdrückt Unkraut und liefert, wenn sie allmählich verrottet, Humus- und Nährstoffe nach.

Eine Mulchdecke wird nach der Pflanzung im Frühjahr etwa 5–10 cm dick auf den offenen Boden ausgebracht. Als Mulchmaterialien zwischen Sommerblumen eignen sich feine Rindenstreu, Rindenhäcksel, Strohhäcksel, geschredderter Gehölzschnitt, angetrockneter Grasschnitt oder auch reifer Kompost. Je mehr jedoch die Pflanzen zusammenwachsen, desto weniger muß gemulcht werden, die Pflanzen bilden dann selbst die schützende Decke.

**Tip**

**Unter Bodengare versteht man den Zustand eines Bodens mit optimalen Voraussetzungen für das Pflanzenwachstum. Die Bodengare erreicht hat ein feinkrümeliger Boden mit stabiler Struktur, der humusreich ist und Feuchtigkeit gut speichern kann. Durch den hohen Anteil an organischer Substanz hat er eine dunkelbraune Farbe und duftet wie frischer Waldboden. Von Frostgare spricht man, wenn der Boden durch die Sprengwirkung des Frostes feinkrümelig geworden ist.**

## Beetvorbereitung im Herbst

Nachdem die Sommerblumen im Herbst von den Beeten geräumt sind, wird der Boden für den Winter vorbereitet. Sehr günstig wirkt sich eine Gründüngung aus, die allerdings – je nach Art der Gründüngerpflanzen – schon von Anfang August bis etwa Mitte September ausgebracht werden muß. Die Pflanzenwurzeln lockern den Boden, schützen ihn vor Erosion, reichern Stickstoff an (sofern es sich um Leguminosen, Schmetterlingsblütler, handelt), und ihre Grünmasse liefert Humus- und Nährstoffe nach, so daß eine zusätzliche Grunddüngung (siehe Seite 93 f.) nicht mehr erforderlich ist. Dafür nimmt man dann gern in Kauf, daß einige Sommerblumen vorzeitig von den Beeten abgeräumt werden müssen.

Die abgetrocknete, aber noch gut mit Feuchtigkeit versorgte Erde wird mit der Grabegabel oder dem Sauzahn tiefgründig gelockert. Anschließend wird die Oberfläche mit dem Rechen geglättet, dabei werden Unkräuter gleich mit entfernt. Auf dieses vorbereitete Beet werden die Gründüngungspflanzen breitwürfig ausgesät und die Samen mit dem Rechen leicht in die Oberfläche eingeharkt. Bei guter Bodenfeuchtigkeit braucht nicht gegossen zu werden, die Pflanzen keimen auch so. Die Reste der Gründüngungspflanzen werden im Frühjahr in die Erde eingearbeitet.

Zur tiefreichenden Durchwurzelung und Belüftung bei gleichzeitiger Stickstoffanreicherung sind Gelbe Lupinen *(Lupinus luteus)* oder Inkarnatklee *(Trifolium incarnatum)* zur Gründüngung geeignet. Bodenverbessernd und aktivierend auf das Bodenleben wirkt sich z. B. eine Gründüngung mit Bienenfreund *(Phacelia tanacetifolia)* aus. Der Weiße Senf *(Sinapis alba)* wirkt nicht nur allgemein bodenverbessernd, sondern auch desinfizierend.

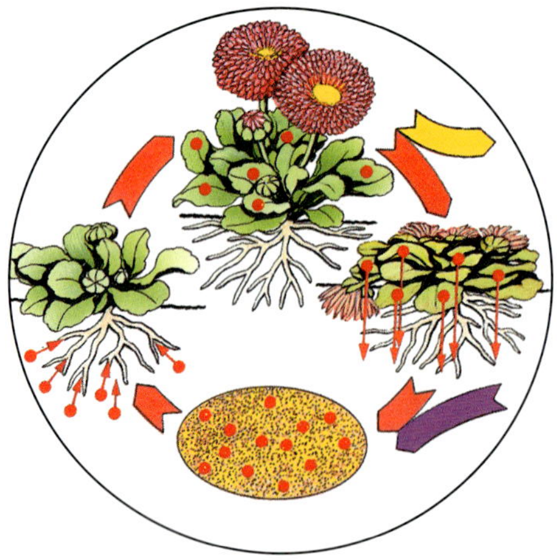

*Pflanzen nehmen die notwendigen Nährstoffe durch die Wurzeln aus dem Boden auf, speichern sie für das Wachstum und führen sie nach dem Absterben in den Boden zurück (rote Pfeile). Die durch das Abräumen der Pflanzen im Herbst dem natürlichen Kreislauf entzogenen Nährstoffe (gelber Pfeil) sollten durch Düngung (violetter Pfeil) wieder ergänzt werden.*

Bleibt der Boden den Winter über offen, kann umgegraben werden. Über Vor- und Nachteile des Umgrabens gehen die Meinungen auseinander. Einerseits sollen durch das Umgraben Frost und Feuchtigkeit besser eindringen können, die „Frostgare" angeregt werden. Andererseits spricht gegen das Umgraben, daß die Schichtung des Bodengefüges und des Bodenlebens durcheinandergebracht und gestört wird. Immer mehr Gärtner gehen heute dazu über, auf das Umgraben zu verzichten, zumal es sich erübrigt, wenn durch Kompostgaben, Mulchen, Gründüngung und schonende Bearbeitung der Boden zu einer „Naturgare" gelangt.

## Richtig düngen

Wie der Mensch sein tägliches Brot zum Überleben braucht, benötigen Pflanzen lebenswichtige Nährstoffe. Sie nehmen ihre Nahrung überwiegend mit dem Wasser als gelöste Nährsalze über die Wurzeln auf. Hauptnahrungslieferant für Pflanzen ist der Boden, der Mineralsalze speichert und an die Pflanzen freigibt.

In der freien Natur besteht ein steter Kreislauf zwischen Auf- und Abbau pflanzlicher Substanz. Im Boden natürlich enthaltene Nährstoffe werden von den Pflanzen aufgenommen, mit ihnen baut die Pflanze ihre Organe auf. Welkt und vergeht sie, bleiben die abgestorbenen Pflanzenteile auf dem Boden liegen, verrotten und werden wieder in ihre Bestandteile zerlegt. Durch Regen und Bodenorganismen gelangen die Substanzen wieder an ihren Ursprungsort zurück und stehen erneut als Nährstoffe für andere Pflanzen zur Verfügung. Im Garten wird dieser natürliche Kreislauf künstlich unterbrochen. Indem Pflanzen und Pflanzenteile von den Beeten genommen werden, können ihre Bestandteile nicht wieder zurück in den Boden gelangen. Vielmehr werden dem Boden dadurch ständig Nährstoffe entzogen, die er selbst nicht nachbilden kann. Irgendwann ist der Nährstoffvorrat im Boden aufgezehrt, die Pflanzen finden keine Nahrung mehr. Um den Kreislauf zu schließen, müssen deshalb die entzogenen Nährstoffe dem Boden wieder zugeführt werden. Das geschieht durch Düngung. Die Formen der Düngung, also der Nährstoffrückführung und -ergänzung, sind sehr vielfältig. Neben der Anwendung handelsüblicher Düngemittel gibt es zahlreiche andere Möglichkeiten, Nährstoffe in den Boden einzubringen.

Richtige Düngung ist eine Kunst, die man erlernen kann. Hat man die Grundregeln einmal verstanden, wird man auch diesen Aspekt der Gartenpflege meistern.

Grundsätzlich lassen sich alle Düngemittel in drei Gruppen einteilen:

### Mineraldünger

Mineraldünger werden überwiegend durch chemische Verfahren hergestellt. Sie bestehen, abgesehen von einigen Depotdüngern, vor allem aus leicht löslichen Mineralsalzen, die schnell von den Pflanzen aufgenommen werden können. Zur Herstellung von Mineraldüngern werden auch Naturstoffe verwendet.

*Gründünger wie Weißer Senf, auch Gelbsenf genannt, und Bienenfreund (oben rechts) oder spezielle Mischungen aus verschiedenen Gründüngungspflanzen (links) lockern den Boden mit ihren tiefreichenden Wurzeln. Schmetterlingsblütler können dem Boden mit Hilfe ihrer Wurzelknöllchen (unten rechts) auch noch Stickstoff zuführen.*

Mineraldünger gibt es in unterschiedlicher Zusammensetzung:

*Mehrnährstoffdünger* oder *Mehrkomponentendünger* enthalten zwei oder drei der Hauptnährstoffe Stickstoff, Phosphat und Kalium in unterschiedlicher Mischung. Zweikomponentendünger enthalten zwei Hauptnährstoffe, z.B. Stickstoff und Kalium oder Kalium und Phosphat. Dreikomponentendünger enthalten Stickstoff, Phosphat und Kalium in verschiedener Konzentration. Oft sind auch weitere Nährstoffe und Spurenelemente beigemischt, dann spricht man von *Volldüngern* (z.B. sind Blaukorn und Nitrophoska Volldünger; Phosphatkali und Thomaskali Zweikomponentendünger). Sie sind sehr einfach in der Anwendung, da sie alle wichtigen Nährstoffe liefern, und werden am häufigsten genutzt. Allerdings kann eine ausschließliche Anwendung dieser Volldünger die Gefahr in sich bergen, daß sich ein oder mehrere Nährstoffe zu stark anreichern und schädlich werden. Zweikomponenten- und Einnährstoffdünger ergänzen ganz gezielt nur die Nährstoffe, die auch gebraucht werden. Hat eine Bodenanalyse (siehe Seite 58 f.) z.B. ergeben, daß zu wenig Phosphor und Kalium vorhanden sind, kann mit Phosphatkali genau dieser Mangel behoben werden.

*Einnährstoffdünger* oder *Einzeldünger* enthalten nur eine Komponente und sind für die gezielte Nachlieferung eines bestimmten Nährstoffes gedacht (Kalkammonsalpeter, Chilesalpeter und Ammoniumsulfat sind Stickstoffdünger, Thomasphosphat ist ein Phosphordünger, Kaliumsulfat ein Kaliumdünger, Bittersalz ein Magnesiumdünger).

*Spurenelementdünger* enthalten nur solche Nährstoffe, die in sehr geringer Menge von den Pflanzen benötigt werden (z.B. Kupfersulfat, Eisenchelate, Borax). Sie werden dann ausgebracht, wenn ein Mangel an Spurenelementen vorliegt, die Hauptnährstoffe aber ausreichend vorhanden sind.

*Spezialdünger* sind in ihren Inhaltsstoffen und ihrer Zusammensetzung auf besondere Bedürfnisse spezieller Kulturen abgestimmt (z.B. Blühpflanzendünger, Grünpflanzendünger, Erdbeerdünger). Man verwendet sie zur Versorgung spezieller Kulturen.

*Gesteinsmehle* bestehen aus feinvermahlenem Gestein. Je nach Ausgangsmaterial enthalten sie unterschiedliche Nährstoffkonzentrationen, außerdem Stoffe wie z.B. Tonminerale, die für eine gute Bodenstruktur wichtig sind. (Urgesteinsmehl z.B. ist kalkarm; Lavamehl ist reich an Magnesium, Kali und Kalk.)

### Organische Dünger

Sie bestehen aus tierischen oder pflanzlichen Stoffen, die mehr oder weniger stark aufbereitet werden. Die in ihnen enthaltenen Nährstoffe müssen im Boden erst umgesetzt werden, bevor sie von den Pflanzen aufgenommen werden können. Bei der Umsetzung durch Bodenorganismen wird gleichzeitig Humus gebildet (siehe Seite 55 f.).

Organische Dünger gibt es in reicher Zahl:

*Kompost* kann einfach selbst hergestellt werden (Näheres siehe Seite 96–99).

*Mist* von Rindern oder Pferden kann frisch auf die Beete gebracht oder erst kompostiert werden.

*Tierische Abfallprodukte* (Guano, Blutmehl, Hornspäne, Hornmehl u.a.) sind gute Nährstofflieferanten, die erst nach und nach ihre Nährstoffe freisetzen.

*Mist ist ein hochwertiger organischer Dünger, der am besten kompostiert und erst in verrottetem Zustand ausgebracht wird.*

*Hornspäne müssen zunächst einmal durch die Bodenorganismen aufgeschlossen werden, bevor sie die Nährstoffe freigeben.*

*Jauchen entstehen durch das Vergären von Pflanzenteilen. Sie werden als milde organische Flüssigdünger oder zur Schädlingsabwehr verwendet.*

*Pflanzenjauchen* entstehen durch Vergärung von bestimmten Pflanzen, die viele Nährstoffe enthalten und gleichzeitig oft eine schädlingsabwehrende Wirkung haben (z.B. Brennesseljauche, Löwenzahnjauche und Beinwelljauche).

*Gründünger* sind Saaten oder Saatmischungen aus Pflanzen, die durch ihre Grünmasse den Boden verbessern und bei ihrer Verrottung Nährstoffe freigeben (z.B. Phacelia, Weißer Senf, Ölrettich, Inkarnatklee, Wicken). Viele Gründüngungspflanzen sammeln Luftstickstoff und binden ihn (siehe Seite 88).

*Biologische Handelsdünger* bestehen ebenfalls aus tierischen oder pflanzlichen Stoffen, wurden aber aufbereitet, damit sie leichter anzuwenden sind (z.B. getrockneter, aufbereiteter Rinderdung; Pflanzenextrakte; Pflanzenkräftiger).

## Organisch-mineralische Dünger

Sie sind Mischungen aus den beiden vorher genannten Düngerformen. Organische Stoffe werden mit Mineralsalzen vermengt, das Produkt liefert einen Teil der Nährstoffe schnell, einen anderen erst nach der Umsetzung durch Bodenorganismen.

Organisch-mineralische Dünger werden vom Handel in reicher Auswahl angeboten, die Zusammensetzungen sind auf den Produkten vermerkt. Bei den *Torfmischdüngern* sind dem Hauptbestandteil Torf mineralische Nährsalze beigemischt. Allerdings werden sie mehr und mehr von Ersatzprodukten verdrängt, da die Bedrohung der Moore durch Torfabbau reduziert werden soll.

## Feststoff- und Flüssigdünger

*Feststoffdünger* sind Düngemittel in fester Form, z.B. pulverisierte, gekörnte oder granulierte Mittel, aber auch gepreßte oder gebundene Dünger in Stäbchen- oder Tablettenform, die zur längerfristigen Versorgung der Pflanzen in die Erde gedrückt werden. Pulver oder Granulate sind streufähig, können direkt auf den Boden aufgebracht und gut zur Grunddüngung (siehe Seite 93f.) verwendet werden. Vom Bodenwasser werden sie nach und nach aufgelöst, die Nährstoffe werden erst nach einiger Zeit für die Pflanzen verfügbar.

*Flüssigdünger* sind Düngemittel in flüssiger Form, die oft in fester Form vertrieben und erst mit Wasser angemischt werden müssen. Sie werden mit dem Gießwasser ausgebracht, ihre Nährstoffe stehen den Pflanzen sofort zur Verfügung. Vor der Verwendung müssen sie meist erst entsprechend verdünnt werden. Für eine 0,1%ige Düngerlösung werden 1 g Düngesalz oder 1 ml flüssiges Düngerkonzentrat in 1 l Wasser aufgelöst. Entsprechend müssen für eine 0,2%ige Düngerlösung 2 g oder 2 ml in 1 l Wasser gegeben werden.

*Inkarnatklee erfüllt als Gründünger nicht nur einen praktischen Zweck, sondern besticht auch durch seine schönen Blüten.*

## Langsam und schnell wirkende Dünger

*Langzeitdünger:* Langsam wirkende Düngemittel geben ihre Nährstoffe langsam fließend in kleinen Dosen frei. Die Nährstoffe liegen in

**Tip**

**Um bei der Verwendung von mineralischen Düngern einer Bodenversalzung entgegenzuwirken, sollten nur chloridarme bzw. -freie Dünger ausgebracht werden. Durch Chloride wird das Bodenleben gestört und die Bodenstruktur geschädigt. Manche Pflanzen sind sehr salzempfindlich, sie bleiben bei der Verwendung chloridarmer Dünger vor Schäden bewahrt.**

diesen Düngern in gebundener Form vor, sie können von Pflanzen nicht unmittelbar genutzt werden. Erst durch die Umsetzung durch die Bodenorganismen werden die Nährstoffe löslich und damit für die Pflanzen verfügbar. Vorteil ist, daß das Bodenleben gefördert wird und der Boden vital bleibt.

Langzeitdünger gibt es als mineralische und organische Dünger. Mit ihnen stellt man in erster Linie eine Grundversorgung des Bodens für die Kulturen her. Durch die langsame Freigabe der Nährstoffe erzielt man eine anhaltende, milde Düngewirkung, meistens

*In einer halbschattigen, geschützten Ecke reifen Pflanzenabfälle zu wertvoller Komposterde, die als Humus- und Nährstofflieferant den Boden fruchtbar erhält.*

braucht während der Vegetationszeit nicht nachgedüngt zu werden.

*Depotdünger:* Zunehmend Verwendung finden Düngemittel, die künstlich hergestellt werden und bei denen die Nährstoffe durch eine besondere Behandlung nur allmählich freigesetzt werden. Die Nährstoffe werden entweder mit einer künstlichen Hülle ummantelt, welche die Nährstoffe durch ihre Poren nach und nach freigibt und am Ende als leere Hülle im Boden verbleibt, oder aber an einen Trägerstoff gebunden, der erst von den Bodenorganismen abgebaut werden muß, bevor der anhaftende Nährstoff frei wird. Depotdünger eignen sich zur langfristigen Versorgung der Kulturen. Sie sind im Handel mit unterschiedlich lang anhaltender Wirkung erhältlich: 2–3 M (Monate), 3–4 M, 5–6 M und 7–8 M. Wird z.B. ein 2–3 M wirkender Depotdünger am 15. Mai verabreicht, hält die Wirkung etwa 10 Wochen an, also muß am 1. August wieder nachgedüngt werden.

Schnell wirkende Düngemittel sind vor allem mineralische Dünger, z.B. in Form von Düngesalzen oder Düngerlösungen. Sie werden dann ausgebracht, wenn den Pflanzen in sehr kurzer Zeit die erforderliche Nahrung gegeben werden soll oder Mangelerscheinungen wie Blattvergilbungen oder Wachstumshemmungen sichtbar werden. Bei Sommerblumen treten Mangelkrankheiten nur selten auf, da sie während ihrer kurzen Vegetationszeit vor allem im Garten reichlich Nährstoffe im Boden vorfinden. Weil rasch wirkende Dünger aber einfach anzuwenden sind, werden sie gerne für Balkonpflanzen benutzt.

### Organisch oder mineralisch düngen?

Die Vorteile einer organischen Düngung sind vielfältig. Durch Recycling von Naturmaterialien wird der Stoffkreislauf der Natur nicht unterbrochen. Organische Abfallprodukte werden zu wertvollen Rohstoffen und belasten dadurch die Abfallentsorgung nicht. Organische Dünger wirken in erster Linie bodenverbessernd, da sie das Bodenleben aktivieren und die Humusbildung fördern. Indirekt vermindern sie weitere Düngergaben, da ein aktives Bodenleben für eine schnelle Nachlieferung von Nährstoffen aus verrottenden Pflanzenteilen sorgt und im Boden schon vorhandene Nährstoffe besser aufgeschlossen werden. Da die Nährstoffe in organischen Düngern gebunden sind, können sie außerdem nicht so leicht ausgewaschen werden.

Eine Überdüngung wirkt sich bei organischer Düngung weniger schnell und folgenreich aus als bei mineralischer. Durch die Humusbildung werden Nährstoffe gebunden und die Speicherkapazität für Nährstoffe erhöht. Nährstoffüberschüsse können nicht so leicht ins Grundwasser gelangen oder durch hohe Konzentrationen im Bodenwasser die Pflanzenwurzeln schädigen.

Mineraldünger ernähren dagegen in erster Linie die Pflanzen. Ihre leicht löslichen Bestandteile werden sehr schnell von den Wurzeln aufgenommen. Allerdings bleibt für die Mikroorganismen im Boden kaum Arbeit, und die leicht löslichen Nährsalze, vor allem Nitrat, gehen bei überhöhten Düngergaben und starken Niederschlägen leicht verloren, sie werden ausgewaschen und gelangen ins Grundwasser. Mineraldünger enthalten meist keine bodenverbessernden Zusätze und fördern die Humusbildung nicht. Langfristig verarmt der

Boden bei ständiger und ausschließlicher Anwendung von Mineraldüngern, der Humusgehalt und die Fruchtbarkeit sinken. Dadurch werden höhere Düngermengen erforderlich, und die negativen Folgen verstärken sich zusehends. Deshalb sollte eine mineralische Düngung jährlich durch bodenverbessernde Maßnahmen (Kompost, Stallmist, Gründüngung) ergänzt werden.

## Richtig düngen

Oberster Grundsatz für eine sinnvolle Düngung ist, ausschließlich die Nährstoffe zuzuführen, die im Boden nicht in ausreichender Menge für die Ernährung der Pflanzen vorhanden sind. Es sollen die Nährstoffe ersetzt werden, die dem natürlichen Kreislauf durch Ernte entzogen wurden.

Zweites wichtiges Prinzip für die Düngung ist, daß lieber mehrfach in kleinen Mengen gedüngt wird als einmal zuviel. Das Motto „Viel hilft viel" gilt für die Düngung nicht. Durch zu hohe Düngergaben wird kein besserer Wuchs erzielt, sondern die Pflanzen werden sogar geschwächt. Vor allem zu hohe Stickstoffgaben bewirken, daß hauptsächlich Blattmasse und nur wenige Blüten gebildet, die Pflanzen anfällig für Krankheiten werden und zusätzlich auch noch negative Auswirkungen auf die Umwelt (Bodenverarmung, Grundwasserbelastung) entstehen.

Eine Bodenanalyse (siehe Seite 58f.) gibt Aufschluß über den Zustand und die Nährstoffversorgung des Bodens, sie dient als Leitlinie für die Düngung. Die meisten Gartenböden sind durch jahrelange, üppige Düngergaben ausreichend mit Nährstoffen versorgt, viele sogar überversorgt, so daß durch eine gezielte Düngung vor allem die Bodenqualität und der Humusgehalt verbessert werden sollten. Eine organische Düngung mit Maß und Ziel bewirkt dies besser als eine übermäßige oder einseitige Anwendung mineralischer Dünger.

*Viele Regenwürmer in der Erde deuten auf einen humosen, nährstoffreichen Boden hin.*

## Grunddüngung

Mit einer Grunddüngung wird die Grundversorgung mit Nährstoffen in den ersten 4–6 Wochen der Saison sichergestellt. Von Grunddüngung oder Vorratsdüngung spricht man, wenn der Boden vor der Pflanzung mit Nährstoffen versorgt wird.

Eine gute Grunddüngung wird bereits durch regelmäßige Kompostgaben auf den Pflanzbeeten erreicht. Nur anspruchsvolle Pflanzen mit hohem Nährstoffbedarf müssen zusätzlich versorgt werden. Für die Verabreichung der Düngemittel ist vor allem der richtige Zeitpunkt wichtig. So darf bei einer Grunddüngung im Herbst kein Stickstoff, z.B. in Form von frischem Mist, auf die Beete gebracht werden. Auch organische Stickstoffdünger werden nur während der Vegetationszeit von April bis Oktober von den Pflanzen aufgenommen und verarbeitet. Enthält der Gartenboden während der Winterruhe stickstoffhaltige Dünger, wird Nitrat ausgewaschen und gelangt in das Grundwasser (siehe Seite 59f.). Außerdem muß der Verlust von Stickstoff bis zur nächsten Gartensaison wieder durch zusätzliche Düngung ausgeglichen werden.

Eine Grunddüngung im Frühjahr wird unmittelbar vor dem Pflanzen durchgeführt. Sie entfällt nur, wenn bereits im Herbst eine

*Ein bedarfsgerechtes Nährstoffangebot ist Voraussetzung für gesundes Wachstum und reichen Blütenflor.*

**Tip**

**Wichtige Düngeregeln:**
- **Düngung nach dem Zustand des Bodens ausrichten.**
- **Nur entzogene Nährstoffe ersetzen. Entsprechend dem Bedarf der Pflanzen düngen.**
- **Besser mehrmals in schwachen Konzentrationen düngen.**
- **Nicht bei voller Sonne und auf trockenen Boden düngen.**
- **Speichervermögen des Bodens für Nährstoffe fördern (Anregung der Humusbildung).**
- **Überdüngung vermeiden.**
- **Durch richtige Anwendung und richtige Terminwahl Auswaschung der Nährstoffe vermeiden.**

Tip

**Auf leichten, sandigen Böden sollte die Grunddüngung auf zwei oder mehrere Gaben verteilt werden. Bei einer einmaligen, starken Düngung besteht die Gefahr, daß die Nährstoffe ausgewaschen werden, da sie nur wenig gebunden werden. Solche Böden sollten vorzugsweise mit organischen Düngern versorgt werden, die gleichzeitig die Humusbildung fördern, um eine bessere Speicherung der Nährstoffe zu erreichen.**

Tip

**Wichtig für das Gedeihen der Pflanzen ist eine gute Bodenfruchtbarkeit. Die Nährstoffe sollten in einer ausgewogenen Mischung vorhanden sein. Für die meisten Pflanzen ist ein Zuviel ebenso schädlich wie ein Zuwenig, also Vorsicht vor Überdüngung! Eine Bodenanalyse (siehe Seite 58 f.) gibt Aufschluß über den Nährstoffgehalt.**

Grund- oder Gründüngung (siehe Seite 88) erfolgt ist. Die Menge des Düngers sollte sich nach den Ergebnissen einer Bodenanalyse (siehe Seite 58 f.), gleichzeitig nach den Ansprüchen der zu kultivierenden Pflanzen richten. Wenn Starkzehrer angepflanzt werden sollen, muß stärker gedüngt werden als bei Schwachzehrern. Im allgemeinen reicht für die Grunddüngung eine Kompostgabe von 10 $l/m^2$ aus, das entspricht einer 1 cm hohen Schicht. Andere Dünger werden in entsprechender Menge, wie auf den Gebrauchsanweisungen vermerkt, gegeben. Für die Grundversorgung einzelner Pflanzen kann man eine knappe Handvoll Hornspäne oder ähnlich langsam wirkende Dünger pro Pflanze auch direkt bei der Pflanzung ins Erdreich mischen.

## Kopfdüngung

Wurde die Grunddüngung unterlassen, müssen fehlende Nährstoffe während der Saison ergänzt werden. In manchen Fällen reicht eine Grunddüngung allein aber auch nicht aus, um den Nährstoffbedarf besonders anspruchsvoller Pflanzen zu decken. Dann wird eine Nach- oder Kopfdüngung erforderlich, die schnell die

*Viele Ziergräser wie das Zittergras haben nur geringe Nährstoffansprüche. Sie gedeihen auch auf kargen Böden.*

entsprechenden Nährstoffe nachliefert. Deshalb werden zur Kopfdüngung vor allem schnell wirkende Dünger verwendet, z. B. leicht lösliche Mineralsalze, Pflanzenbrühen oder Flüssigdünger.

Eine Kopfdüngung wird je nach Vorbedingungen und Ansprüchen der Pflanzen gege-

*Wie die meisten Sommerblumen hat auch der Bartfaden einen mittleren Nährstoffbedarf.*

ben. Während der Wachstumsphasen, die besonders viele Nährstoffe erfordern, vor allem während der Blütenbildung, werden Starkzehrer in der Regel einmal wöchentlich oder 14täglich nachgedüngt. Mittel- und Schwachzehrer brauchen dagegen nur in Ausnahmefällen nachgedüngt zu werden.

## Genügsame und anspruchsvolle Pflanzen

Der Nährstoffbedarf ist nicht bei allen Pflanzen gleich hoch. Manche Arten brauchen nur geringe Nährstoffmengen, ein zu reich gedeckter Tisch würde ihnen sogar schaden. Andere Arten wiederum verlangen ein hohes Nährstoffangebot. Ihrem Bedarf entsprechend werden sie als Schwach-, Mittel- oder Starkzehrer bezeichnet. Welchen Nährstoffbedarf die verschiedenen Arten haben, ist jeweils bei den einzelnen Pflanzenbeschreibungen vermerkt.

Wildarten und Pflanzen, deren Heimat karge Standorte wie Steppen oder Steinfluren sind, zählen im allgemeinen zu den Schwachzehrern, z. B. Mittagsblumen *(Dorotheanthus)*, Portulakröschen *(Portulaca)* oder Duftsteinrich *(Lobularia)* und viele Ziergräser. Sie bevorzugen einen kargen Boden mit geringem Nährstoffgehalt und brauchen kaum gedüngt zu werden. Eine Grunddüngung liefert völlig ausreichend Nährstoffe, sie kann sogar entfallen.

Die meisten Sommerblumen sind Mittelzehrer, sie haben einen mittleren Nährstoffbedarf. Durch eine Grunddüngung, z. B. mit Kompost, finden sie in vielen Fällen ausreichend Nährstoffe im Boden vor. Nur auf nährstoffarmen

Böden muß eventuell während des Sommers nachgedüngt werden. Zur Hauptwachstumszeit, etwa im Juni oder Juli, kann ein- oder zweimal mit Volldünger nachgedüngt oder aber einmal ein organischer Dünger verabreicht werden, z.B. wird eine Handvoll Kompost rund um die Pflanzen verteilt. Nährstoffergänzend wirken auch Pflanzenbrühen, mit denen in wöchentlichem oder 14täglichem Rhythmus gegossen wird.

Einige Arten stellen an die Nährstoffversorgung des Bodens höhere Ansprüche, sie sind Starkzehrer wie z.B. die Sonnenblume *(Helianthus)*. Je nach Grundversorgung muß nachgedüngt werden. Zusätzlich zu einer Grunddüngung erhalten solche Pflanzen etwa von Juni bis August wöchentlich oder vierzehntäglich eine zusätzliche Düngergabe, z.B. einen Guß mit Pflanzenbrühe oder mit einem Flüssigvolldünger.

## Anwendung organischer Dünger

Organische Dünger werden überwiegend zur Grunddüngung verwendet. Verrotteter Mist und Kompost können entweder im Herbst nach der Bodenlockerung oder im Frühjahr vor der Pflanzung auf den Boden ausgebracht werden. Sollen Frühlingsblumen oder zweijährige Arten wie Stiefmütterchen gepflanzt werden, wird der organische Dünger schon im Herbst gegeben. Sonst wird er besser im zeitigen Frühjahr verteilt, um einer Auswaschung von Nährstoffen über den Winter vorzubeugen. Pro Jahr genügt eine Gabe von 10 $l/m^2$, das entspricht einer Schicht von etwa 1 cm. Frischer, strohiger Mist wird nur im Frühjahr und auch nur dann gegeben, wenn ausgesprochene Starkzehrer auf dem Beet wachsen sollen. Kompostierter Mist wird wie Kompost schaufelweise auf den Beeten verteilt, auseinandergeharkt und flach in den Boden eingearbeitet.

Statt Kompost und Mist können auch Hornspäne, Knochenmehl und ähnliche Dünger im Frühjahr vor der Bestellung ausgestreut und in den Boden eingearbeitet werden. Sie können auch punktuell verteilt werden, indem bei der Pflanzung in jedes Pflanzloch eine knappe Handvoll verteilt wird. Pflanzenjauchen und -brühen werden während der Wachstumsperiode je nach Bedarf, meist wöchentlich während der Hauptwachstumszeit, beim Gießen verteilt.

## Anwendung mineralischer Dünger

Auf den meisten handelsüblichen Mineraldüngern ist eine Gebrauchsanleitung gegeben, die genauen Aufschluß über die zu verwendende Menge gibt. Manche Dünger müssen vor der Anwendung noch mit Wasser vermischt werden, auch hierzu findet man Angaben. Die erforderliche Menge ergibt sich aus der Grundversorgung des Bodens (siehe Bodenanalyse Seite 58f.) und den Ansprüchen der Kulturen.

*Um zu so stattlicher Größe heranwachsen zu können, brauchen Sonnenblumen ein reichliches Nährstoffangebot.*

Die leicht löslichen Düngesalze sollen an bedeckten Tagen immer auf etwas feuchten Boden aufgebracht werden. Bei trockenen Böden besteht die Gefahr, daß die Pflanzenwurzeln geschädigt werden, bei zu nassen Böden können die Salze ausgewaschen werden. In praller Sonne können die Düngesalze ätzend wirken und Pflanzenschäden verursachen. Feste Dünger werden auf den Boden gestreut und sofort leicht in die obersten Schichten eingeharkt. Flüssige Dünger werden auf die Erde gegossen, sie sollen die Pflanzen nicht benetzen.

# Kompostierung

*Eine isolierende Außenwand sorgt bei Thermokompostern für eine erhöhte Innentemperatur. Dadurch verläuft die Rotte besonders schnell.*

Die Verwertung von Garten- und Küchenabfällen zur Gewinnung von humusreicher, nährstoffhaltiger Erde sollte in jedem Garten selbstverständlich sein. Es gibt kaum eine einfachere und billigere Methode, den Boden fruchtbar zu erhalten und gleichzeitig Abfälle zu entsorgen.

Kompost kommt aus dem Lateinischen und bedeutet „Zusammengesetztes". Die Kompostierung von organischen Materialien wird schon seit sehr langer Zeit betrieben. In einem aus vielerlei Materialien gemischten Komposthaufen finden natürliche Umsetzungsvorgänge statt, wie sie sich auch in der freien Natur vollziehen. Diese Prozesse aus Abbau, Umbau und Neuaufbau sind sehr vielschichtig: Eine Fülle von Bodenlebewesen, vom Regenwurm bis zur kleinsten Mikrobe, leisten im Komposthaufen ganze Arbeit. Bei genügend Sauerstoff und Feuchtigkeit „fressen und verdauen" sie die organischen Substanzen. Bakterien erzeugen dabei viel Wärme und sorgen im Komposthaufen für Temperaturen bis zu 70 °C. Dadurch geht der Umbau, die Rotte oder Verrottung, schneller voran als beim Zersetzungsprozeß in der freien Natur, schon innerhalb eines Jahres ist aus den meisten Ausgangssubstanzen Humus entstanden.

### Kompostbehälter

Zum Sammeln der organischen Abfälle ist ein Behälter von Nutzen. Im Handel sind viele verschiedene Modelle erhältlich, vom einfachen Holzlattensilo bis zum luxuriösen Thermokomposter. Sammelbehälter können auch selbst angefertigt werden, z.B. aus Ziegeln, Holzlatten und/oder Draht. Gebräuchlich und praktisch sind Behälter mit einem Füllvolumen von 1 m$^3$ (1×1×1 m groß). In größeren Gärten kann der Kompost auch ohne Behälter als Miete aufgesetzt werden.

*Eine Kompostieranlage mit drei Kammern ist besonders für große Gärten zu empfehlen, in denen reichlich Pflanzenabfälle anfallen.*

Normalerweise werden drei Behälter aufgestellt, im ersten werden die frischen Abfälle gesammelt, im zweiten läuft der Rottevorgang ab, und aus einem dritten kann reifer Kompost entnommen werden. Ist kein Platz für eine großzügige Kompoststelle vorhanden, reichen zur Not auch zwei Behälter, von denen einer zur Befüllung und einer zur Rotte dient.

Thermokomposter sorgen durch ihre spezielle Bauweise für gleichbleibend hohe Komposttemperaturen, die Rotte wird dadurch beschleunigt. In ihnen reift Komposterde in 6–15 Monaten. Sie werden von oben befüllt, unten kann über eine Öffnung die Komposterde entnommen werden. Nach Abschluß der Kompostierphase beschleunigt auch hier ein ein- bis zweimaliges Umsetzen der Komposterde den Rotteverlauf.

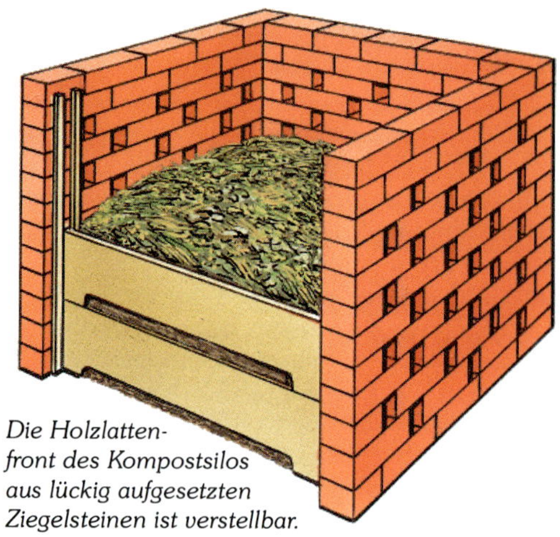

*Die Holzlattenfront des Kompostsilos aus lückig aufgesetzten Ziegelsteinen ist verstellbar.*

### Kompostplatz

Ideale Bedingungen für den Verrottungsvorgang herrschen an einem halbschattigen, windgeschützten Platz. Komposthaufen müssen stets direkt auf den gewachsenen Boden aufgestellt werden, damit die Kleinlebewesen von unten her in den Kompost einwandern und Sickersäfte ablaufen können. Der Untergrund darf nie aus Beton, Kies oder sonstigen Befestigungen bestehen. In voller Sonne trocknet der Kompost zu schnell aus und schwanken die Temperaturen zu stark, was die Rotte verzögert. Ebenso ungünstig ist ein schattiger, kalter Ort.

### Material für den Kompost

Zur Kompostierung eignen sich alle organischen Materialien aus Garten und Küche, soweit sie nicht chemisch behandelt, von Krankheiten befallen sind oder während der Rotte nicht schnell genug zersetzt werden, wie z.B. dicke Äste oder nur langsam verrottendes Eichenlaub.

Zur Kompostierung sind geeignet:
- Gehölzschnitt (zerkleinert),
- Laub (nur in dünnen Schichten),
- Pflanzenreste (Stengel zerkleinert),
- Ernterückstände,
- Grasschnitt (nur in dünnen Schichten),
- organische Küchenabfälle (z.B. Kaffeefilter, Teesatz, Gemüsereste, Obstschalen, soweit unbehandelt),
- Eierschalen (zerkleinert),
- verbrauchte Erde (z.B. Balkonkastenerde),
- Mist von Rindern, Pferden, Ziegen, Schafen, Geflügel (mit Stroh vermischt, sonst mit Erde vermischen und gut durchfeuchten),
- Stroh, Sägespäne, Holzwolle (nur in kleinen Mengen),
- unbehandeltes Papier (z.B. Zeitungspapier, Küchentücher, Pappe, nur in kleinen Mengen).

Zur Kompostierung nicht geeignet sind:
- Glas, Metalle, Kunststoffe, Gummi,
- Fleisch- und Knochenabfälle, Speisereste (locken Ungeziefer an),
- kranke, befallene Pflanzenteile,
- mit Pflanzenschutz- oder Konservierungsmitteln behandelte Pflanzenreste (z.B. Orangenschalen),
- Wurzelstöcke und Samen von Unkräutern,
- Pflanzenschutzmittelreste,
- Wachs- und Hochglanzpapier.

### Aufsetzen des Kompostes

Um eine gleichmäßige Rotte zu fördern, werden grobe, harte und feine, weiche Materialien in wechselnden Schichten aufgesetzt. Je stärker die Abfälle zerkleinert werden, desto schneller kann der Kompost reifen. Grobe Stoffe wie Gehölzschnitt, Stengel oder Erbsenstroh sorgen dafür, daß ausreichend Sauerstoff in den Haufen gelangt, die Schichten sich nicht verdichten und übermäßige Nässe abtrocknen kann. Bei zu großen Mengen feiner Materialien wie Grasschnitt, Laub oder Küchenabfall verdichten sich die Kompostschichten, die Luft kann nicht mehr zirkulieren, und Fäulnis tritt auf.

*Frei aufgesetzter Kompost wird mit einer Schicht Stroh oder Laub abgedeckt, damit er nicht austrocknet.*

### Kompostzusätze

Zur Beschleunigung der Rotte oder zur Anreicherung des Kompostes mit Spurenelementen können verschiedene Zuschlagstoffe, z.B. sog. Rottelenker oder Rotteförderer, zwischen die Schichten eingebracht werden. Im Handel sind fertige Kompostzusätze verschiedenster Art, sie können aber durchaus auch selbst hergestellt werden.
Einige gebräuchliche Kompostzusätze:

*Gesteinsmehle* liefern Spurenelemente und können sich günstig auf die Rotte auswirken. In ihnen enthaltene Tonminerale verbessern die Bodenstruktur. Sie werden zwischen die einzelnen Lagen dünn aufgestreut.

*Kohlensaurer Kalk* (Düngekalk) oder *Algenkalk* sorgt für eine neutrale Reaktion des Kompostes, bei der sich die Mikroorganismen am

**Tip**

**Die Rotte im Kompost läuft am besten ab, wenn die Ausgangsmaterialien möglichst vielfältig und gut durchmischt sind. Viele holzige Substanzen verlangsamen die Rotte, viele weiche faulen leicht.**

**Tip**

**Bewährtes Rezept für Brennesseljauche: 1 kg frisches, vor der Blüte geerntetes Brennesselkraut oder 200 g getrocknetes gibt man in 10 l Wasser. Dieser Ansatz muß täglich umgerührt werden. Nach einigen Tagen setzt die Gärung ein. Wenn keine Bläschen mehr aufsteigen und die Temperatur abgesunken ist, wird die fertig vergorene Jauche unverdünnt über den Kompost gegossen. Dadurch wird der Rottevorgang beschleunigt.**

wohlsten fühlen. Zu frischem Mist darf allerdings kein Kalk gegeben werden, auch sonst ist er nur sehr sparsam zu verwenden. Pro 15–30 cm starker Kompostschicht werden höchstens drei oder vier Handvoll Kalk je $m^2$ aufgestreut.

Selbsthergestellte Kompostpräparate bestehen aus Pflanzenjauchen oder -brühen. Sie enthalten verschiedene Nährstoffe und bestimmte Wirkstoffe, die die Umsetzungsprozesse fördern.

Als Starthilfe können dem frisch aufgesetzten Material einige Schaufeln reifen Kompostes zugesetzt werden. Bei starkem, anhaltendem Regen sollte der Kompost abgedeckt werden, damit er nicht vernäßt. Allerdings können bei der Kompostierung andererseits auch immer wieder unerwünschte Abläufe auftreten, die unterbunden werden müssen.

*Sparsam zwischen die einzelnen Kompostschichten gestreuter Algenkalk sorgt für eine gleichmäßige Rotte und reichert die Erde gleichzeitig mit Kalk und Spurenelementen an.*

## Pflege des Kompostes

Wird der Kompost richtig aufgesetzt und steht er an einem optimalen Ort, braucht er keine Pflege, die Natur regelt die Vorgänge selbst.

Abhilfe bei häufigen Fehlern:

- Bei zu trockenem Kompost: kräftig gießen, für Beschattung sorgen, eventuell Kompost an neue Stelle umsetzen.
- Bei zu nassem, unangenehm riechendem Kompost: an neue Stelle umsetzen und reichlich grobes Material schichtweise einbringen; bei stauender Nässe Kompost umsetzen und als unterste Lage groben Gehölzschnitt aufschichten.
- Wenn frisches Material nicht verrottet: Kompost umsetzen, weiche Materialien beimischen und durchfeuchten.
- Wenn reifer Kompost noch sehr viele unzersetzte Stoffe enthält: vererdeten Kompost absieben, unzersetzte Teile wieder zum Kompost geben und mit weichem Material mischen.
- Bei zu vielen Insekten am Kompost: Haufen mit einer Schicht Gartenerde abdecken.

Ist der Kompostbehälter voll, wird er mit einer Lage Gartenerde abgedeckt. Nach einer gewissen Ruhezeit kann dann fertige Komposterde entnommen werden. Je nach Zusammen-

*Beim Rohkompost (links) erkennt man noch einzelne Pflanzenteile, während reifer Kompost (rechts) feinkrümelig ist.*

setzung, Witterungsverlauf und Rottevorgang entsteht aus den Ausgangsstoffen nach 3–4 Monaten Rohkompost, der sehr nährstoffhaltig ist und in dieser Form bereits als Bodenverbesserungsmittel verwendet werden kann. Für Sommerblumen sollte nur reifer Kompost genutzt werden. Reif ist der Kompost etwa ein Jahr nach dem Aufsetzen. Je nach Art der Ausgangsmaterialien und deren Zusammensetzung kann es auch bis zu drei Jahren dauern, bis reife Komposterde entstanden ist. Sie hat eine dunkle Farbe und duftet wie frischer Waldboden. Eventuell noch enthaltene grobe Bestandteile werden ausgesiebt, dann kann die fertige Komposterde zum Einsatz kommen.

### Anwendung von Kompost

Kompost verbessert die Bodenstruktur. Durch die Zufuhr von Humusstoffen werden sandige, lehmige und humusarme Böden „bindiger", sie können mehr Wasser und Nährstoffe speichern. Schwere Böden werden durchlässiger und besser belüftet.

Kompost kann im Frühjahr oder Herbst zur Bodenverbesserung und Nährstoffergänzung flächig auf Beete ausgebracht werden. Pro Jahr reicht eine 1 cm dicke Schicht völlig aus (entspricht etwa 10 l/m²). Reife Komposterde kann auch im Frühjahr als Mulchdecke zwischen den Pflanzen verteilt werden, dann allerdings muß die Menge zur Bodenverbesserung entsprechend reduziert werden.

Da Komposterde reichlich Nährstoffe enthält, muß sie als Dünger betrachtet und angewendet werden. Für Aussaaten ist sie pur nicht geeignet, die vielen Nährstoffe würden die empfindlichen Wurzeln der Sämlinge schädigen. Man kann allerdings reife Komposterde zu Sand mischen, etwa ein Teil Komposterde auf zwei Teile Sand, und diese Substratmischung für Saaten nutzen.

**Tip**

**Reife Komposterde enthält ungefähr 2–3% Stickstoff, 2–3% Phosphor und 1–3% Kalium. Die Nährstoffgehalte hängen von den Ausgangsmaterialien und deren Zusammensetzung ab, die Angaben können daher nur grobe Richtwerte darstellen.**

**Tip**

**Wer keine Möglichkeit zur Kompostierung hat, kann fertigen Kompost auch im Gartenfachhandel oder bei Kompostieranlagen erwerben. In Großkompostieranlagen werden organische Abfälle zu guter, nährstoffreicher Gartenerde verarbeitet.**

## Ein Kompostsilo befüllen

Bei der Kompostierung wird aus organischen Garten- und Küchenabfällen durch Verrottung Gartenerde gewonnen. Die Kompostierung muß fachgerecht und sorgfältig durchgeführt werden, damit guter, humusreicher Boden entsteht. Dazu sind einige Regeln zu beachten:

Der Kompostbehälter wird an einem halbschattigen, windgeschützten, leicht erreichbaren Platz direkt auf dem gewachsenen Boden aufgestellt. Nur so können die für die Rotte erforderlichen Bodenorganismen von unten in den Kompost einwandern und Sickersäfte ungehindert ablaufen.

Als unterste Lage wird eine etwa 10–20 cm starke Schicht aus grobem Holzschnitt (grob zerkleinerten Ästen) eingefüllt, die für eine gute Durchlüftung im Bodenbereich sorgt. Darauf kommen die laufend anfallenden Garten- und Küchenabfälle. Beachtet werden muß, daß sich grobe Materialien (zerkleinerter Gehölzschnitt, Staudenschnittreste, Gemüsekraut usw.) mit feinen (Rasenschnitt, Obst- und Gemüseabfällen aus der Küche, Kaffeesatz usw.) abwechseln.

*Die Rotte ist um so weiter fortgeschritten, je tiefer die Schichten liegen. Die frischen Abfälle gibt man obenauf.*

Um den Rottevorgang zu starten, bedarf es eigentlich keiner Zusätze, denn die für die Zersetzung des Materials benötigten Mikroorganismen wandern von selbst in den Kompost ein, wenn sie dort geeignete Lebensbedingungen vorfinden. Zur Beschleunigung kann man jeweils einige Schaufeln fertigen Kompost zwischen die 10–20 cm starken Schichten der Abfälle geben und dadurch den Kompost quasi mit den Kleinstlebewesen „impfen".

Der Abbauprozeß kann zusätzlich durch andere Zuschlagstoffe vorangetrieben werden, z.B. Brennessellaub, Baldrianblüten oder Kamillenblüten oder handelsübliche Impfmittel und Rottelenker.

Spurenelemente und Mikronährstoffe, also Nährelemente, die nur in geringer Menge von den Pflanzen benötigt werden, können schon bei der Kompostierung in Form von Steinmehlen (Basaltmehl, Lavamehl, Bentonit, Tonmineralen u.a.) untergemischt werden. Ein bis zwei Handvoll Gesteinsmehl werden dünn aufgestreut, wenn die Abfallschichten etwa 10–20 cm erreicht haben.

# Weitere Pflegemaßnahmen bis zum Herbst

Neben Bewässerung und Düngung fallen während des Sommers weitere Pflegehandgriffe an, damit der Blütenflor sich gut entwikkelt und möglichst lange hält. Richtiger Schnitt und Rückschnitt helfen ebenso wie regelmäßiges Ausputzen, für ein stets ansprechendes Bild zu sorgen, sie spielen aber auch eine wesentliche Rolle bei der Pflanzenhygiene.

## Schnitt

Mit ein paar einfachen Handgriffen läßt sich die Blühdauer der Sommerblumen verlängern, und die Pflanzen bieten dann den ganzen Sommer über ein üppiges und gepflegtes Bild. Gezielter Schnitt fördert den Ansatz immer neuer Knospen und bewirkt gedrungenen Wuchs.

*Seine besondere Note erhält dieser prächtige Gartenblumenstrauß in überwiegend gelben Tönen durch die violetten und rotbraunen Farbtupfer. Wenn für die Vase einzelne Blütenstiele ausgeschnitten werden, setzen die meisten Sommerblumen um so eifriger neue Knospen an.*

**Tip**

**Tragen die Pflanzen im Herbst noch Blüten und halbgeöffnete Knospen, können diese vor dem Abräumen für die Vase geschnitten werden. So hat man wenigstens noch für eine kleine Weile Blütenschmuck im Zimmer.**

## Wuchsform durch Schnitt steuern

Schon die jungen Pflanzen werden durch gezielte Schnittmaßnahmen in ihrem Wuchs so gesteuert, daß sie zu kräftigen, gut verzweigten und gedrungenen Pflanzen heranwachsen. Eine wichtige Maßnahme ist bei einigen Pflanzenarten das Entspitzen, das Kürzen der Spitzentriebe um etwa 2 cm.

Alle weichen Triebe, die mehr als vier Blattpaare tragen, werden mit einem scharfen Messer knapp über einem Blattansatz gekürzt, bei sehr weichen Pflanzen kann das Entspitzen auch durch Abknipsen mit den Fingernägeln erfolgen. Es sollen zwei oder drei Blattpaare

*Die Fülle des Sommers in der Vase vereint – ein üppiger Strauß aus Bechermalven, Sommerastern, Feinstrahl, Schafgarben, Skabiosen und anderen.*

stehenbleiben. Dadurch werden die Knospen der Seitentriebe zum Wachsen angeregt, und die Pflanze verzweigt sich. Nachdem die neuen Seitentriebe gewachsen sind, können auch sie um etwa 2 cm eingekürzt werden, was wiederum eine Verzweigung anregt. Je nach Wuchsverhalten wird das Entspitzen bei den verschiedenen Arten ein- bis dreimal, bei manchen Arten auch öfter fällig. Zum ersten Mal wird kurze Zeit nach dem Pikieren entspitzt, wenn die Pflanzen kräftig in die Länge gewachsen sind. Das Resultat sind buschige, kompakte und kräftige Pflanzen, die an ihren vielen Trieben auch viele Blüten ansetzen.

Nicht entspitzt werden aber Kletterpflanzen und Ampelpflanzen, bei denen lange Triebe erwünscht sind, wie z.B. die Schwarzäugige Susanne *(Thunbergia alata)* oder die Fächerblume *(Scaevola aemula)*.

### Schnitt für die Vase

Beim Rückschnitt sowie auch beim Ausputzen (siehe Seite 102) fallen meistens ein paar Blütenstengel an, die man für die Vase verwenden kann. Natürlich können viele Sommerblumen auch eigens für den Vasenschmuck geschnitten werden.

Ganz nach Geschmack kann man aus dem Sommerblumengarten schöne Sträuße und Gestecke zusammenstellen. Kleine Sträuße können z.B. aus Gartenstiefmütterchen (*Viola-Wittrockiana*-Hybriden), Tausendschön *(Bellis perennis)* oder niedrigen Studentenblumen (*Tagetes*-Arten) arrangiert werden. Duftige Kombinationen lassen sich z.B. mit Atlasblumen *(Godetia grandiflora)*, Schmuckkörbchen (*Cosmos*-Arten) oder Jungfer im Grünen *(Nigella damascena)* binden. In Bodenvasen machen sich z.B. Sonnenblumen *(Helianthus annuus)*, Spinnenpflanzen *(Cleome spinosa)* oder Stockrosen *(Alcea rosea)* prächtig.

Schnittblumen halten sich am längsten in der Vase, wenn man einige Regeln beachtet. Die Blüten sollten sich gerade geöffnet haben und dennoch schon voll entwickelt sein. Am frühen Morgen geschnitten, halten die Blumen am längsten. Dagegen verblühen sie oft sehr rasch, wenn sie während der Mittagshitze oder am Nachmittag vom Beet geholt werden.

Man sucht sich aus dem Pflanzenbestand Blüten heraus, die kräftige Stiele und möglichst wenig Verzweigungen haben, damit die Knospen an den Seitentrieben weiterwachsen können. Geschnitten wird stets mit einem scharfen Messer zwischen zwei Blattansätzen. Mit einer Schere würde das Stengelgewebe gequetscht, die Blumen könnten in der Vase nur noch schlecht Wasser aufnehmen.

Schnittblumen sollten so schnell wie möglich ins Wasser gestellt werden. Die Stengel werden vor dem Arrangieren in der Vase im unteren Bereich von allen Blättern befreit. Es dürfen keine Blätter im Vasenwasser stehen, da sie rasch faulen und die Pracht verderben.

**Tip**

**Für alle Schnittmaßnahmen dürfen nur einwandfrei saubere Messer verwendet werden. Durch den Schnitt entstehen Wunden, durch die leicht Krankheitskeime eindringen können, die mit unsauberem Gerät auf viele Pflanzen übertragen werden. Schnittwerkzeuge müssen scharf sein, damit nicht unnötig viel Gewebe der Pflanzen durch Risse oder Quetschungen geschädigt wird.**

**Tip**

**Bei manchen Arten können sogar Knospen für die Vase geschnitten werden, z.B. bei Mädchenaugen, Bartnelken und Gladiolen. Sie blühen in der Vase dann auf.**

*Bambus- oder Holzstäbe, die zu einer Zeltform aufgestellt werden, bilden auf dem Beet (links) wie auch im Kübel (rechts) eine Stütze für Kletterpflanzen wie z.B. Duftwicke, Prunkwinde und Schwarzäugige Susanne.*

*Hohe Dahlien bekommen Halt durch einen kräftigen Stützstab, den man schon beim Auspflanzen im Boden verankert, ohne die Knollen zu beschädigen. Mit zunehmendem Wachstum wird die Pflanze mehrmals an den Pfahl angebunden.*

Unter Wasser oder unter einem fließenden Wasserstrahl werden alle Stengel mit einem Messer schräg angeschnitten und sofort in die Vase gestellt. So dringt kaum Luft in die Wasserleitbahnen der Stengel, die Blüten können ohne störende Lufteinschlüsse mit Wasser versorgt werden.

Das Vasenwasser sollte handwarm sein und kann mit einem speziellen Frischhaltemittel für Schnittblumen versetzt werden. Solche im Fachhandel erhältlichen Zusätze in flüssiger oder pulveriger Form verhindern schnelles Welken durch Fäulnis im Wasser. Verdunstetes Wasser wird dann nur noch aufgefüllt. Blumenwasser ohne Frischhaltemittel sollte man jeden Tag erneuern und dabei auch die Stiele neu anschneiden.

Je kühler die Schnittblumen aufgestellt werden, desto länger halten sie im allgemeinen. Verwelkte Blüten und Blätter sollten schnell entfernt werden, sie verströmen Äthylen, einen gasförmigen Stoff, der die Welke der übrigen Blüten beschleunigt. Aus dem gleichen Grund sollten die Blumen auch nicht neben Obst oder Gemüse stehen, denn auch Früchte produzieren das welkefördernde Äthylen.

### Ausputzen bringt neuen Glanz

Damit Sommerblumen sich stets in schönster Gestalt präsentieren, werden regelmäßig alle verblühten und verwelkten Teile entfernt. Der Rückschnitt verwelkter Blüten bewirkt aber auch, daß die Pflanze ihre Wuchskraft nicht in die Produktion von Samen steckt, sondern statt dessen wieder neue Blüten treibt. Wer es sich zur Gewohnheit macht, jeden Tag verwelkte und verbräunte Blüten auszuzupfen, wird durch besonders prächtigen Blütenflor belohnt.

### Rückschnitt

Anders als langlebige Stauden brauchen Sommerblumen nicht komplett zurückgeschnitten zu werden, denn bei ihrer relativ kurzen Wachstumszeit ist keine Verjüngung erforderlich. Sie werden allenfalls einmal ein wenig gestutzt.

Nur kranke, durch Trockenheit oder Unwetter stark geschädigte Pflanzen müssen radikal zurückgeschnitten werden, damit bei aufmerksamer Pflege aus dem Wurzelstock möglichst schnell wieder schöne Pflanzen heranwachsen. Allerdings ist diese Maßnahme nicht immer erfolgreich.

Arten wie Strauchmargerite *(Chrysanthemum frutescens)* oder Blaue Mauritius *(Convolvulus sabatius)* werden vor der Überwinterung zurückgeschnitten, ihre Triebe um ein bis zwei Drittel eingekürzt. Pflanzen, die ungeschnitten überwintert wurden, werden durch einen frühzeitigen Rückschnitt im März zu neuem Austrieb angeregt. Alle Triebe, die über den Winter gelitten haben, werden ganz entfernt. Alle übrigen Triebe werden um etwa ein Drittel zurückgeschnitten.

### Abstützen und Aufleiten

Hochwachsende und kletternde Arten brauchen eine Stütze, die ihnen Halt gibt und sie

*Ein Baustahlgitter, das von der rasch kletternden gelb-roten Kapuzinerkresse bald verdeckt wird, verwandelt sich in einen hübschen Sichtschutz.*

vor dem Umknicken schützt. Arten mit langen, recht empfindlichen Trieben wie etwa das Schmuckkörbchen *(Cosmos bipinnatus)*, die Tithonie *(Tithonia rotundifolia)* oder die Spinnenpflanze *(Cleome spinosa)*, die Wuchshöhen von 60 bis 100 cm erreichen, werden gestützt. Sie bekommen Halt durch einen der Wuchshöhe entsprechenden Bambus- oder Holzstab, der neben die Pflanzen in die Erde gesteckt wird. Mit Bast- oder Kunststoffschnur werden die hohen Stengel an den Stäben locker angebunden.

Beim Anbinden der Pflanzen müssen die Schnüre locker sitzen, damit die Stengel nicht gequetscht werden. Man windet die Schnur in Form einer doppelten Acht um Stab und Pflanzentrieb.

Kletterpflanzen wie Feuerbohne *(Phaseolus coccineus)*, Prunkwinde *(Pharbitis purpurea)*, Sternwinde *(Quamoclit lobata)* und Duftwicke *(Lathyrus odoratus)* brauchen eine Kletterhilfe, an der ihre Triebe emporranken können. Ein Holzspalier mit dünnen Querlatten ist ebenso geeignet wie ein Scherengitter oder ein Drahtgerüst. Auch Stäbe oder fest verspannte Schnüre bieten einen guten Halt.

Die Kletterhilfe muß vor der Pflanzung angebracht werden. Die Pflanzen werden dann leicht schräg zum Klettergerüst in die Erde gesetzt, damit die Triebe schnell Halt finden. Die jungen Triebe werden noch um die Unterlage gewunden oder an ihr festgebunden. Später finden die Pflanzen ihren Halt von selbst. Nur ab und zu wird es eventuell nötig, herabhängende Triebe an die Unterlage zu heften.

*Bei Sonnenblumen muß der Stützstab so hoch sein, daß auch die schweren Blüten Halt finden und nicht abbrechen. Die Pflanzen werden locker in Form einer doppelten Acht angebunden.*

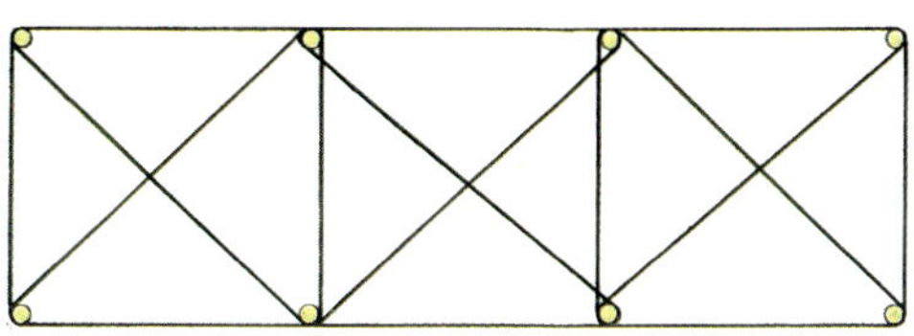

*Über Kreuz verspannte Schnüre sind für dichte Pflanzenbüsche wie Schmuckkörbchen eine fast unsichtbare, aber wirksame Stütze.*

## Schwindende Blütenpracht

Je näher der Herbst rückt, desto spärlicher zeigen sich die Blüten. Die ersten Nachtfröste lassen die Sommerblumen schnell vergehen, die Triebe, Blätter und Blüten welken oder werden durch den Frost schwarz. Der Blumensommer geht zu Ende, die Sommerblumen müssen abgeräumt werden.

Pflanzen, die überwintert werden sollen, werden aus dem Boden genommen, sobald die ersten starken Fröste drohen. Mit einer Grabegabel wird der gesamte Wurzelstock aus der Erde gehoben, anhaftende Erde durch vorsichtiges Schütteln weitgehend entfernt. Die oberirdischen Triebe können ein wenig eingekürzt werden, alle welken oder vertrockneten Teile müssen entfernt werden. Lang herausragende oder beschädigte Wurzeln schneidet man zurück. Die so vorbereiteten Pflanzen werden in Blumenerde getopft und ins Winterquartier gestellt.

Alle anderen Sommerblumen werden aus den Beeten genommen und zum Kompost gegeben. Auch hier werden die Pflanzen mit der Grabegabel oder einem Spaten aus der Erde gehoben, die Erde wird gründlich aus dem Wurzelballen herausgeschüttelt. Nach dem Abräumen kann die herbstliche Bodenbearbeitung erfolgen (siehe Seite 88), können schon gute Voraussetzungen für die Blütenpracht des kommenden Sommers im Garten geschaffen werden.

*Arten wie Sommerastern, die leicht auseinanderfallen, bindet man mit Schnüren um einen zentralen Stützstab.*

# Überwinterung

Für eine Überwinterung kommen nur solche Pflanzenarten in Frage, die von Natur aus ausdauernd sind, z.B. Pelargonien (*Pelargonium-Peltatum-* und *Pelargonium-Zonale-*Hybriden), Strauchmargeriten *(Chrysanthemum frutescens)*, Fuchsien (*Fuchsia-*Hybriden) oder Wandelröschen (*Lantana-Camara-*Hybriden). Vor allem bei Hochstämmchen lohnt sich die Überwinterung.

Dennoch werden auch diese Arten – abgesehen von den sehr kostspieligen Kübelpflanzen und Hochstämmchen, die sich gut überwintern lassen – häufig nur ein Jahr gepflegt und jedes Frühjahr durch neue Pflanzen ersetzt. Oft sind keine Möglichkeiten für eine Überwinterung vorhanden, oder aber man möchte sich nicht die Mühe machen. Die Pflanzen werden jedes Frühjahr in Hülle und Fülle angeboten – und der Erwerb neuen Blumenschmucks ist selbstverständlich einfacher.

Wiederum andere Arten wie die Vanilleblume *(Heliotropium arborescens)* oder die Pantoffelblume *(Calceolaria integrifolia)* sind zwar eigentlich ebenfalls ausdauernd, verlieren aber mit den Jahren an Schönheit. Nach der Überwinterung werden sie sparrig und langtriebig, und die Blühkraft läßt nach, so daß sich eine mehrjährige Kultur nicht lohnt.

*So prächtige Kübelpflanzen wie dieser Hochstamm eines Wandelröschens brauchen ein geeignetes Winterquartier, wo sie vor Frost und Kälte geschützt sind.*

**Tip**

**Regelmäßiges Lüften an frostfreien Tagen hilft Pilzbefall vorzubeugen. Dabei aber Zugluft vermeiden!**

**Tip**

**Wenn für das Überwintern der häufig recht stattlichen Pflanzen zu wenig Platz zur Verfügung steht, sollte man rechtzeitig Stecklinge heranziehen. Die Jungpflanzen lassen sich meist ebenso gut überwintern, beanspruchen aber weniger Raum.**

### Vorbereitungen für das Winterquartier

Schon im Sommer muß mit den Vorbereitungen für die Überwinterung begonnen werden. Im Garten wird spätestens ab August, auf dem

Balkon ab Ende August/Anfang September die Düngung eingestellt und die Gießmenge reduziert. Ein geringer werdendes Nährstoff- und Wasserangebot veranlaßt die Pflanzen, sich auf kommende schlechte Zeiten einzustellen, und das ist der Winter schließlich. Die holzigen Triebe können ausreifen, Reservestoffe in den Wurzeln gespeichert und der Stoffwechsel auf „Sparflamme" gestellt werden. Vernäßte Wurzelballen neigen leicht zu Fäulnis. Zu stark und zu spät gedüngte Pflanzen können sich nicht ausreichend vorbereiten und erleiden während des Winters oft Schäden.

Sobald die ersten Fröste drohen, werden die Pflanzen ins Haus gebracht. Gewöhnlich werden sie dabei schwach (höchstens um ein Drittel) zurückgeschnitten, um möglichst wenig Pflanzenmasse ins Winterquartier zu bringen. Außerdem wird gründlich ausgeputzt: Alle Blüten und welken Blätter sowie alle dürren Triebe werden entfernt. Balkonblumen können direkt im Kasten überwintert werden, Beetpflanzen müssen aus der Erde genommen und neu getopft werden. Als Substrat dient Einheitserde Typ T (auch Topferde genannt) oder selbstgemischte Blumenerde aus Gartenerde, Kompost und Sand (Bestandteile zu gleichen Teilen vermischen).

### Pflege im Winterquartier

Die Blumen benötigen für den Winter einen geschützten, kühlen (4–6°C, maximal 8–10°C), aber unbedingt frostfreien Raum, der so hell wie möglich sein soll. Es eignen sich Gewächshaus (Kalthaus), Wintergarten, Veranda, helle Treppenhäuser und Flure, gut lüftbare helle Hobby- oder Kellerräume, frostfreie Dachböden sowie in Ausnahmefällen auch Garagen.

Während der Überwinterung sollten die Pflanzen einmal pro Woche sorgfältig überprüft werden. Alle vertrockneten, gefaulten oder abgefallenen Blätter müssen entfernt werden. Der Wurzelballen darf nie völlig austrocknen, es wird aber nur nachgegossen, wenn die Erde sich ganz trocken anfühlt. Die Pflanzen müssen auch immer wieder auf Schädlings- oder Krankheitsbefall kontrolliert werden. Sobald ein Schaden auftritt, muß die befallene Pflanze allein gestellt und der Befall bekämpft werden, um eine Ansteckung weiterer Pflanzen zu verhindern.

Zwiebeln und Knollen von Gladiolen, Dahlien, Knollenbegonien und anderen nicht winterharten Pflanzen werden nach den ersten Frösten aus dem Boden genommen. Alle oberirdischen Teile werden entfernt, ebenso anhaftende Erde. Die Knollen und Zwiebeln werden in eine Kiste gelegt, die mit trockenem Sand, Holzwolle oder ausnahmsweise Torf ausgefüttert ist, und den Winter über trocken, dunkel und kühl, aber frostfrei aufbewahrt.

### Zurück an die Sonne

Im Frühjahr bekommen die Pflanzen im Winterquartier wieder mehr Wasser und werden neu getopft und gedüngt. Ein Rückschnitt aller Triebe um etwa ein Drittel fördert den Neuaustrieb. Nach und nach werden die Pflanzen auch wieder an das Licht gewöhnt. An milden Tagen kommen sie zuerst stundenweise an einen halbschattigen Platz im Freien, später auch den ganzen Tag über.

*Dahlienknollen werden zur Überwinterung gereinigt, mit Namensschild versehen und in Sand, Holzwolle oder Torf eingefüttert.*

*Knollenbegonien werden im Frühjahr frisch getopft. Schon bald recken sie den stärker werdenden Sonnenstrahlen frisches Grün entgegen.*

# So bleiben Sommer-blumen gesund

## Krankheiten und Schädlinge

*Florfliegen sind nicht nur wunderschöne Insekten, sondern auch gerngesehene Nützlinge, da sie sich mit Vorliebe von Blattläusen ernähren. Das kleine Bild zeigt die Larve einer Florfliege, die gerade eine Blattlaus aussaugt.*

Wie alle anderen Pflanzen bleiben auch Sommerblumen nicht von lästigen Tieren und Krankheiten verschont, die den Pflanzen schaden und den Gärtner zur Verzweiflung bringen können. Der Ärger über Insekten, die an Blüten und Stengeln nagen oder saugen, oder über Pilze, die Blätter zum Absterben bringen, läßt dann so manchen schnell zu chemischen Pflanzenschutzmitteln greifen. Dies ist aber gerade im Hausgarten nicht unbedenklich, und es gibt auch andere Mittel und Wege, die Pflanzen gesund zu erhalten.

# Umweltbewußter Pflanzenschutz

Ein Holzkasten mit Löchern bietet Florfliegen im Winter Unterschlupf.

In der Vergangenheit wurde mit Pflanzenschutzmitteln oft recht unbedacht und leichtfertig umgegangen. Unsachgemäßer Gebrauch führte zu Belastungen im Boden und zu Rückständen in Nahrungsmitteln und im Trinkwasser. Großflächige Rundumschläge machen nicht nur den Schädlingen den Garaus, sondern beseitigen auch die Nützlinge gleich mit.

Heute besinnt man sich mehr und mehr auf Alternativen und ungiftige Bekämpfungsmethoden. Dank des bundesweit gültigen Pflanzenschutzgesetzes von 1986 müssen Pflanzenschutzmittel im Handel unter Verschluß gehalten werden und dürfen nur nach Beratung abgegeben werden. Weitere Maßnahmen zum Pflanzenschutz regeln die einzelnen Länder unterschiedlich. In Baden-Württemberg darf z. B. im Hausgarten kein Unkrautvernichtungsmittel (Herbizid) mehr ausgebracht werden.

Jeder Gartenbesitzer trägt im Hinblick auf umweltbewußtes Handeln ein Stück Verant-

*Am richtigen Standort bleiben Pflanzen widerstandsfähig gegen Krankheiten und Schädlinge.*

wortung mit. Es ist auch gar nicht so schwer, eine Schädlingsplage zu verhindern oder den Befall wenigstens in Grenzen zu halten, wenn man einige Grundsätze beherzigt. Da sich gerade bei Sommerblumen Verluste leicht ersetzen lassen, sollte man bei ihnen auf eine chemische Schädlingsbekämpfung völlig verzichten, denn im allgemeinen ist es einfacher und auch billiger, in der Gärtnerei gleich eine neue, gesunde Pflanze zu kaufen.

Wer dennoch meint, die Schädlinge aus seinem Garten nur mit chemischen Mitteln vertreiben zu können, sollte gezielt (selektiv) wirkende, nützlingsschonende und *nicht* bienengefährliche Pflanzenschutzmittel einsetzen. Auf jeden Fall sollte man sich im Fachhandel über ihre Wirkungsweise sowie die Anwendung und die damit verbundenen Gefahren gründlich beraten lassen, denn der Umgang mit Pflanzenschutzmitteln erfordert eine Reihe von Vorsichtsmaßnahmen. Rat und Auskunft erhält man auch bei den Pflanzenschutzämtern (Adressen siehe Seite 228 f.).

### Vorbeugende Maßnahmen

Wichtigste Voraussetzung zur Vermeidung von Krankheiten und Schädlingen ist der richtige Standort. Nur wenn die Standortbedingungen den Bedürfnissen der Pflanze entsprechen, kann diese optimal wachsen und gedeihen. Und nur eine gesunde Pflanze ist widerstandsfähig gegenüber Krankheiten und Schädlingen. Das gilt für Sommerblumen genauso wie für Stauden, Gemüse und alle anderen Pflanzen.

Nicht immer muß ein Krankheitserreger schuld sein, wenn die Pflanze kränkelt und sich die Blätter verfärben. Neben ungünstigen Standortbedingungen können ihr witterungsbedingte Einflüsse und falsche Pflegemaßnahmen ebenso zu schaffen machen. Eine ungleichmäßige Wasserversorgung kann z. B. zum Abwurf der Blüten, zur Mißbildung und zum Absterben der Blattränder oder der Triebspitzen führen. Wassermangel ist dabei genauso schädlich wie ein Wasserüberschuß, der die Bodendurchlüftung und damit das Wurzelwachstum beeinträchtigt. Als Folge davon vergilben die Pflanzen oder sterben ganz ab, denn die Wurzeln verfaulen und können kein Wasser mehr aufnehmen.

Auch durch unausgewogene Ernährung werden Pflanzen geschädigt. Mangelerscheinungen wie Blattvergilbungen treten allerdings wegen der kurzen Kulturdauer bei Sommerblumen kaum auf. Eine Überversorgung mit Nährstoffen kann sich durch mastiges Wachstum, Blattrandverbrennungen und Wurzelschäden bemerkbar machen. Überdüngte Pflanzen weisen überdies oft ein schwammiges, weiches Gewebe auf, das leicht von Krankheitserregern befallen wird (siehe Seite 93).

Gewebeschäden und Verbrennungen können auch die Folge eines unsachgemäßen Gebrauchs von Pflanzenschutzmitteln sein. Bevor Maßnahmen zur Schädlingsbekämpfung ergriffen werden, sollten immer zuerst die Stand-

## Wertvolle Helfer des Gärtners

| Nützling | Art der Nützlichkeit | Förderungsmöglichkeiten |
|---|---|---|
| **Fledermäuse** | fressen Insekten | Schaffung von Unterschlupfmöglichkeiten auf Dachstühlen, Aufhängen von Fledermausnistkästen |
| **Florfliegen** | Larven saugen Blattläuse und andere Blattsauger aus | Blütenpflanzen als Nahrungsquelle; Tiere sollten im Winter auf Dachböden toleriert werden |
| **Gallmücken** | Larven saugen Blattläuse aus | Pflanzung von Blütenpflanzen zur Nektaraufnahme der erwachsenen Tiere |
| **Igel** | frißt Schnecken, Drahtwürmer, Engerlinge, Käfer, Erdraupen | Reisighaufen, Holzstapel, Laubhaufen als Verstecke und Winterquartier |
| **Laufkäfer** | fressen Schnecken, Raupen u. a. | Erhaltung von Hecken, Sträuchern, Wiesenflächen |
| **Marienkäfer** | Larve und erwachsenes Tier ernähren sich je nach Art von Blattläusen, Spinnmilben, Schildläusen | Stehenlassen von Unkraut mit Läusen für den Nützling; Laubhaufen, Grasbüschel und ähnliches als Winterverstecke |
| **Maulwurf** | frißt Engerlinge, Drahtwürmer, Erdraupen | Tolerieren der Erdhaufen |
| **Ohrwürmer** | fressen Blattläuse, Spinnmilben, Pilzmyzel, Eigelege von Schadschmetterlingen | im Frühjahr und Sommer Schaffung von Versteckmöglichkeiten, z. B. mit Holzwolle oder Stroh gefüllte Blumentöpfe |
| **Raubwanzen** | ernähren sich von verschiedenen Blattsaugern, z. T. auch von Raupen von Schadschmetterlingen | Gartenbereiche mit Stauden, Gräsern, Büschen |
| **Raupenfliegen** | legen ihre Eier in Raupen von Schadschmetterlingen | Pflanzung von Doldenblütlern als Nahrungsquelle |
| **Schlupfwespen** | legen ihre Eier in Blattläuse, Raupen, Weiße Fliege | Pflanzung von Blütenpflanzen, besonders Doldenblütlern, als Nahrungsquelle |
| **Schwebfliegen** | Larven saugen Blattläuse aus | Wiesen mit blühenden Kräutern, besonders Doldenblütlern, als Nektarquelle für das erwachsene Tier |
| **Spinnen** | fressen geflügelte Blattläuse, Fliegen, Mücken | Schaffung ungestörter Bereiche im Garten |
| **Spitzmaus** | frißt Engerlinge, Drahtwürmer, Maulwurfsgrillen | Erhaltung von Hecken und Komposthaufen als Versteck |
| **Vögel** | fressen Raupen, Insekten | Pflanzung von Vogelschutzhecken, Aufhängen von Nistkästen |
| **Wiesel** | fängt Wühlmäuse | Laub-, Reisig- und Steinhaufen als Versteck |

*Ohrwurm*

*Raubwanze*

*Maulwurf*

*Igel*

**Tip**

**Die Brühen, Tees und Jauchen sollten immer kindersicher aufbewahrt werden, da sie in größeren Mengen gesundheitsschädlich sind.**

ortfaktoren, die Witterungseinflüsse und die Pflegemaßnahmen überprüft werden.

Aber auch wenn der Standort optimal ist und die wichtigsten Pflegeregeln beachtet werden, treten hin und wieder Krankheiten und Schädlinge an den Pflanzen auf. Am besten kontrolliert man die Pflanzen regelmäßig auf einen Befall, um noch rechtzeitig eingreifen zu können. Für eine gezielte Bekämpfung ist die Kenntnis des Schaderregers sehr wichtig. Allerdings ist die genaue Identifizierung für den Laien oft schwierig. Eine gute Lupe mit zehnfacher Vergrößerung leistet hier hervorragende Dienste. Mit ihr lassen sich sowohl winzige Tiere als auch die Sporenlager von Pilzen auf den Blättern erkennen.

*Marienkäfer ernähren sich von Blattläusen und helfen so auf natürliche Weise, Schädlinge im Garten zu bekämpfen.*

**Tip**

**Bei der Jungpflanzenanzucht muß auf peinliche Sauberkeit geachtet werden. Geräte, die mit infizierten Pflanzen in Berührung gekommen sind, sollten unbedingt gründlich gesäubert und mit handelsüblichen Desinfektionsmitteln gereinigt werden, damit die Keime nicht weitergetragen werden. Kranke Pflanzen und Pflanzenteile dürfen nicht auf den Kompost! Sie müssen verbrannt oder in die Mülltonne gegeben werden, da sonst immer wieder die Gefahr einer Neuinfektion besteht.**

## Nützlinge fördern

Die meisten tierischen Schädlinge haben ihre natürlichen Feinde, auch Nützlinge genannt. Zu ihnen gehören Vögel, Igel, Frösche und Maulwürfe ebenso wie Marienkäfer, Florfliegen, Schlupfwespen oder Raubwanzen. Die Tabelle auf Seite 109 gibt einen Überblick über die wichtigsten Nützlinge, die Art ihrer Nützlichkeit und darüber, wie man sie gezielt fördern kann. Wenn im Garten ein ökologisches Gleichgewicht herrscht, stellen sich die Nützlinge von selbst ein. „Wilde Ecken", ein Totholzhaufen, ein Stück Blumenwiese, blühende Sträucher und frei wachsende Hecken sind wichtig für ihre Ansiedlung im Garten.

## Pflanzenpräparate

Immer mehr Gartenfreunde haben sich von der Nützlichkeit der Pflanzenpräparate bei der Schädlingsbekämpfung überzeugt. Aus Ackerschachtelhalm, Brennessel, Beinwell und anderen Wildpflanzen lassen sich Spritzmittel herstellen, die pflanzenstärkend wirken und vorbeugend gegen Pilzkrankheiten und tierischen Befall eingesetzt werden können. Nebenbei geben sie auch einen hervorragenden Dünger ab. Alle Mittel werden abgekühlt verwendet, viele müssen vor der Anwendung verdünnt werden.

### Tee

Die frischen oder getrockneten Kräuter werden mit kochendem Wasser überbrüht und müssen abgedeckt etwa 10 Minuten ziehen. Ackerschachtelhalmtee muß jedoch 30 Minuten kochen.

*Ackerschachtelhalmtee:* 1 kg frischen oder 150 g getrockneten Ackerschachtelhalm in 10 l Wasser geben, 30 Minuten kochen, abgießen, fünffach verdünnt verwenden. Der Tee wirkt gegen Pilzkrankheiten, Spinnmilben und Blattkäfer.

*Knoblauchtee:* 75 g Knoblauch zerkleinern und mit 10 l kochendem Wasser überbrühen, unverdünnt anwenden. Der Tee wirkt gegen Pilzkrankheiten und Spinnmilben.

### Brühe

Die Kräuter für eine Brühe werden 24 Stunden eingeweicht und anschließend 20–30 Minuten gekocht.

*Rainfarnbrühe:* Für 10 l Wasser braucht man 300 g frischen oder 30 g getrockneten Rainfarn. Die Brühe unverdünnt anwenden. Sie wirkt gegen Milben, Läuse und Pilze.

### Jauche

Jauchen dienen zwar in erster Linie als Pflanzenstärkungsmittel, einige sind jedoch auch gegen tierische und pilzliche Erreger wirksam.

*Auch die Larven des Marienkäfers stellen mit großem Eifer Blattläusen nach.*

*Schwebfliegenlarven gehen auf Blattlausfang und saugen die Schädlinge aus.*

Die Kräuter werden bis zur Hälfte in ein Gefäß geschichtet, das dann mit Wasser aufgefüllt und mit einem Gitterrost abgedeckt wird. Der Rost verhindert, daß Tiere hineinfallen, gewährleistet aber die zur Vergärung notwendige Sauerstoffversorgung. Täglich muß umgerührt werden. Nach einigen Tagen beginnt der Inhalt zu gären. Wenn die Brühe nicht mehr schäumt, je nach Witterung nach etwa 1–2 Wochen, ist die Jauche fertig. Sie muß vor der Verwendung verdünnt werden. Bis auf Ackerschachtelhalmjauche, die vormittags ausgebracht werden kann, sollten Jauchen nur am Abend verwendet werden, da sonst, vor allem bei Sonnenschein, die Blätter Verbrennungen erleiden können.

*Brennesseljauche:* 1 kg frische oder 200 g getrocknete Brennesseln mit 10 l Wasser ansetzen (siehe Seite 98).

*Brennesselkaltwasserauszug:* Die gleiche Menge ansetzen, aber nicht vergären lassen, sondern nach 1–2 Tagen unverdünnt spritzen. Jauche und Kaltwasserauszug wirken gegen Pilze, Blattläuse und andere Schädlinge.

## Algenkalk

Dieses Mehl aus Algen ist im Handel erhältlich und wird entweder trocken auf die Pflanze gestäubt oder mit Wasser verdünnt gespritzt. Es wirkt gegen Pilzkrankheiten und verschiedene tierische Schädlinge.

## Biologische Pflanzenschutzmittel

Diese Mittel sind zwar umweltfreundlicher als die üblichen chemischen Pflanzenschutzmittel, da sie schnell abgebaut werden und sich nicht im Boden und im Grundwasser anreichern. Hierzu zählen zum Beispiel Pyrethrum-Präparate (aus *Chrysanthemum*-Arten gewonnen), Netzschwefel, mineralische Öle wie Paraffinöl, Rapsöl. Allerdings wirken z.B. Pyrethrum-Präparate nicht selektiv und töten damit auch die Nützlinge wie Marienkäfer und Schlupfwespen ab. Außerdem sind sie fischgiftig und auch für den Menschen nicht unbedenklich. Sie sollten deshalb nur bei sehr starkem Befall angewendet werden, wenn alle anderen Alternativen versagen und ein erheblicher Schaden zu befürchten ist.

*Schwebfliegen laben sich am Nektar, während des Larvenstadiums vertilgt jede rund 700 Blattläuse.*

**Tip**

***Bacillus thuringiensis*** **ist ein im Handel erhältlicher Bakterienstamm, der bei den Raupen verschiedener Schadschmetterlinge und bei Motten eine tödliche Darmerkrankung hervorruft. Für Menschen und Haustiere sind diese Bakterien ungiftig. Die Bakterien werden in Pulverform in Wasser eingerührt und als Spritzbrühe auf die Blätter gesprüht. Sie werden von den Raupen gefressen und infizieren diese, so daß sie absterben.**

*Der Ansatz von Pflanzenbrühen und -jauchen muß stets gut durchgerührt werden.*

**Tip**

**Die Zugabe von Gesteinsmehl – hin und wieder eine Handvoll – oder einiger Tropfen Baldrianblütenextrakt mildert die starke Geruchsentwicklung der Jauche etwas ab.**

# Krankheiten an Sommerblumen

Zu den Krankheitserregern, die nicht tierischer Natur sind, zählen Viren, Mykoplasmen, Bakterien und Pilze. Sie sind in ihrem Aufbau völlig verschieden, allerdings ähneln sich für den Laien die Krankheitsbilder manchmal sehr.

## Viren

Viruskrankheiten gibt es nicht nur bei Menschen oder Tieren, sondern auch bei Pflanzen. Viren sind winzige Gebilde, die nur mit dem Elektronenmikroskop sichtbar gemacht werden können. Sie besitzen keinen eigenen Stoffwechsel, sind also eigentlich leblos, können aber den Stoffwechsel eines geeigneten Wirtes so beeinflussen, daß dieser die Vermehrung und Ausbreitung der Viren übernimmt. Ist eine Pflanze nur von einer Virusart befallen, muß dies nicht zwangsläufig zu einer schweren Erkrankung führen. Bei guter Pflege sind oft gar keine Krankheitssymptome sichtbar. Bei einer Infektion mit mehreren Virusarten können jedoch erhebliche Schäden auftreten, vor allem wenn zusätzlich noch andere Streßfaktoren wie Trockenheit oder schlechte Standortbedingungen den Pflanzenorganismus belasten.

Viruskrankheiten werden auf unterschiedliche Art übertragen. Bei der mechanischen Übertragung ist der direkte Kontakt von gesundem mit krankem Material ausschlaggebend. Dies kann durch unsaubere Geräte geschehen, aber auch durch das Reiben von Pflanzenteilen aneinander infolge von Windbewegung. Die zweite und häufigste Art der Übertragung ist die Ausbreitung über saugende Insekten wie Blattläuse, Wanzen, Zikaden, Thripse und andere. Wenn sie bei der Nahrungsaufnahme von erkrankten auf gesunde Pflanzen wechseln, übertragen sie die Viren. Manche Virusarten werden auch durch infizierte Samen weiterverbreitet.

Das häufigste Erscheinungsbild bei Viruserkrankungen sind Verfärbungen im Blattgrün. Aufgehellte Stellen wechseln ab mit grünen Stellen, die Blätter sehen marmoriert aus, manchmal sind ring- oder bandförmige Zeichnungen zu erkennen. Man spricht daher von Mosaikkrankheiten.

*Die Larven der Schaumzikaden schützen sich beim Saugen mit einem Schaummantel, dem sog. Kuckucksspeichel, vor Feinden. Erwachsene Tiere übertragen durch wechselnde Saugtätigkeit an kranken und gesunden Pflanzen Viren und Mykoplasmen.*

**Tip**

**Um einer Bakterieninfektion vorzubeugen, sollten die Blätter beim Gießen möglichst nicht benetzt werden. Weiterhin empfiehlt es sich, die Pflanzen im Garten morgens zu wässern, dann trocknen die Blätter tagsüber schnell ab.**

Eine andere Erscheinungsform von Viruserkrankungen sind Veränderungen im Pflanzenwuchs. Die Blätter sind verkrüppelt, verkümmert, eingerollt oder gekräuselt, aber auch ganze Pflanzen können Schäden zeigen, etwa Zwergwuchs, verkürzte Stengel oder Wuchsstockungen. Auch Veränderungen in den Blütenfarben (z.B. Scheckungen oder gebrochene Farben) können Auswirkungen einer Viruserkrankung sein.

Es gibt viele Sommerblumen wie z.B. Pelargonien *(Pelargonium)*, Petunien *(Petunia)* oder Zinnien *(Zinnia)*, die mit Viren infiziert werden können. Eine direkte Bekämpfung von Viren ist jedoch nicht möglich. Wichtigste Voraussetzung ist die Verwendung von gesundem Jungpflanzenmaterial und peinliche Sauberkeit bei den Geräten, Anzuchtgefäßen und ähnlichem. Über die Bekämpfung der sog. Vektoren, d.h. der virusübertragenden Insekten, ist es möglich, eine weitere Ausbreitung der Krankheit zu verhindern. Erkrankte Pflanzenteile müssen gründlich entfernt und vernichtet werden.

## Mykoplasmen

Mykoplasmen sind Organismen, die eine Stellung zwischen Viren und Bakterien einnehmen, da sie Merkmale von beiden Gruppen besitzen. Auch sie sind nur mit dem Elektronenmikroskop sichtbar. Im Unterschied zu Viren können sie sich auch außerhalb lebender Zellen vermehren. Die Übertragung erfolgt in der Regel nicht mechanisch, sondern über Zikaden, die durch wechselnde Saugtätigkeit an kranken und gesunden Pflanzen die Mykoplasmen weitertransportieren.

Die Symptome von Mykoplasmosen ähneln sehr denen von Viruserkrankungen. Blattverfärbungen und -veränderungen, gestauchter Wuchs und Zwergwuchs sind typische Erscheinungsbilder, aber auch die Vergrünung von Blüten oder die blattartige Umbildung der Staubgefäße. Gelbsucht bei Sommerastern *(Callistephus)* oder Vergilbung von Petunien *(Petunia)* sind Beispiele von Erkrankungen, deren Ursache Mykoplasmen sind. Für die Verhinderung und Bekämpfung gelten dieselben Hinweise wie bei den Viren.

## Bakterien

Bakterien sind winzig kleine Lebewesen, die je nach Art von kugeliger, stäbchen- oder fadenförmiger oder aber auch schraubenartig aufgedrehter Gestalt sind und nur mit einem hochwertigen Mikroskop sichtbar gemacht werden können. Ihre Verbreitung erfolgt meist durch direkten Kontakt mit infizierten Pflanzen, über Tiere oder durch Menschen, durch verunreinigtes Gerät, infizierten Boden, Wind, Regen- oder Gießwasser. Bakterien dringen durch Verletzungen, aber auch durch die Spaltöffnungen der Pflanzen in das Pflanzengewebe ein, vermehren sich dort und lösen die Krankheit aus. Feuchte Witterung und andauernde Blattnässe begünstigen das Auftreten bakterieller Erkrankungen.

Das Krankheitsbild kann je nach Pflanzenart und Krankheitserreger sehr verschieden sein. Blattfleckenkrankheiten, Welkeerkrankungen, Naß- oder Weichfäulen, Wucherungen an einzelnen Pflanzenorganen und Gallen sind Erscheinungsformen bakterieller Erkrankungen. Blattflecken mit durchscheinender Randzone oder helle nadelstichartige, wäßrige Blattflecken, auch Ölflecken genannt, weisen beispielsweise auf eine Bakteriose hin. An Rittersporn *(Delphinium)* findet man die bakterielle Schwarzfleckenkrankheit, an Pelargonien *(Pelargonium)* treten häufig Ölflecken auf, Levkojen *(Matthiola)* und Studentenblumen *(Tagetes)* können von Bakterien befallen werden, die sowohl Blattflecken und Verfärbungen der Blattadern als auch eine Welkeerkrankung auslösen können.

*Die mosaikartige Zeichnung des Blattes ist typisch für einen Virusbefall. Man spricht deshalb auch von Mosaikkrankheiten.*

*Solche sog. Ölflecken an einem Pelargonienblatt sind das Schadbild einer Bakterienkrankheit.*

Erkrankungen, bei denen die Leitungsbahnen der Pflanzen betroffen sind, sind leicht auch für den Laien erkennbar. Man durchtrennt hierzu mit einem scharfen Messer den Stengel der befallenen Pflanze. Durch leichten Druck zwischen Daumen und Zeigefinger wird der Pflanzensaft aus dem Stengel gepreßt, so daß ein kleiner Tropfen auf der Schnittstelle entsteht. Bei einer gesunden Pflanze wird die-

*Durch einen Bakterienbefall werden solche Wucherungen wie hier an der Stengelbasis einer Pelargonie verursacht.*

ser Tropfen bei nachlassendem Druck der Finger wieder in die Leitungsbahnen zurückgesaugt. Ist der Stengel aber von Bakterien befallen, so ist der Pflanzensaft von schleimiger Konsistenz und bleibt als Tropfen auf der Schnittstelle stehen. Besonders anschaulich kann dies an Pelargonien nachvollzogen werden. Oft ist bei schrägem Anschnitt auch eine Verbräunung der Leitungsbahnen zu erkennen, wie z. B. bei Dahlien *(Dahlia)*.

Blumenkohlartige Wucherungen an Stengel bzw. Stengelbasis oder gallenartig verdickte Achselsprosse werden ebenfalls von verschiedenen Bakterienarten ausgelöst. Solche Erkrankungen sind beispielsweise an Pelargonien (Rosettengallen) und Petunien (Blättrige Gallen) zu beobachten.

Eine gezielte Bekämpfung von bakteriellen Erkrankungen ist leider nicht möglich. Vorbeugende Maßnahmen, wie schon bei den Viren beschrieben, sind der beste Schutz. Befallene Pflanzen müssen sofort vernichtet werden.

*Schadpilze sind die Ursache für Wurzelfäule an Gartenstiefmütterchen, die Blätter verfärben sich und sterben ab.*

### Pilze

Pilze sind neben den Insekten die bedeutsamsten Schaderreger bei Pflanzen. Pilzliche Krankheitserreger sind in der Regel mikroskopisch klein, ihre Fruchtkörper lassen sich selten mit dem bloßen Auge, meist nur mit einer gut vergrößernden Lupe erkennen. Die Übertragung und Verbreitung der Pilzsporen erfolgt hauptsächlich mit dem Wind, aber auch durch Wasserspritzer bei Regen oder beim Gießen. Wurzelpilze können im Boden weiterwachsen und sich dadurch verbreiten. Im Gegensatz zu den bisher genannten Erregern können Pilze nicht nur durch Verletzungen oder natürliche Öffnungen (Spaltöffnungen) in die Zelle eindringen, sondern auch durch gesundes Gewebe.

Die Symptome der Pilzerkrankungen sind sehr vielfältig, entsprechend den zahlreichen verschiedenen Pilzarten, die diese Krankheiten auslösen. Die Symptome zeigen sich hier in der Regel aber nicht gleichmäßig über einen Pflanzenbestand verteilt, sondern treten meist nur stellenweise auf.

### Die wichtigsten Pilzerkrankungen

Wie bei den anderen Erregern gilt auch für Pilzerkrankungen, daß Vorbeugen besser als Heilen ist. Optimale Standortbedingungen, sauberes Gerät, gesunde Erde, einwandfreie Jungpflanzen bzw. gebeiztes Saatgut und eine gute Pflege schaffen die Voraussetzungen für eine erfolgreiche Kultur. Im folgenden wird ein Überblick über die wichtigsten Pilzerkrankungen gegeben.

### Keimlingskrankheiten

Unter diesem Begriff werden Krankheiten zusammengefaßt, die durch eine Vielzahl verschiedener Pilzarten verursacht werden. Sie treten an Sämlingen oder Stecklingen fast aller Pflanzenarten auf und besitzen ein sehr ähnliches Schadbild. Man bezeichnet sie auch als *Umfallkrankheit, Schwarzbeinigkeit* oder *Wurzelbrand.* Die Pilze bewirken ein Umfallen der Pflänzchen, Sämlinge verfärben sich schwarzbraun, der Stengelgrund wird weichfaul. Manchmal ist auch ein schimmelartiger Pilzbelag zu beobachten.

Als Erreger treten unterschiedliche Pilzarten auf, die mit Vorliebe weiches, noch unausgereiftes Pflanzengewebe befallen. Befallene Pflänzchen sind auf jeden Fall zu entfernen, und auch die Erde wird beseitigt (nicht auf den Kompost!) oder feucht im Backofen bei etwa 100 °C eine halbe Stunde lang sterilisiert. Bei dieser Temperatur werden die meisten Keime abgetötet. Auch Anzuchtschalen müssen mit einem Desinfektionsmittel behandelt werden.

## Wurzel- und Stengelgrundfäulen

Auch bei dieser Erkrankung rufen verschiedene Pilzarten ähnliche Krankheitssymptome hervor. Die Pflanzen kümmern und welken, der Stengelgrund oder der Wurzelhals sind verbräunt, im fortgeschrittenen Stadium sind auch die Wurzeln braun gefärbt und sterben ab. Die befallenen Pflanzenteile sind naß-faul oder auch trocken vermorscht.

Die Infektion erfolgt meist über beschädigte Pflanzenteile, wobei Feuchtigkeit den Befall begünstigt. Anfällig für Wurzel- oder Stengelgrundfäulen sind insbesondere die Gartenstiefmütterchen (*Viola-Wittrockiana*-Hybriden), Platterbsen *(Lathyrus)*, Nelken *(Dianthus)*, Wucherblumen *(Chrysanthemum)* und einige andere. Vorbeugende Maßnahmen sind Verbesserung der Kulturbedingungen wie z.B. Verwendung von angewärmtem Gießwasser und

*Solche gallenartigen Verkrüppelungen an der Strauchmargerite werden durch einen Bakterienbefall verursacht.*

gesundem Substrat. Erkrankte Pflanzen müssen in jedem Fall vernichtet werden.

## Welkekrankheiten

Hier unterscheidet man zwischen Sklerotinia-Welke und gefäßparasitären Erkrankungen (Befall der Leitungsbahnen), die allerdings beide das Welken und Absterben der Pflanzen bewirken. Sklerotinia-Welke verursacht anfangs weiche, wäßrige Stellen am Stengel

*Falscher Mehltau tritt ausschließlich an den Blattunterseiten auf. Bevor dort der dunkelgraue bis violette Pilzbelag sichtbar wird, erkennt man auf der Blattoberseite aufgehellte Flecken.*

oder am Stengelgrund, auf denen sich später ein watteartiger, weißer Pilzrasen (Myzel) ausbreitet. In diesem Pilzmyzel bilden sich bei feucht-warmem Wetter schwarze Dauerkörper (Sklerotien), die jahrelang im Boden ausharren können und so neue Ansteckungsquellen bilden. Verletzungen an einzelnen Pflanzenteilen sind die Eintrittspforten für den Pilz. Man findet Sklerotinia an Dahlien *(Dahlia)*, Zinnien *(Zinnia)*, Löwenmaul *(Antirrhinum)*, Stockrosen *(Alcea)* und anderen Sommerblumen.

Typisches Merkmal für gefäßparasitäre Erkrankungen sind fahl graugrüne oder gelbe Blätter und eine Braunfärbung der Leitungsbahnen, die durch das Pilzwachstum verstopft werden und so nicht mehr für den Transport von Wasser und Nährstoffen zur Verfügung stehen. Phlox *(Phlox)*, Nelken *(Dianthus)*, Springkraut *(Impatiens)* und andere Sommerblumen sind anfällig gegenüber diesen Erregern. Zur Vorbeugung dienen dieselben Maßnahmen wie gegen andere Pilze.

## Echter Mehltau

Echter Mehltau tritt an sehr vielen Pflanzenarten auf. Bei Befall mit Echtem Mehltau findet man auf Blättern, Stengeln oder Blüten einen weißen, schimmelartigen Überzug. Dieser kann sich mit der Zeit auch schmutzigbraungrau verfärben. Der Pilzbelag sitzt sowohl auf den Blattoberseiten als auch auf den Unterseiten. Die Blätter rollen sich ein und krümmen sich. Warme, trockene Witterung, aber auch starke Stickstoffdüngung begünstigen den Befall. Vorbeugend sollte deshalb auf eine intensive Düngung verzichtet und bei Trockenheit ausgiebig gewässert werden.

*Echter Mehltau zeigt sich als mehliger Belag auf Blattober- und -unterseiten.*

## Falscher Mehltau

Beim Falschen Mehltau entsteht vorwiegend an der Blattunterseite ein weißgrauer bis grauschwarzer, manchmal leicht violetter Schimmelrasen. An der Blattoberseite bilden sich nur gelblichweiße Flecken. Im Gegensatz zum Echten Mehltau tritt der Falsche Mehltau bei feuchter Witterung auf. In trockenen Jahren ist deshalb kaum mit einem Befall zu rechnen.

Anfällig für Falschen Mehltau sind z.B. Korbblütler wie der Sonnenhut *(Rudbeckia)*, aber auch Nelken *(Dianthus)*, Levkojen *(Matthiola)* und viele andere bleiben nicht verschont. Zur Vorbeugung sollte möglichst am Vormittag gegossen werden, damit die Pflanzen tagsüber noch abtrocknen können, eine Benetzung der ganzen Pflanze ist zu vermeiden. Bei der Sortenwahl sollte man auf widerstandsfähige Sorten achten.

*Der Befall mit Grauschimmel an einer Fuchsie zeigt deutlich, daß es sich bei dem Erreger um einen Pilz handelt. Wie ein feines Gespinst überziehen die Pilzfäden die Pflanzenteile.*

### Grauschimmel

Bei anhaltend feuchter Witterung können nahezu alle Sommerblumen von Grauschimmel *(Botrytis)* befallen werden. Junge Sprosse welken und fallen um, Blüten bleiben in der Entwicklung stecken, und auch Blätter sind betroffen. Bei feuchter Witterung bildet sich auf den befallenen Pflanzenorganen ein mausgrauer Pilzbelag, die Teile werden weich-faul.

Die Infektion erfolgt über kleinste Verletzungen, aber auch abgefallene Blütenblätter, die bei Nässe auf den Blättern kleben, oder eng stehende Stengel können Quellen der Ansteckung sein. Starke, einseitige Stickstoffdüngung fördert den Befall mit Grauschimmel und ist deshalb zu vermeiden. Ebenso ist auf peinlichste Sauberkeit beim Entfernen kranker

*Der Pelargonienrost äußert sich zunächst durch gelbe Blattflekken. Später erscheinen auf den Unterseiten braune Sporenlager, und die Pflanze wächst dann nur noch schwach.*

*Die rostbraunen Flecken an Zinnienblättern werden durch einen Pilz hervorgerufen. Schlechte Wetter- und Standortbedingungen begünstigen den Befall.*

Pflanzenteile zu achten. Beim Gießen sollte nicht die ganze Pflanze benetzt werden, sondern nur der Boden.

### Rostpilze

Auf den Blattunterseiten findet man anfangs gelbe oder rostbraune, später schwarzbraune längliche oder runde Sporenlager, aus denen nach dem Aufplatzen dunkle Sporenmassen austreten. Rostpilze werden in ihrer Entwicklung durch Blattnässe und hohe Temperaturen gefördert. Auch hier ist die Vielfalt der gefährdeten Pflanzen groß. Stockrosen *(Alcea)*, Löwenmaul *(Antirrhinum)*, Fuchsien *(Fuchsia)* und Pelargonien *(Pelargonium)* sind nur einige Beispiele. Befallene Pflanzenteile müssen entfernt werden, um die weitere Ausbreitung der Erkrankung zu verhindern.

### Verschiedene Blattfleckenerkrankungen

Eine ganze Anzahl verschiedener pilzlicher Schaderreger können sog. Blattfleckenkrankheiten verursachen, die an vielen Sommerblumen auftreten können. Gemeinsames Merkmal ist die Braun- oder Schwarzfärbung der Befallstellen bis zum Absterben der runden oder eckigen Flecken. Aber auch die Stengel der Pflanzen können befallen werden. Die Pilze entwickeln sich besonders rasch bei niederschlagsreichem Wetter.

Zur Vermeidung von Blattfleckenerkrankungen sind die Pflanzen unter möglichst optimalen Bedingungen zu halten, d.h. die Standortansprüche der einzelnen Arten sind zu berücksichtigen, eine Überdüngung mit Stickstoff sollte vermieden werden.

# Schädlinge an Sommerblumen

Neben Viren, Mykoplasmen, Bakterien und Pilzen gibt es noch eine große Anzahl verschiedener Tierarten, meist Insekten, die Pflanzen schädigen. Da sie aber im Ziergarten in der Regel nur an einzelnen Pflanzen oder einer bestimmten Art auftreten, kann man sie gut im Zaum halten. Wichtig ist neben den optimalen Standortbedingungen eine regelmäßige Kontrolle der Pflanzen, um gleich eingreifen zu können, solange der Befall noch gering ist.

## Nematoden

Nematoden, auch *Fadenwürmer* oder *Älchen* genannt, kommen überall in der Natur vor. Die farblosen, durchsichtigen Tiere sind selten größer als 1 mm und tragen im Boden zur Umwandlung der organischen Masse in Humus bei. Allerdings gibt es unter den Nematoden auch einige Arten, die für Pflanzen schädlich sind. Diese nur schwer zu bekämpfenden Schädlinge bohren sich mit Hilfe eines Mundstachels und giftiger Stoffe, die sie dabei ausscheiden, in die Pflanzenzellen und saugen daraus den Pflanzensaft. Dies führt bei den Pflanzen zu Verkrümmungen und Verkrüppelungen der befallenen Teile und zum Absterben von Gewebe.

Man unterscheidet folgende Nematoden-Gruppen:

*Wurzelnematoden* schwächen die Pflanzen durch ihre Saugtätigkeit an den Wurzeln, die den Wassertransport stört. Die Pflanzen bleiben im Wuchs zurück und kümmern. Die Wurzeln weisen verbräunte Stellen auf. Gallenbildende Wurzelnematoden bringen Teile der Wurzeln und später die ganze Pflanze zum Absterben. Man erkennt sie an kleinen Knöllchen (Gallen).

Auf *Stock-* oder *Stengelälchen* reagiert die Pflanze mit gestauchtem Wuchs, der Stengel zeigt Wachstumsstörungen und ist gekrümmt oder verdickt.

Die bei Sommerblumen weitaus schädlichste Gruppe sind die *Blattälchen*. Die Tiere schädigen vor allem die Blätter. Beginnend bei den ältesten Blättern, zeigen sich die Symptome in Form von Flecken, die zunächst leicht glasig aussehen, sich dann gelblich bis braun und in späterem Stadium schwarz verfärben. Oft sind die Flecken eckig durch die Blattadern begrenzt. Bei stärkerem Befall können ganze Blätter absterben. Blattälchen treten an vielen Zierpflanzenarten auf, wie z.B. Begonien *(Begonia)*, Pantoffelblumen *(Calceolaria)*, Phlox *(Phlox)* und Zinnien *(Zinnia)*.

Die Möglichkeiten der Bekämpfung von Nematoden sind leider sehr begrenzt. Befallene Pflanzen sollten umgehend entfernt und vernichtet, der Boden muß von Älchen befreit oder ausgetauscht werden. Eine Dämpfung der Erde (etwa 30 Minuten bei 60°C im Ofen) ist zwar möglich, bei größeren befallenen Flächen jedoch kaum durchführbar. Da sich Nematoden häufig auch in Unkräutern vermehren, sollten diese Wirtspflanzen bei einem Befall gründlich entfernt und vernichtet werden, um einer ständigen Neuinfektion vorzubeugen. Zu beachten ist auch, daß sich Nematoden in Monokulturen und bei zu dichter Bepflanzung wesentlich leichter und schneller ausbreiten können als in Mischpflanzungen mit ausreichendem Abstand.

**Tip**

**Als hilfreich zur Vorbeugung gegen Nematoden gilt die Pflanzung von „Feindpflanzen" wie Studentenblume und Ringelblume.**

## Milben

Die zu den Spinnentieren gehörenden Milben haben in den letzten Jahrzehnten als pflanzenschädigende Tiere an Bedeutung gewonnen.

*Älchen oder Nematoden können gravierende Schäden an Pflanzen anrichten.*

Sie stechen vor allem die Blätter an und saugen den Zellinhalt aus, wobei sie häufig giftige Stoffe ausscheiden, die bei der Pflanze zu Mißbildungen oder Gallen (bei den Gallmilben) führen. Kurze Strecken bewältigen die Milben „zu Fuß", bei größeren Entfernungen bedienen sie sich des Windes und des Wassers, oder sie werden mit befallenen Pflanzen weitertransportiert. Hohe Stickstoffdüngung fördert den Befall mit Milben. Kranke Pflanzen können mit einem handelsüblichen Kali-Seifenpräparat, mit Ackerschachtelhalmbrühe oder

Rainfarnbrühe besprüht werden. Bei einem sehr starken Befall mit Milben müssen die Pflanzen auf jeden Fall gründlich entfernt und vernichtet werden.

Als Schädlinge treten im Garten vor allem drei Milbengruppen auf:

*Weichhautmilben* sind glasklar bis milchig durchscheinende Tiere von etwa 0,1–0,3 mm Größe, die aufgrund ihrer versteckten Lebensweise selbst mit einer Lupe nur schwer zu finden sind. Hohe Luftfeuchtigkeit fördert die Vermehrung der Weichhautmilben. Je nach Pflanzenart kann das Schadbild sehr unterschiedlich ausfallen. Das Absterben des Vegetationspunktes, Blattkräuselungen, Kleinblättrigkeit, Korkfleckenbildung oder auch Verkrüppelungen der Blüte weisen auf einen Befall hin, z.B. bei Leberbalsam *(Ageratum)*, Wucherblume *(Chrysanthemum)*, Begonien *(Begonia)*, bei Sommeraster *(Callistephus)*, Schwarzäugiger Susanne *(Thunbergia)* oder Pelargonien *(Pelargonium)*. Eine Bekämpfung der Tiere gestaltet sich schwierig, da diese meist sehr versteckt sitzen. Stark befallene Pflanzen müssen vernichtet werden. Im Anzuchtkasten sollte zur Absenkung der Luftfeuchtigkeit häufig gelüftet werden, um so die Bedingungen für die Entwicklung der Weichhautmilben zu verschlechtern.

*Gallmilben* sind den Weichhautmilben ähnlich, unterscheiden sich allerdings grundlegend im Schadbild, denn sie verursachen die Bildung von Gallen, z.B. an Gartenstiefmütterchen *(Viola-Wittrockiana*-Hybriden). Man bezeichnet diese Symptome auch als Blattpocken. In den Blattgallen oder Blattpocken vermehren sich die Gallmilben. Die Gallen sind zunächst hellgrün und verfärben sich später rot bis braun. Die Gallmilben werden genauso wie die Weichhautmilben bekämpft.

*Spinnmilben* sind auch unter dem Namen *Rote Spinne* bekannt. Es sind gelbliche bis grünliche oder orangefarbene bis rote Tiere von etwa 0,5 mm Größe, die für den ungeübten Betrachter nur mit einer Lupe zu finden sind. Mit ihrer Hilfe sind allerdings auch die

*Gallmilben verursachen solche typischen, pockenartigen Gebilde auf Blättern, die sog. Gallen oder Blattpocken. Zunächst hellgrün, verfärben sie sich später rot bis braun.*

**Tip**

**Als sehr wirkungsvolle Maßnahme gegen Milbenbefall hat sich die Förderung von natürlichen Feinden gezeigt. Raubmilben, Raubwanzen, Florfliegenlarven und Käfer wie der Marienkäfer haben Milben auf ihrem Speisezettel. Es gibt auch räuberische Blasenfußarten, die Milben vertilgen.**

*Weichhautmilben führen bei Begonien zu Verkrüppelungen und später zum Absterben von Blättern.*

Larven und Eier der Spinnmilbe zu sehen. Sie saugen bevorzugt versteckt an der Blattunterseite. Dadurch entsteht auf der Oberseite eine gelbe, manchmal auch silbrig-weiße Sprenkelung, bevor das Blatt vergilbt und schließlich abfällt. Bei starkem Befall sind die Blattunterseiten von einem feinen Gespinst überzogen. Eine Ausnahme beim Schadbild machen Pelargonien *(Pelargonium)*, sie reagieren auf Spinnmilbenbefall mit sog. Korkflecken. Trokkene, warme Witterung fördert die Verbreitung der Spinnmilben. Bei günstigen Bedingungen können fast alle Sommerblumen geschädigt werden.

### Wurzelläuse

Einige Arten der Blatt- oder Schildläuse, die am Wurzelhals oder den Wurzeln von Pflanzen leben, werden als Wurzelläuse bezeichnet. Meist sind die Läuse mit weißlichen Wachsausscheidungen bedeckt oder in Wachsfäden eingebettet. Wurzelläuse wechseln den Wirt, sie benötigen für ihre Entwicklung als Zwischenwirt Pappeln, die in der Nähe stehen müssen. Ist diese Voraussetzung gegeben, kann ein Befall an fast allen Sommerblumen auftreten. Die befallenen Pflanzen sind im Wuchs gehemmt, die Blätter vergilben, in schweren Fällen können die Pflanzen sogar welken und absterben. Zur Bekämpfung der Wurzelläuse können die Pflanzen mit einem Kali-Seifenpräparat angegossen werden.

### Blattläuse

Blattläuse sind pflanzensaugende Insekten, von denen es eine Vielzahl an Arten und Formen gibt. Die kleinen, nur wenige Millimeter großen Tiere können gelb, grün, rötlich oder auch schwarz gefärbt, geflügelt oder auch ungeflügelt sein. Manche Arten benötigen einen Zwischenwirt zur Überwinterung. Besonders an jungen Blättern und unausgereiften Teilen der Pflanzen siedeln sich die ersten Tiere an. Die ungeheure Vermehrungsfähigkeit bewirkt, daß sich in kurzer Zeit sog. Blattlauskolonien entwickeln können.

Blattläuse besitzen rüsselähnliche Mundwerkzeuge, mit denen sie die ober- und unterirdischen Pflanzenteile anstechen und deren Saft saugen. Dabei sondern sie eine für die Pflanzen giftige Substanz aus, die Verkrüppelungen und Mißbildungen der Blätter hervorrufen kann. Schlimmer als das Saugen der Läuse ist jedoch die Gefahr der Übertragung von Viren.

Um ihren Eiweißbedarf zu decken, saugen die Läuse große Mengen an Pflanzensaft. Ihre zuckerhaltigen Ausscheidungen (Honigtau) bilden auf den Blättern einen klebrigen Belag und werden sehr gerne von Ameisen aufgenommen. Ameisen halten sich die Blattläuse sozusagen als „Haustiere“ und regen sie zur Absonderung von Honigtau an, indem sie diese mit den Fühlern „kitzeln“. Von den Ameisen werden die Blattläuse sogar auf andere Wirtspflanzen transportiert. Auf den klebrigen Blättern siedeln sich auch gerne Rußtaupilze an und überziehen sie mit einem schmutzigbraunen bis schwarzen Belag. Der Pilz dringt zwar nicht in die Zellen ein, behindert aber durch den Belag die Photosynthese und schädigt dadurch die Pflanze.

**Tip**

**Durch mehrmaliges Besprühen der Pflanzen tagsüber kann man die Luftfeuchtigkeit erhöhen und so die Entwicklung der Spinnmilbe hemmen.**

*Einen Befall durch Wurzelläuse erkennt man oft erst, wenn die Pflanze kümmert und abstirbt, da die Tiere versteckt im Boden an den Wurzeln saugen.*

*Geflügelte Blattläuse fliegen im Sommer zu den Wirtspflanzen und bringen dort in kurzer Zeit große Kolonien von Jungtieren zur Welt.*

**Tip**

**Eine Besonderheit stellt Thripsbefall an Gladiolen dar. Der Gladiolenthrips überwintert an der Knolle und kann durch möglichst sauberes Entfernen der braunen Umblätter weitgehend reduziert werden.**

Es gibt praktisch keine Pflanze, die nicht von Blattläusen befallen werden kann. Wichtig ist, die natürlichen Gegenspieler durch gezielte Maßnahmen zu fördern. Florfliegen, Marienkäfer, Schlupfwespen, Ohrwürmer, Schwebfliegenlarven, Wanzen, Vögel und andere Tiere verzehren zum Teil erhebliche Mengen an Blattläusen. Marienkäferlarven vertilgen z.B. etwa 20 Läuse pro Tag. Eine regelmäßige Kontrolle der Pflanzen hilft, den Befall gleich zu erkennen. Dann kann er auch meist in Grenzen gehalten werden. Mit Rainfarnbrühe oder Brennesselkaltwasserauszug (siehe Seiten 110 und 111) läßt sich eine Blattlausplage ebenfalls verhindern.

## Weiße Fliege

Die Weiße Fliege oder *Mottenschildlaus* ist eine Verwandte der Blatt- und Schildläuse. Vorwiegend tritt dieser Schädling im Gewächshaus auf, kann jedoch auch Blumen im Balkonkasten und im Beet befallen. Wie die Blattläuse saugt auch die Weiße Fliege den Pflanzensaft, was sich durch grobe, gelbliche Flecken auf den Blättern bemerkbar macht, bevor sie verkümmern und abfallen. Aber nicht nur das erwachsene Tier schädigt die Pflanze, sondern vor allem die Larven der Weißen Fliege. Sie scheiden ähnlich wie die Blattläuse zuckerhaltige Verdauungsreste aus, auf denen sich dann Rußtau- oder Schwärzepilze ansiedeln können.

*Die Weiße Fliege stammt aus tropischen Regionen und tritt vor allem im Gewächshaus auf. Im Sommer kann sie aber auch Sommerblumen im Freien befallen.*

Die Weiße Fliege ist hauptsächlich auf der Blattunterseite zu finden. Dort legt sie in kleinen, halbkreisförmigen Gruppen ihre Eier ab.

*Durch die Saugschäden von Wanzen entstand die deformierte Blüte dieser Dahlie. Oft sind auch braune Flecken erkennbar.*

Die daraus schlüpfenden Larven sind zunächst beweglich, setzen sich aber in einem späteren Entwicklungsstadium am Blatt fest. Wegen ihrer zunächst durchscheinenden, später milchig weißen Farbe sind sie nur mit einiger Übung unter den Blättern zu finden. Die weißen, geflügelten Alttiere fliegen dagegen schon bei der leisesten Berührung auf und sind dadurch ganz leicht erkennbar.

Mit Vorliebe werden von der Weißen Fliege Wandelröschen *(Lantana)*, Verbenen *(Verbena)* und Fuchsien *(Fuchsia)* befallen, aber auch Pelargonien *(Pelargonium)*, Leberbalsam *(Ageratum)* und viele andere Sommerblumen bleiben nicht verschont. Zur Vorbeugung sollte darauf geachtet werden, daß neu gekaufte Pflanzen unbedingt frei von Weißer Fliege und deren Larven sind. Bei Befall spritzt man am besten mit Brennesselkaltwasserauszug (siehe Seite 111). Zur Unterstützung der Bekämpfungsmaßnahmen können gelbe Leimtafeln aufgehängt werden. Die gelbe Farbe wirkt anziehend auf die Weiße Fliege. Sehr wichtig ist auch das Entfernen der sichtbar befallenen Blätter, damit der „Nachschub" der Weißen Fliege ausbleibt.

## Zikaden

Zikaden sind ebenfalls eng mit Blattläusen verwandt. Die 2–5 mm großen, gelblichgrünen Insekten sitzen auf der Blattunterseite. Werden sie gestört, springen sie hoch und fliegen weg. In Ruhestellung liegen die Flügeldecken in charakteristischer Art und Weise dachförmig auf dem Rücken. Trockene, warme Witterung fördert die Entwicklung der Schädlinge. Bei einem Befall mit Zikaden bekommen die Blätter zuerst eine feine gelbliche bis weiße Sprenkelung, schließlich vergilben sie und fallen ab. Schaumzikaden hinterlassen an Stengeln, Blättern oder auch in den Blattachseln speichelartige Schaumhäufchen, die auch als Kuckucksspeichel bezeichnet werden. In diesen sitzen einzelne Larven der Schaumzikade und saugen, so geschützt, an der Pflanze. Bei starkem Befall kann mit Brennesselkaltwasserauszug (siehe Seite 111) gespritzt werden.

## Blattwanzen

Auch die Blattwanzen sind nahe Verwandte der Blattläuse. Sie sind etwa 4–7 mm groß, besitzen lange Beine und sind grünlich bis braun gefärbt. Typisch für die Wanzen ist das dreieckige Rückenschildchen zwischen den Ansätzen der Vorderflügel der erwachsenen Tiere. Sowohl die erwachsenen Tiere als auch die Larven können durch ihre Saugtätigkeit an jungen Blättern, Trieben und Knospen Schaden anrichten. Auf den Blättern zeigen sich zunächst kleine gelbliche Saugstellen, die später braun werden und absterben. Diese abgestorbenen Gewebepartien hemmen das normale Weiterwachsen der noch gesunden Blatteile, so daß es zu verkrüppelten oder zerschlitzten Blättern kommt. Befallene Triebe verkrüppeln, und angesaugte Knospen bringen nur einseitig ausgebildete Blüten hervor, die oft auch braune Flecken aufweisen. Da die Wanzen bei warmer Witterung sehr schnell und lebhaft sind, sind sie auch nur schwer zu entdecken. Schon beim kleinsten Anzeichen einer drohenden Gefahr verstecken sie sich sofort auf der Blattunterseite oder lassen sich einfach auf den Boden fallen.

Befall durch Blattwanzen kann an sehr vielen Sommerblumen auftreten. Blattwanzen sollten nicht mit ihren räuberischen Artgenossen, den Raubwanzen, verwechselt werden, die große Mengen Blattläuse vertilgen können. Auch zur Abwehr von Blattwanzen gilt es, Nützlinge wie Vögel und Raubwanzen im Garten zu fördern.

## Thripse

Die 1–2 mm langen, schlanken Insekten werden auch *Blasenfüße* genannt. Die ausgewachsenen Tiere haben zwei Paar fransige Flügel, die Larven dagegen sind flügellos. Je nach Art und Entwicklungsstadium sind die Tiere gelblich bis schwarzbraun. Die Larven und die erwachsenen Tiere einiger Blasenfußarten saugen an Laub- und Blütenblättern. Sie sitzen dabei auf der Blattunterseite oder versteckt in den noch halb geschlossenen Blütenknospen. Die Thripse stechen mit ihren Mundwerkzeugen einzelne Stellen an und saugen sie aus. Die leeren Pflanzenzellen füllen sich mit Luft und bekommen dadurch einen silbrigen Glanz. Bei diesen weißlichsilbrigen Saugstellen findet man als weitere Thripsspuren winzige schwarze Kottröpfchen. Bei starkem Befall vergilben die Blätter und fallen ab, Blüten werden unansehnlich, Blätter und Blüten können auch mit Verkrüppelungen reagieren.

Durch trockenes, warmes Klima sowie durch Bodentrockenheit wird die Entwicklung der Thripse gefördert. Wucherblumen *(Chrysanthemum)*, Gladiolen *(Gladiolus)*, Nelken *(Dianthus)* und viele andere Sommerblumen

*Thripse oder Blasenfüße selbst sieht man selten, meistens erkennt man einen Befall nur an den schwarzen Kottröpfchen, die sie hinterlassen.*

*Aus ihren Ausscheidungen schäumen die Larven der Schaumzikade ein feinblasiges Nest auf, in dem sie geschützt an Pflanzen saugen können.*

*Minierfliegen fressen ganz charakteristische Gangmuster in die Blätter der Pflanzen.*

können von diesem Schädling befallen werden. Pelargonien *(Pelargonium)* reagieren auf Thripse wie bei Befall mit Roter Spinne mit der Ausbildung verkorkter Flecken auf der Blattunterseite. Vorbeugend sollten auch hier die natürlichen Gegenspieler wie Florfliegen und Raubwanzen gefördert werden. Bei der Jungpflanzenanzucht empfiehlt sich der Einsatz blauer Leimtafeln. Im Gegensatz zur Weißen Fliege werden Thripse nicht von Gelb, sondern von der Farbe Blau angezogen. Befallene Blätter sollte man entfernen.

*Oft gelingt es, den nachtaktiven Dickmaulrüßler abends im Schein einer Taschenlampe von den Blättern abzusammeln.*

*Die Rote Wegschnecke scheidet einen Schleimfilm aus, auf dem sie vorankriecht. Trotzdem meidet sie rauhe und trockene Oberflächen.*

### Minierfliegen

Diese Insekten stechen mit ihrem Legebohrer ein Loch ins Blatt, in welches das Weibchen dann jeweils ein Ei legt. Die daraus schlüpfende Larve frißt einen geschlungenen Gang zwischen Blattober- und -unterhaut. Diesen Gang bezeichnet man als Mine. Manche Minierfliegenarten verlassen das Blatt zur Verpuppung, andere wiederum verpuppen sich im Blatt. Letztere kann man erkennen, wenn man das befallene Blatt gegen das Licht hält.

Minierfliegen können an praktisch allen Sommerblumen auftreten. Durch das Entfernen der befallenen Blätter kann die Weiterverbreitung stark eingedämmt werden. Außerdem gibt es einige Schlupfwespenarten, die den Schaden eng begrenzen können: Die Schlupfwespen legen ihre Eier an oder in die Larven der Minierfliegen, und die Schlupfwespenlarven fressen die der Minierfliegen von innen auf.

### Gallmücken

Neben den nützlichen Gallmückenarten gibt es auch pflanzenschädliche. Die etwa 5 mm großen Weibchen legen ihre Eier an oder in die jungen Triebe und Blätter der Pflanzen. Die Pflanze bildet daraufhin Gallen, in denen die Larven einen idealen Nährboden für ihre Entwicklung haben. Die Gallen selbst können sehr unterschiedlich aussehen. Befallene Blätter sollten entfernt und vernichtet werden, bei starkem Befall die ganze Pflanze.

### Dickmaulrüßler

Die 8–10 mm großen Käfer fressen halbkreisförmige Einbuchtungen in die Blattränder, der Blattrand erscheint zahnradartig gekerbt. Die Dickmaulrüßler verstecken sich tagsüber im Boden und kommen nur nachts zum Vorschein. Die Larven findet man im Wurzelbereich, wo sie durch ihre Fraßtätigkeit den Hauptschaden anrichten. Sie sehen aus wie kleine Engerlinge, sind etwa 10 mm lang und gelblichweiß gefärbt. Die Einschleppung des Schädlings erfolgt oft mit dem Substrat oder über getopfte Pflanzen, von denen aus sie sich dann auf die verschiedensten Pflanzenarten ausbreiten.

Eine Bekämpfung der Käfer ist schwierig. Vorbeugend sollte auf saubere Kulturerde geachtet werden. Gegen die im Boden lebenden Larven gibt es im Handel nützliche Nematoden, die in die Larven eindringen und diese zum Absterben bringen. Sie werden im Gießverfahren bei Bodentemperaturen über 12°C an den entsprechenden Stellen ausgebracht.

### Schnecken

Besonders bei kühlen und nassen Witterungsperioden können Schnecken zu einem Problem werden. Es sind vorwiegend die Nacktschnecken, die unsere Pflanzen bis zum

Kahlfraß schädigen können. Am Tage bekommt man die Tiere in der Regel nicht zu Gesicht, sie machen sich vor allem in den Abend- und Nachtstunden bevorzugt über junge Pflänzchen und weiche Pflanzenteile her. Die Blätter werden vom Rand durch einen typischen Schabefraß geschädigt, die hinterlassenen Kothäufchen und die Schleimspuren auf den Blättern oder auch Blüten sind ein sicherer Hinweis auf Schneckenbefall.

Für die Bekämpfung von Schnecken gibt es ein breites Angebot von verschiedenen Möglichkeiten. Absammeln ist am billigsten und sehr wirkungsvoll, allerdings etwas mühsam. Die abgesammelten Schnecken können z.B. im Wald wieder ausgesetzt werden. Legt man alte Bretter am Rande der Beete aus, so sammeln sich tagsüber unter diesen Verstecken die Schnecken und können dann etwas leichter beseitigt werden.

des Sommers immer möglichst genau auf die in kleinen Knäueln abgelegten Schneckeneier kontrolliert werden. Wichtig ist außerdem die Förderung der natürlichen Feinde wie Igel, Frösche, Kröten, Vögel, Eidechsen und anderen, auf deren Speiseplan Schnecken stehen.

Schneckenkorn wird von vielen Gärtnern immer noch gerne ausgestreut. Die Verwendung ist jedoch keineswegs unbedenklich, da die Dosierung sehr schwierig ist und das Mittel den Boden belastet. Deshalb sollte lieber auf die schon besprochenen anderen Maßnahmen zurückgegriffen werden.

## Maulwurfsgrillen

Die etwa 4–5 cm großen, lebhaften Insekten, die mit grabschaufelähnlichen Vorderbeinen ausgestattet sind, werden auch *Werren* genannt. Sie leben hauptsächlich von tierischer Nahrung, können aber durch das Unterwühlen von Jungpflanzen und das Abfressen der Wurzeln beim Bau ihrer Gänge enorm schädlich werden. Maulwurfsgrillen können nicht springen, bewegen sich aber vorwärts wie rückwärts sehr geschickt.

**Tip**

**Gärtner, die auf die Anwendung von Schneckenkorn nicht verzichten wollen, sollten das Mittel in ebenerdig eingegrabenen Bechern ausbringen, um eine Bodenbelastung zu vermeiden. Zwei bis drei Körner pro Becher genügen vollauf. Die Schnecken werden regelmäßig entfernt, und das Schneckenkorn wird erneuert.**

*Vom Rand her sind die Blätter des Blumenrohrs durch den typischen Schabefraß von Schnecken geschädigt. Die Tiere sind vor allem am Abend und des Nachts auf Nahrungssuche.*

Schneckenzäune besitzen am oberen Ende einen nach außen und unten gerichteten scharfen Knick, den die Schnecken nicht überwinden können. Sie werden in die Erde eingegraben. Als Bierfallen werden Gläser oder Becher ebenerdig eingegraben und zur Hälfte mit Bier gefüllt. Die Schnecken werden vom Bier angelockt und ertrinken in den Bechern. Je nach Witterung und getöteten Schnecken muß der Becher immer wieder geleert und neu mit Bier gefüllt werden. Es gibt aber auch Schneckenlösungen auf Alkoholbasis im Fachhandel.

Da sich Schnecken gerne im Komposthaufen aufhalten, muß die Komposterde während

Findet man die Gänge, so kann man den Bau durch Nachgraben ausheben und die Schädlinge abtöten. Mit Hilfe glattwandiger Gefäße, die man bei den Gängen bis zum oberen Rand in den Boden eingräbt, lassen sich die Maulwurfsgrillen mit etwas Glück einfangen. Seit einiger Zeit sind auch Nematoden im Handel, die außer gegen Dickmaulrüßler auch gegen Maulwurfsgrillen wirksam sind und genauso ausgebracht werden (siehe linke Seite).

**Tip**

**Weinbergschnecken sollten so weit wie möglich geschont werden, da sie nützlich sind und auch Eigelege von Nacktschnecken fressen.**

# Viel Pracht für wenig Geld

## Sommerblumen von A–Z

*Samtige Gartenstiefmütterchen und duftender Goldlack sind schon im Frühjahr Vorboten der leuchtenden Farbenpracht, mit der die Sommerblumen den Garten bis zum Herbst*

Zu den reizvollsten Planspielen im Garten gehört jedes Jahr erneut die Auswahl der Sommerblumen, die man pflanzen möchte. Natur und gärtnerische Züchtung bieten ein überaus reiches Angebot an Arten und Sorten für Beete, Rabatten und Pflanzgefäße. Doch um seinen Wunschgarten Wirklichkeit werden zu lassen, muß man die Eigenheiten der einzelnen Pflanzen kennen: ihre Farben und Blütezeiten, ihre Wuchsformen und -höhen, ihre Ansprüche an den Standort, den Boden und die Pflege, damit sie optimal gedeihen und so üppig blühen, wie man es erträumt.

**Die Pflanzen in diesem Kapitel sind alphabetisch nach ihrem Namen geordnet. Das hat seinen praktischen Grund: In Katalogen und Fachbüchern werden stets die international üblichen wissenschaftlichen Namen verwendet, und auch in Gärtnereien und Blumengeschäften kommt man mit diesen Namen am schnellsten und sichersten zu der tatsächlich gewünschten Art, denn viele Pflanzen haben eine ganze Reihe volkstümlicher Namen, die sich häufig von Gegend zu Gegend unterscheiden. Darüber hinaus kommt es auch vor, daß mit demselben deutschen Namen völlig unterschiedliche Pflanzen benannt werden. Man wird sich schnell an diese Anordnung gewöhnen, zumal das ausführliche Register auch die deutschen Namen enthält.**

# A

*Abutilon*-Hybride

## Abutilon
Schönmalve, Samtpappel, Samtmalve

**Arten:** *A.*-Hybriden (auch *A.* x *hybridum*), *A. megapotamicum* (auch *A. vexillarium*), *A. pictum* (auch *A. striatum*)
**Familie:** Malvengewächse *(Malvaceae)*
**Heimat:** Die Schönmalve wurde Mitte des vorigen Jahrhunderts als Zierpflanze nach Europa eingeführt. Die Hybriden sind durch Kreuzung mehrerer Arten, vor allem *A. darwinii* und *A. pictum*, entstanden. Sie stammen ebenso wie *A. megapotamicum* und *A. pictum* aus Brasilien.
**Blütenfarbe:** gelb, gelbrot, rot und weiß
**Blütezeit:** *A.*-Hybriden und *A. megapotamicum* blühen während des ganzen Sommers, *A. pictum* von August bis September.
**Höhe:** 40 bis etwa 100 cm
**Standort:** sonnig; nährstoffreiches Substrat oder humusreicher Gartenboden; *A. megapotamicum* braucht warme, geschützte Stellen.
**Merkmale:** Schönmalven sind nicht winterharte Sträucher, die bei uns in der Regel einjährig kultiviert werden. Sie haben einen aufrechten oder überhängenden Wuchs (besonders *A. megapotamicum*). Die glockenförmigen Blüten sitzen an dünnen Stielen. Vor allem *A. megapotamicum* besticht durch Glokken aus gelben Blütenblättern und auffallend großen purpurfarbenen Kelchen. Die meist gelappten, ahornähnlichen Blätter sind weich behaart und je nach Sorte entweder grün oder buntlaubig. Die Variationsbreite der Blattfärbung reicht von weißgrüner Zeichnung bis zu mosaikartiger gelber Scheckung, die als Panaschierung bezeichnet werden.
**Verwendung:** Die Schönmalve eignet sich als Topf-, Kübel- und Gartenpflanze. In größeren Gefäßen oder auf Beeten kann sie als Leitpflanze in Kombination mit niedrig oder hängend wachsenden Sommerblumen den Blick auf sich ziehen, wobei die buntblättrigen Formen allein schon durch ihr Laub auffallen. Im Garten wirkt die Schönmalve sowohl in Einzelstellung (solitär) als auch in Gruppen. *A. megapotamicum* läßt sich wegen des überhängenden Wuchses auch in Ampeln pflanzen.
**Kultur:** Die Schönmalve wird durch Aussaat oder Stecklinge vermehrt. Ausgesät wird zwischen Mitte Januar und Mitte März, damit Mitte Mai ausreichend große Pflanzen zur Verfügung stehen. Zur Aussaat wird Blumenerde oder handelsübliche Anzuchterde verwendet. Die Keimung vollzieht sich bei einer Temperatur von 18–21 °C in 2–3 Wochen. Etwa 4 Wochen nach der Aussaat werden die Pflanzen einzeln in 9–10-cm-Töpfe pikiert und unter vollem Licht weiterkultiviert. Für das Anwachsen der Pflanzen ist es vorteilhaft, die Temperatur noch etwa 1–2 Wochen bei 18–21 °C zu belassen und die Pflanzen erst danach an einen kühleren Ort bei 12–16 °C umzustellen.
Um eine gute Verzweigung zu erzielen, müssen die Pflanzen ein- bis zweimal gestutzt werden. Während der Weiterkultur sollte man sie gleichmäßig, aber nicht zu feucht halten. Sparsames Gießen

*Abutilon megapotamicum*

begünstigt nämlich gedrungenen Wuchs, gute Blattzeichnung bei gefärbten Sorten und frühzeitige Blüte.

Von allen *Abutilon*-Arten und Sorten können aber auch ganzjährig Stecklinge entnommen werden. Am besten erfolgt jedoch die Stecklingsvermehrung im Sommer oder Herbst, weil dann Jungpflanzen überwintert werden können und damit die schwierigere Überwinterung der alten Pflanzen (Mutterpflanzen) wegfällt. Hierzu werden etwa 6–8 cm lange Triebenden (Kopfstecklinge) abgeschnitten und in mit Blumenerde oder handelsüblicher Anzuchterde gefüllte Töpfe gesteckt. Um zu rasche Verdunstung zu verhindern, stülpt man über den Topf eine Folientüte. An einem schattigen Ort bewurzeln die Stecklinge bei 20–25°C nach kurzer Zeit. Die bewurzelten Jungpflanzen werden hell, bei 12–15°C und mäßig feucht überwintert. Die weitere Kultur verläuft dann genauso wie bei den durch Aussaat gewonnenen Pflanzen. Wegen ihrer Frostempfindlichkeit darf die Schönmalve erst nach den Eisheiligen, etwa ab Mitte Mai, ins Freiland.

**Pflege:** Die Schönmalve liebt gleichmäßige Feuchtigkeit. Auf starkes Austrocknen und auf „Dauerfußbäder" reagiert sie mit Blatt- und Blütenfall. Auch die Mutterpflanzen der Schönmalve können in Gefäßen oder als Kübelpflanzen überwintern, an einem hellen Standort, z.B. im kühlen Wintergarten oder in der ungeheizten Diele, bei 6–8°C. Sie sollen dabei zwar trocken stehen, aber doch nicht ganz austrocknen. Die Pflanzen machen dann eine Wachstumspause. Die Hybriden und *A. pictum* verlangen einen jährlichen Rückschnitt bis in die verholzten Triebteile, der während der Überwinterung vorgenommen werden sollte. Einfacher und handlicher ist allerdings die oben erwähnte Überwinterung von Stecklingsjungpflanzen bei 12–15°C.

**Schädlinge:** Spinnmilben, Blattläuse, Weiße Fliege

## Acalypha

Katzenschwanz, Nesselblatt

**Arten:** *A. hispaniolae*, *A. hispida* (auch *A. sanderi*, Fuchsschwanz)

**Familie:** Wolfsmilchgewächse *(Euphorbiaceae)*

**Heimat:** Haiti und Dominikanische Republik sowie in vielen tropischen Gebieten

**Blütenfarbe:** dunkelrosa bis rot

**Blütezeit:** im Freiland Mitte Mai bis Ende Oktober, bei genügend Licht im Zimmer oder Wintergarten bei 10–14°C Blüte auch in den Wintermonaten

**Höhe:** 10–20 cm, Triebe 20–40 cm kriechend oder hängend

**Standort:** hell *(A. hispaniolae)* bis halbschattig; humos-lehmige Erde oder Einheitserde

**Merkmale:** *Acalypha* ist der griechische Name für eine Nesselart. Er irritiert ebenso wie der deutsche Name Nesselblatt, denn mit Nesseln hat dieses in der Heimat ausdauernde Wolfsmilchgewächs nichts zu tun. Die halb hängende Pflanze weist zugleich weibliche und männliche Blüten auf. Die kleinen, in den Blattachseln sitzenden weiblichen Blüten sind ohne Zierwert. Attraktiv sind die zahlreichen langen männlichen Blütenstände mit ihrer samtigen Oberfläche, die 6–8 Wochen blühen. Die 2–4 cm großen herzförmigen Blätter mit gezähntem Rand sind wechselständig angeordnet. Von *A. hispaniolae* wurde 1985 erstmals eine Auslese, 'Bodes Feuerzauber', in größeren Mengen auf den Markt gebracht. Sie unterscheidet sich von *A. hispida* durch die kriechenden und hängenden Triebe. Die wesentlich höhere *A. hispida* wird als Warmhauspflanze kultiviert. Sie hat größere Blätter und bis zu 50 cm lange Blütenstände.

*Acalypha hispaniolae*

**Sorte:** 'Bodes Feuerzauber' mit 8–15 cm langen roten Blütenständen

**Verwendung:** Der Katzenschwanz eignet sich als Ampelpflanze im Zimmer und Wintergarten. Im Sommer gedeiht er auch an geschützten Stellen auf Balkon, Terrasse und im Freien. In Balkonkästen pflanzt man ihn besser allein.

**Kultur:** Die Vermehrung erfolgt am besten im Herbst durch 5–8 cm lange Kopfstecklinge, die man entweder einzeln in einen 6-cm-Topf oder zu dritt in einen 8–9-cm-Topf steckt. Die Bewurzelungsdauer beträgt bei 20–22°C 2–4 Wochen. Als Anzuchtsubstrate eignen sich eine schwach gedüngte Pikiererde oder ähnliche Substrate. Der pH-Wert darf jedoch nicht über 5,5 liegen, sonst hellen sich die Blätter infolge von Eisenchlorose auf. Etwa 8 Wochen nach dem Stecken werden die Jungpflanzen in Topferde oder ähnliche Mischungen mit guter Wasserhaltefähigkeit und demselben pH-Wert getopft. Man setzt entweder 3 Pflanzen in einen 10–11-cm-Topf oder 5–10 Pflanzen direkt in 15–30-cm-Ampeln. Ausgepflanzt wird ab Mitte Mai. Bereits vor dem Eintopfen sollten die Jungpflanzen das erste Mal gestutzt werden. Um eine gute Verzweigung zu erhalten, kürzt man die sich bildenden Austriebe dann ein weiteres Mal ein. Für die Entwicklung der Pflanzen sind Temperaturen von 15–20°C günstig. Die gut bewurzelten Jungpflanzen vertragen im Winterhalbjahr auch 10°C.

**Pflege:** Wichtigste Voraussetzung für gesunde Pflanzen ist der richtige pH-Wert des Bodens. Damit er nicht über 5,5 ansteigt, ist Gießen mit har-

tem Wasser zu vermeiden. Zu reichliches Gießen führt zu Pilzkrankheiten (Braunfäule, Wurzelhalsfäule). Die Wassergaben sollten möglichst von unten verabreicht werden. Regen fördert das Bräunlichwerden der Blütenstände. Unansehnliche Blüten sind von Zeit zu Zeit abzuknipsen. Wird der Katzenschwanz im Herbst rechtzeitig vor den ersten Nachtfrösten ins Haus gebracht und bei 10–14 °C überwintert, dann behält er auch in der lichtarmen Jahreszeit seine Blütenstände. Von den blühenden Trieben lassen sich sogar Stecklinge schneiden. Sie bewurzeln sich bei Temperaturen von 20–22 °C mühelos, ohne die vorhandenen Blütenstände abzuwerfen.
**Schädlinge und Krankheiten:** Weiße Fliege, seltener Rote Spinne; Braunfäule, Wurzelhalsfäule

*Adonis aestivalis*

## Adonis
Adonisröschen, Blutströpfchen

**Arten:** *A. aestivalis* (Sommerblutströpfchen), *A. annua* (auch *A. autumnalis*, Herbstfeuerröschen)

*Adonis aestivalis*

**Familie:** Hahnenfußgewächse *(Ranunculaceae)*
**Heimat:** Mittel- und Südeuropa, Asien
**Blütenfarbe:** rot mit dunklem Fleck, seltener gelb
**Blütezeit:** *A. aestivalis* Mai bis Juli, *A. annua* Juni bis August
**Höhe:** *A. aestivalis* 30–50 cm, *A. annua* 20–30 cm
**Standort:** sonnig bis halbschattig; kalkhaltiger, etwas trockener Boden
**Merkmale:** Das auch bei uns heimische Adonisröschen war früher vor allem in Getreidefeldern und auf Brachland häufig anzutreffen. Heute wird es aber wie Mohn und Kornblume immer seltener. Sein Laub ist zierlich, fiedrig oder fein geschlitzt. Die hübschen, meist leuchtend blutroten oder zinnoberroten Blüten stehen einzeln am Ende des Sprosses. Trotz der kurzen Blütezeit ist das Adonisröschen eine Bereicherung des Sommerblumengartens. Einmal in den Garten gebracht, erscheint es oft viele Jahre lang durch Selbstaussaat.
**Verwendung:** Beide Arten eignen sich für sonnige und trockenere Gartenbereiche mit Wildcharakter, etwa Steingärten oder Steinbeete. Sie kommen vor allem in Gruppen stehend, aber auch eingestreut in gemischte Sommerblumenpflanzungen zur Geltung.
**Kultur:** Adonisröschen werden stets direkt an Ort und Stelle ausgesät und nach dem Keimen auf etwa 15 cm Abstand vereinzelt. Die Aussaat kann schon im Herbst oder auch erst im Frühjahr erfolgen. Da für die Keimung niedrige Temperaturen um 10 °C nötig sind, haben Herbstaussaaten meist ein besseres Keimergebnis zur Folge. Außerdem werden die Pflanzen kräftiger und blühen früher. Wenn trotzdem erst im Frühjahr ausgesät wird, sollte dies möglichst schon im März geschehen. Unter günstigen Bedingungen brauchen die Samen etwa 2 Wochen bis zur Keimung.
**Pflege:** Am besten läßt man die Pflanzen ungestört wachsen, eine besondere Pflege ist nicht notwendig.

*Ageratum houstonianum*

## Ageratum
Leberbalsam

**Art:** *A. houstonianum* (auch *A. mexicanum*)
**Familie:** Korbblütler *(Compositae)*
**Heimat:** tropisches Mittel- und Südamerika
**Blütenfarbe:** Hauptfarbe blau, aber auch violett, rosa und weiß
**Blütezeit:** Mai bis Frostbeginn
**Höhe:** je nach Sorte 10–80 cm
**Standort:** sonnig (bis halbschattig); humoser, nicht zu trockener oder zu schwerer Boden
**Merkmale:** Das griechische *ageratos* bedeutet ewige Jugend und bezieht sich auf die relativ lange Blühdauer des Leberbalsams. Die beliebte Beet-, Balkon- und Schnittblume besitzt mittelgroße herzförmige bis eirunde Blätter, ihre feinblättrigen Blüten bilden dichte Doldentrauben. Eigentlich ist der Leberbalsam ein Halbstrauch, der am Grund des Stengels verholzt und in der Heimat viele

Jahre alt werden kann. In unserem Klima übersteht das ursprünglich tropische Gewächs aber keinen Winter im Freien und wird daher einjährig kultiviert.
**Sorten:** Im Handel sind zahlreiche $F_1$-Hybriden und samenechte Sorten erhältlich, u.a. 'Blaue Donau' (mittelblau, Höhe 15–20 cm), 'Nordmeer' (dunkelviolett, Höhe 15–20 cm), 'Pacific' (purpurviolett, Höhe 20 cm); für den Schnitt und als Gruppenpflanzen z.B. in Staudenbeeten eignen sich besonders 'Schnittperle' (dunkelblau, großblumig, Höhe 50 bis 70 cm), 'Schnittwunder' (tiefblau, langstielig, Höhe 50–80 cm), 'Blauer Horizont' (mittelblau, großblumig, Höhe 50–80 cm) und 'Weißer Schnitt' (rein weiß, Höhe 50–70 cm).
**Verwendung:** Besonders die niedrigen und kompakten Sorten werden gern auf Rabatten, Beete, Gräber und in Balkonkästen gepflanzt, die höheren sind beliebte Gruppen- und Hintergrundpflanzen und dienen auch als Schnittblumen.
**Kultur:** Gewöhnlich wird der Leberbalsam aus Samen angezogen. Ausgesät wird in handelsübliche Anzuchterde hauptsächlich in den Monaten Februar und März, aber auch spätere Aussaaten bis Mitte Juli sind möglich. Die Keimtemperatur sollte in den ersten beiden Wochen 20–22°C betragen, nach der erfolgten Keimung wird die Temperatur auf 16°C abgesenkt.
Etwa 3–4 Wochen nach der Aussaat werden die Sämlinge, in der Regel einzeln, in Systemplatten (Einzeltopf 3,5–5 cm) pikiert und – wenn erforderlich – noch einmal in 9-cm-Töpfe verpflanzt. Um diese Zeit erreichen die Tagestemperaturen in geschützten Räumen schon bis zu 25 °C, so daß am Tag vor allem um die Mittagszeit leicht gelüftet werden kann. Vor dem Auspflanzen sollten die Pflanzen bereits etwas abgehärtet sein, um den Wechsel ins Freie besser zu verkraften. Wenn keine Nachtfröste mehr drohen, können die Jungpflanzen im Abstand von 25–30 cm im Freien ausgepflanzt werden. Sparsames Gießen der Jungpflanzen begünstigt gedrungenen Wuchs und frühzeitige Blüte. $F_1$-Hybriden verzweigen sich gut und brauchen deshalb nicht wie noch im Handel befindliche samenechte und stecklingsvermehrte Sorten während der Anzucht oder im Freien gestutzt zu werden. Die beim Stutzen gewonnenen Triebspitzen (Kopfstecklinge) können zur Stecklingsvermehrung benutzt werden. Die Vermehrung durch Stecklinge ist komplizierter als aus Samen. Die Kopfstecklinge bewurzeln am besten bei 18–20°C in 3,5–5-cm-Töpfen mit einem angefeuchteten Torf-Sand-Gemisch im Verhältnis 1:1. Nach dem Angießen werden die Stecklinge bis zum beginnenden Triebwachstum und zur ersten Wurzelbildung mit einer Folienhaube abgedeckt.
Etwa 3 Wochen nach dem Stecken verpflanzt man sie, gut bewurzelt, in einen 9-cm-Topf mit Pikiererde. Die weitere Vorkultur bis zum Auspflanzen ins Freiland erfolgt im Kleingewächshaus oder Wintergarten, im warmen Frühbeetkasten oder Folientunnel bei vollem Licht und 14°C, später auch 12°C. Vor dem Auspflanzen dürfen die Nachttemperaturen zum Abhärten der Pflanzen auf 8°C abgesenkt werden.

*Ageratum houstonianum*

**Pflege:** Der Leberbalsam verträgt keine Trockenheit und muß darum vor allem bei leichten Böden und trockener Witterung regelmäßig gewässert werden. Die hohen Ageratum-Sorten werden am besten regelmäßig geschnitten, damit sie keine braunen, unansehnlichen Blüten bekommen.
**Schädlinge und Krankheiten:** Weiße Fliege, Spinnmilben und Blattläuse; gelegentlich Wurzelfäule

## Agrostemma
Kornrade

**Art:** *A. githago*
**Familie:** Nelkengewächse *(Caryophyllaceae)*
**Heimat:** Europa, Asien, Nordafrika, Kanarische Inseln, in Nordamerika eingebürgert
**Blütenfarbe:** hellpurpurn und rotviolett
**Blütezeit:** Juni bis September
**Höhe:** 30–100 cm
**Standort:** sonnig bis halbschattig; trockener bis frischer, nährstoffreicher Boden (Sand bis Lehm)
**Merkmale:** Agrostemma bedeutet Ackerkranz: Das früher häufige Getreideunkraut wurde auch zum Kranzwinden verwendet. Die getreideähnlichen Samenkapseln wurden mit dem Getreide geerntet und wieder ausgesät. Da die Samen giftig sind, mußten sie bei starker Verunreinigung aus dem Brotgetreide aussortiert werden. Durch die moderne Saatgutreinigung ist die Kornrade heute in Deutschland vom Aussterben bedroht. Die Gattung umfaßt nur wenige Arten. Die schmalen, aber ziemlich langen Blätter wirken durch ihre eng anliegende Behaarung grau-grün. Die Kelchblätter überragen die fünf purpurroten, zur Mitte helleren Kronblätter.
**Sorte:** 'Milas', mit großen rotvioletten Blüten auf 60 bis 90 cm hohen biegsamen Stengeln, ist sehr widerstandsfähig und liefert schöne Schnittblumen.

*Agrostemma githago*

**Verwendung:** Die Kornrade eignet sich besonders für naturnahe, bunte Sommerblumenbeete.
**Kultur:** Die Aussaat erfolgt im Herbst oder März direkt ins Freiland. Der endgültige Pflanzabstand sollte 30 cm betragen.
**Pflege:** Eine besondere Pflege ist nicht erforderlich.

*Agrostis nebulosa*

## Agrostis
Straußgras

**Art:** *A. nebulosa* (Nebelstraußgras)
**Familie:** Süßgräser *(Poaceae)*
**Heimat:** Frankreich und Südeuropa
**Blütenfarbe:** hellgrau
**Blütezeit:** Juli bis September
**Höhe:** 12–40 cm
**Standort:** sonnig; fast jeder Gartenboden, am besten sandiger Lehm
**Merkmale:** Das hübsche einjährige Gras hat zierlich verzweigte Blütenrispen mit winzigen Blütenährchen, die auf etwa 30 cm hohen Stengeln sitzen.
**Verwendung:** In Gruppen angepflanzt, wirkt das Nebelstraußgras wie ein durchsichtiger Schleier. Es fügt sich aber auch einzeln harmonisch zwischen Stauden oder Wildblumen ein. Besonders gut eignet sich das Nebelstraußgras zum Schnitt und getrocknet für die Blumenbinderei.
**Kultur:** Die Aussaat erfolgt von Mitte März bis Mitte Mai in Saatschalen mit normaler Gartenerde oder in den Frühbeetkasten. Da die Samen sehr fein sind, dürfen sie nicht oder nur mit ganz wenig Erde bedeckt werden. Bei einer Temperatur von 18°C ist die Keimung spätestens nach 30 Tagen abgeschlossen. Nach dem Auflaufen genügen Nachttemperaturen von 10–12°C.
Die feinen Grassämlinge setzt man büschelweise in kleine Töpfe. Wenn sie gut durchwurzelt sind, können sie ab Mai an die gewünschten Plätze im Freien, nachdem sie entsprechend abgehärtet wurden. Der Pflanzabstand sollte etwa 20 cm betragen. Weniger empfehlenswert ist eine Direktaussaat an Ort und Stelle. In diesem Fall sollten die Aussaaten mit einem Vlies gegen Vogel- und Mäusefraß geschützt werden.
**Pflege:** Das Straußgras wird genauso regelmäßig wie die anderen Sommerblumen bewässert und nicht erst geerntet oder ausgeschnitten, wenn der Samen ausfällt. Andernfalls folgt eine Selbstaussaat, die im folgenden Jahr Wirkung zeigt.
**Tip:** Für Trockensträuße wird das Nebelstraußgras sehr früh, solange es noch grün ist, geschnitten. Danach hängt man es, mit dem Stielende nach oben, an einem schattigen, luftigen Platz auf. Dort bleibt es so lange hängen, bis der Stiel hart und trocken ist.

## Alcea
Stockmalve, Stockrose

**Art:** *A. rosea* (auch *Althaea rosea*, Pappelrose)
**Familie:** Malvengewächse *(Malvaceae)*
**Heimat:** Vermutlich ist diese Stockmalve aus 2–3 Kreuzungen mit wildwachsenden Malven aus Südosteuropa und Südwestasien hervorgegangen.
**Blütenfarbe:** weiß, gelb, verschiedene Rosa- und Rottöne bis schwarzrot
**Blütezeit:** Juli bis September
**Höhe:** 120–200 cm

*Alcea rosea*

**Standort:** sonnig und windgeschützt; tiefgründiger, humoser, nährstoffreicher Gartenboden
**Merkmale:** Die Stockrose, eine beliebte und altbewährte Bauerngartenpflanze, ist seit dem 16. Jh. bekannt. Sie besitzt bis zu 2 m hohe Blütenkerzen und große rauhe, fünf- bis siebenlappige Blätter. Aus einer bodennahen Blattrosette wächst der lange Blütentrieb, an dem in den Blattachseln kurzstielige einfache, halbgefüllte oder gefüllte Einzelblüten erscheinen. Ab Juli öffnen sich vom unteren Teil des Triebes zur Spitze hin immer neue Knospen, so daß sich die Blütezeit sehr lange hinzieht. Obwohl es sich um eine mehrjährige Staude handelt, wird die Stockmalve meist nur zweijährig gezogen. Durch einen Rückschnitt gleich nach der Blüte läßt sich die Pflanze zwar mehrere Jahre halten, sie verliert jedoch immer mehr an Schönheit und Widerstandsfähigkeit. Daher empfiehlt es sich, die ausfallenden Samen zu kleinen Pflanzen heranwachsen zu lassen und die Mutterpflanze zu entfernen.
**Sorten:** Stockmalven gibt es inzwischen in vielen Sorten; am häufigsten wird eine Prachtmischung mit gefüllten Blüten in allen Farben angeboten. Ungefüllte schwarzpurpurne Blüten besitzt die Sorte 'Nigra'.
**Verwendung:** Besonders gut kommt die Stockmalve in naturnah angelegten Haus- und Bauerngärten zur Geltung. Ein Platz in der Nähe einer Hauswand, einer Pergola oder eines Zaunes ist ideal. In Gruppen gepflanzt, bilden Stockmalven vor hohen Ziersträuchern oder als Hintergrund eines Staudenbeetes durch ihre beachtliche Höhe einen malerischen Blickfang.

Kultur: Die Aussaat erfolgt im Juni/Juli auf ein gut gelockertes Gartenbeet entweder direkt am vorgesehenen Platz oder dünn in Reihen. Die Samen werden mit 2 bis 3 cm Erde bedeckt. Bis zum Aufgang der Saat sind viel Feuchtigkeit und Schatten nötig. Nach dem Erscheinen des vierten bis fünften Folgeblatts, jedoch bis spätestens September, wird aus dem Anzuchtbeet an den endgültigen Standort im Abstand von

*Alcea rosea*

40–50 cm verpflanzt. Durch das Kürzen der langen Pfahlwurzel, die zu lang ist, um gerade in den Boden zu gelangen, bilden sich 3–4 Seitenwurzeln, die später nicht so tief in die Erde gehen. Pflanzen, die versetzt werden, müssen öfter gegossen werden.
**Pflege:** Je nährstoffreicher und wasserhaltender der Gartenboden ist, desto weniger Pflegemaßnahmen sind notwendig. Eine Mulchschicht, spätestens im zeitigen Frühjahr aufgetragen, schützt den Boden vor Verfestigung. Bei Trockenheit ist stets für reichlich Wasser zu sorgen. Etwas Halt durch Stäbe ist in windiger, ungeschützter Lage erforderlich, bevor der Blütentrieb einknickt.
**Krankheiten:** Malvenrost, Welkekrankheiten

## Amaranthus
Amarant, Fuchsschwanz

**Arten:** *A. caudatus* (Gartenfuchsschwanz), *A. tricolor* (auch *A. melancholicus*, *A. gangeticus*), *A. salicifolius*
**Familie:** Amarant- oder Fuchsschwanzgewächse *(Amaranthaceae)*
**Heimat:** Tropen und Subtropen
**Blütenfarbe:** grün, rot oder weißlich
**Blütezeit:** Juli bis Oktober
**Höhe:** *A. caudatus* 60–100 cm, *A. tricolor* 30–120 cm, *A. salicifolius* 50–100 cm
**Standort:** sonnig und warm; nährstoffreicher Boden
**Merkmale:** *Amarantos* heißt unverwelklich und weist auf die lange Haltbarkeit der Blütenstände hin. Bei den einjährigen Pflanzen stehen die Blüten in dichten Knäueln, die bei *A. caudatus* als prächtige, dunkelrote Blütenähren vom oberen Stengelende herabhängen und an Fuchsschwänze erinnern. Die hochragenden, kräftigen Stengel sind dicht mit langgestielten, länglich-ovalen Blättern besetzt. Der Gartenfuchsschwanz ist als Zierpflanze bereits seit dem 16. Jh. in europäischen Gärten sehr beliebt. *A. tricolor* aus dem tropischen Asien wird als dekorative Blattpflanze verwendet. Die Blätter weisen unterschiedliche Formen auf und sind gelb, weiß oder rot gefleckt. Auch *A. salicifolius* von den Philippinen ist eine stattliche Blattschmuckpflanze; die schmalen, bis zu 20 cm langen Blätter besitzen oft gewellte oder krause Ränder. Außerdem verfärben sie sich von grün über blaßrosa bis purpurn und werden zuletzt orangegelb.

*Amaranthus caudatus*

*Amaranthus tricolor*

**Sorte:** Von *A. caudatus* gibt es die Sorte 'Viridis' mit gelbgrünen Blütenzöpfen, die 75 cm hoch wird.
**Verwendung:** Der Fuchsschwanz ist eine dekorative Gruppen- und Kübelpflanze für sonnige Plätze im Garten und auf der Terrasse, wirkt aber auch in Einzelstellung. Er wird auch gern als Schnittblume und zur Gewinnung von Trockenblumen kultiviert.
**Kultur:** Die Aussaat erfolgt zwischen März und April in Saatschalen mit handelsüblicher Anzuchterde bei einer Keimtemperatur von 15–18 °C. Nach 2 Wochen wird die Temperatur auf 12–15 °C abgesenkt. Die Sämlinge werden 3–4 Wochen nach der Aussaat in 8–12-cm-Töpfe vereinzelt. Nach den Eisheiligen werden die Pflanzen im Abstand von 30–50 cm ausgepflanzt. Die Aussaat von *A. caudatus* und *A. tricolor* kann aber auch ab April in einem Frühbeetkasten oder direkt an Ort und Stelle vorgenommen werden.
**Pflege:** Zur besseren Erwärmung schwerer Böden wird am vorgesehenen Standort Rindenhumus leicht in die Erde eingearbeitet. Sonst ist keine besondere Pflege erforderlich.
**Schädlinge:** Blattläuse, Blattwanzen

## Amberboa
Flockenblume

**Art:** *A. moschata* (auch *Centaurea moschata*, *Centaurea suaveolens*, *Centaurea odorata*, Duftende Flockenblume)
**Familie:** Korbblütler *(Compositae)*
**Heimat:** Südwestasien
**Blütenfarbe:** gelb, blau, weiß, rot, rosa, lila
**Blütezeit:** Juni bis September
**Höhe:** 60–80 cm
**Standort:** sonnig; leichter, lockerer, kalkhaltiger Boden
**Merkmale:** Die Duftende Flockenblume ist nahe mit der heimischen Kornblume

verwandt, früher wurde sie sogar zur selben Gattung, *Centaurea*, gerechnet, und unter dieser Bezeichnung wird sie häufig noch im Handel geführt. Von den weni-

*Amberboa moschata*

gen, in Vorderasien heimischen *Amberboa*-Arten wird nur die einjährige *Amberboa moschata* im Garten gezogen. Die alte Gartenpflanze war schon um 1600 in den Gärten zu finden und wird jetzt, nach langen Jahren der Vergessenheit, wieder häufiger kultiviert. Die duftenden Blütenkörbe bestehen aus zierlichen Strahlenblüten, die wie ein Kranz die inneren, pinselartigen Röhrenblüten umgeben. Das Laub an den feingliedrigen Stengeln ist fiederschnittig. Die reine Art blüht gelb, im Handel werden aber vor allem mehrfarbige Mischungen angeboten.
**Sorten:** 'Imperialis' (Mischung in weiß, gelb, blau, rot, Höhe 40–60 cm), 'Imperialis Favorita' (hellrosa, Höhe 50–60 cm), 'Imperialis Splendens' (purpurn, Höhe 40 bis 50 cm), 'The Bride' (rein weiß, duftend, Höhe 40–60 cm)
**Verwendung:** Mit ihren schlichten, dennoch interessanten Blüten paßt die Duftende Flockenblume sowohl in naturnahe Pflanzungen wie in bunte Sommerblumenbeete. Hübsch macht sie sich auch als Lückenfüller im Staudenbeet. Ihre pastellfarbenen Blüten wirken neben blauen oder weißen Arten besonders strahlend.
**Kultur:** Ausgesät wird entweder im März/April ins Frühbeet, das reichlich gelüftet werden sollte, oder aber im April direkt ins Freie. Nach der Keimung wird auf 15–20 cm Abstand pikiert. Vorkultivierte Flockenblumen werden ab Mai ins Freie gepflanzt. Zu schwerer Boden muß vor der Pflanzung mit Sand aufgelockert werden.
**Pflege:** Besondere Pflege ist nicht nötig. Der Nährstoffbedarf ist gering. Allerdings muß in kühlen Jahren oder bei anhaltend nasser Witterung mit Ausfällen gerechnet werden.
**Tip:** Die Duftende Flockenblume eignet sich gut als Schnittblume. Soeben erblühte Knospen halten in der Vase am längsten.

*Ammobium alatum*

## Ammobium
Papierknöpfchen

**Art:** *A. alatum* (Sandimmortelle)
**Familie:** Korbblütler *(Compositae)*
**Heimat:** Australien
**Blütenfarbe:** Hüllblätter perlmuttweiß, eigentliche Blüten erst gelb, später dann schwärzlich
**Blütezeit:** Juli bis September
**Höhe:** 40–80 cm
**Standort:** sonnig; durchlässiger, nicht zu feuchter, nährstoffreicher Boden
**Merkmale:** Das Papierknöpfchen wurde als Zierpflanze 1822 in Europa eingeführt. Die in ihrer Heimat mehrjährige Staude wird bei uns wegen mangelnder Winterhärte stets einjährig kultiviert. Die ganzrandigen, leicht behaarten Blätter sind am Stengelgrund zu einer lockeren Rosette vereinigt, aus der sich die einfach oder mehrfach gabelig verzweigten, weißfilzigen Blütenstengel erheben. An ihrem Ende sitzen die Blütenköpfchen einzeln oder zu wenigen. Sie sind außen von einem mehrreihigen Kranz weißer, papierartiger Hüllblätter umgeben. Im Zentrum entwickeln sich die eigentlichen Scheibenblüten, die erst gelb und später schwärzlich gefärbt sind.
**Sorte:** Für die Trockenbinderei wird meist die Sorte 'Grandiflorum' mit größeren Blüten verwendet.
**Verwendung:** In der bunten Sommerblumenrabatte kann das Papierknöpfchen einzeln oder in kleinen Gruppen zwischen niedrigere Arten eingestreut werden. Großer Beliebtheit erfreut es sich vor allem bei Trockenblumenfreunden und Floristen. Schmuckwirkung haben die häutigen, papierartigen Hüllblätter der Köpfchen.
**Kultur:** Vermehrt wird durch Aussaat im April in handelsübliche Anzuchterde bei einer Temperatur von 18 °C. Nach 2–3 Wochen können die Sämlinge in 8-cm-Töpfe pikiert werden. Die Weiterkultur sollte kühl, bei 8–10 °C, und sehr hell erfolgen. Wenn in größerem Abstand ausgesät wird, kann man sich das Pikieren ersparen und die Pflänzchen mit losem Wurzelballen direkt aus der Saatkiste ins Freie setzen. Ausgepflanzt wird in der zweiten Maihälfte im Abstand von etwa 20–30 cm.
**Pflege:** Zu feuchter Boden bekommt dem Papierknöpfchen nicht. Besondere Pflegemaßnahmen sind nicht erforderlich.
**Tip:** Zum Trocknen schneidet man die Blumen mitsamt dem weißfilzigen Stengel, sobald sich die Hüllblätter wölben, die gelben Scheibenblüten aber noch nicht zum Vorschein kommen, und hängt sie mit den Köpfen nach unten an einen luftigen und schattigen Ort.

## Anagallis
Gauchheil

**Art:** *A. monelli* (auch *A. collina*, *A. linifolia*, *A. grandiflora*)
**Familie:** Primelgewächse *(Primulaceae)*
**Heimat:** westliches Mittelmeergebiet
**Blütenfarbe:** rot und blau
**Blütezeit:** Juni bis September
**Höhe:** 40 cm

*Anagallis monelli*

**Standort:** sonnig; durchlässiger, humoser, nährstoffreicher Gartenboden
**Merkmale:** Die buschig wachsende, einjährige Pflanze trägt ihre Blüten in den Achseln der oberen Laubblätter. Sie blüht in allen Schattierungen von scharlachrot bis blau, öffnet ihre Blüten aber nur bei Sonnenschein.
**Verwendung:** Der Gauchheil kommt in bunten Sommerblumenbeeten und als Beeteinfassung besonders gut zur Geltung.
**Kultur:** Die Aussaat erfolgt im März/April direkt an Ort und Stelle. Später werden die Keimlinge vereinzelt. Die Pflanzen benötigen Abstände von 15 cm.
**Pflege:** Die anspruchslose Sommerblume braucht keine besondere Pflege.

## Anchusa
Ochsenzunge

**Art:** *A. capensis* (Hundszunge, Sommervergißmeinnicht)
**Familie:** Boretsch- oder Rauhblattgewächse *(Boraginaceae)*
**Heimat:** Südafrika
**Blütenfarbe:** indigoblau bis himmelblau, seltener weiß
**Blütezeit:** Juli bis September
**Höhe:** 25–50 cm
**Standort:** sonnig bis halbschattig; leichter, durchlässiger, aber nährstoffreicher Boden
**Merkmale:** Die in ihrer Heimat zweijährige Blume wird bei uns nur einjährig kultiviert. Die Ochsenzunge ähnelt dem Vergißmeinnicht, blüht jedoch den ganzen Sommer über. Die kleinen Blüten sind fünfzipfelig und krönen einen festen, behaarten Stengel mit ebenfalls behaarten, lanzettlichen kleinen Blättern.

*Anchusa capensis*

**Sorten:** 'Firmament' (kräftig blaue Blüten, kompakt wachsend, Höhe 25 cm), 'Alba' (weiße Blüten, Höhe 40 cm) und 'Blauer Vogel' (indigoblaue Blüten, Höhe 40 cm)
**Verwendung:** Im Garten wird diese Beet- und Rabattenpflanze gruppenweise gepflanzt oder dient als Beeteinfassung. Sommerlich zart wirken Ochsenzungen in Schalen und Balkonkästen. Wegen des leuchtenden Blaus sind die Blütenstengel in Sträußen sehr beliebt.
**Kultur:** Eine Direktsaat ist von April bis Mai im Freiland oder unter Folien im Reihenabstand von 30 cm zu empfehlen. Besser ist jedoch eine Aussaat ab März/April im Kalten Kasten. Bei 18 °C dauert die Keimzeit 2–3 Wochen. Stehen die Pflanzen zu dicht, kann Fäulnis auftreten. Dagegen beugt regelmäßiges Lüften vor. Nach den Eisheiligen, ab Mitte Mai, wird im Abstand von 25 cm ausgepflanzt. Bei satzweiser Aussaat, alle 3–4 Wochen, stehen den ganzen Sommer über blühende Pflanzen zur Verfügung.
**Pflege:** Bei längerer Trokkenheit muß ausreichend gegossen werden. Durch einen Rückschnitt nach der ersten Blüte ergibt sich ein noch schönerer zweiter Blütenflor.
**Schädlinge:** Blattläuse

## Antirrhinum
Löwenmaul

**Art:** *A. majus* (Gartenlöwenmaul)
**Familie:** Braunwurzgewächse oder Rachenblütler *(Scrophulariaceae)*
**Heimat:** südliches Europa, Nordafrika
**Blütenfarbe:** rotorange, dunkelrot, kupferorange, bronze, dunkelrosa, hellrosa, goldgelb und rein weiß
**Blütezeit:** Mai bis Frostbeginn
**Höhe:** 10–100 cm
**Standort:** sonnig (bis halbschattig); keine besonderen Bodenansprüche
**Merkmale:** Drückt man die Einzelblüte des Löwenmauls quer leicht zusammen, öffnet sich die Blüte wie ein Mäulchen. Die beliebte Gartenblume ist in ihrer Heimat mehrjährig, wird bei uns aber in der Regel einjährig kultiviert. Die krautigen, dicht mit ganzrandigen länglichen Blättern besetzten Stengel wachsen aufrecht und verholzen später am Grund. Die ein-, zwei- oder mehrfarbigen Blüten sind kurz gestielt und bilden endständige Trauben.
**Sorten:** Im Handel sind zahlreiche $F_1$-Hybriden und einige samenechte Sorten erhältlich, die sich nach Wuchshöhe und Blütenform unterscheiden. Folgende Sorten sind zu empfehlen:
Als niedrige Sorten 'Floral Showers' $F_1$-Hybride (Formelmischung aus acht Farben, Höhe 10–20 cm), 'Tahiti' $F_1$-Hybride (in sechs Farben, Höhe 20 cm), 'Floral Carpet' $F_1$-Hybride (Mischung, Höhe 25 cm), 'Little Darling' (rundblütig, gefülltblühend, Mischung, Höhe 35 cm).
Als hohe Sorten 'Coronette' $F_1$-Hybride (in sechs Farben, rundblütig, Höhe 50 cm), 'Hohes Lied' (in zehn Farben, riesenblumig, Höhe 50 cm), 'Bright Butterfly' $F_1$-Hybride (rundblütig, Mischung, Höhe 60–70 cm), 'Madame Butterfly' $F_1$-Hybride (rundblütig, gefülltblühend, Mischung, Höhe 60–70 cm), 'Supreme' (gefülltblühend, Mischung, Höhe 70–80 cm), 'Rocket' $F_1$-Hybride (in acht Farben, reichblühend, Höhe 80–100 cm).
**Verwendung:** Die farbenprächtigen Beet- und Gruppenpflanzen sind auch als Schnittblumen sehr beliebt. Als Hintergrundpflanzen eignen sich die standfesten halbhohen und hohen Sorten. Als Beeteinfassung und in Balkonkästen pflanzt man niedrige Sorten.

*Antirrhinum majus*

**Kultur:** Ausgesät wird von Januar bis März in handelsübliche Anzuchterde. Die Keimtemperatur sollte in den ersten beiden Wochen 15–20 °C betragen, nach erfolgter Keimung wird die Temperatur auf 12 °C abgesenkt. Etwa 3–4 Wochen nach der Aussaat werden die Sämlinge vereinzelt. Wenn die Pflänzchen bewurzelt sind, kann die Temperatur weiter auf bis zu 8 °C abge-

senkt werden. Bei gutem Wetter ohne Dauerfrost können die vereinzelten Sämlinge schon ab Mitte März tagsüber in eine etwas geschützte Ecke des Gartens oder auf die Außenfensterbank gestellt werden, damit sie abgehärtet werden und auch kompakt wachsen.
Die gut abgehärteten Pflanzen werden 8 Wochen nach der Aussaat im Abstand von 20–30 cm im Freien ausgepflanzt. Löwenmäulchen vertragen leichte Spätfröste. Dadurch hellt sich zwar das Laub auf, das sich jedoch schnell wieder grün färbt. Eine zeitlich begrenzte Vliesabdeckung schützt vor Frostschaden.
Eine Aussaat im Freiland an Ort und Stelle ist ab März mit Vliesabdeckung möglich, wird aber kaum praktiziert.
**Pflege:** Löwenmäulchen sollten regelmäßig stiellang geerntet werden. Davon hängt die Dauerblüte ab. Entfernt man die Blüten nach der ersten Vollblüte nicht, setzt nach der Befruchtung die Samenbildung ein. Das führt oft zu einer schnelleren Verholzung der Pflanzen und zur Einstellung der Blüte. Daher empfiehlt es sich, Verblühtes ständig zu entfernen. Löwenmäulchen brauchen einen gleichmäßig feuchten Gartenboden.
Hohe Sorten sind häufig nicht standfest, vor allem bei windigem Wetter oder an ungeschützten Standorten, und sollten daher spätestens vor der ersten Blüte an Bambus- oder Holzstäben angebunden werden.
**Schädlinge und Krankheiten:** gelegentlich Blattläuse; Keimlingskrankheiten wie z.B. Umfallkrankheiten und Schwarzbeinigkeit, Grauschimmel, Löwenmaulrost, Echter und Falscher Mehltau

## Arctotis-Hybriden
Bärenohr

**Familie:** Korbblütler *(Compositae)*
**Heimat:** Südafrika, Gartenformen aus England
**Blütenfarbe:** weiß, gelb, rosa, rot, braun, schöne Pastelltöne
**Blütezeit:** Juni bis Oktober
**Höhe:** 35–50 cm
**Standort:** volle Sonne; sandiger Lehmboden
**Merkmale:** In ihrer südafrikanischen Heimat ist diese schöne Gartenblume eine Staude. Sie ist jedoch kälteempfindlich und wird daher bei uns einjährig gezogen. Die Farbskala ihrer gerberaähnlichen Blüten reicht von Weiß über Gelbrot, Rot bis Rotbraun. Die Blätter sind fiedrig eingeschnitten, oben grün und unterseits weißfilzig. Das Bärenohr braucht einen sonnigen, geschützten Platz und gedeiht nur in warmen Sommern. Seine aparten Blüten öffnen sich morgens, aber nur bei hellem, sonnigem Wetter.

*Arctotis*-Hybriden

**Sorten:** 'Sonnenspiel', 'Harlekin' und die Hybriden-Prachtmischung sind besonders reich blühende Züchtungen.
**Verwendung:** Das Bärenohr ist eine farbenprächtige Bereicherung für den Steingarten, der im Sommer wenig Farbe vorweisen kann. Es eignet sich sowohl als Rabattenpflanze als auch für Schalen und Balkonkästen ausgezeichnet.
**Kultur:** Die Aussaat erfolgt im Februar/März bei Temperaturen um 18–20°C. Am besten legt man 5 Samen in einen 6–8-cm-Topf. Da schon die Sämlinge Pfahlwurzeln ausbilden, sollte man nicht pikieren, sondern statt dessen nur die drei kräftigsten Pflanzen heranwachsen lassen. Die Anzucht sollte stets an einem hellen, warmen Platz erfolgen, bis im Mai, nach den Eisheiligen, im Abstand von 30 cm ausgepflanzt wird.
**Pflege:** In nährstoffreichem Boden entwickeln sich diese Sommerblumen besonders kräftig. Ansonsten ist die Pflanze äußerst pflegeleicht und verträgt sehr gut heiße, trockene Tage.
**Schädlinge:** Jungpflanzen werden häufig von Läusen befallen.

## Argemone
Stachelmohn

**Arten:** *A. grandiflora*, *A. mexicana*, *A. platyceras*
**Familie:** Mohngewächse *(Papaveraceae)*
**Heimat:** südliche USA, Mittelamerika bis Südamerika
**Blütenfarbe:** *A. grandiflora* weiß mit grünlichem Grund, *A. mexicana* blaßgelb bis orange, *A. platyceras* weiß oder purpurn
**Blütezeit:** *A. grandiflora* und *A. mexicana* Juli bis September, *A. platyceras* August bis September
**Höhe:** *A. grandiflora* 100 cm, *A. mexicana* 50–80 cm, *A. platyceras* 60 cm

*Argemone mexicana*

**Standort:** sonnig; durchlässiger, nicht zu nährstoffreicher Gartenboden
**Merkmale:** Die anspruchslose, meist einjährige Pflanze ist trotz ihres hübschen Aussehens nur wenig bekannt. Die drei Arten haben graugrüne, stark eingeschnittene, stachlig gezähnte oder steifborstige Blätter. Die Blüten stehen einzeln.
**Verwendung:** Die Stachelmohnarten eignen sich als Einzel- und Gruppenpflanzen in bunten Sommerblumenbeeten.
**Kultur:** Die Aussaat erfolgt im März/April in Kisten bei einer Temperatur von 15–18°C. Etwa 3–4 Wochen nach der Aussaat wird in 6–8-cm-Töpfe pikiert und bei gleicher Temperatur weiterkultiviert. Vor dem Auspflanzen ins Freie sollte der Stachelmohn im Frühbeetkasten abgehärtet werden. Ausgepflanzt wird nach den Eisheiligen im Abstand von 30–40 cm.
**Pflege:** Außer dem Entfernen verblühter Blumen braucht der Stachelmohn keine besondere Pflege.

## Asarina
Maurandie

**Arten:** *A. barclaiana* (auch *Maurandya barclaiana*), *A. scandens* (auch *Maurandya scandens*)
**Familie:** Braunwurzgewächse oder Rachenblütler *(Scrophulariaceae)*
**Heimat:** Mexiko
**Blütenfarbe:** violettrosa, lavendelfarben, seltener weiß
**Blütezeit:** Juni bis Frosteinbruch
**Höhe:** 200–300 cm
**Standort:** sonnig (bis halbschattig); nährstoffreicher Gartenboden
**Merkmale:** Beide Arten der Maurandien sind mehrjährige Kletterpflanzen, werden bei uns aber wegen mangelnder Winterhärte meist einjährig kultiviert. *A. barclaiana* besitzt efeuähnliche, fein behaarte Blätter und einzelne trompetenförmige, seidig behaarte violettrosa, manchmal auch weiße Blüten. Die lavendelfarbenen bis violettroten Blüten von *A. scandens* sind etwas kleiner, ihre herzförmigen Blätter sehr stark zugespitzt.
**Verwendung:** Die hübschen Maurandien können nicht nur an Gittern oder Drähten von Hauswänden oder an Spalieren klettern, man kann sie auch von Ampeln herabhängen lassen.
**Kultur:** Die Aussaat erfolgt im Februar/März bei 18 bis 20°C. Dabei werden 4–5 Samen in 9–12-cm-Töpfe gelegt. Nach dem Keimen ist die Temperatur auf 14–16°C zu senken. Die starkwüchsigen Pflanzen werden schon frühzeitig an Stäben hochgebunden. Gleichzeitig werden die Töpfe auseinandergerückt, damit die Pflanzen nicht ineinander verwachsen. Buschiger wachsen sie, wenn die jungen Pflanzen gestutzt werden.
In der zweiten Maihälfte pflanzt man die Maurandien mit 25 cm Abstand an mit Kletterhilfen versehene Mauern oder an Spaliere und Zäune, an denen sie Halt finden.
**Pflege:** Maurandien bedürfen keiner besonderen Pflege. Sie klettern allein ohne Aufbinden. In Trockenzeiten muß nur ausreichend gegossen werden.

*Asarina barclaiana*

## Asperula
Meier, Meister

**Art:** *A. orientalis* (auch *A. azurea* und *A. setosa*, Orientalischer Meister, Blauer Waldmeister)
**Familie:** Röte-, Krapp- oder Labkrautgewächse *(Rubiaceae)*
**Heimat:** Südwestasien
**Blütenfarbe:** himmelblau
**Blütezeit:** Juni bis September
**Höhe:** 20–30 cm
**Standort:** sonnig bis halbschattig; lockerer, humoser Boden
**Merkmale:** Die Gattung *Asperula* umfaßt einjährige oder ausdauernde Kräuter und steht der Gattung *Galium* sehr nahe, zu der der heimische Waldmeister gehört. Im Garten kommt der Orientalische Meister mit seiner Fülle an himmelblauen Blüten zu Ehren. Die duftenden Blüten haben eine lange, röhrenförmige Gestalt und stehen in Köpfchen dicht gedrängt beieinander. Wenn die Pflanze in voller Blüte steht, ist das schmale, in Quirlen angeordnete Laub kaum noch zu sehen.
**Verwendung:** Der Orientalische Meister kann wegen seines dichten, kompakten Wuchses gut zur Einfassung von Beeten verwendet werden. Auflockernde Akzente setzt er in bunten Beeten mit niedrigen Sommerblumen. Selbst in kurzen Vasensträußen fehlt es ihm nicht an Schmuckwert.
**Kultur:** Die robusten Pflanzen werden im März/April breitwürfig ins Freie gesät. Stehen die Keimlinge zu dicht, verzieht man sie auf 15–20 cm Abstand. Pflanzen, die beim Vereinzeln übrigbleiben, können an anderer Stelle wieder eingepflanzt werden. Schon im Juni stehen die Pflanzen in voller Blüte. Bei der Vorkultur werden pro Topf 5–10 Samen in Anzuchterde gelegt, damit mehrere Pflanzen zu einem dichten Büschel heranwachsen. Anzucht unter Glas ist ab Februar möglich, die Samen brauchen Temperaturen um 18°C für die Keimung.
**Pflege:** Der Orientalische Meister erweist sich als robust und bleibt auch ohne besondere Pflege blühwillig. Sein Nährstoffbedarf ist allerdings recht hoch, bei kargen Böden muß nachgedüngt werden.

*Asperula orientalis*

## Asteriscus
Asteriscus

**Art:** *A. maritimus* (auch *Odontospermum maritimum*, *Buphthalmum maritimum*, Strandstern, Goldaster, Goldtaler, Dukatenblume)
**Familie:** Korbblütler *(Compositae)*
**Heimat:** westliches Mittelmeergebiet, Portugal, Kanarische Inseln, Griechenland
**Blütenfarbe:** gelb
**Blütezeit:** April bis Oktober/November

**Höhe:** 25–35 cm
**Standort:** vollsonnig; nährstoffreiche Gartenerde, in Balkonkästen und Ampeln lockere Topferde
**Merkmale:** Die mehrjährige Pflanze aus dem Mittelmeerraum wurde Mitte der 80er Jahre wiederentdeckt und wird bei uns wegen ihrer mangelnden Winterhärte nur einjährig kultiviert. Der griechische Name *asteriskos* bedeutet Sternchen und bezieht sich auf die goldgelben, endständigen Strahlenblüten, die auf straff aufrechten Stielen stehen. Die nach oben gerichteten Blüten schließen sich weder bei Regen noch bei Dunkelheit. Asteriscus ist wetterfest und wächst breit ausladend.
**Sorte:** Die im Handel erhältliche Auslese 'Gold Coin' setzt keine Samen an.
**Verwendung:** Asteriscus wird überwiegend als Balkon-, Kübel- und Ampelpflanze geschätzt, kann aber genausogut auch für Beete und Rabatten verwendet werden.
**Kultur:** Die Vermehrung erfolgt am besten zwischen November und Februar. 5–8 cm lange Kopfstecklinge, die man von bei 10–14 °C überwinterten Mutterpflanzen gewinnt, werden in Anzuchterde gesteckt. Bei einer Temperatur von 18 °C dauert die Bewurzelung 3–4 Wochen. Danach werden die Pflanzen einzeln in 9–11-cm-Töpfe oder zu mehreren direkt in Ampeln gesetzt. Die Temperatur muß dann auf unter 16 °C abgesenkt werden, höhere Temperaturen verzögern die Blüte. Eine Woche nach dem Topfen stutzt man die Pflanzen auf 5–6 Blätter, damit die Verzweigung gefördert wird. Unter Umständen stutzt man ein zweites Mal, aber keinesfalls mehr nach Mitte März, sonst erscheint bis Mitte Mai keine Blüte. Die Lichtansprüche von Asteriscus sind hoch. Nach den Eisheiligen kann er im Abstand von 20–25 cm an den endgültigen Standort gepflanzt werden.
**Pflege:** Diese Pflanze hat einen hohen Nährstoffbedarf und muß gleichmäßig feucht gehalten werden. Verblühtes ist regelmäßig zu entfernen. Für die Überwinterung ist ein heller Standort bei 10 °C geeignet. Die Pflanzen müssen dabei relativ trocken gehalten werden. Im Februar/März wird dann umgetopft.
**Schädlinge und Krankheiten:** Weiße Fliege, Blattläuse, vereinzelt Thripse; gelegentlich Grauschimmel

*Asteriscus maritimus*

# B

*Begonia*-Knollenbegonien-Hybride

## Begonia-Knollenbegonien-Hybriden

*(B.* x *tuberhybrida)*
Begonie, Knollenbegonie

**Familie:** Begonien- oder Schiefblattgewächse *(Begoniaceae)*
**Heimat:** Urformen in den peruanischen Anden, Bolivien und Ecuador; die Wildformen haben sich an das Hochgebirgsklima angepaßt, indem sie in der kalten Jahreszeit das Laub einziehen und als Knolle überdauern.
**Blütenfarbe:** weiß, gelb, orange, rosa, rot, tiefrot, scharlach, lachs
**Blütezeit:** Mai bis Oktober
**Höhe:** 15–60 cm, auch hängende Sorten
**Standort:** sonnig bis schattig, am besten windgeschützt; humoser, nährstoffreicher und lockerer Boden
**Merkmale:** Früher galten Knollenbegonien als Schattenpflanzen. Die neuen Züchtungen können jedoch auch in weniger hellen oder halbschattigen Lagen, ja sogar in die volle Sonne gepflanzt werden. Im Handel gibt es unterschiedlich hohe, aufrecht wachsende Gruppen mit großen oder kleinen Blüten sowie eher kleinblumige Hänge- oder Ampelbegonien. Die Blüten sind einfach bis gefüllt. Die spitzovalen Blätter sind unterschiedlich groß, oliv- bis dunkelgrün, metallisch glänzend oder grün geadert. Sie sitzen an dicken, fleischigen Trieben.
Dank der Züchtung von $F_1$-Hybriden ist eine Vielfalt an Farben und Formen erhältlich. Obwohl Knollenbegonien durch ihre ausdauernden Knollen alljährlich wieder neu herangezogen werden können, werden die heutigen Hybriden und neueren Züchtungen wie Einjahresblumen behandelt.
**Sorten:** Die Zahl der Sorten ist bei Knollenbegonien sehr groß. Sorten mit ähnlichen Eigenschaften werden in Gruppen eingeteilt.
Riesenblumige Knollenbegonien (*Gigantea*-Gruppe): alte Sorten mit bis zu 60 cm hohem Wuchs und Blüten bis zu 20 cm Durchmesser, die sich bevorzugt für schattige Standorte eignen.
Großblumige Knollenbegonien (*Grandiflora-Compacta*-Gruppe): Sorten mit einer

*Begonia*-Knollenbegonien-Hybride

Wuchshöhe von 25–50 cm und einer Blütengröße von 10 cm, die im Schatten, aber auch in der Sonne stehen können.
Mittelblumige Knollenbegonien (*Multiflora-Maxima-* und *Floribunda*-Gruppe): $F_1$-Hybriden mit den Klassen 'Nonstop', 'Clips', 'Musical', 'Pin Up', 'Memory' und 'Happy End'; sie erreichen eine Wuchshöhe von 20–30 cm und eine Blütengröße von 5–9 cm, wachsen sehr kompakt, verzweigen sich von der Basis, besitzen eine reiche Blütenfülle und gedeihen sowohl im Schatten wie in der Sonne.

*Begonia*-Knollenbegonien-Hybride, Hängebegonie

Kleinblumige Knollenbegonien (*Multiflora*-Gruppe): teilweise sehr alte Sorten, die niedrig bleiben (15–20 cm), 2–4 cm große Blüten entwikkeln und schon immer sonnenverträglich waren.
Die Pendel- oder Hängebegonien (*Flore-Pleno-Pendula*-Gruppe) eignen sich für die Gefäß- und Balkonbepflanzung an schattigen Standorten, sind allerdings etwas windempfindlich. Zu ihnen gehört die Girlandenbegonie 'Illumination', eine $F_1$-Hybride mit langen, biegsamen Trieben, guter Verzweigung und großen gefüllten, lachsrosa Blüten.

**Verwendung:** Knollenbegonien sind beliebte Blumen für Beete, Rabatten, Balkonkästen, Pflanzgefäße, Ampeln und werden auch als Topf- und Friedhofspflanzen geschätzt.
**Kultur:** Am einfachsten ist die Anzucht durch Antreiben von Knollen. Im Frühjahr ausgesäte Knollenbegonien bilden nämlich bis zum Herbst mehr oder weniger große Knollen aus. Die krautigen Pflanzenteile werden beim Abräumen (nach den ersten Nachtfrösten) dicht über der Knolle abgeschnitten. Dann werden die Knollen aus dem Boden genommen, von anhaftender Erde und Wurzeln grob gesäubert und einige Tage zum Abtrocknen gelagert. Vor der Einwinterung werden alle Erdreste beseitigt und die Knollen in einer Kiste mit trockenem Torf dunkel und kühl bei 5–10°C gelagert.
Drei Monate vor der Pflanzung muß im Februar/März mit dem Antreiben begonnen werden. Dazu werden die Knollen entweder einzeln in 11–12-cm-Töpfe oder dicht an dicht und nicht zu tief in Kisten mit Pikiererde gelegt und bei 18–22°C an einem hellen Standort aufgestellt. Anfangs wird sehr wenig, mit zunehmender Wurzel- und Triebbildung entsprechend mehr gegossen. Die in Kisten vorgetriebenen Knollen kommen nach Bewurzelung und Neuaustrieb ebenfalls in Töpfe. Nach der Durchwurzelung genügen 15°C, zur Abhärtung vor dem Pflanzen ins Freie 12°C. Während der Anzuchtperiode wird mehrmals mit einem 0,1 %igen Flüssigdünger gedüngt. Ausgepflanzt wird im Abstand von 25–30 cm frühestens zwischen Mitte und Ende Mai. Knollenbegonien können auch von November bis Januar bei 23–25°C aus Samen herangezogen werden. Da die Pflanzen nur äußerst schwierig angezogen werden können (sie brauchen Langtagsbedingungen, also 14 Stunden Licht pro Tag), überläßt man diese Art der Vermehrung besser Gärtnereien und kauft lieber Knollen oder Jungpflanzen.
**Pflege:** Großblumige Sorten werden durch Stäbe gestützt, Verblühtes wird regelmäßig entfernt. In der Wachstumszeit muß reichlich gegossen, Staunässe jedoch unbedingt vermieden werden. Ab August werden die Wassergaben eingeschränkt. Ab September läßt man das Laub langsam vergilben.
**Schädlinge und Krankheiten:** Blattläuse, Blattälchen, Thripse, Weichhautmilben; Echter Mehltau, Grauschimmel
**Tip:** Wer im Fachhandel Knollen für die eigene Anzucht erwirbt, sollte möglichst große Exemplare aussuchen, da sie kräftigere Pflanzen hervorbringen. Beim Auslegen muß die Oberseite mit den ruhenden Augen nach oben gerichtet sein, was man an der leichten Einbuchtung der Knolle und an den kleinen Knospen erkennt.

## Begonia-Semperflorens-Hybriden

*(B. x semperflorens-cultorum, B. x hortensis)*
Begonie, Eisbegonie, Beetbegonie, Sommerbegonie, Immerblühendes Schiefblatt, Gottesauge

**Familie:** Begonien- oder Schiefblattgewächse *(Begoniaceae)*
**Heimat:** Urformen in Brasilien
**Blütenfarbe:** Farbpalette von Weiß über unterschiedliche Rosatöne und Lachs bis zu tiefem Rot, auch zweifarbig
**Blütezeit:** Mai bis Frosteinbruch
**Höhe:** niedrige Sorten 15–20 cm, halbhohe Sorten 25–30 cm, hochwachsende Sorten 35–40 cm

*Begonia-Semperflorens*-Hybride

**Standort:** sonnig bis halbschattig, auch teilweise schattig; humoser, lockerer und nicht zu trockener Boden
**Merkmale:** Obwohl Eisbegonien in ihrer brasilianischen Heimat ausdauernd sind, werden sie bei uns nur einjährig kultiviert. Ihre leicht brechenden Blätter, ihre Blütenform und die Dauerblüte führten wohl zu den verschiedenen Namen. Die buschig wachsenden Pflanzen entwikkeln straff aufrechte Triebe. Es gibt grünlaubige und dunkellaubige Sorten, solche, die gedrungen und niedrig wachsen, sowie großblumige, höher wachsende Varietäten. Die Blüten mit den gelben Staubgefäßen sind meist einfach, seltener auch gefüllt.
**Sorten:** Die Sortenzahl ist sehr groß. Das Handelssorti-

ment besteht fast ausnahmslos aus $F_1$-Hybrid-Sorten, dazu gehören u.a.:
Grünlaubige Sorten: 'Vollendung' (weiß, rosa, rot, Höhe 15 cm), 'Athena' (rosa, rot, Höhe 15–20 cm), 'Tausendschön' (weiß, rosa, rot, Höhe 15–25 cm), 'Eureka' (weiß, rosa, rot, Höhe 16–18 cm), 'Olympia' und 'Juwel' (weiß, rosa, lachsorange, rot, Höhe 20 cm), 'Hi-Fi', 'Ascot' und 'Rheingau' (weiß, rosa, rot, Höhe 20 cm)
Dunkellaubige Sorten: 'Diable' (weiß, rosa, rot, Höhe 18 cm), 'Cocktail' (Mischung), 'Brandy' (rosa), 'Gin' (rosa), 'Whisky' (weiß), 'Wodka' (tiefscharlach), 'Vision' (rosa, rot, lachs), alle Höhe 20 cm
Halbhohe Sorten: 'Fantastica Compacta' (rosa, rot, grünlaubig, Höhe 25–30 cm), 'Partyboy' (rot, grünlaubig), 'Partydress' (weiß, braunes Laub), 'Partyflirt' (rosa, braunes Laub), alle Höhe 30 cm, 'Hybris' (weiß, rosa, rot, grünlaubig, Höhe 25–35 cm)
Hohe Sorten: 'Danica' (rosa, rot, dunkellaubig, Höhe 35–40 cm)
Zweifarbige Sorten: 'Juwel-Flamingo' (Höhe 15 cm), 'Rum' (Höhe 15 cm), 'Bicola' (Höhe 15–20 cm), 'Eureka Bicolor' (Höhe 16–18 cm), 'Olympia Starlet' (Höhe 20 cm), 'Coco' (Höhe 30 cm)

*Begonia-Semperflorens*-Hybride

**Verwendung:** Der unermüdliche Dauerblüher erfreut sich großer Beliebtheit bei der Bepflanzung von Beeten, Rabatten, Einfassungen, Gräbern, Schalen, Pflanzkübeln und Balkonkästen.
**Kultur:** Die Vermehrung erfolgt durch Aussaat in handelsübliche Anzuchterde im Januar/Februar bei 20–22 °C Bodenwärme. Vor dem Säen wird das Substrat leicht angedrückt und angegossen. Die Samen werden nicht mit Erde bedeckt (Lichtkeimer), sondern nur leicht übersprüht, die Saatkisten ohne Abdekkung zugfrei aufgestellt. Nach 2–3 Wochen wird die Temperatur auf 18–20 °C abgesenkt.
Etwa 6 Wochen nach der Aussaat werden die Keimlinge in Kisten mit Pikiersubstrat, dem wegen der hohen Salzempfindlichkeit der Pflanzen ein Zusatz von ungedüngtem Torf beigemischt wird, vereinzelt. Die Weiterkultur erfolgt bei 18 °C, nach dem Einwurzeln genügen 16 °C. Etwa 5 Wochen nach dem Pikieren werden die Pflänzchen in 8–9-cm-Töpfe mit Pikiersubstrat gesetzt. Da die Anzucht von Eisbegonien insgesamt sehr langwierig und für den Laien ohne Gewächshaus nicht empfehlenswert ist, sollten die Jungpflanzen besser beim Gärtner gekauft werden. Das Pflanzen ins Freiland erfolgt nach den Eisheiligen im Abstand von 15–25 cm. Dabei ist in den ersten Wochen bis zur Durchwurzelung der Boden feucht zu halten.
**Pflege:** Eisbegonien gedeihen eigentlich auf allen guten und normal mit Nährstoffen versorgten Böden, doch sollten sie möglichst sonnig stehen, damit sie üppig blühen. Außer reichlicher Bewässerung ist der Pflegeaufwand gering.
**Krankheiten:** Echter Mehltau

## Bellis
Maßliebchen

**Art:** *B. perennis* (Tausendschön, Gänseblümchen)
**Familie:** Korbblütler *(Compositae)*
**Heimat:** Europa, Kleinasien

*Bellis perennis*

**Blütenfarbe:** weiß, rosa, rot
**Blütezeit:** März bis Juni
**Höhe:** 12–20 cm
**Standort:** sonnig bis halbschattig; im Freiland lehmige, nährstoffreiche Gartenerde, für die Bepflanzung von Schalen und Balkonkästen Topferde
**Merkmale:** Mit den wild wachsenden Gänseblümchen haben die modernen Züchtungen des Tausendschön nur noch wenig gemeinsam. Die weitaus wuchskräftigeren Gartenformen werden bis zu 20 cm hoch. Die wesentlich größeren Blüten sind meist gefüllt. Als Zweijahresblumen werden Tausendschön im Sommer angezogen und blühen im folgenden Frühjahr.
**Sorten:** Die meisten Kulturformen werden im Handel in den Farben weiß, rosa und rot sowie als Mischungen angeboten. Beliebte Sorten sind: 'Teppich' (kleinblumig, gleichmäßig und gut gefüllt, Höhe 12 cm), 'Roggli' (mittelgroß, dichtgefüllt, Höhe 12–15 cm), 'Blütenteppich' (zierlich wachsend, breitbuschig, frühblühend, Höhe 12–15 cm), 'Habanera' (kompakt wachsend, dichtgefüllt, Höhe 15 cm), 'Pomponette' (pomponartig, dichtgefüllt, Höhe 15 cm), 'Tasso' (pomponartig, großblumig, dichtgefüllt, Höhe 15–20 cm).
**Verwendung:** Die großblumigen Tausendschön eignen sich hervorragend zur Bepflanzung von Rabatten, Beeten und Gräbern sowie von Schalen und Balkonkästen.
**Kultur:** Die Aussaat erfolgt von Mitte Juni bis Mitte Juli direkt in Frühbeetkästen oder auf ein gut vorbereitetes Gartenbeet. Der Samen soll nicht zu dicht ausgebracht, nur leicht mit Erde abgedeckt (Lichtkeimer) und bis zur Keimung schattig gehalten wer-

den. Wichtig ist, daß die Erdoberfläche nicht austrocknet. Von Anfang bis Ende August kann man aber auch im Haus bei 18 °C in Saatkistchen oder Anzuchtplatten aussäen. Sobald sich die ersten Laubblätter zeigen, werden die Sämlinge in 9-cm-Töpfe pikiert. Ausgepflanzt an den endgültigen Standort im Freien wird im Herbst oder im folgenden Frühjahr im Abstand von etwa 20 cm. Für das Überwintern im Freien ist ein Winterschutz aus Fichtenreisig von Vorteil.
Gekaufte Pflanzen können selbst in voller Blüte ohne Schaden verpflanzt werden.
**Pflege:** Tausendschön brauchen einen nährstoffreichen Gartenboden und bei Trokkenheit reichlich Wasser.
**Schädlinge und Krankheiten:** Blattläuse, Erdraupen, Spinnmilben; Echter Mehltau, Grauschimmel, Rost
**Tip:** Durch regelmäßiges Abknipsen der verwelkten Blüten wird der Blütenflor verlängert.

## Brachycome
(auch *Brachyscome*)

**Arten:** *B. multifida* (Blaues Gänseblümchen, Australisches Gänseblümchen), *B. iberidifolia* (Kurzschopf, Blaues Gänseblümchen)
**Familie:** Korbblütler *(Compositae)*
**Heimat:** Australien
**Blütenfarbe:** *B. multifida* himmelblau oder lilaviolett, *B. iberidifolia* weiß, rosa, blau oder violett
**Blütezeit:** *B. multifida* ganzjährig, *B. iberidifolia* Juni bis September
**Höhe:** *B. multifida* 20–25 cm, *B. iberidifolia* 30 cm
**Standort:** vollsonnig; lockerer, durchlässiger, mäßig nährstoffreicher Gartenboden, für die Gefäßbepflanzung Topferde oder Balkonblumenerde
**Merkmale:** Noch vor wenigen Jahren war das Blaue Gänseblümchen *(B. multifida)* bei uns völlig unbekannt. Inzwischen wird es jedoch, besonders auf dem Balkon, als anspruchsloser Dauerblüher sehr geschätzt. Die in ihrer Heimat ausdauernde Pflanze wird bei uns meist einjährig kultiviert, kann aber überwintert werden. Sie besitzt feine, dünne Triebe und zierliches Laub. Die Blütenstiele tragen zahlreiche himmelblaue oder lilaviolette margeritenähnliche Blüten mit gelber Mitte. Der Wuchs ist breitbuschig, bodendeckend, in Gefäßen überhängend. Der einjährige Kurzschopf *(B. iberidifolia)* bildet 30 cm lange Triebe, wächst stark verästelt und erreicht in kurzer Zeit eine überaus reiche Blütenfülle. Die Einzelblüten, ebenfalls mit gelber Mitte, verdecken bald das zartfiedrige Blattwerk.
**Sorten:** Von *B. multifida* sind im Handel 'Stammform' (feines, weiches Laub, lavendelblaue kleine Blüten), 'Harmony' (intensiv violettblütig mit dunkelgrünem Laub), 'Ultra' (sehr kompakt, sehr buschig, sehr reich blühend), von *B. iberidifolia* 'Blauglanz' (Mischung aus blauen und violetten Tönen).
**Verwendung:** Beide *Brachycome*-Arten werden überwiegend für die Bepflanzung von Rabatten, Steingärten sowie von Balkon und Terrasse geschätzt. *B. multifida* eignet sich aber auch gut als Unterpflanzung für Hochstämmchen, da es unter den gleichen Bedingungen wie diese bei 4–8 °C überwintert werden kann.
**Kultur:** Bei *B. multifida* erfolgt die Vermehrung durch 4–5 cm lange Kopfstecklinge, die im Frühjahr bis Ende März geschnitten werden können. Damit sich buschige Pflanzen entwickeln, werden 3–5 Stecklinge in einen 8-cm-Topf gesteckt. Die Bewurzelung erfolgt bei 18–20 °C in 2–3 Wochen. Danach werden die Pflanzen bei 14–15 °C weiterkultiviert und stets gleichmäßig leicht feucht gehalten. Ausgepflanzt wird zusammen mit anderen Sommerblumen nach den Eisheiligen, obwohl *B. multifida* selbst Fröste bis zu −5 °C aushalten kann. Der Pflanzabstand auf Beeten sollte 15–20 cm betragen. Im Balkonkasten setzt man die Pflanzen im Abstand von 15 cm an den vorderen Kastenrand, damit sie schnell eine Hängefunktion einnehmen. *B. iberidifolia* wird im März durch Aussaat in Anzuchterde bei 20–22 °C vermehrt. Nach 3–4 Wochen werden die Keimlinge in 8–10-cm-Töpfe pikiert und bei 16–18 °C weiterkultiviert.
**Pflege:** Die beiden *Brachycome*-Arten haben einen mittelstarken Nährstoffbedarf und brauchen gleichmäßige Feuchtigkeit. Austrocknen ist ebenso wie Staunässe zu vermeiden. Auf ein zu nasses oder zu trockenes Erdsubstrat reagieren Blaue Gänseblüm-

*Brachycome multifida*

*Brachycome iberidifolia*

chen mit Gelbwerden. Verblühte Pflanzenteile sind zu entfernen.
**Schädlinge:** Weiße Fliege

## Brassica
Kohl

**Art:** *B. oleracea* (Zierkohl)
**Familie:** Kreuzblütler *(Brassicaceae, Cruciferae)*
**Heimat:** Atlantikküste Westeuropas
**Blattfarbe:** innere Blätter rosa, rot, rotviolett, gelblich weiß, äußere Blätter meist grün oder blaurot
**Höhe:** 30–50 cm
**Standort:** sonnig; lehmiger, nährstoffreicher Boden
**Merkmale:** Die zweijährige Pflanze, die bei uns einjährig kultiviert wird, ist mit dem Kohlgemüse nahe verwandt. Von dem zuerst in Japan züchterisch weiterentwickelten Zierkohl gibt es heute zahlreiche Sorten. Er zeichnet sich nicht durch besondere Blüten aus, sondern besitzt auffällige Blattformen und -farben. Die intensivste Blattfärbung tritt erst im Herbst bzw. im frühen Winter auf. Die Pflanzen bilden eine Blattrosette aus stark gekrausten Blättern und bleiben ohne Kopfbildung.
**Sorten:** Als $F_1$-Hybriden sind im Handel 'Peacock' (lange, geschlitzte und gezackte Blätter, weiße und weinrote Mitte), 'Osaka' (gewellte, leicht gekrauste Blätter, weiße, rote und rosa Mitte), 'Nagoya' (stark gekrauste und gewellte Blätter, weiße und rote Mitte), 'Tokyo' (glattrandig, weiße, rosa und rote Mitte), 'Rose Bouquet' (glattrandig, rote Mitte), 'White Lady' (gekrauste Blätter, weiße Mitte), 'Coral Queen' (stark geschlitzte Blätter, rote Mitte), 'Coral Prince' (stark geschlitzte Blätter, weiße Mitte).
**Verwendung:** Zierkohl eignet sich für Dekorationen und als origineller Gartenschmuck für Rabatten und Schalen, ist aber auch zum Verzehr geeignet.
**Kultur:** Ausgesät wird nicht vor Mai bis Juni (früher ausgesäter Zierkohl färbt sich in den Sommermonaten nicht intensiv aus) in Kisten oder Schalen, die ab Mitte Mai schon im Frühbeetkasten oder im Freiland aufgestellt werden können. Die optimale Keimtemperatur liegt bei 15–18°C, nach etwa 8 Tagen kann sie, besonders nachts, auf 10–12°C abgesenkt werden. Pikiert wird möglichst früh nach Auffaltung der Keimblätter, und nach 3–4 Wochen wird direkt in 12–14-cm-Töpfe verpflanzt. Bei der Topfkultur werden die Pflanzen bis zum Topfrand eingesenkt und die Töpfe nicht zu eng nebeneinandergestellt.

*Brassica oleracea*

Eine andere Möglichkeit ist das Pikieren in 8-cm-Töpfe und das spätere Auspflanzen der Jungpflanzen in gemischte Schmuckbeete. Der Pflanzabstand beträgt dann ähnlich dem Gemüsekohl 40–50 cm.
**Pflege:** Zierkohl ist wie alle Kohlarten ein Starkzehrer. Damit sich eine Fülle dekorativer Blätter entwickeln kann, muß er ausreichend bewässert und gedüngt werden.
**Schädlinge und Krankheiten:** Kohlweißling und Blattläuse; die Raupen des Kohlweißlings verursachen häufig Kahlfraß.

## Briza
Zittergras

**Arten:** *B. maxima* (auch *B. rubra*, Großes Zittergras), *B. minor* (auch *B. gracilis*, Kleines Zittergras)
**Familie:** Süßgräser *(Poaceae)*
**Heimat:** Mittelmeerraum
**Blütenfarbe:** anfangs grünlich, später gelblich-weiß
**Blütezeit:** *B. maxima* Juni/Juli, *B. minor* Juli/August
**Höhe:** *B. maxima* 30–50 cm, *B. minor* 25 cm
**Standort:** sonnig und vor starkem Regen geschützt; tiefgründiger, durchlässiger, leicht kalkhaltiger Boden
**Merkmale:** Beide Arten sind zarte, einjährige Ziergräser. Zwischen den linealischen, für Gräser typischen Blättern schieben sich die Blütentriebe mit kleinen, hängenden, zapfenartigen Ährchen hervor, die im Wind zittern.
**Verwendung:** In Blumenarrangements und Trockensträußen wirkt das Zittergras sehr dekorativ. Will man die Rispen trocknen, muß man sie vor der Reife schneiden und aufrecht in eine Vase ohne Wasser stellen oder an

*Briza maxima*

einem schattigen Platz aufhängen. Sehr attraktiv sieht Zittergras auch in Rabatten und Steingärten aus.
**Kultur:** Mitte März bis Anfang April kann im Frühbeetkasten gesät und ab Ende April bis Mai an Ort und Stelle auf 25 cm Abstand gepflanzt werden.
Eine Direktsaat ab Ende April mit späterem Vereinzeln der Gräser mindert zwar den Arbeitsaufwand, bringt aber nicht so kräftige Pflanzen hervor.

## Bromus
Trespe

**Arten:** *B. briziformis*, *B. lanceolatus* (auch *B. macrostachys*), *B. sterilis* (auch *B. jubatus*, *Zerna sterilis* und *Anisantha sterilis*)
**Familie:** Süßgräser *(Poaceae)*
**Heimat:** Mittelmeerraum, *B. briziformis* Südwest- bis Mittelasien
**Blütenfarbe:** unscheinbar grünlich, im reifen Zustand gelblich
**Blütezeit:** *B. briziformis* und *B. sterilis* Juni bis August, *B. lanceolatus* Juli bis August

**Höhe:** *B. briziformis* 30–40 cm, *B. sterilis* 15–60 cm, *B. lanceolatus* 60–70 cm
**Standort:** sonnig; durchlässiger Gartenboden, am besten sandiger Lehmboden
**Merkmale:** Für die einjährigen Gräser bezeichnend sind die flach linealischen Blätter und die ährenförmige Rispe. Während *B. briziformis* einseitig nickende Blütenrispen zeigt, bringt *B. sterilis* einfache Rispen mit allseits nickenden Ähren hervor. *B. lanceolatus* hat große Blütenrispen mit kurzen Grannen.
**Verwendung:** Wie alle Gräser läßt sich auch die Trespe besonders gut in der Trockenbinderei verwenden. Hierfür werden die Ähren gepflückt, wenn sie voll entwickelt, aber noch grün sind, und dann zum Trocknen kopfunter aufgehängt. Als Auflockerung in bunte Blumenbeete gepflanzt, zieren bereits die Blätter, bevor dann im Sommer die Blütentriebe erscheinen.
**Kultur:** Im Frühbeet unter Folie oder im geschützten Anzuchtbeet im Garten keimt der Samen bei 15 °C bereits nach 1 Woche. Die Sämlinge werden pikiert oder bei etwas weiterem Stand im Anzuchtbeet ohne Pikieren ab Mitte Mai im Abstand von 30 cm an den endgültigen Standort gepflanzt.

*Bromus lanceolatus*

# C

*Calceolaria integrifolia*

## Calceolaria
Pantoffelblume

**Art:** *C. integrifolia* (auch *C. rugosa*, Freiland-Pantoffelblume)
**Familie:** Braunwurzgewächse oder Rachenblütler *(Scrophulariaceae)*
**Heimat:** Chile
**Blütenfarbe:** goldgelb
**Blütezeit:** Mai bis September
**Höhe:** 25–40 cm
**Standort:** sonnig bis halbschattig, wind- und regengeschützt; humoser, nicht zu nährstoffreicher Boden
**Merkmale:** In ihrer Heimat wächst die Pantoffelblume als Halbstrauch und erreicht eine Höhe von 40–120 cm. Bei uns wird die aufrecht wachsende, aber mit zunehmendem Alter leicht hängende Gruppen- und Balkonpflanze wegen ihrer Frostempfindlichkeit jedoch nur einjährig kultiviert. Die heute angebotenen kompakten $F_1$-Hybriden sind buschig verzweigt. Über den länglich-ovalen Blättern erscheinen dichte Trauben leuchtend goldgelber Blüten, deren aufgewölbte Schuh- oder Pantoffelform namengebend war. Die Freiland-Pantoffelblume darf nicht mit den großblütigen Zimmerpflanzen (*Calceolaria*-Hybriden) verwechselt werden, deren Blüten viele Schattierungen von Gelb bis Dunkelrot aufweisen.
**Sorten:** 'Goldbukett' $F_1$-Hybride (großblumig, früh- und reichblühend, widerstandsfähig gegen Witterungseinflüsse, Höhe 25–30 cm), 'Goldari' $F_1$-Hybride (besonders früh und reich blühend, Höhe 30 cm), 'Goldcut' $F_1$-Hybride (zum Blumenschnitt geeignet, Höhe 30–40 cm), 'Triomphe du Nord' (reichblühend, überhängende Blütendolden, Höhe 35–40 cm)
**Verwendung:** Die hübschen Sommerblumen erfreuen sich vor allem als Balkonpflanzen großer Beliebtheit, eignen sich aber auch zur Bepflanzung von Beeten, Rabatten und Gräbern, wo sie vom Frühjahr bis zum Herbst ausgesprochen farbenfrohe Akzente setzen.
**Kultur:** Freiland-Pantoffelblumen können durch Aussaat oder Stecklinge vermehrt werden. Für die Vermehrung durch Aussaat sollten nur $F_1$-Hybriden Verwendung finden. Die Aussaat erfolgt von Dezember bis Februar bei 18 °C in eine nährstoffarme Pikiererde. Nach dem Auflaufen wird die Temperatur auf 14 °C abgesenkt. Etwa 4 bis 5 Wochen später kann in Anzuchtplatten pikiert werden. Die bewurzelten Jungpflanzen werden in 10–11-cm-Töpfe mit Pikiererde getopft und bei 10–15 °C weiterkultiviert. Durch Samen vermehrte Sorten wie z. B. 'Goldbukett' verzweigen sich auch ohne Stutzen.
Die Pflanzung an den endgültigen Standort erfolgt nach Mitte Mai im Abstand von 30–40 cm.
Für die Vermehrung durch Stecklinge, die im Januar/Februar oder von Mitte August bis Mitte September erfolgen kann, sollten nur samenechte Sorten wie z. B. 'Triomphe du Nord' verwendet werden. Dazu steckt man die Kopfstecklinge bei 14–15 °C in 6–7-cm-Töpfe mit Vermehrungs- oder Pikiersubstrat mit einem Zusatz von Sand. Sie bewurzeln sich schneller, wenn sie vor Zugluft geschützt und bei zu starkem Sonnenlicht ausreichend schattiert werden. Eine Folienabdeckung ist günstig. Wenn die Vermehrung erst im Spätsommer begonnen wird, überwintert man die Jungpflanzen bei 8–10 °C möglichst hell und luftig. Im März/April werden sie dann in 10–11-cm-Töpfe verpflanzt und zur besseren Verzweigung ein- bis zweimal gestutzt. Ausgepflanzt wird ebenfalls nach Mitte Mai. Auch die Mutterpflanzen, die für die Stecklingsvermehrung

im Januar/Februar verwendet werden, überwintert man wie die Jungpflanzen.
**Pflege:** Freiland-Pantoffelblumen gedeihen besser in nur schwach gedüngtem Boden. Bei zu hohem Salzgehalt kann es zu Verbrennungen kommen, vor allem in Trokkenzeiten. Nach dem Auspflanzen ist für reichlich Feuchtigkeit zu sorgen (nicht über die Blüten gießen). Ausputzen der Samenstände und laufende schwache Düngergaben sichern einen Blütenflor bis in den Herbst hinein.
**Schädlinge:** Blattläuse, Blattälchen, Weiße Fliege, Spinnmilben
**Tip:** Langstielige Pantoffelblumen sind dankbare Schnittblumen. Für die Vase schneidet man die Stiele erst, wenn die Blütentrauben nahezu voll erblüht sind. Das Kleben der Stiele läßt nach einigen Stunden im Wasser nach.

*Calendula officinalis*

*Calendula officinalis*

## Calendula
Ringelblume

**Art:** *C. officinalis* (Gartenringelblume, Sonnwendblume, Goldblume)
**Familie:** Korbblütler *(Compositae)*
**Heimat:** vermutlich Mittelmeerraum
**Blütenfarbe:** cremegelb bis tieforange, zum Teil mit dunkelbrauner Mitte
**Blütezeit:** Juni bis Oktober
**Höhe:** 20–60 cm
**Standort:** sonnig; mittelschwerer, nicht zu sandiger oder anhaltend feuchter Boden ohne zuviel Stickstoff
**Merkmale:** Die Gartenringelblume ist eine einjährige, buschige Pflanze mit kantigen Stengeln und ungeteilten Blättern mit charakteristischem Geruch. Die Blütenkörbchen stehen einzeln am Ende der Triebe, nachts sind sie geschlossen. Es gibt einfache, halbgefüllte und gefüllte Blütenformen. Die einzelne Pflanze blüht etwa 6 Wochen intensiv und läßt dann nach. Die Früchte sind gebogen und raupenartig geringelt, ihnen verdankt die Pflanze ihren Namen.
Die Gartenringelblume ist nicht nur eine der ältesten im Garten kultivierten Zierpflanzen, sondern auch eine begehrte Arzneipflanze. Ihre Heilwirkung war schon im 12. Jh. Hildegard von Bingen bekannt. Auch heute noch werden die Blütenblätter getrocknet und zu Salbe verarbeitet. Als Aufguß mit heißem Wasser wirken sie entzündungshemmend und können zur Wundbehandlung verwendet werden.
Die Blütenfarbe bleibt auch in getrocknetem Zustand erhalten. Früher hat man mit den Blütenblättern auch den sehr teuren Safran verschnitten.
**Sorten:** Niedrige Sorten wie z.B. 'Orange Gitana' (orange) oder 'Yellow Gitana' (dottergelb mit dunkler Mitte) werden 20–30 cm hoch, hohe Sorten wie 'Pazifik Schönheit', 'Kablouna' oder 'Prinzeß' in mehreren Orange- und Gelbtönen 50–60 cm.
**Verwendung:** Gartenringelblumen sind schöne und haltbare Schnittblumen. Sie müssen allerdings geschnitten werden, wenn die Blütenkörbchen frisch aufgegangen sind. Die Blumen können auch, mit dem Kopf nach unten aufgehängt, getrocknet und später in Trockensträuße eingebunden werden. Wegen der auffallend kräftig gefärbten Blüten wirken sie sowohl als großflächige Beetbepflanzung wie auch eingestreut in bunten Sommerblumenrabatten oder als Beetumrandung. Häufig sieht man sie auch in Bauerngärten. In Balkonkästen oder anderen Pflanzgefäßen sind die Pflanzen nur bedingt verwendbar. Sie sehen hier zwar in frisch aufgeblühtem Zustand gut aus, lassen aber manchmal rasch in ihrer Blühleistung nach.
**Kultur:** Am einfachsten ist eine Direktsaat an Ort und Stelle von April bis Juni. Die Jungpflanzen werden später auf einen Abstand von 25–30 cm vereinzelt. Wenn man dabei die überzähligen Pflänzchen vorsichtig herausnimmt, können sie anderswo wieder eingepflanzt werden. Sollten früh blühende Pflanzen gewünscht werden, ist eine Vorkultur im Kleingewächshaus oder an einem anderen geschützten Ort notwendig. Hierzu wird schon im März in handelsübliche Anzuchterde ausgesät. Bei 14–16°C keimen die Samen in 10–14 Tagen. 3 Wochen nach der Aussaat werden die Keimlinge in 9–10-cm-Töpfe pikiert und bei etwa 6–12°C sehr hell weiterkultiviert. Der Pikiererde kann man 10 bis 20 % Lehm beimischen. Um einen kompakten Wuchs und die Blühbereitschaft zu fördern, sollten die Pflanzen nicht zu feucht gehalten werden. Nach den Eisheiligen werden sie im Abstand von 25–30 cm ins Freie gepflanzt. Durch zwei- bis dreimaliges zeitlich versetztes Aussäen zwischen März und Juni kann man von Juni bis Oktober voll blühende Ringelblumen im Garten haben.
**Pflege:** Ringelblumen haben einen mittleren Nährstoffbedarf. Gegossen wird nur mäßig, damit die Pflanzen üppig blühen. Alles Verblühte muß regelmäßig weggeschnitten werden, da dies die Blühwilligkeit fördert.
**Schädlinge und Krankheiten:** Blattläuse, Minierfliegen, Blattwanzen; Echter Mehltau, Falscher Mehltau, pilzliche Blattfleckenkrankheit (Entyloma)

## Callistephus
Sommeraster

**Art:** *C. chinensis* (auch *Aster chinensis*)
**Familie:** Korbblütler *(Compositae)*
**Heimat:** Die ursprünglich aus China und Japan stammenden einfachblühenden violetten, roten und weißen Astern sollen 1731 von einem Jesuitenpater nach Frankreich eingeführt worden sein. Um 1750 wurde bereits die erste gefüllte Form gezüchtet.
**Blütenfarbe:** rot, rosa, weiß, blau, violett und gelb
**Blütezeit:** Juni bis zum Frosteinbruch
**Höhe:** 15–100 cm
**Standort:** volle Sonne; sandiger Lehm, alle gepflegten Gartenböden
**Merkmale:** Das griechische *kallos* (schön) und *stephos* (Kranz) bezieht sich auf die Blüte der einjährigen Sommeraster, die nicht mit der ausdauernden Staudenaster verwechselt werden sollte. Es gibt niedrig-kugelige oder schmal-pyramidale, aufrecht wachsende, aber auch sparrig-ästige Sommerastern.
**Sorten:** Heute werden im Handel mehrere hundert Sorten mit verschiedenen Blütenformen, -farben und Wuchshöhen angeboten, die in verschiedene Gruppen oder Typen eingeteilt werden. Folgende Sorten sind zu empfehlen:
Als niedrige Sorten 'Zwerg-Pinocchio'-Aster (gedrungene Büsche mit kleinen gefüllten Blumen in sieben Farben, Höhe 20–25 cm), 'Zwerg-Milady'-Aster (reich verzweigte Pflanze mit dem Aussehen von Topfchrysanthemen in sechs Farben, Höhe 30 cm).
Als halbhohe und hohe Sorten (alle in mehreren Farben) 'Calisto' Typ Riesen-Pompon (neue Astern-Klasse zwischen Pompon- und Prinzeß-Aster, Höhe 50–60 cm), 'Johannistag'-Aster (früheste aufrechte Schnittaster mit großen gefüllten Blüten, Höhe 60 cm), 'Amerikanische Straußenfeder'-Aster (leicht gelockte Blüten, buschiger Wuchs, Höhe 60–70 cm), 'Bukett'-Aster (waagrecht auf einem straffen Stiel stehende Blüten, die alle gleichzeitig blühen, resistent gegen Asternwelke, Höhe 70 cm), 'Duchesse'-Aster, auch 'Herzogin'-Aster genannt (erst Ende August blühende, aufrecht wachsende Schnittaster,

*Callistephus chinensis,* Zwergaster

*Callistephus chinensis,* hohe Schnittaster

Höhe 70 cm), 'Krallen'-Aster (päonienblütige Schnittaster, dichtgefüllte, feste Blüten, Höhe 70 cm), 'Andrella' (einfache Schnittaster mit gelber Blütenmitte, Höhe 70–80 cm), 'Super-Prinzeß'-Aster (übertrifft an Wüchsigkeit und Blütengröße die bisherigen 'Riesen-Prinzeß'-Astern, Blüten gefüllt, sehr resistent, Höhe 80–90 cm), 'Radar-Strahlen'-Aster (Riesen-Strahlen-Typ, pyramidal wachsend, Höhe 100 cm).
**Verwendung:** Sommerastern gehören zu den beliebtesten Beetpflanzen. Die niedrigen und kompakten Sorten eignen sich bestens als Beet- und Rabattenpflanzen, bedingt auch als Balkon- und Schalenpflanzen. Die mittelhohen und hohen Sorten sind ausgezeichnete Gruppenpflanzen und Schnittblumen.
**Kultur:** Die Aussaat erfolgt in Sätzen zwischen Februar und Juni in handelsübliche Anzuchterde. Die optimale Keimtemperatur beträgt 2 Wochen lang 15 °C. Nach dem Auflaufen des Samens wird die Temperatur auf 12 °C abgesenkt. Die Sämlinge werden 3–4 Wochen nach der Aussaat in Kisten oder in 6–8-cm-Töpfe pikiert. Man kann auch im April in den Frühbeetkasten säen, am besten in Reihen in einem Abstand von etwa 8 cm, damit der Sämling genug Platz hat und das Unkraut besser entfernt werden kann. Die Frühbeetfenster hält man geschlossen und deckt sie so lange mit Matten zu, bis der Samen keimt. In der ersten Zeit werden die Sämlinge mäßig feucht gehalten und die Fenster, soweit es die Witterung erlaubt, flach gelüftet. Nach Bildung des zweiten Laubblattes hält man die Pflanzen trockener und gewährt ihnen bei schönem Wetter viel Luft. Einige Tage vor dem Auspflanzen werden die Fenster ganz entfernt.

*Callistephus chinensis,* Riesen-Strahlen-Aster

Eine Aussaat direkt an Ort und Stelle ist ab April mit Vliesauflage bis nach den Eisheiligen möglich.
Hauptpflanzzeit für Sommerastern sind die Monate April bis Juni. Spätere Pflanztermine können bei ungünstiger Witterung ihr Wachstum verzögern. Der Pflanzabstand beträgt 25–30 cm. Für eine Schaurabatte kann auch etwas enger gepflanzt werden, vor allem niedrige und schwächer wachsende Sortengruppen.
**Pflege:** Sommerastern werden gleichmäßig und entsprechend der Pflanzenentwicklung ausreichend gegossen. Ein Hochbinden der Pflanzen ist nicht die Regel. Nur sehr hohe Sommerastern stützt

man durch ein Anbinden an Holz- oder Bambusstäbe. Verblühte Blumen sollten mit den Stielen ausgeschnitten werden, damit sich der Neuaustrieb besser entwickeln kann.
**Schädlinge und Krankheiten:** Blattälchen, Blattläuse, Blattwanzen, Schaumzikaden und Schnecken; Welkekrankheiten, Stengelbrand, Grauschimmel, Kräuselkrankheit, Bakterien-, Blatt- und Blütenbräune

*Calocephalus brownii*

## Calocephalus
Silberkopf, Silbergirlande

**Art:** *C. brownii* (auch *Leucophyta brownii*)
**Familie:** Korbblütler *(Compositae)*
**Heimat:** Australien
**Höhe:** 20–40 cm
**Standort:** sonnig; trockener, durchlässiger, sandiger Boden
**Merkmale:** Der Silberkopf wird wegen seines bizarren Wuchses und seiner auffallenden silbrigen Blätter gern als Kontrast in Sommerbeete gepflanzt. Die filigranen Triebe mit winzigen, direkt an den Stengeln sitzenden Blättchen bilden kleine Büsche von ungewöhnlicher Gestalt. Wegen seiner besonderen Wirkung wird er auch Silbergirlande genannt. Botanisch zählt der Silberkopf zu den Korbblütlern, allerdings setzt er im hiesigen Klima keine Blüten an. Eigentlich ist er ein Zwergstrauch, wird aber wegen seiner Frostempfindlichkeit nur einjährig gezogen.
**Verwendung:** Als Blattschmuckpflanze übernimmt der Silberkopf vor allem Begleitfunktion, er unterstreicht mit seiner silbrigen Farbe die Wirkung anderer Blüten. Seine bizarren Triebe winden sich wie grazile Girlanden durch andere Pflanzen hindurch.
**Kultur:** Die Vermehrung erfolgt über Stecklinge. Von Januar bis März können krautige Triebspitzen von etwa 5–10 cm Länge von den überwinterten Pflanzen geschnitten werden. Sie kommen in Töpfe mit Anzucht- oder Vermehrungserde, werden mit einer Folienhaube überdeckt und bei etwa 18–22°C hell und warm aufgestellt. Nachdem sich die Stecklinge bewurzelt haben und neue Triebe bilden, stellt man sie kühler. Ab Mitte Mai können die dann schon kräftigen Pflanzen ins Freie gesetzt werden.
**Pflege:** Der Silberkopf liebt extrem trockene und vollsonnige Standorte. Bei zuviel Nässe oder im Schatten verliert er seine silbrige Farbe. Der richtige Standort ist deshalb sehr wichtig. Der Nährstoffbedarf ist mäßig, eine zusätzliche Düngung nicht nötig. Bei Bedarf kann der Silberkopf etwas in Form geschnitten werden.
Im Herbst werden die Pflanzen aus den Beeten genommen, kräftig zurückgeschnitten und in Pflanz- oder Blumenerde getopft. Man bewahrt sie über den Winter hell und warm bei etwa 15–18°C auf. Gegossen wird nur, wenn die Erde völlig trocken ist, und auch dann nur sehr sparsam. Ab März bekommen die überwinterten Pflanzen wieder mehr Wasser und werden wärmer gestellt. Nach dem Abhärten können sie ab Mitte Mai wieder ausgepflanzt werden.

*Campanula medium*

## Campanula
Glockenblume

**Art:** *C. medium* (Marienglockenblume)
**Familie:** Glockenblumengewächse *(Campanulaceae)*
**Heimat:** Südeuropa
**Blütenfarbe:** weiß, rosa, blau
**Blütezeit:** Juni bis Juli
**Höhe:** 50–90 cm
**Standort:** sonnig (bis halbschattig); nährstoffreicher, sandiger Boden
**Merkmale:** Die Marienglockenblume ist seit dem 16. Jh. in gärtnerischer Kultur. Ihre zungenförmigen Blätter sind filzig und rauh behaart. Die Grundblätter sind rosettenartig und gestielt, die Stengelblätter sitzen unmittelbar an den hohen, standfesten Stielen. Die zweijährige Pflanze wächst zu kräftigen Pyramiden heran, an denen zahlreiche große glockenförmige Blüten hängen.
**Sorten:** Im Handel sind einfache und gefüllte Prachtmischungen erhältlich. Die Kulturform 'Calycanthema' besitzt doppelte Glocken in Blau, Rosa und Weiß.
**Verwendung:** Mit ihrer üppigen Blütenfülle schließt die Marienglockenblume mühelos Lücken in Beeten und Rabatten und liefert wunderschöne Schnittblumen. Durch die Farbenvielfalt der Mischungen lassen sich hübsche, große Sträuße zusammenstellen, die in Krügen besonders gut wirken. Die prächtigen Pflanzen passen auch gut in naturnah gestaltete Gärten oder in von Buchsbaum umrandete Bauerngartenbeete. Ihre Blüten werden von Bienen gern besucht.
**Kultur:** Ausgesät wird von Mai bis Juli bei 15–18°C auf ein vorbereitetes Saatbeet oder in ein Frühbeet. Die Saat sollte gut feucht gehalten und möglichst mit einem Vlies abgedeckt werden. Nach 2–3 Wochen werden die Keimlinge auf einen Abstand von 10 cm vereinzelt.

*Campanula medium*

Die Jungpflanzen kommen im August im Abstand von 20–30 cm an Ort und Stelle, wo sie überwintern. In sehr kalten Gebieten empfiehlt sich eine Abdeckung mit Fichtenreisig als Winterschutz. Etwa in der Mitte des nächsten Jahres erscheinen dann die glockenförmigen Blüten.
**Pflege:** Die Pflegeansprüche beschränken sich auf das Gießen an trockenen Tagen.

## Canna-Indica-Hybriden

*(C. x generalis)*
Blumenrohr, Indisches Blumenrohr

**Familie:** Blumenrohrgewächse *(Cannaceae)*
**Heimat:** Mittel- und Südamerika
**Blütenfarbe:** gelb, orange, rosa, rot, auch zweifarbig
**Blütezeit:** Juni bis Oktober
**Höhe:** 50–150 cm
**Standort:** sonnig, warme, windgeschützte Stellen; leichter bis mittelschwerer, nährstoffreicher, stets leicht feuchter Humusboden
**Merkmale:** Die stattlichen Knollengewächse verbreiten mit ihren auffallenden Blüten exotisches Flair. In den warmen Regionen ihrer Heimat wachsen sie ausdauernd, im hiesigen Klima werden sie aber ähnlich wie Dahlien nur einjährig gezogen. Die ersten Pflanzen brachten spanische und portugiesische Seefahrer aus der Neuen Welt in ihre Heimat. Sofort erlangten die prachtvollen Blumen die Aufmerksamkeit der Züchter, bis heute werden immer neue Sorten auf den Markt gebracht.
*Canna* bedeutet Rohr und bezieht sich auf den hohlen Blütenschaft, aus dem ein mächtiger Blütenstand treibt.

Die Blüten bestehen je nach Sorte aus mehreren breiten oder auch schmalen Blütenblättern und Staubblättern, die stark vergrößert sind und die Blüten wie gefüllt erscheinen lassen. Die großen Laubblätter sind je nach Sorte frischgrün oder auch intensiv braun oder rötlich gefärbt.
Die Pflanzen werden fast mannshoch, Zwergsorten bleiben wesentlich niedriger.
**Sorten:** 'Yellow King Humbert' (kanariengelb mit roten Sprenkeln), 'Prince Carneval' (goldgelb mit roten Flecken), 'Wyoming' (orange, sehr großblumig, rotbraunes Laub), 'Brillant' (zinnoberrot, reichblühend), 'Lucifer' (scharlachrot mit gelbem Rand, zwergwüchsige Sorte); außerdem sind zahlreiche weitere Sorten im Handel.
**Verwendung:** Die reizvollen Gewächse kommen ohne hohe Begleitpflanzen am besten zur Geltung. Mit einer Unterpflanzung aus niedrigen Sommerblumen in kontrastierender Blütenfarbe wirken ihre Blüten noch leuchtender.

*Canna-Indica*-Hybriden

Blumenrohrpflanzen, besonders die niedrigen Sorten, eignen sich hervorragend zur Topfkultur; in geräumigen Gefäßen zieren sie Terrasse und Balkon.

**Kultur:** Die Kultur verläuft ähnlich wie bei Dahlien und Gladiolen. Die nicht winterharten knolligen Wurzelstöcke müssen über den Winter im Haus gelagert werden. Ende Februar oder Anfang März werden die Knollen in große Töpfe mit Pflanz- oder Komposterde gelegt und mäßig warm bei 10–15°C aufgestellt. Anfangs wird nur wenig gegossen, erst wenn der Austrieb erscheint, brauchen die Pflanzen mehr Wasser. Sobald die Blätter erscheinen, müssen die Töpfe wärmer (um 18°C) und hell gestellt werden, aber nicht in die pralle Sonne. Ab April muß kräftig gegossen und mit der Abhärtung begonnen werden. Die Töpfe kommen tagsüber zeitweise ins Freie, wenn die Witterung es erlaubt. Nach den Eisheiligen können sie mit 50–70 cm Abstand ausgepflanzt oder als Kübelpflanzen aufgestellt werden.
Eine Vermehrung erfolgt am besten durch Knollenteilung kurz vor der Pflanzung im Frühjahr. Die knolligen Wurzelstöcke werden mit einem scharfen Messer in mehrere Teilstücke zerschnitten, jedes Teilstück muß über mindestens eine triebfähige Knospe verfügen. Die geteilten Pflanzen werden gleich danach getopft und wie die Altpflanzen kultiviert.
**Pflege:** Die aus den Tropen stammenden Blumenrohrpflanzen brauchen den

*Canna-Indica*-Hybride

ganzen Sommer über viel Wärme, Feuchtigkeit und Nährstoffe. Die Erde muß deshalb reichlich mit Kompost oder anderem Dünger angereichert und häufig gegossen werden. Sobald der erste Blütenschaft abgeblüht ist, wird er zurückgeschnitten, damit sich die Nebenrispen besser entwickeln und eine reiche Nachblüte erfolgt.
Durch die ersten Fröste wird die Pflanze braun und muß eingelagert werden. Man schneidet sie etwa 20 cm über dem Boden ab und nimmt die Knollen mit einer Grabegabel aus der Erde. Die Knollen werden von anhaftender Erde befreit und einige Tage an einem halbschattigen Platz an der Luft getrocknet. Danach werden sie in Kisten oder Körbe gelegt und über den Winter trocken und kühl bei etwa 10–15°C aufbewahrt.
**Krankheiten:** Bakterienfäule

## Cardiospermum
Ballonwein

**Art:** *C. halicacabum* (Herzsame, Ballonpflanze)
**Familie:** Seifenbaum- oder Sapindusgewächse *(Sapindaceae)*

*Cardiospermum halicacabum*

**Heimat:** Tropen und Subtropen
**Blütenfarbe:** weiß-grün
**Blütezeit:** Juli bis August
**Höhe:** bis zu 3 m
**Standort:** geschützte Lagen auf Südseiten; humoser, durchlässiger Boden
**Merkmale:** Der Ballonwein wird bei uns als einjähriger Sommerklimmer vor allem wegen seiner ballonartigen Früchte kultiviert. Seine weißen bis grünlichen Blüten sind nur unscheinbar.
**Verwendung:** Die Kletterpflanze eignet sich zum Begrünen von Pergolen, Zäunen und Balkons.
**Kultur:** Die Aussaat erfolgt in den Monaten Februar/März. Dazu legt man 2–3 Samen in 6–8-cm-Töpfe. Die Keimdauer beträgt bei 20–22°C etwa 2–3 Wochen. 4 Wochen nach der Aussaat werden die Keimlinge in 12-cm-Töpfe verpflanzt, und die Temperatur wird auf 14–16°C abgesenkt. Schon bald nach dem Keimvorgang erhalten die Pflänzchen einen 30 cm langen Bambusstab als Kletterhilfe. Die Töpfe sollten nicht zu nahe zusammenstehen, damit die Pflänzchen nicht ineinanderwachsen. Nach den Eisheiligen wird der Ballonwein ins Freie gepflanzt.
**Pflege:** Da die Pflanze Feuchtigkeit braucht, aber keine Staunässe verträgt, sollten schwere Böden mit Humus verbessert werden. Auch nach dem Auspflanzen sind Kletterhilfen in Form von Rankgittern notwendig. Damit genügend Blätter wachsen, wird – wenn die Pflanze 2–3 Wochen nach dem Auspflanzen gut eingewurzelt ist – mehrmals leicht nachgedüngt, denn mit Blühbeginn läßt das Blattwachstum rasch nach.
**Schädlinge:** Nur bei einer mangelhaften Bewässerung treten vor allem im Hochsommer vereinzelt Spinnmilben und Läuse auf.

## Catananche
Rasselblume

**Art:** *C. caerulea*
**Familie:** Korbblütler *(Compositae)*
**Heimat:** Mittelmeerraum, Nordwestafrika
**Blütenfarbe:** blau, selten rosa oder weiß
**Blütezeit:** Juni bis September
**Höhe:** 40–60 cm
**Standort:** sonnig, warme, geschützte Stellen; durchlässiger, nährstoffarmer, kalkhaltiger Boden
**Merkmale:** Rasselblumen ähneln ein wenig den heimischen Kornblumen, sind aber nicht näher mit ihnen verwandt. Ihren Namen verdanken sie den trockenen Hüllschuppen an den Blüten, die bei Berührung ein leise rasselndes Geräusch erzeugen. Eigentlich sind die Korbblütler ausdauernde Stauden, verschwinden im mitteleuropäischen Klima aber oft sehr schnell wieder, weshalb sie als kurzlebige Pflanzen kultiviert werden. Aus einem dichten Horst grundständiger schmaler Blätter entspringen die Blütenstengel, die jeweils eine blaue Körbchenblüte tragen.
**Sorten:** Varietät major (besonders großblütig); Varietät alba (weiß); 'Bicolor' (blauweiß); 'Snow Queen' (weiß).
**Verwendung:** Ihrem Heimatstandort entsprechend pflanzt man die Rasselblumen am besten zu trockenheitsverträglichen Steppenblumen wie Großblütigem Lein *(Linum grandiflorum)* oder Gelbem Ageratum *(Lonas annua)*. Sie gedeihen im Steingarten, auf Trockenmauern oder an Böschungen. Sehr attraktiv wirken sie als Begleitpflanzen für Rosen. Rasselblumen sind gute Schnittblumen und eignen sich zum Trocknen.
**Kultur:** Rasselblumen können einjährig oder zweijährig gezogen werden. Für die einjährige Kultur wird im März/April in Schalen ausgesät, die bei 18–20°C warm und hell aufgestellt werden. Sobald die Jungpflanzen etwa 5 cm hoch geworden sind, werden sie in 10-cm-Töpfe pikiert und ab Mitte Mai mit 40–50 cm Abstand ausgepflanzt. Werden sie als zweijährige Blumen behandelt, wird im Juni in Schalen oder Töpfe ausgesät, einmal pikiert, und im August/September wird ausgepflanzt. Im Herbst müssen die Rasselblumen bis auf Handbreite über dem Boden zurückgeschnitten werden, sie blühen dann im nächsten Jahr besonders üppig.
**Pflege:** Abgeblühtes muß regelmäßig entfernt werden. Sonst sind die Rasselblumen sehr anspruchslos und bedürfen keiner weiteren Pflege. Überwinternde Pflanzenrosetten der zweijährig Kultivierten werden bei starken Frösten am besten durch eine lockere Reisigschicht geschützt.

*Catananche caerulea*

## Celosia
Celosie

**Arten:** *C. argentea* var. *cristata* (auch *C. cristata*, Hahnenkamm); *C. argentea* var. *plumosa* (auch *C. plumosa*, Federbusch-Celosie)
**Familie:** Amarant- oder Fuchsschwanzgewächse *(Amaranthaceae)*
**Heimat:** Afrika und Amerika
**Blütenfarbe:** weiß, gelb, rosa, rot, orange oder purpurn
**Blütezeit:** Juli bis September
**Höhe:** 20–80 cm
**Standort:** sonnig; humoser, nährstoffreicher, durchlässiger Boden
**Merkmale:** Hahnenkamm und Federbusch-Celosie gehören zu den altbekannten einjährigen Sommerblumen aus Großmutters Garten. Ihre Namen erhielten sie wegen ihrer kuriosen Blütenstände, die bei der Varietät *C. argentea* var. *cristata* wie die rötlichen Kämme von Hähnen aussehen, bei der Varietät *C. argentea* var. *plumosa* sich federbuschartig spreizen. Sie halten sich bis zu 8 Wochen, ohne daß ihre klaren Farben verblassen. Der Hahnenkamm wächst in der Regel einstielig, die Federbusch-Celosie dagegen verästelt. Eine Vielzahl kleiner und großer lanzettlich geformter Blätter begrünt beide Pflanzen.
**Sorten:** Die beiden Celosia-Varietäten werden im Handel nur als niedrige Mischungen angeboten, deren Wuchshöhen zwischen 20–50 cm variieren. Höhere Sorten sind meist nur im Frühjahr als vorgezogene oder im Sommer als blühende Pflanzen erhältlich.
**Verwendung:** Hahnenkamm und Federbusch-Celosie werden wegen ihrer kräftigen Farben und ihrer bizarren Wuchsform am besten in Gruppen separat auf Rabatten gepflanzt. Gelegentlich sieht man sie auch in Balkonkästen oder als hübsche, exotisch anmutende Topfpflanzen. Besonders die höheren Sorten eignen sich als Schnitt- und Trockenblumen.
**Kultur:** Wer schon Ende Mai blühende Pflanzen haben will, sät bereits im Februar aus. Ansonsten wird im März/April an einem warmen Fensterplatz oder im Gewächshaus ausgesät. Bei Temperaturen von 18–25°C keimt die Saat innerhalb von 10 bis 14 Tagen. Die Jungpflanzen sind am Wurzelballen besonders wärmebedürftig. Eine Isoliermatte aus Styropor oder anderem Material unter dem Saatgefäß tut daher gute Dienste.
Bei der Februaraussaat wird zweimal pikiert, bei späteren Aussaaten reicht das einmalige Umsetzen in 8-cm-Töpfe bis zur Freilandpflanzung auf den Abstand von 25x30 cm.
**Pflege:** Die prachtvollsten Blüten entwickeln Celosien in nährstoffreichen, nicht zu feuchten Böden. Besonders der Hahnenkamm benötigt sehr viel Wärme und braucht daher den allersonnigsten Standort.
**Krankheiten:** In kühlen und regnerischen Sommern können Falscher Mehltau und Grauschimmel auftreten.
**Tip:** Obwohl Celosien nicht zu den eigentlichen Trockenblumen zählen, liefern sie doch ganz besondere Trokkenblüten für Sträuße und Gestecke. Dazu werden sie in voller Blüte geschnitten und kopfunter an einem kühlen Ort aufgehängt.

*Celosia argentea* var. *cristata*

## Centaurea
Flockenblume

**Arten:** *C. cyanus* (auch *Cyanus arvensis*, Kornblume), *C. americana* (Amerikanische Flockenblume)
**Familie:** Korbblütler *(Compositae)*
**Heimat:** *C. cyanus* Europa, *C. americana* Nordamerika
**Blütenfarbe:** *C. cyanus* blau, rosa, rot, weiß, *C. americana* blaßlila bis rosalila
**Blütezeit:** *C. cyanus* Juni bis September, *C. americana* Juli bis August
**Höhe:** 40–100 cm
**Standort:** sonnig; nährstoffreicher, humoser Lehmboden
**Merkmale:** Zu der artenreichen Gattung *Centaurea* gehören meist ausdauernde Pflanzen. Von den wenigen einjährigen Arten werden vor allem die Kornblume, aber auch die Amerikanische Flokkenblume kultiviert. Früher blühte die Kornblume überall in den Getreidefeldern. Da man in ihr aber ein lästiges Unkraut sah, ist sie heute kaum noch in einem Kornfeld zu finden. Dafür erfreut sie sich jetzt in unseren Gärten immer größerer Beliebtheit und wird in vielen Farben und Formen mit besonders großblumigen und gefüllten Blüten gezüchtet. Die leuchtend farbigen Blütenkörbchen der Flockenblume stehen auf aufrechten Stengeln und kontrastieren reizvoll mit dem graugrünen Laub. Sie werden gerne von Bienen besucht. Die Blütenknospen der Amerikanischen Flockenblume ähneln kleinen Körben, geöffnet gleichen sie denen der Kornblume, sind aber größer.
**Sorten:** von *C. cyanus* u.a. 'Jubilee Gem' (leuchtend blau, großblumig, Höhe

*Celosia argentea* var. *plumosa*

*Centaurea cyanus*

40–60 cm), 'Schneemann' (rein weiß, Höhe 70–80 cm), Mischungen gefüllter und halbgefüllter Sorten (mit den Farben weiß, rosa, blau, rot, Höhe 70–80 cm), 'Blauer Junge' (tiefblau, Höhe 90 cm), 'Diadem' (leuchtend blau, großblumig, Höhe 90 cm); von *C. americana* 'Jolly Joker' (lilarosa, Höhe 100 cm)
**Verwendung:** Die hübschen Sommerblumen setzen bunte Farbtupfer in alle Beete und größeren Rabatten. In naturnahen Gärten werden sie vor allem als Bienenweide gepflanzt. Auch als Schnittblumen eignen sie sich wegen ihrer kräftigen Stengel hervorragend.
**Kultur:** Beide Flockenblumenarten können im April direkt ins Freiland an Ort und Stelle dünn ausgesät werden. Will man jedoch die Entwicklung der jungen Pflänzchen

*Centaurea cyanus*

beschleunigen, empfiehlt sich eine Vorkultur. Dazu sät man im März/April in Schalen. Bei etwa 18°C keimen die Samen in 2–3 Wochen. Nach 4 Wochen werden die Sämlinge einzeln in 8-cm-Töpfe pikiert und bei etwa 15°C weiterkultiviert. Sobald die Sämlinge groß genug sind, werden sie ab Mitte Mai ausgepflanzt. Der Endabstand sollte bei der Kornblume 20–25 cm, bei der Amerikanischen Flockenblume 40 cm betragen.
**Pflege:** Flockenblumen sind sehr genügsam und brauchen keine besondere Pflege. Nur höher wachsende Sorten müssen gestützt werden.
**Schädlinge und Krankheiten:** Blattläuse, Spinnmilben; Echter Mehltau
**Tip:** In Gegenden mit milden Wintern kann man die Kornblume auch schon im Herbst aussäen, um eine verfrühte Blüte ab Mai zu erreichen.

## Cheiranthus
Goldlack

**Art:** *Ch. cheiri* (auch *Erysimum cheiri*)
**Familie:** Kreuzblütler *(Brassicaceae, Cruciferae)*
**Heimat:** Südeuropa
**Blütenfarbe:** gelb, orange, rot, purpurn oder braun
**Blütezeit:** April bis Juni
**Höhe:** 30–70 cm
**Standort:** sonnig; nährstoffreicher, gut mit Kali versorgter, kalkhaltiger Lehmboden
**Merkmale:** Der seit vielen Jahrhunderten angebaute Goldlack ist ein Halbstrauch, der bei uns zweijährig gezogen wird. An den einfachen oder verästelten, aufrecht wachsenden Stengeln sitzen dicht länglich-linealische Blätter. Die wenig verzweigte Pflanze wird als Stangenlack, die sich buschig verzweigende als Buschlack bezeichnet. Am Ende der Triebe erscheinen die samtigen, herrlich duftenden Blüten in lockeren oder dichten Trauben. Der Blütenstand blüht von unten nach oben auf; so kommt es, daß im oberen Bereich noch Knospen sitzen, während sich im unteren bereits die langgestreckten Samenschoten entwickeln.

*Cheiranthus cheiri*

Der Goldlack benötigt die Kühle des Winters, am besten 5–10°C, um zur Blüte zu gelangen. Strengen Frost übersteht er allerdings nicht ohne Schutz.
**Sorten:** Im Handel gibt es einfache und gefüllte Sorten sowie verschiedene Wuchstypen und -höhen. Für Rabatten und Gefäße eignet sich z.B. der etwa 30 cm hohe 'Zwerg-Goliath-Lack', für Schnittzwecke der bis zu 60 cm hohe 'Riesen-Goliath-Lack'; beide Sorten sind samtig dunkelbraunrot. Goldlack wird auch häufig in Farbmischungen angeboten.
**Verwendung:** Goldlack wirkt mit seinen warmen Farbtönen in bunten Frühjahrsbeeten und -rabatten oder Balkonkästen und Pflanzschalen besonders schön. Hochwachsende Sorten eignen sich bestens für den Schnitt. Die richtige Schnittreife ist bei Vollblüte erreicht.

*Cheiranthus cheiri*

**Kultur:** Die Anzucht kann im Freien, z.B. auf Balkon oder Terrasse, in handelsüblicher Anzuchterde erfolgen. Ausgesät wird von Mai bis Juli. Da Goldlack zu den Dunkelkeimern gehört, sollten die Samen gut mit Substrat abgedeckt und das Aussaatgefäß bis zum Erscheinen der Keimlinge zusätzlich mit Papier verdunkelt werden. Bei 18°C keimen die Samen nach etwa 8–14 Tagen. 4–6 Wochen nach der Aussaat wird in 9-cm-Töpfe pikiert. Späte Aussaaten können darin überwintert werden. Frühere Aussaaten, bei denen die Pflanzen im Herbst schon größer sind, werden Mitte September zur Überwinterung in 12-cm-Töpfe umgetopft. Zum Überwintern werden die Töpfe an einem frostgeschützten, hellen Ort bei 5–10°C aufgestellt. Man kann die Pflanzen aber auch an einen schattigen Platz auf Balkon oder Terrasse stellen und während der Frostperioden abdecken. Wichtig ist aber immer, daß die Töpfe nicht austrocknen. Sie müssen auch im Winter gleichmäßig feucht gehalten werden.
Die Jungpflanzen können, wenn nötig, auch schon im September im Abstand von 30 cm in den Garten gepflanzt werden, müssen bei strengem Frost aber geschützt werden, z.B. mit Fichtenreisig. Frost schadet vor al-

lem dann, wenn die Pflanzen in der Sonne stehen.
Die in Töpfen überwinterten Jungpflanzen werden im März entweder in Balkonkästen oder in den Garten ausgepflanzt. Auf Beeten beträgt der Pflanzabstand 30 cm.
**Pflege:** Goldlack braucht keine besonderen Pflegemaßnahmen. Während der Überwinterung und vor dem Auspflanzen sollten gelbe, abgestorbene Blätter ausgeputzt werden, damit sich kein Grauschimmel entwickelt.
**Krankheiten:** Welkekrankheiten, Kohlhernie, Falscher Mehltau, Weißer Rost, Grauschimmel

*Chrysanthemum parthenium*

## Chrysanthemum
Chrysantheme, Wucherblume, Margerite

**Arten:** *C. carinatum* (auch *C. tricolor, Ismelia carinata*, Sternblume, Sommerchrysantheme, Sommermargerite, Bunte Wucherblume, Kielwucherblume), *C. multicaule* (auch *Coleostephus multicaule*, Gelbe Zwergwucherblume, Gelbe Zwergmargerite, Vielstengelige Goldblume), *C. paludosum* (auch *Hymenostemma paludosum, Leucanthemum paludosum*, Weiße Zwergwucherblume, Weiße Zwergmargerite, Sumpfmargerite, Balkonkastenmargerite), *C. parthenium* (auch *Matricaria parthenium, M. parthenioides, M. capensis, M. eximia, Tanacetum parthenium, Leucanthemum parthenium, Pyrethrum parthenium*, Goldkamille, Gefüllte Kamille, Edelkamille, Zierkamille, Mutterkraut, Topfmatricarie), *C. segetum* (Saatwucherblume, Ackerwucherblume)
**Familie:** Korbblütler *(Compositae)*
**Heimat:** *C. carinatum* Nordwestafrika, *C. multicaule* Algerien, *C. paludosum* Europa, *C. parthenium* Kaukasus, Kleinasien, Europa, *C. segetum* Europa
**Blütenfarbe:** hauptsächlich weiß oder gelb, *C. carinatum* mehrfarbig
**Blütezeit:** *C. carinatum* Juli bis Oktober, *C. multicaule* Mai bis September, *C. paludosum* Mai bis Oktober, *C. parthenium* Juni bis September, *C. segetum* Juli bis Oktober
**Höhe:** *C. carinatum* 50–80 cm, *C. multicaule* 20–25 cm, *C. paludosum* 15–30 cm, *C. parthenium* 25–60 cm, *C. segetum* 50–60 cm
**Standort:** sonnig, nur *C. parthenium* verträgt auch Halbschatten; humoser, leicht feuchter Gartenboden; *C. multicaule* und *C. paludosum* vertragen auch längere Trockenperioden.
**Merkmale:** Die einjährigen, von Mai bis in den Herbst hinein blühenden Arten der umfangreichen Gattung *Chrysanthemum* unterscheiden sich von den ausdauernden Arten, die oft erst im Spätherbst blühen. Ihre Blätter sind meist kleiner und saftiger. Häufig, vor allem bei der Sternblume *(C. carinatum)*, sind die Blütenköpfchen von einem farblich kontrastierenden Ring umgeben. Diese Art liefert dank der bunten Scheibenblüten und der meist graugrünen filigranen Blätter auch wunderschöne Schnittblumen. Sehr beliebt als Bodendecker oder Hängepflanze ist die flach kriechende Gelbe Zwergwucherblume *(C. multicaule)*, an deren aufrechten Blütenstielen zahlreiche kleine goldgelbe Zungenblüten sitzen, die sich bei Regen schließen. Ihre Blätter sind saftig blaugrün und etwas fleischig. Die eher strauchig wachsende Weiße Zwergwucherblume *(C. paludosum)* erinnert mit ihren weißen Strahlenblüten mit gelber Mitte an Strauchmargeriten. Die eigentlich mehrjährige Goldkamille *(C. parthenium)*, die heute auch überall in Europa verwildert anzutreffen ist, wird in Gärten einjährig kultiviert. Ihre gezüchteten Gartenformen besitzen dicht gefüllte gelbe und weiße Blütenköpfchen in Doldentrauben, bei einigen Sorten fehlen die sonst üblichen Blütenblätter. Die Saatwucherblume *(C. segetum)* ist in Europa als Ackerunkraut verbreitet. Die beliebten gezüchteten Gartenformen fallen durch die einfarbig gelben Blüten und die einfachen, grob gezähnten Blätter auf.

*Chrysanthemum carinatum*

*Chrysanthemum multicaule*

**Sorten:** von *C. carinatum* 'Frohe Mischung' (buntes Farbspiel, reichblühend, Höhe 50 cm), 'Tetra Polarstern' (weiß mit schwarzer Mitte, Höhe 60 cm); von *C. multicaule* 'Kobold' (goldgelb, reichblühend, Höhe 20–25 cm); von *C. paludosum* 'Snowland' (reinweiß mit gelber Mitte, kompakt wachsend, reichblühend, Höhe 15–20 cm); von *C. parthenium* 'Goldball' (goldgelb, kompakt wachsend, Höhe 25 cm), 'Schneeball' (weiß, Höhe 35 cm), 'Tetraweiß'

*Chrysanthemum segetum*

(weiß, großblumig, gefüllt, Höhe 50 cm), 'Fortuna' (weiß mit gelber Mitte, Höhe 50 cm), 'Schneekrone' (weiß, Höhe 50 cm); von *C. segetum* 'Prado' (goldgelb mit schwarzbrauner Mitte, Höhe 50 cm), 'Stern des Orients' (hellgelb mit dunkler Mitte, Höhe 50 cm)
**Verwendung:** Die rasch wachsenden Chrysanthemen bringen viel Leben und Abwechslung in Blumenbeete und Rabatten. Die höheren Arten *(C. carinatum, C. parthenium, C. segetum)* liefern hübsche, lange haltbare Schnittblumen, die niedrigen Arten *(C. multicaule, C. paludosum)* eignen sich auch für die Balkon- und Ampelbepflanzung, wobei die Weiße Zwergwucherblume am besten an den Kastenrand gesetzt wird und ausreichend Platz braucht.
**Kultur:** Alle genannten Arten können ab etwa März/April bei 15–18°C ausgesät werden. Die aufgelaufenen Sämlinge werden dann in 8–9-cm-Töpfe pikiert und bei 10–15°C weiterkultiviert. Die Anzucht ist problemlos. Der Mitteltrieb muß nach dem Anwachsen bei den Schnittblumen-Arten rechtzeitig gestutzt werden, damit sich die Pflanzen verzweigen und buschig wachsen.
Arten, die für den Schnitt geeignet sind, können auch im Mai direkt an Ort und Stelle ausgesät werden. Kräftigere und früher blühende Pflanzen erhält man jedoch, wenn Anfang April in einen Frühbeetkasten ausgesät wird. Bei nicht zu enger Saat kann dann von dort ab Mitte Mai gleich ins Freie gepflanzt werden. Je nach Art und Sorte sind Pflanzabstände von 20–35 cm einzuhalten.
**Pflege:** Chrysanthemen müssen stets leicht feucht gehalten werden. *C. carinatum* und *C. segetum* haben einen geringen Nährstoffbedarf und brauchen einen schwach sauren Boden (pH-Wert 6–7). Für nährstoffreiche und kalkhaltige Böden ist dagegen *C. parthenium* dankbar, daher sind Torfgaben zu vermeiden. Bei *C. paludosum* sorgt bei Nachlassen der Blütenpracht ein Rückschnitt gegen Mitte August für eine verstärkte Entwicklung neuer Blütenstände. Bei den anderen Arten sollte alles Verblühte regelmäßig entfernt werden.
**Schädlinge und Krankheiten:** Blattläuse, Weichhautmilben, Thripse, Blattälchen; Wurzel- und Stengelgrundfäulen, Echter Mehltau, Falscher Mehltau, Grauschimmel

*Chrysanthemum paludosum*

## Chrysanthemum frutescens

(auch *Argyranthemum frutescens*)
Strauchmargerite, Strauchige Wucherblume

**Familie:** Korbblütler *(Compositae)*
**Heimat:** Kanarische Inseln
**Blütenfarbe:** weiß, gelb, rosa
**Blütezeit:** Ganzjährig, wenn laufend abgeblühte Blüten entfernt werden und auch im Winter ein heller Standort bei 5–10°C zur Verfügung steht.
**Höhe:** 25–100 cm
**Standort:** vollsonnig; nährstoffreicher, durchlässiger Boden
**Merkmale:** Unzählige der Wiesenmargerite ähnliche Blüten schmücken die Strauchmargerite. Das auffallend feingeschlitzte Laub ist je nach Sorte grün, graugrün oder silbrig gefärbt. Neben buschigen Pflanzen werden auch Hochstämmchen mit kugelförmigem Aufbau gezogen.
Der in seiner Heimat mehrjährige Halbstrauch wird bei uns normalerweise einjährig kultiviert. Bei entsprechender Pflege und richtiger Überwinterung können jedoch sowohl die buschigen Strauchmargeriten als auch die Hochstämmchen mehrjährig gezogen werden.
**Sorten:** 'Silver Leaf' (niedrig, sehr feines Laub, weißer Blütenkranz mit gelber Mitte), 'Schöne von Nizza' (mittelhoch, sehr große gelbe Blüten), 'Butterfly' (kompakt wachsend, große gelbe Blüten), 'Flamingo' (kompakt wachsend, kleines silbriges Laub, rosafarbene Blüten mit weinroter Mitte, geeignet für Ampelbepflanzung), 'Liliput' (kompakt wachsend, grünlaubig, einfach weiß blühend, geeignet für Balkonbepflanzung)

*Chrysanthemum frutescens*

**Verwendung:** Strauchmargeriten werden überwiegend als Einzelpflanzen in großen Gefäßen und Schalen kultiviert. Kompakt wachsende Neuzüchtungen sind als Leit- und Beipflanzen für Balkonkästen geeignet. Die Sorte 'Flamingo' mit hängendem Wuchscharakter kann in Ampeln oder Balkonkästen an den vorderen Rand gepflanzt werden. Auf Beete und Rabatten setzt man Strauchmargeriten entweder einzeln oder verstreut in kleinen Tuffs.
**Kultur:** Die Vermehrung erfolgt durch Kopfstecklinge. Diese werden entweder im August/September oder zwischen Januar und März von überwinterten Mutterpflanzen abgeschnitten und einzeln in 7-cm-Töpfe mit Vermehrungserde oder mit einem Torf-Sand-Gemisch gesteckt. Sie bewurzeln sich bei

14–18 °C in 2–4 Wochen. Nach der Durchwurzelung werden die Stecklinge in 10–11-cm-Töpfe mit Topferde gesetzt. Die Weiterkultur erfolgt sehr hell bei 10–12 °C. Bei den zwischen Januar und März abgenommenen Stecklingen verbessert rechtzeitiges Stutzen im Frühjahr die Seitentriebbildung. Nach den Eisheiligen kann an den endgültigen Standort gepflanzt werden.
**Pflege:** In der Wachstumsphase muß reichlich gegossen werden. Wenn der erste Flor abgeblüht ist, etwa Mitte bis Ende Juli, empfiehlt sich der erste Rückschnitt. Er soll nur das obere Drittel der Pflanze erfassen und so durchgeführt werden, daß die noch jungen Knospen und Triebe erhalten bleiben. Der Rückschnitt kann mehrmals wiederholt werden.
Im August/September vermehrte Pflanzen werden genauso wie die Mutterpflanzen vor den ersten Frösten eingeräumt und bei 5–10 °C sehr hell aufgestellt. Während der Überwinterung braucht man nur wenig zu gießen, allerdings darf der Wurzelballen nicht ganz austrocknen. Im Frühjahr werden die Pflanzen dann umgetopft.
**Schädlinge:** Blattläuse, Minierfliegen
**Tip:** Regelmäßiges Entfernen der verblühten Triebe beschleunigt den Neuaustrieb.

## Clarkia
Clarkie, Mandelröschen, Kreuzblume, Sommerfuchsie

**Art:** *C. unguiculata* (auch *C. elegans*)
**Familie:** Nachtkerzengewächse *(Onagraceae)*
**Heimat:** Kalifornien
**Blütenfarbe:** cremeweiß, rosa, rot

*Clarkia unguiculata*

**Blütezeit:** Juli bis September
**Höhe:** 40–60 cm
**Standort:** sonnig (bis halbschattig); leichter, nährstoffarmer Boden
**Merkmale:** Die bezaubernden Blüten dieser altbekannten einjährigen Gartenpflanze erinnern an kleine, gefüllte Röschen. Sie sitzen auf der gesamten Länge des Stieles in den Achseln der blaugrünen, länglichen Blätter und blühen nacheinander von unten nach oben auf.
**Sorten:** Im Handel sind bunte Prachtmischungen mit gefüllten Blüten erhältlich.
**Verwendung:** Die reizende Sommerblume wirkt besonders apart in Rabatten, Gartenbeeten, vor Zäunen und Hausmauern. Wegen ihrer langen Haltbarkeit eignen sich Clarkien auch ausgezeichnet als Schnittblumen.
**Kultur:** Die Aussaat erfolgt von März bis Mai direkt ins Freiland. Ausgesät wird breitwürfig oder in Reihen im Abstand von 30 cm. Die Samen werden nur dünn (0,5 cm) mit Erde bedeckt (Lichtkeimer) und keimen bei 15–22 °C innerhalb von 10–16 Tagen. Stehen die Keimlinge zu dicht, vereinzelt man sie auf etwa 25 cm Abstand. Überzählige Pflanzen lassen sich, wenn sie gut entwickelt sind, problemlos an andere Stellen versetzen. Um eine bessere Verzweigung und eine größere Standfestigkeit der Pflanzen zu erzielen, kürzt man die jungen Triebe ab einer Höhe von 7–10 cm etwas ein.
**Pflege:** Besonders gut gedeihen Clarkien auf leichtem, trockenem Boden. Sparsame Düngung, insbesondere der Verzicht auf Stickstoff erhöhen die Blühfreudigkeit.
**Tip:** Clarkien blühen früher, wenn schon im September ausgesät wird. Die Herbstaussaat muß über den Winter mit Fichtenreisig geschützt werden.

## Cleome
Spinnenpflanze

**Art:** *C. spinosa* (auch *C. pungens*)
**Familie:** Kapern- oder Kapernstrauchgewächse *(Capparaceae)*
**Heimat:** Südamerika
**Blütenfarbe:** violett, rot, rosa und weiß
**Blütezeit:** Juli bis Frostbeginn
**Höhe:** 90–100 cm
**Standort:** sonnig; nährstoffreicher, mittelschwerer Boden
**Merkmale:** Die einjährige Spinnenpflanze wächst aufrecht und bildet in langen Trauben bis zum Frostbeginn ununterbrochen neue Blüten aus. Die aus jeder Einzelblüte weit hervorstehenden Staubfäden ähneln langen Spinnenbeinen, daher auch der Name Spinnenpflanze. Die gesamte Oberfläche der Pflanze ist drüsig behaart und etwas klebrig, ihre Blätter sind handförmig geteilt.
**Sorten:** 'Helen Campbell' (reinweiß, Höhe 90 cm), 'Rosakönigin' (rosa, Höhe 90 cm), 'Violettkönigin' (tiefviolett, Höhe 90 cm), 'Fliederfarbe' (hellviolett, Höhe 90 cm), 'Kirschkönigin' (karminrot, Höhe 100 cm)
**Verwendung:** Die Spinnenpflanze wird gerne in Einzelstellung gepflanzt. Doch in kleinen Gruppen zwischen niedrigen und halbhohen Sommerblumen kommen die auffallenden Pflanzen besonders gut zur Geltung.
**Kultur:** Die Aussaat erfolgt von März bis Mai in 9–12-cm-Töpfe mit Anzuchterde. Bei 18 °C keimen die Samen in 2–3 Wochen. Für die Weiterkultur wird die Temperatur auf 15 °C abgesenkt. Kräftige Jungpflanzen entwickeln sich nur, wenn sie hell und luftig stehen. Da Spinnenpflanzen einen hohen Nährstoffbedarf haben, wird schon in der Vorkultur zweimal schwach gedüngt. Wenn keine Fröste mehr zu befürchten sind, wird nach dem Abhärten im Abstand von 40 cm in guten Gartenboden ausgepflanzt.

*Cleome spinosa*

**Pflege:** Ein üppiger Blütenflor entwickelt sich nur an sonnigen Plätzen und in nährstoffreichem Boden. Wegen ihrer festen Verwurzelung müssen Spinnenpflanzen in der Regel nicht gestützt werden.

## Cobaea
Glockenrebe

**Art:** *C. scandens*
**Familie:** Sperrkrautgewächse *(Polemoniaceae)*
**Heimat:** Mexiko
**Blütenfarbe:** zuerst weiß oder gelbgrün, später violettblau
**Blütezeit:** August bis Frostbeginn
**Höhe:** 180–200 cm
**Standort:** sonnig; humus- und nährstoffreicher Boden
**Merkmale:** Die in ihrer Heimat ausdauernde Glockenrebe wird ihrer Frostempfindlichkeit wegen bei uns nur

*Cobaea scandens*

einjährig kultiviert. Die raschwüchsige, stark verzweigte und reichblühende Kletterpflanze mit großen violettblauen Glockenblüten bedeckt an sonniger Stelle bei guter Pflege in wenigen Wochen große Flächen. Zwei- bis vierpaarig gefiederte Blätter mit endständiger Wickelranke begrünen die langen dünnen Triebe.
**Verwendung:** Mühelos lassen sich mit dieser hübschen Kletterpflanze Zäune, Mauern, Pergolen und Spaliere sowohl im Garten als auch auf Balkon und Terrasse begrünen.
**Kultur:** Die Anzucht beginnt bereits im Februar im Gewächshaus oder auf der Fensterbank, da die Blüten erst ziemlich spät erscheinen.
Man steckt 2 Samenkörner 1–2 cm tief in einen mit Blumenerde gefüllten 8–10-cm-Topf. Für den 10–20 Tage dauernden Keimvorgang sind Wärme (18–25 °C) und gleichmäßige Feuchtigkeit nötig. Sicherheitshalber stülpt man bis zum Auflaufen der Keimlinge eine Plastiktüte über jeden Topf.
Schon die Jungpflanzen brauchen frühzeitig Kletterstäbe, an denen sie hochwachsen können. Ende Mai wird die Glockenrebe in nährstoffreiche, lockere Gartenerde ins Freie gepflanzt, wobei ein Abstand von mindestens 30 cm eingehalten werden muß.
**Pflege:** An Feuchtigkeit darf es der Glockenrebe nie mangeln, denn das enorme Wachstum verschlingt viel Wasser. Regelmäßiges Gießen ist daher notwendig. Die Pflanze braucht mehr Nährstoffe, als einjährige Sommerblumen üblicherweise vertragen können. Am einfachsten arbeitet man vor der Pflanzung reichlich Hornspäne in den Boden ein.
**Tip:** Die Glockenrebe benötigt feste Kletterhilfen. Stäbe oder gesteckte Gitter reichen in der Regel nur in der ersten Zeit des Wachstums aus. Besser ist es, vor dem Pflanzen feste Drähte oder Gitter anzubringen, um die sich die Ranken wickeln können.

## Coix
Tränengras

**Art:** *C. lacryma-jobi* (Hiobsträne)
**Familie:** Süßgräser *(Poaceae)*
**Heimat:** tropisches Asien und Ostindien
**Blütenfarbe:** grünlich
**Blütezeit:** Juni bis August
**Höhe:** 60–100 cm
**Standort:** sonnig und warm; normaler Gartenboden
**Merkmale:** Charakteristisch für dieses horstbildende einjährige Gras sind die breiten, maisähnlichen Blätter. Die im Juni erscheinenden Ähren weisen Blüten beiderlei Geschlechts auf: Die weiblichen Blüten sitzen unten, die männlichen oben. Im Herbst wirken die zunächst grün, dann grauviolett schimmernden Scheinfrüchte, die wie Perlen herabhängen, sehr dekorativ.
**Verwendung:** Einzeln oder in Gruppen gepflanzt, lockert die Hiobsträne bunte Sommerblumenrabatten auf. Sie eignet sich auch hervorragend für Arrangements mit Trockenblumen, die getrockneten Samen kann man zum Basteln verwenden.
**Kultur:** Ausgesät wird entweder im Mai direkt an Ort und Stelle oder Ende Februar auf der Fensterbank, wenn schon im Mai kräftige Pflanzen ins Freie gesetzt werden sollen. Man sät dann in Schalen mit Anzuchterde. Nach 3–5 Wochen bei 12 °C werden die Pflänzchen pikiert, am besten gleich in 6-cm-Töpfe aus organischem Material, z. B. Torftöpfe, die

*Coix lacryma-jobi*

mit in die Erde gepflanzt werden können. So ist ein zügiges Wachstum gewährleistet.
**Pflege:** Die Hiobsträne ist sehr anpassungsfähig und benötigt keine besondere Pflege. Vorkultivierte Gräser sollten nach dem Auspflanzen allerdings häufiger gegossen werden, um das Einwurzeln zu erleichtern. Später vertragen sie auch Trockenheit.

## Coleus-Blumei-Hybriden
Buntnessel, Blumennessel, Buntlippe

**Familie:** Lippenblütler *(Lamiaceae, Labiatae)*
**Heimat:** Urformen im tropischen Afrika und Asien
**Blütenfarbe:** weißblau oder hellviolett
**Blütezeit:** Juni bis September, bei Zimmerkultur Januar
**Höhe:** 20–60 cm
**Standort:** sonnig (bis halbschattig); durchlässiger, humoser Boden
**Merkmale:** Die Buntnessel entstand durch Züchtung aus einer Vielzahl von Arten. Obwohl eigentlich ein Halbstrauch, wird sie bei uns meist einjährig kultiviert. Sehr dekorativ wirkt die Pflanze durch ihre farbenprächtigen, nesselähnlichen Blätter, die gelb, gelbgrün, rosa oder rot sein können, meist sogar mehrfarbig mit bizarren Mustern, die Ränder gesägt, gewellt oder glatt. Dagegen erscheinen die kleinen, in endständiger Rispe stehenden Lippenblüten geradezu unscheinbar.
**Sorten:** Im Handel sind kompakt wachsende Farbmischungen erhältlich.
**Verwendung:** Buntnesseln werden als leuchtende Farbtupfer in Beete oder Rabatten gepflanzt. Ebenso eignen

*Coleus-Blumei*-Hybriden

sie sich gut zur Sommerbepflanzung von Gefäßen auf Terrasse und Balkon sowie als Topfpflanzen.
**Kultur:** Die Buntnessel läßt sich sowohl durch Samen als auch durch Stecklinge vermehren. Ausgesät wird sehr früh im Jahr, Ende Januar/ Anfang Februar, in Gefäße mit Anzuchterde. Bei 20–22 °C keimt das Saatgut nach 14–20 Tagen, nach weiteren 2–3 Wochen werden bis zu 3 Pflanzen in 8–10-cm-Töpfe pikiert und hell und luftig bei 15–18 °C weiterkultiviert. Damit die Pflanzen sich besser verzweigen, wird der Haupttrieb eingekürzt.
Die Vermehrung durch Kopfstecklinge erfolgt entweder im Frühjahr oder im Herbst. Dazu schneidet man von besonders schönen Pflanzen Stecklinge, die sich in Wasser leicht bewurzeln. Im Herbst gewonnene Jungpflanzen werden sehr hell bei 12–16 °C überwintert.
**Pflege:** Damit die Buntnessel kräftig wächst und die Blätter sich intensiv färben, muß die Pflanze hell stehen und reichlich mit kalkfreiem Wasser gegossen werden. Sie braucht regelmäßige Nährstoffgaben, die jedoch wenig Stickstoff enthalten sollten.
**Schädlinge:** Bei zu warmem und trockenem Stand können Spinnmilben auftreten.
**Tip:** Die Pflanzen bleiben kräftig, wenn regelmäßig alle Blütenansätze herausgebrochen werden.

## Convolvulus
Winde

**Arten:** *C. tricolor* (Teppichwinde, Dreifarbige Winde), *C. sabatius* (auch *C. mauritanicus*, Blaue Mauritius, Trichterwinde)
**Familie:** Windengewächse (*Convolvulaceae*)
**Heimat:** *C. tricolor* Südeuropa und Nordafrika; *C. sabatius* Nordwestafrika, Nordwestitalien und Sizilien
**Blütenfarbe:** *C. tricolor* meist dreifarbig, blau und weiß mit gelbem Schlund, auch weiß, rosa und violett; *C. sabatius* salbeiblau
**Blütezeit:** *C. tricolor* Juni bis September, *C. sabatius* Juni bis Oktober
**Höhe:** *C. tricolor* 20–40 cm, *C. sabatius* 15–25 cm, Triebe bis etwa 40 cm lang hängend
**Standort:** *C. tricolor* und *C. sabatius* vollsonnig; normaler, durchlässiger Boden
**Merkmale:** Die Triebe der einjährigen Teppichwinde *(C. tricolor)* winden sich nicht, wie ihr Name vermuten läßt, sondern wachsen erst niederliegend, später aufrecht und bilden runde Büsche. Die großen, trichterförmigen Blüten erscheinen in den Achseln der breitlanzettlichen Blätter. Sie öffnen sich morgens und schließen sich am Spätnachmittag, bei Regenwetter bleiben sie ganztägig geschlossen.
Die Blaue Mauritius *(C. sabatius)* wurde zwar schon Mitte des vorigen Jh. als Kulturpflanze bei uns eingeführt, geriet dann aber in Vergessenheit. Erst seit 1980 erfreut sie sich immer größerer Beliebtheit. Die Blaue Mauritius wächst halbstrauchartig mit zahlreichen dünnen, niederliegenden oder hängenden Stengeln, an denen eiförmige, kurzgestielte Blätter sitzen, die wie die Triebe leicht behaart sind. In den Achseln der oberen Blätter bilden sich jeweils bis zu drei Blüten. Die einzelne Blüte öffnet sich zwar nur kurz, doch wegen des großen Blütenreichtums fällt das kaum auf. Diese Pflanze ist nicht winterhart und wird deshalb bei uns in der Regel nur einjährig kultiviert, kann allerdings auch überwintert werden.
**Verwendung:** *C. tricolor* kann als auffallende Gruppenpflanze in bunte Beete eingestreut oder zur Einfassung verwendet werden.
*C. sabatius* eignet sich mit ihrer interessanten Form und ihren hübschen blauen Blüten gut als hängende Beipflanze für bunte Balkonkästen, Pflanzschalen und Ampeln.
**Kultur:** *C. tricolor* wird meist von Anfang April bis Mitte Mai direkt an Ort und Stelle auf Beete oder Rabatten gesät. Später werden die jungen Pflanzen auf 15–20 cm Abstand ausgedünnt. Nur ganz junge Sämlinge lassen sich verpflanzen, bei schon etwas älteren ist dies nicht ohne Schaden möglich.
Werden größere und etwas früher blühende Pflanzen gewünscht, ist eine Vorkultur empfehlenswert. Am besten werden Anfang April je 3 Samenkörner in 9-cm-Töpfe mit Anzuchterde ausgesät. Erfolgt die Aussaat in Kisten, müssen die Keimlinge sehr jung jeweils zu dritt in 9-cm-Töpfe pikiert werden. Die Samen keimen bei 16–18 °C in 7–10 Tagen. Sie werden sehr hell, zuerst bei 12–14 °C, später bei 8–10 °C weiterkultiviert. Mitte Mai pflanzt man sie dann ins Freie.
Bei *C. sabatius* erfolgt die Vermehrung durch Stecklinge, am besten im Septem-

*Convolvulus sabatius*

ber/Oktober. Dazu werden nicht zu weiche, ausgereifte Triebspitzen (Kopfstecklinge) geschnitten, die frei von

*Convolvulus tricolor*

Knospen und Blüten sein müssen. Jeweils 3 Stecklinge werden zusammen in 8-cm-Töpfe mit Vermehrungserde gesteckt und mit Folientüten abgedeckt. Bei 18–20 °C sind sie in rund 3 Wochen bewurzelt. Für die Weiterkultur ist dann eine Temperatur von 12–14 °C ausreichend. Etwa 4 Wochen später wird in 11–12-cm-Töpfe umgetopft. Um die Verzweigung zu fördern, entspitzt man die Pflänzchen 1–2 Wochen nach dem Einwurzeln. Die Pflanzen müssen möglichst hell stehen und dürfen nicht austrocknen. Durch ein 6–8wöchiges Absenken der Temperatur auf 5–10 °C, am besten im Zeitraum von Mitte Dezember bis Mitte Februar, kann man die Jungpflanzen zu einer etwas früheren Blüte anregen.
Da die Blaue Mauritius in ihrer Heimat mehrjährig ist, können auch die Mutterpflanzen überwintert werden. Dazu werden sie Ende Oktober/Anfang November eingeräumt und die Triebe auf 10–15 cm Länge zurückgeschnitten. Größere Pflanzen können mit dem Messer in 2–3 Teilpflanzen geteilt werden, die getrennt in passende Töpfe eingepflanzt werden. Die Blaue Mauritius wird an einem möglichst hellen Ort bei 5–8 °C überwintert. Ab Mitte Februar sollte man sie wärmer stellen (12–14 °C), damit sie sich bis Mitte Mai wieder kräftig entwickelt. Von überwinterten Pflanzen können im Januar/Februar auch Stecklinge entnommen und in der oben beschriebenen Weise noch bis Mitte Mai zu größeren Pflanzen herangezogen werden.
Ab Mitte Februar brauchen die überwinterten und die Jungpflanzen wieder eine schwache Nährstoffzufuhr.
**Pflege:** Beide Arten haben einen mäßigen Nährstoffbedarf und erfordern keine besonderen Pflegemaßnahmen. Sie sollten nur gleichmäßig feucht, aber nicht zu naß gehalten werden.
**Schädlinge und Krankheiten:** *C. sabatius* Weiße Fliege, Blattläuse, Spinnmilben, Thripse; Grauschimmel

## Coreopsis
Mädchenauge, Schönauge, Schöngesicht

**Art:** *C. tinctoria* (auch *Calliopsis bicolor, Calliopsis tinctoria*)
**Familie:** Korbblütler *(Compositae)*
**Heimat:** Nordamerika

*Coreopsis tinctoria*

**Blütenfarbe:** gelb
**Blütezeit:** Juli bis September
**Höhe:** 30–100 cm
**Standort:** sonnig; normaler, durchlässiger Boden
**Merkmale:** Das buschig wachsende einjährige Mädchenauge hat zartes, fiedrig geschlitztes Laub. Seine zahlreichen, großen Blütenkörbchen, goldgelb und häufig mit rotbrauner Mitte, sitzen einzeln auf verzweigten Stengeln.
**Sorten:** 'Niedrige Mischung' (Höhe 30 cm), 'Tetra Goldteppich' (goldgelb mit rotbrauner Mitte, Höhe 50 cm), 'Hohe Mischung' (Höhe 100 cm)
**Verwendung:** Die hochwachsenden Sorten schmücken Sommerblumenrabatten bis in den Herbst hinein. Die niedrigen eignen sich eher für Steingärten oder als Beeteinfassung. Auch als haltbare Schnittblume ist das Mädchenauge sehr beliebt.
**Kultur:** Die Aussaat erfolgt im März/April bei einer Temperatur von 15 °C in Kisten mit Anzuchterde. Nach 6 Wochen werden die Pflänzchen in 8–10-cm-Töpfe pikiert und bei 5–10 °C weiterkultiviert. Nach den Eisheiligen pflanzt man sie im Abstand von 25–30 cm ins Freie. Auch Direktsaat ist möglich. Ab Ende April wird breitwürfig ins Freie gesät und später vereinzelt. Allerdings blühen direkt gesäte Pflanzen erst 3 Wochen später als vorkultivierte.
**Pflege:** Das Mädchenauge gedeiht in jedem guten Gartenboden ohne Staunässe. Um eine zweite kräftige Blüte zu erreichen, schneidet man den ersten, verwelkten Blütenflor zurück. Höhere Pflanzen sollte man stützen.
**Schädlinge und Krankheiten:** Läuse, Blattwanzen; Echter Mehltau

*Cosmos bipinnatus*

## Cosmos
Schmuckkörbchen, Cosmea, Kosmee

**Arten:** *C. bipinnatus* (auch *Bidens formosa*), *C. sulphureus*
**Familie:** Korbblütler *(Compositae)*
**Heimat:** Mexiko bis Brasilien
**Blütenfarbe:** *C. bipinnatus* weiß, rosa, rot, *C. sulphureus* gelb, gelborange, feuerrot
**Blütezeit:** *C. bipinnatus* Juli bis Oktober, *C. sulphureus* August bis September
**Höhe:** *C. bipinnatus* 100–120 cm, *C. sulphureus* 50–60 cm
**Standort:** sonnig; nährstoffreicher, durchlässiger Boden
**Merkmale:** Ebenso reizvoll wie die Blüten ist die zierliche Belaubung des einjährigen Schmuckkörbchens. Die doppelt fiederschnittigen, fast nadelförmigen Blätter sind bei *C. sulphureus* etwas weniger fein als bei *C. bipinnatus*. Vor

allem *C. sulphureus* bildet dichte Büsche, bei denen die einzelnen Zweige leicht sparrig abstehen. Die zarten, anemonenähnlichen Blütenköpfchen sitzen am Ende der Triebe.
Beim Schmuckkörbchen wird die Blühbereitschaft durch die Helligkeitsdauer beeinflußt: Kurze Tage, an denen es weniger als 14 Stunden hell ist, fördern die Blütenbildung. Daher kommen die Pflanzen normalerweise erst im Spätsommer zur vollen Blüte.
**Sorten:** Schmuckkörbchen sind in zahlreichen Sorten im Handel. Von *C. bipinnatus* gibt es auch eine halbhohe Sorte mit nur etwa 50–60 cm Höhe und die Sorte 'Sea Shells', eine Farbmischung mit trichterförmig eingerollten Blütenblättern.
**Verwendung:** Das Schmuckkörbchen ist gut geeignet für gemischte Sommerblumenrabatten und große Pflanzgefäße. Auch einzeln stehende Büsche an Hauswänden oder Zäunen wirken sehr dekorativ. Als Schnittblumen lassen sich Schmuckkörbchen hervorragend verwenden.
**Kultur:** Die einfachste Methode ist die Direktsaat an Ort und Stelle im Mai, wobei später auf 40 cm Abstand vereinzelt werden muß. Die

*Cosmos sulphureus*

Blüte beginnt dann etwa ab August.
Wird eine frühere Blüte gewünscht, müssen die Pflanzen vorkultiviert werden. Die Aussaat erfolgt in diesem Fall zwischen März und Mitte April, so daß die Jungpflanzen bis Anfang Mai bei kurzen Tageslängen wachsen, wodurch der Blütenansatz gefördert wird. Ausgesät wird in Kisten mit Anzuchterde. Bei 15–18 °C keimen die Samen nach 8–14 Tagen. 3–4 Wochen nach der Aussaat werden die Pflänzchen einzeln in 8–10-cm-Töpfe pikiert und bei etwa 12–15 °C hell und luftig weiterkultiviert. Das Pikieren kann man sich ersparen, wenn man den Samen gleich in größerem Abstand auslegt.
Ins Freie ausgepflanzt wird erst nach den Eisheiligen Mitte Mai, weil die Pflanzen frostempfindlich sind.
**Pflege:** Da Schmuckkörbchen einen hohen Nährstoffbedarf haben, empfiehlt es sich, den Boden vor dem Auspflanzen in den Garten mit 10 l/m² Kompost zu versorgen. Ein reicherer Blütenflor entwickelt sich, wenn Abgeblühtes regelmäßig abgeschnitten wird.
**Schädlinge:** Jungpflanzen werden oft durch Schnecken geschädigt.
**Tip:** Schmuckkörbchen sind dankbare Schnittblumen, die sich in der Vase lange halten können. Die günstigste Schnittreife haben sie, wenn die Blütenblätter sich öffnen, die inneren, gelben Scheibenblüten aber noch geschlossen sind.

*Cosmos bipinnatus*

## Cucurbita
Kürbis

**Art:** *C. pepo* (Gartenkürbis, Zierkürbis)
**Familie:** Kürbisgewächse *(Cucurbitaceae)*
**Heimat:** nördliches Mittelamerika bis südliches Nordamerika
**Blütenfarbe:** gelb, auch weiß
**Blütezeit:** Juli bis Oktober
**Höhe:** aufgeleitet 2–3 m, kriechend bis 10 m lange Triebe
**Standort:** sonnig bis halbschattig und warm; sehr nährstoffreicher, humoser Boden
**Merkmale:** Der einjährige Zierkürbis mit seinen krautigen, rankenden, kriechenden oder kletternden Trieben wächst bei guten Bedingungen außerordentlich schnell. Die großen herzförmig gelappten Blätter bilden an Spalieren rasch dichte, fast undurchsichtige Wände, die durch die attraktiven Blüten zusätzlich geschmückt werden. Die dekorativen Früchte in den unterschiedlichsten Formen von ei- bis flaschenförmig sind einfarbig oder bunt gestreift. Sie haben eine harte Schale und sind ungenießbar.
**Sorten:** Im Handel sind meist groß- oder kleinfrüchtige Mischungen erhältlich.
**Verwendung:** Rasch klettert der Zierkürbis an Spalieren, Gittern, Zäunen, Pergolen oder anderen Rankhilfen hoch. Sehr beliebt und vorteilhaft sind Zierkürbisse auch zur Begrünung von Komposthaufen: Der unansehnliche Haufen verschwindet unter dem dichten Laubwerk, er wird beschattet – was die Rotte fördert –, und gleichzeitig werden Unkräuter unterdrückt.
Die Früchte sind im Herbst und Winter ein hübscher Zimmerschmuck. Sie können monatelang aufbewahrt werden.
**Kultur:** Am einfachsten ist eine Direktsaat in der zweiten Maihälfte an Ort und Stelle. Ausgesät werden jeweils 2–3 Samenkörner pro Saatstelle.

*Cucurbita pepo*

Möglich ist auch eine Vorkultur an einem hellen und ausreichend warmen Ort, z.B. im Kleingewächshaus oder auf dem Fensterbrett. Mitte bis Ende April werden entweder jeweils 2 Samenkörner in 8-cm-Töpfe oder 3 Samenkör-

ner in 10–12-cm-Töpfe mit Anzuchterde gelegt und flach mit Erde abgedeckt. Bei 18°C keimen die Samen nach etwa 10–14 Tagen. Danach werden sie bei 12–14°C noch etwa 2–3 Wochen weiterkultiviert und dann ab Mitte Mai im Abstand von mindestens 50 cm ins Freie gepflanzt. Vorkultivierte Zierkürbisse haben gegenüber den direkt gesäten einen Entwicklungsvorsprung von etwa 3 Wochen.
Soll ein Komposthaufen begrünt werden, müssen die Pflanzen am Fuß des Haufens gesät oder gepflanzt werden, nicht auf den Haufen. Die Ranken werden dann, wenn nötig, aufgeleitet.
**Pflege:** Da Zierkürbisse einen sehr hohen Nährstoffbedarf haben, sollte der Boden vor der Pflanzung oder Aussaat mit reichlich Kompost, etwa 10–20 $l/m^2$, versorgt werden. Bei Trockenheit muß häufig gegossen werden. Weitere Pflegemaßnahmen sind nicht erforderlich.
**Krankheiten:** Echter Mehltau
**Tip:** Die Früchte halten länger, wenn sie gut ausgereift sind. Sie sollten aber auf jeden Fall vor dem ersten Frost geerntet werden.

## Cuphea
Köcherblümchen

**Art:** *C. ignea* (auch *C. platycentra*, Zigarettenblümchen)
**Familie:** Weiderichgewächse *(Lythraceae)*
**Heimat:** Mexiko
**Blütenfarbe:** granatrot mit schwarz
**Blütezeit:** Mai bis Oktober
**Höhe:** 25–30 cm
**Standort:** sonnig bis halbschattig, aber auch in schattigen Lagen blüht die Pflanze noch; lehmig-humoser Boden
**Merkmale:** Die eigentlich ausdauernde, jedoch frostempfindliche Staude wird bei uns einjährig gezogen. Sie wächst buschig, verzweigt sich reich, bildet dünne Äste

*Cuphea ignea*

und glänzende dunkelgrüne Blätter. Die zahlreichen roten Röhrenblüten tragen an der Mundöffnung einen schwarzen Ring mit weißer Zone und ähneln dadurch Zigaretten.
**Sorte:** 'Medaillon' (granatrot, lange blühend, Höhe 25–30 cm)
**Verwendung:** Das Zigarettenblümchen eignet sich zur Bepflanzung von Rabatten, Gräbern, Balkonkästen, Gefäßen, Schalen und Ampeln. Auf Beeten wirkt es vor allem zwischen niedrigen und halbhohen Sommerblumen sehr auflockernd. Im Balkonkasten dient es als Bei- und bedingt als Hängepflanze.
**Kultur:** Die Aussaat erfolgt ab März/April bei 18–20°C in Kisten oder Töpfe mit Anzuchterde. Nach dem Auflaufen werden die Sämlinge in 6–8-cm-Töpfe pikiert und bei 16–18°C weiterkultiviert. Um buschige Pflanzen zu erhalten, können später auch 3 Jungpflanzen in 9–10-cm-Töpfe gesetzt werden, die – falls erforderlich – zur besseren Verzweigung in einer Höhe von 8–10 cm etwa um die Hälfte gestutzt werden.
Die anfallenden Triebspitzen können als Kopfstecklinge verwendet werden, die sich in einem Torf-Sand-Gemisch bewurzeln. Die im Haus oder Frühbeetkasten angezogenen Pflanzen werden nach den Eisheiligen an den endgültigen Standort gepflanzt.
In sehr warmen Gebieten kann man das Zigarettenblümchen auch direkt an Ort und Stelle säen. Dies hat jedoch einen sehr späten Blütenflor zur Folge.
**Pflege:** Das Zigarettenblümchen braucht Windschutz. Ein mit Kompost versorgter Boden muß regelmäßig mit stickstoffbetontem Dünger versorgt werden.
**Schädlinge und Krankheiten:** Blattläuse, Weiße Fliege; Grauschimmel

## Cynoglossum
Hundszunge

**Art:** *C. amabile* (Sommervergißmeinnicht)
**Familie:** Boretsch- oder Rauhblattgewächse *(Boraginaceae)*
**Heimat:** Westchina
**Blütenfarbe:** blau, auch rosa und weiß
**Blütezeit:** Juli bis September
**Höhe:** 25–60 cm
**Standort:** sonnig; normaler Gartenboden
**Merkmale:** Die buschig wachsende, zweijährige Hundszunge wird bei uns einjährig kultiviert. Mit ihren feinen himmelblauen Blüten, die auf hohen, verzweigten Stengeln sitzen, ähnelt sie sehr dem Vergißmeinnicht. Die lanzettlichen, behaarten Blätter erinnern an die Zunge von Hunden – daher auch der Name der Blume.
**Sorte:** Im Handel ist die blaublühende Sorte 'Firmament' erhältlich.
**Verwendung:** Mit ihrem langanhaltenden leuchtend blauen Blütenflor eignet sich die Hundszunge für bunte Sommerblumenbeete und setzt auch auf größeren Flächen Farbakzente. In unseren Gärten ist sie eine wertvolle Bienenfutterpflanze.
**Kultur:** Die Aussaat erfolgt ab April breitwürfig oder in Reihen direkt ins Freiland. Sobald die Pflänzchen größer sind, wird auf einen Abstand von 20–25 cm ausgedünnt. Hundszungen gehören zu den Pflanzen, die sich leicht selbst aussäen, so daß sie am Standort häufig auch im nächsten Jahr erscheinen.
**Pflege:** Die Hundszunge ist ein Schwachzehrer und braucht keine besondere Pflege. Durch einen Rückschnitt rechtzeitig nach dem ersten Blütenflor werden die Pflanzen zu einer neuen Blüte angeregt.

*Cynoglossum amabile*

# D

*Dahlia*-Hybride, Halskrausen-dahlie

## Dahlia-Hybriden

(*D.* x *cultorum, D. variabilis*)
Dahlie, Georgine

**Familie:** Korbblütler *(Compositae)*
**Heimat:** Mexiko, Guatemala
**Blütenfarbe:** rot, rosa, violett, gelb, weiß
**Blütezeit:** Juni bis Frostbeginn
**Höhe:** 15–200 cm
**Standort:** vollsonnig; mittelschwerer, durchlässiger, nährstoffreicher Boden
**Merkmale:** In ihrer Heimat wachsen die attraktiven buschigen Knollenpflanzen ausdauernd und werden mehrere Meter hoch. Da sie aber selbst im Schutz des Bodens die winterlichen Fröste nicht vertragen, werden sie im hiesigen Klima einjährig kultiviert. Aus Kreuzungen entstanden zahllose Sorten von Dahlien mit unterschiedlichen Wuchshöhen, deren Blüten in Größe und Form stark variieren. Nach ihrer Blütenform werden sie in einfachblühende, halbgefüllte und gefüllte Dahlien eingeteilt, diese wiederum noch genauer als Mignon-, Päonienblütige, Halskrausen-, Anemonenblütige, Schmuck-, Ball-, Pompon-, Kaktus- und Semikaktusdahlien klassifiziert.
Die ein- oder zweifarbigen – dann häufig gestreiften oder geflammten – Blüten sitzen am Ende der verzweigten, hohlen Stiele. Das fiederteilige Laub ist gewöhnlich saftgrün, bei manchen Sorten auch rötlichbraun. Alle Sorten bilden knollige Wurzeln, die im Herbst aus der Erde genommen und im nächsten Jahr wieder ausgepflanzt werden müssen. Die meist niedrigen Beetdahlien werden jedoch in der Regel wie Einjährige behandelt: Sie werden jedes Jahr neu aus Samen angezogen.
**Sorten:** Für die Anzucht aus Samen sind zu empfehlen: 'Piccolo'-Prachtmischung (einfach- und sehr früh blühend, Höhe 15 cm), 'Figaro'-Prachtmischung (halbgefüllt und gefüllt, sehr früh blühend, Höhe 30 cm), 'Mignon'-Prachtmischung (einfachblühend, Höhe 30–40 cm), 'Rigoletto' (Farbmischung, halbgefüllt und gefüllt, Höhe 30–40 cm), 'Sunny'-$F_1$-Hybriden (in 3 Einzelfarben, halbgefüllt, früh blühend, Höhe 30–40 cm), 'Coltness'-Hybriden (einfachblühende, großblumige Farbmischung, Höhe 45 cm), 'Redskin'-Mischung (halbgefüllt, großblumig, dunkellaubig, Höhe 50 cm), 'Riesen Schmuck' (Farbmischung, halbgefüllt und gefüllt, Höhe 90 cm), 'Kaktus'-Hybriden (Farbmischung, gefüllt, sehr großblumig, Höhe 100 cm).
**Verwendung:** Nicht zuletzt dank ihrer vielfältigen Verwendungsmöglichkeiten gehören die farbenprächtigen Dahlien zu den beliebtesten Gartenblumen. Die niedrigen Sorten eignen sich vor allem für Einfassungen und großflächige Pflanzungen auf Rabatten, aber auch als Schmuck für Balkonkästen, Schalen und Gräber. Höhere Sorten wirken am besten, wenn man sie einzeln oder in kleinen Gruppen in Beete mit niedrigen Sommerblumen oder vor Mauern und Zäune pflanzt – nur sollte man darauf achten, daß sie nicht im Schatten von Wänden oder im Wurzelraum von Bäumen und Sträuchern stehen. Dahlien liefern bis in den Herbst hinein prächtige Schnittblumen, die lange halten, wenn man sie voll erblüht schneidet und die Stiele in dem Bereich, der im Wasser steht, von allem Laubwerk befreit.
**Kultur:** Ausgesät wird von Februar bis April bei einer Temperatur von 18°C. Man legt entweder 2–3 Samen in 9–10-cm-Töpfe, oder man sät breitwürfig in Kisten mit Anzuchterde. 2–3 Wochen später werden die Keimlinge dann in 9–10-cm-Töpfe pikiert.

*Dahlia*-Hybriden, Balldahlien

Wenn die Pflänzchen leicht eingewurzelt sind, wird die Temperatur auf 12–15°C abgesenkt.
Die Mehrzahl der Dahliensorten wird jedoch vegetativ vermehrt. Einfacher als durch die Teilung von Knollen, bei der jedes Einzelstück ein Auge behalten muß, gewinnt man neue Pflanzen durch Stecklinge. Dazu treibt man ab Mitte Februar gesunde, mittelgroße Knollen bei 18°C in

*Dahlia*-Hybride, Semikaktus-dahlie

Töpfen mit lockerem Substrat vor. Die bald erscheinenden Sprosse werden als Stecklinge geschnitten, sobald sie 8–10 cm lang sind, und zu je 4–5 in 7–8-cm-Töpfe mit einem Sand-Torf-Gemisch gesteckt. Bei 18–20°C bewurzeln sie sich innerhalb von 2–3 Wochen und werden dann einzeln in 7-cm-Töpfe mit handelsüblicher Blumenerde getopft und nur mäßig feucht gehalten.
Erst Ende Mai pflanzt man die selbst angezogenen, sehr frostempfindlichen Jungpflanzen auf ein gut vorbereitetes Beet, niedrige Sorten im Abstand von 30 cm, starkwüchsige mit bis zu 60 cm Abstand. Dabei wird neben dem Pflanzloch gleich ein kräftiger Stab in die Erde getrieben, an dem die Pflanzen mit zunehmendem Wachstum angebunden werden können.

Wichtig ist die Pflanztiefe: Die Wurzelballen sollten 3–4 cm unter die Erdoberfläche gesetzt werden. Wer die Mühe der Anzucht nicht auf sich nehmen möchte, erwirbt im Frühjahr kräftige Knollen im Handel. Beim Kauf sollte man darauf achten, daß sie nicht ausgetrocknet und schon geschrumpft sind. Die Knollen pflanzt man ab Ende April/Anfang Mai an Ort und Stelle in ein 15 cm tiefes Pflanzloch, neben dem ein stabiler Stab in die Erde geklopft wurde. Die Krone der Knolle sollte etwa 5 cm unter der Erdoberfläche liegen. Je nach Sorte ist ein Abstand von 30–90 cm einzuhalten.
**Pflege:** Dahlien haben einen hohen Nährstoffbedarf, jedoch sollte man einseitige Stickstoffgaben unbedingt

*Dahlia*-Hybriden, Päonienblütige Dahlien

vermeiden, da die Pflanzen sonst übermäßig viele Blätter, aber nur wenige Blüten bilden. An sonnigen Tagen muß ausreichend gegossen werden. Hohe Sorten werden ihrem Zuwachs entsprechend mehrmals aufgebunden. Damit der farbenprächtige Blütenflor lange andauert, wird Verblühtes regelmäßig entfernt; das gilt vor allem für die Sorten, die aus Samen angezogen wurden.

*Dahlia*-Hybriden, Schmuckdahlien

Sollen Dahlien überwintert werden, ist es wichtig, daß die Knollen gut ausgereift sind. Deshalb werden sie erst aus der Erde genommen, wenn die ersten Herbstfröste das Laub zerstört haben. Bis dahin haben auch die aus Samen oder Stecklingen gewonnenen Pflanzen Knollen ausgebildet, die ebenfalls frostfrei überwintert werden können.
**Schädlinge und Krankheiten:** Blattläuse, Blattwanzen, Thripse, Spinnmilben, Zikaden; Schnecken, Ohrwürmer und Eulenraupen verursachen Fraßschäden an Knospen und Trieben; Blattflekken-, Welke-, Viruskrankheiten, Grauschimmel
**Tip:** Die jungen Triebe von Dahlien sind Leckerbissen für Schnecken. Ein Blumentopf, abends über die Austriebe gestülpt, schützt die Pflanzen vor Schneckenfraß und gleichzeitig vor späten Nachtfrösten.

## Delosperma
Sonnenblitzerli

**Art:** *D. pruinosum* (auch *D. echinatum, Mesembryanthemum echinatum, M. pruinosum*)
**Familie:** Eiskraut- oder Mittagsblumengewächse *(Aizoaceae)*
**Heimat:** Südafrika
**Blütenfarbe:** lila mit gelber Mitte
**Blütezeit:** Mai bis Oktober
**Höhe:** 10–25 cm
**Standort:** hell und vollsonnig; nährstoffreicher, durchlässiger Boden
**Merkmale:** Das Sonnenblitzerli ist ein leicht verholzender, sich gut selbst verzweigender Kleinstrauch mit hängendem oder kriechendem Wuchs, der bei uns meist einjährig kultiviert wird. Die schmalen grünen Blätter sind walzenförmig verdickt. An der Spitze der sich verzweigenden Triebenden sitzen die strahlenförmigen Blüten mit zahlreichen Blütenblättern, die bei wenig Licht und kühler Witterung geschlossen bleiben.
**Verwendung:** Sonnenblitzerli eignen sich vor allem für Balkonkästen und Pflanzgefäße, wo sie mit ihren auffallend schönen Blüten für Abwechslung sorgen und auch ein heißes Wochenende ohne Gießen überstehen können.
**Kultur:** Das Sonnenblitzerli wird durch Stecklinge vermehrt. Man nimmt am besten im Spätherbst etwa 5 cm lange Stücke, mit oder ohne Spitze (Kopfstecklinge oder Teilstecklinge), aus den noch nicht so stark verholzten Triebabschnitten der Mutterpflanze und steckt jeweils 2–3 Stück in 7–9-cm-Töpfe mit handelsüblicher Blumenerde. Sie sollten am besten mit einem licht- und luftdurchlässigen Vlies abgedeckt werden, denn unter Folie faulen sie leicht. Bei 18–20 °C an einem sehr hellen, aber vor direkter Sonne geschützten Platz sind sie nach etwa 3 Wochen bewurzelt. Zur Weiterkultur benötigen sie nur noch Temperaturen um 8–12 °C, weiterhin aber sehr viel Licht und jetzt auch direkte Sonne. Sobald nach einigen Wochen die Töpfe zu klein geworden sind, wird in 11–12-cm-Töpfe mit Blumenerde umgetopft. Sollen alte Pflanzen überwintert werden, nimmt man sie im Spätherbst aus dem Blumenkasten, topft sie in passende Töpfe und kürzt die langen Triebe etwas ein. Überwintert wird kühl bei 5–8 °C und sehr hell, am besten in einem Kleingewächshaus oder im Wintergarten. Die Pflanzen müssen bei diesen Temperaturen etwas trokkener gehalten werden, dürfen aber nicht austrocknen. Trocken- und Kühlperioden von etwa 2 Monaten bei 5–10 °C fördern den Blütenansatz. Bei langsamer Eingewöhnung und trockenem Standort verträgt das Sonnenblitzerli im Winter bis zu –5 °C. Ab Februar können die Pflanzen dann wieder wärmer, bei 8–12 °C, stehen und werden häufiger gegossen. Ab Mitte Mai können die überwinterten Mutter- und Jungpflanzen dann ins Freie.

*Delosperma pruinosum*

**Pflege:** Das Sonnenblitzerli hat einen hohen Nährstoffbedarf und muß regelmäßig gegossen werden. Je heller der

Standort, desto reicher ist der Blütenflor.
**Schädlinge:** Blattläuse, Spinnmilben

## Delphinium
Rittersporn

**Arten:** *D. ajacis* (auch *Consolida ajacis, C. ambigua*, Gartenrittersporn, Hyazinthenrittersporn), *D. consolida* (auch *Consolida regalis*, Ackerrittersporn), *D. grandiflorum* (auch *D. grandiflorum* var. *chinense*, Zwergrittersporn)
**Familie:** Hahnenfußgewächse *(Ranunculaceae)*
**Heimat:** *D. ajacis* Mittelmeerraum, *D. consolida* Kleinasien, *D. grandiflorum* Westchina
**Blütenfarbe:** *D. ajacis* und *D. consolida* weiß, rosa, karminrot, hellblau, blauviolett und violett, *D. grandiflorum* blau
**Blütezeit:** Juni bis August
**Höhe:** *D. ajacis* 40–110 cm, *D. consolida* 80–110 cm, *D. grandiflorum* 20–50 cm
**Standort:** vollsonnig, windgeschützt; nährstoffreicher, tiefgründiger Boden
**Merkmale:** Der aus dem griechischen *delphinion* abgeleitete botanische Name dieser beliebten Sommerblume weist auf die Ähnlichkeit der Blüte mit einem Delphin hin. *D. ajacis* und *D. consolida* sind einjährig, *D. grandiflorum* ist dagegen eine nicht sehr ausdauernde Staude, die deshalb ein- oder zweijährig kultiviert wird. Der Rittersporn hat aufrechte, häufig auch verzweigte Stengel, an denen in langen Trauben zahlreiche einfache oder gefüllte Spornblüten sitzen. Die Blätter sind mehrfach handförmig geteilt.
**Sorten:** von *D. ajacis* 'Niedrige Hyazinthen' und 'Riesenhyazinthen' (Prachtmischung, Höhe 50 cm bzw. 110 cm), 'Early Bird Mixed' (Mischung von Pastellfarben, unverzweigte Stiele, Höhe 80 cm); von *D. consolida* 'Exquisit'-Rittersporne (7 Einzelfarben, auch als Farbmischung, Stiele verzweigt, Höhe 110 cm); von *D. grandiflorum* 'Blauer Zwerg' (Höhe 20 cm), 'Blauer Spiegel' (Höhe 50 cm)

*Delphinium grandiflorum*

**Verwendung:** Der Rittersporn mit seinen aparten Blütentrauben ist ein auffallender Gartenschmuck. Gruppenweise gepflanzt, setzt er in Rabatten und vor Zäunen oder Mauern besonders wirkungsvolle Akzente. Wenn man den Rittersporn nicht zu knospig schneidet und ihn sofort ins Wasser stellt, erweist er sich als dankbare Schnittblume. Die zierlichen Blütenstände eignen sich voll erblüht auch gut zum Trocknen.
**Kultur:** Die einjährigen Rittersporne werden entweder noch im Herbst bis Mitte Oktober oder im März/April direkt ins Freiland gesät. Herbstaussaaten erfordern allerdings einen leichten Winterschutz.
Sät man *D. grandiflorum* Ende März im Haus in Kisten oder Töpfe aus, blüht er schon im Spätsommer des ersten Jahres. Die Keimtemperatur sollte 10–12 °C nicht überschreiten. Eine Vorkultur im Frühbeetkasten ist möglich, wenn schon im Herbst in Kisten ausgesät wird. Die Pflänzchen werden im Frühjahr hell und vor allem luftig bei 8–12 °C weiterkultiviert. Mitte Mai wird der Rittersporn – je nach Art und Sorte – im Abstand von 15–30 cm ausgepflanzt.
**Pflege:** Um sich gut zu entwickeln, benötigt der Rittersporn unbedingt nährstoffreichen, aber stickstoffarmen Gartenboden und muß ausreichend gegossen werden. Hohe Pflanzen müssen an nicht windgeschützten Standorten gestützt werden.
Läßt man die Fruchtstände voll ausreifen, säen sie sich selbst aus.
**Schädlinge und Krankheiten:** Weichhautmilben, Minierfliegen; bakterielle Schwarzfleckenkrankheit, Echter Mehltau, Wachstumsstörung durch Viren
**Tip:** Für dauerhafte Sträuße werden voll erblühte Stiele geschnitten und an einem kühlen, trockenen Ort in eine Vase mit wenig Wasser gestellt, das man verdunsten läßt. So getrocknet, fallen die Blüten nicht so leicht ab.

*Delphinium ajacis*

## Dianthus barbatus
Bartnelke

**Familie:** Nelkengewächse *(Caryophyllaceae)*
**Heimat:** Gebirge Südeuropas
**Blütenfarbe:** weiß, scharlach, rot, rosa
**Blütezeit:** Juli bis Oktober
**Höhe:** 20–60 cm
**Standort:** sonnig; nährstoffreicher Lehm-Sand-Boden
**Merkmale:** Die Bartnelke ist seit dem frühen Mittelalter in heimischen Gärten zu finden. Neben den zweijährigen Bartnelken, die wegen ihrer einfachen Anzucht in Hausgärten sehr beliebt sind, stehen heute besonders rasch wachsende Sorten, die einjährigen Bartnelken, zur Verfügung, die bei einer frühzeitigen Aussaat und warmer Anzucht bereits im Juli mit der Blüte beginnen. Bartnelken bilden je nach Sorte 20–60 cm hohe Blütenstiele, an deren Ende duftende einfache oder gefüllte Blüten in dichten endständigen Dolden sitzen.
**Sorten:** Einjährige Bartnelken sind 'Red Empress' (scharlachfarben, Höhe 40 cm) und 'Rapid' $F_1$-Hybriden (weiß, rot, scharlachfarben, Höhe 60 cm).

Zweijährige Bartnelken sind 'Heimatland' (dunkelrot mit weißer Mitte, Höhe 50 cm), 'Pink Beauty' (rosa, Höhe 50 cm), die 'Vorläufer'-Serie in mehreren Farben (Höhe 50 cm) und 'Indianerteppich' (Mischung einfachblühender Zwergsorten, Höhe 25 cm).
**Verwendung:** Die ein- und zweijährigen Bartnelken wirken vor allem in Gruppen und sind als Schnittblumen sehr beliebt.
**Kultur:** Einjährige Bartnelken werden zwischen Februar und April ausgesät. Am besten steckt man 2–3 Samen in 6–8-cm-Töpfe mit handelsüblicher Anzuchterde und hält sie bei 15–20°C. Nach 3–5 Wochen wird die Temperatur auf 12–14°C gesenkt. Ab Mitte Mai wird dann im Abstand von 20–25 cm in kräftige humose Erde ausgepflanzt.
Zweijährige Bartnelken können ab Ende Mai bis Juni in ein Saatbeet (z.B. Kalten Kasten) ausgesät werden. Die Keimung erfolgt bei 15°C. Nach 4 Wochen wird in 6–8-cm-Töpfe mit Topferde

*Dianthus barbatus*

vereinzelt und bei 10–15°C weiterkultiviert. Ende Juli/Anfang August wird auf den vorgesehenen Standort im Abstand von 20–25 cm ausgepflanzt. Die Pflanzung darf nicht zu spät erfolgen, da bei ungenügendem Einwurzeln die Gefahr besteht, daß die Pflanzen erfrieren. Die Blüte beginnt im Juni des nächsten Jahres. Gegen Kahlfröste werden die Pflanzen mit Fichtenreisig geschützt.

*Dianthus barbatus*

**Pflege:** Bartnelken benötigen einen kräftigen lehmig-sandigen Gartenboden und ausreichend Nährstoffe. Während der Wachstumszeit werden sie mäßig gegossen, Staunässe ist zu vermeiden. Schnittreif sind Bartnelken, wenn einige Blüten im Blütenstand geöffnet sind.
**Schädlinge und Krankheiten:** Blattläuse, Spinnmilben, Thripse, Stengelälchen; Viruskrankheiten, Nelkenrost, Nelkenschwärze, Blattfleckenkrankheit, Welkekrankheiten

## Dianthus caryophyllus

Gartennelke, Landnelke, Gebirgshängenelke, Schnittnelke

**Familie:** Nelkengewächse (*Caryophyllaceae*)
**Heimat:** Dalmatien
**Blütenfarbe:** weiß, gelb, rot, rosa, auch zweifarbig
**Blütezeit:** Mai bis Oktober
**Höhe:** Garten- und Schnittnelken 40–50 cm, Hängenelken bis 30 cm, dann überhängend

**Standort:** Garten- und Schnittnelken brauchen einen sonnigen Platz und humusreichen, gleichmäßig feuchten Gartenboden; Hängenelken gedeihen in halbschattigen bis sonnigen, windgeschützten Lagen (Schutz vor direkter Mittagssonne) in humusreichem, mittelschwerem Substrat.
**Merkmale:** Die in ihrer Heimat mehrjährige Pflanze wird bei uns einjährig kultiviert. Die neuen Züchtungen der Garten- und Schnittnelken, die wegen ihres Duftes und ihrer Reichblütigkeit im Hausgarten gerne angepflanzt werden, zählen botanisch gesehen genauso zu *Dianthus caryophyllus* wie die ausschließlich für die Balkon- und Ampelbepflanzung verwendbaren Hänge- bzw. Gebirgshängenelken. Vor allem die graugrün belaubten Chabaud-Nelken erinnern mit ihren bunten, gefüllten Blüten auf kräftigen Stengeln an die großblumigen Edelnelken des Gewächshausanbaus. Die Gebirgshängenelken eignen sich besonders für die Bergregionen Süddeutschlands, Österreichs und der Schweiz mit hohem UV-Licht-Anteil. In den tieferliegenden Regionen gedeihen sie jedoch meist nur unbefriedigend. Nicht nur der Wuchs und die Blütenbildung sind hier spärlicher, sondern die Pflanzen sind auch anfälliger für Krankheiten, vor allem für den Nelkenrost. Neuerdings werden von Züchtern aber auch für niedrige Regionen unter 800 m ü.M. Sorten von Hängenelken mit hervorragenden Eigenschaften angeboten.
**Sorten:** Niedrige Gartennelken sind die 'Liliput' $F_1$-Hybriden (kompakt wachsend, creme- bis orangefarben, Höhe 20 cm).

*Dianthus caryophyllus*, Chabaudnelke

Für den Schnitt besonders gut geeignete Gartennelken sind die starkstieligen Chabaud-Nelken mit den Sorten 'Aurora' (lachsrosa, Höhe 50 cm), 'Carmen' (kirschrot, Höhe 50 cm) und 'Jeanne Dionis' (rein weiß, Höhe 50 cm); die Enfant-de-Nice-Nelken mit der Sorte 'William Martin' (Prachtmischung, Höhe 40–50 cm), die bei rechtzeitigem Ausbrechen der Seitenknospen fast die Größe von Edelnelken erreicht; die Regina-Nelken (ganzrandige Blüten auf kräftigen Stielen) mit den Sorten 'Maria Stuart' (purpurfarben, Höhe 50 cm), 'Viktoria' (rot, Höhe 50 cm) und 'Luise' (weiß, Höhe 50 cm).

Hängenelken für niedrige Regionen (unter 800 m ü. M.) sind 'Balkanfeuer' (scharlachrot), 'Romeo' (rot) und 'Julia' (rosa).
Gebirgshängenelken für höhere Regionen (über 800 m ü. M.) sind 'Tiroler Gebirgshängenelke' (karminrot), 'Gruß vom Chiemgau' (hellrot) und 'Feuerkönig' (leuchtend rot).
**Verwendung:** Die Garten- und Schnittnelken eignen sich überwiegend für die sommerliche Bepflanzung von Beeten, die Hänge- und Gebirgshängenelken für die Balkon-, Gefäß- und Ampelbepflanzung.
**Kultur:** Die Aussaat der Garten- und Schnittnelken erfolgt zwischen Mitte Februar und Anfang März in lockere Anzuchterde bei einer Keimtemperatur von 15°C. Ab Mitte bis Ende März werden die Keimlinge in 6–9-cm-Töpfe mit Anzuchterde vereinzelt und bei 12°C weiterkultiviert. Die Anzucht kann auch im Frühbeet erfolgen. Die Jungpflanzen werden ab Anfang Mai im Abstand von 25–30 cm ausgepflanzt.
Bei den Hänge- bzw. Gebirgshängenelken erfolgt die Vermehrung durch Stecklinge, entweder von September bis November durch Kopfstecklinge von den Mutterpflanzen oder von Januar bis März durch Stutztriebe von Jungpflanzen. Gesteckt wird bei 12–14°C in ein Anzuchtsubstrat mit Sandzusatz. Die Stecklinge sind vor Zugluft und Sonnenbestrahlung zu schützen. Wenn sie Wurzeln gebildet haben, werden sie in einen 10-cm-Topf mit Topferde gesetzt und bei 6–10°C weiterkultiviert. Auch ein Frühbeetkasten kommt dafür in Frage. Die Verzweigung der Jungpflanzen fördert man durch mehrmaliges Entspitzen. Ab Mitte Mai können sie dann in den Balkonkasten gepflanzt werden. Die im Herbst abgenommenen Stecklinge werden dann bei 5–6 °C überwintert.

*Dianthus caryophyllus,* Gartennelke

*Dianthus caryophyllus*

**Pflege:** Garten- und Schnittnelken lieben mittelschwere und durchlässige Böden und haben einen mittleren bis hohen Nährstoffbedarf.
Hänge- und Gebirgshängenelken für die Gefäßbepflanzung benötigen ein humusreiches, mittelschweres Substrat oder Topferde. Da sie einen hohen Bedarf an Luftfeuchtigkeit haben, empfiehlt sich kräftigeres Gießen.
**Schädlinge und Krankheiten:** Blattläuse, Spinnmilben, Thripse, Stengelälchen; Viruskrankheiten, Nelkenrost, Nelkenschwärze, Blattfleckenkrankheit, Welkekrankheiten

## Dianthus-Chinensis-Hybriden

Kaisernelke, Sommernelke, Heddewigsnelke, Chinesische Nelke, Chinesennelke, Chinesernelke

**Familie:** Nelkengewächse *(Caryophyllaceae)*
**Heimat:** Eurasien, Urformen in China, Korea
**Blütenfarbe:** weiß, lachsfarben, hellrosa, scharlach, dunkelrot, violett, mit und ohne Auge
**Blütezeit:** Mai bis September
**Höhe:** 15–30 cm
**Standort:** sonnig; nährstoffreicher Boden ohne Feuchtigkeitsschwankungen
**Merkmale:** Die ursprünglich im Fernen Osten beheimateten einjährigen Beet- und Balkonpflanzen erfreuen sich auch bei uns immer größerer Beliebtheit. Die neuen $F_1$-Hybriden mit ihren leuchtenden Farbtönen werden vor allem wegen ihrer Vielfalt und Reichblütigkeit kultiviert. Sie besitzen die typischen schmalen graugrünen Nelkenblätter, die zierlich gefransten Blüten sitzen auf starken Stielen und blühen den ganzen Sommer lang.
**Sorten:** 'Parfait'-Serie (in zwei Farben, kompakt wachsend, großblumig, Höhe 15 cm), 'Charm'-Serie (in fünf Farben, einfachblühend, kompakt wachsend, Höhe 20 cm), 'Telstar'-Serie (in drei Farben, runde, buschige Pflanzen, Höhe 25–30 cm), 'Color Magician' (reichblühende Nelke mit interessantem Farbenspiel auf einer Pflanze, Höhe 25–30 cm)
**Verwendung:** Die Kaisernelken werden am besten gruppenweise in Blumenbeete (auch als Einfassungen) oder in Balkongefäße gepflanzt. In Beeten wirken Gruppen von 15–20 Pflanzen, im Balkonkasten von 2–3 Pflanzen besonders reizvoll.
**Kultur:** Die Aussaat erfolgt von Ende Januar bis April bei einer Keimtemperatur von 16–20°C in handelsübliche Anzuchterde mit etwas Sandzusatz. Nach 3–4 Wochen wird in 8–9-cm-Töpfe mit einem nährstoffreichen, mittelschweren Substrat (oder in Einheitserde T) vereinzelt. Zum Einwurzeln sind 16°C, nach dem Einwurzeln 12 bis 14°C notwendig. Ein Stutzen der Jungpflanzen fördert die Verzweigung, verlängert aber auch die Anzuchtzeit. Vor dem Auspflanzen ab Mitte Mai im Abstand von 20–25 cm sollten die Pflanzen ausreichend abgehärtet werden.

Dianthus-Chinensis-Hybriden

**Pflege:** Kaisernelken lieben einen nährstoffreichen Boden. Mäßiges Gießen, bei dem Staunässe vermieden werden muß, begünstigt ihre Entwicklung.
**Schädlinge und Krankheiten:** Blattläuse, Spinnmilben, Thripse, Stengelälchen; Viruskrankheiten, Nelkenrost, Nelkenschwärze, Blattfleckenkrankheit, Welkekrankheiten

**Tip:** Gewöhnlich tritt im August eine Blühpause ein, die jedoch durch einen rechtzeitigen Rückschnitt der Pflanzen Ende Juli überwunden wird; dadurch werden eine Neubildung der Triebe und der Blütenansatz gefördert.

*Dianthus-Chinensis*-Hybriden

## Diascia
Elfensporn, Diascie

**Art:** *D. barberae*
**Familie:** Braunwurzgewächse oder Rachenblütler *(Scrophulariaceae)*
**Heimat:** Südafrika
**Blütenfarbe:** rosa bis rosaviolett
**Blütezeit:** April bis Oktober
**Höhe:** 25–30 cm, teils hängend
**Standort:** sonnig; durchlässiger, mäßig nährstoffreicher Boden
**Merkmale:** Diese zierliche einjährige Pflanze, die bislang sehr selten bei uns zu sehen war, findet immer größeres Interesse bei Züchtern. Sie ist eine Langtagpflanze und braucht einen vollsonnigen Platz, um ihren üppigen Blütenflor entfalten zu können. Der Elfensporn wächst teils aufrecht, teils hängend, seine zarten rosa bis rosavioletten Blüten stehen einzeln oder in Trauben. Die Blüten besitzen eine erstaunliche Wetterfestigkeit.
**Sorte:** 'Rosalie' (rosaviolett, 30 cm lange Triebe)
**Verwendung:** Der Elfensporn eignet sich vor allem für die Bepflanzung von Ampeln, Balkonkästen, Kübeln und Gefäßen, ziert in größeren Gruppen aber auch Steingärten.
**Kultur:** Üblich ist die Vermehrung durch Teilstecklinge ab Ende Februar. Am besten steckt man je 3 Stecklinge in einen 8-cm-Topf mit Anzuchterde und läßt sie bei etwa 20°C bewurzeln. Nach 3–4 Wochen werden die bewurzelten Jungpflanzen in einen 11-cm-Topf umgesetzt und bei 15°C weiterkultiviert. Um einen buschigen Wuchs zu erhalten, müssen die Pflanzen ein- bis zweimal gestutzt werden. Ausgepflanzt wird nach den Eisheiligen im Abstand von 25–30 cm.
Der Elfensporn kann auch ab Februar bei 18°C in Kisten oder Schalen ausgesät werden, allerdings blühen diese Pflanzen erst 4 Wochen später als die durch Stecklinge vermehrten. Die Sämlinge werden in Tuffs von 3–5 Pflänzchen in 11-cm-Töpfe pikiert und Ende Mai ausgepflanzt.
**Pflege:** Nach dem Auspflanzen ist für eine gleichmäßige Feuchtigkeit zu sorgen, da die Pflanze weder Trockenheit noch Staunässe verträgt. Der Nährstoffbedarf ist gering.

*Diascia barberae*

Verwelkte Blütenstände sollten entfernt werden, um ständig neuen Flor anzuregen.
In einem hellen Raum kann der Elfensporn bei 0–10°C auch problemlos überwintert werden.
**Krankheiten:** Grauschimmel, Wurzel- und Stengelfäule

## Didiscus
Blaudolde

**Art:** *D. caeruleus* (auch *Trachymene caerulea* und *Huegelia caerulea*)
**Familie:** Doldenblütler *(Apiaceae, Umbelliferae)*
**Heimat:** Westaustralien
**Blütenfarbe:** hellblau
**Blütezeit:** Juli bis Frostbeginn
**Höhe:** 50–70 cm
**Standort:** volle Sonne; durchlässiger warmer Boden ohne stehende Nässe
**Merkmale:** Die einjährige Blaudolde, eine Wiederentdeckung aus Australien, ist eine standfeste und robuste Schnittblume mit einem starken aufrechten Stiel. Die runden, gewölbten Blütendolden haben einen Durchmesser von 6–8 cm, die wechselständig stehenden Blätter sind fingerförmig geteilt.
**Sorte:** 'Frühlingshimmel', auch 'Himmelblau' genannt (dichte hellblaue Blüten)
**Verwendung:** Die Blaudolde ziert große Sommerblumenbeete, eignet sich als Schnittblume und wird auch als floristisches Beiwerk verwendet.
**Kultur:** Die Aussaat erfolgt zwischen Februar und Mai in handelsübliche Anzuchterde bei einer Keimtemperatur von 18°C. Nach 2 Wochen wird die Temperatur auf 12–15°C abgesenkt. Die Sämlinge werden 3–4 Wochen nach der Aussaat in 9-cm-Töpfe pikiert.
Die Aussaat kann aber auch ab Ende März in einem Frühbeetkasten vorgenommen werden. Um Pflanzen mit Topfballen auspflanzen zu können, werden die Sämlinge nach abgeschlossener Keimung in einen 6–8-cm-Topf pikiert. Da sie nicht leicht zu pikieren sind, sät man auch direkt 2–3 Samenkörner in 6–8-cm-Töpfe.
Nach den Eisheiligen werden die Pflanzen dann mit Topfballen im Abstand von 25–30 cm an einen sonnigen Platz gepflanzt. Die Blaudolde kann ab April auch direkt ins Freiland gesät werden, wenn sie vorübergehend mit einem Vlies abgedeckt wird.

*Didiscus caeruleus*

**Pflege:** Bei besonders schweren Böden wird zur besseren Erwärmung vor der Anlage des Blumenbeets Rindenhumus oder grober Torf in die Erde eingearbeitet. Der pH-Wert des Bodens soll bei 6–7 liegen.
Die Blaudolden sollten regelmäßig geschnitten werden, damit sie keine braunen und unansehnlichen Blüten bekommen.
**Schädlinge:** vereinzelt Läuse

## Digitalis
Fingerhut

**Art:** *D. purpurea* (Roter Fingerhut, Purpurfingerhut)
**Familie:** Braunwurzgewächse oder Rachenblütler *(Scrophulariaceae)*
**Heimat:** Europa und Nordafrika
**Blütenfarbe:** weiß, rosa, rot, auch gelb
**Blütezeit:** Juni bis August
**Höhe:** 60–140 cm
**Standort:** halbschattig (bis schattig); durchlässiger, kalkarmer, nährstoffreicher Boden
**Merkmale:** Am Waldrand und auf Lichtungen ist der Rote Fingerhut auch in freier Natur zu finden. Die zweijährige Pflanze, die sich leicht selbst aussät, bildet im ersten Jahr eine große Rosette aus filzig behaarten, spitz-eiförmigen Blättern, aus deren Mitte im nächsten Jahr der aufrechte Stiel mit einer langen, meist dicht besetzten Blütentraube treibt. Die glockenförmigen, nickenden Blüten mit geflecktem Schlund, die einem Fingerhut gleichen, öffnen sich von unten nach oben und werden gerne von Hummeln besucht. Da alle Teile der altbewährten Garten- und Arzneimittelpflanze giftig sind, ist Vorsicht anzuraten.
**Sorten:** 'Gloxiniaeflora' (Prachtmischung, sehr großblütig, Höhe 100 cm), 'Excelsior Hybriden' (Farbmischung, große, waagrechte Blüten, Höhe 120 cm), 'Mervita' (Farbmischung in Pastelltönen, Höhe 120–140 cm)
**Verwendung:** Der Rote Fingerhut eignet sich ausgezeichnet für naturnahe Gärten. Er belebt vor allem immergrüne Gehölzpflanzungen und läßt sich gut mit Wildstauden und Farnen kombinieren. Auch als Schnittblumen sehen die Blütenstiele bezaubernd aus.
**Kultur:** Ausgesät werden kann von Mai bis Juni ins Frühbeet oder auf ein Saatbeet. Die feinen Samen werden nur angedrückt. Nach 2–3 Wochen bei Temperaturen von 18–22°C zeigen sich die ersten Keimblätter. Wenig später wird pikiert.
Im Spätsommer setzt man die Jungpflanzen im Abstand von 30–40 cm an den gewünschten Platz. Sie blühen dann im darauffolgenden Jahr.
**Pflege:** Leicht saurer Humus entspricht den natürlichen Bodenbedingungen dieser Waldrandgewächse. Wenn man darauf achtet, daß der Boden nie austrocknet, verträgt der Rote Fingerhut auch einen sonnigen Standort. Läßt man die Samenstände im Herbst stehen, säen sich die Pflanzen selbst aus, und es muß später nur noch vereinzelt werden.
**Tip:** Durch einen Rückschnitt nach der Blüte läßt sich der Rote Fingerhut ein weiteres Jahr kultivieren. Diese Pflanzen sind allerdings schwächer als neu aus Samen herangezogener Fingerhut.

*Digitalis purpurea*

*Dimorphotheca pluvialis*

## Dimorphotheca
Kapkörbchen, Kapringelblume

**Arten:** *D. sinuata* (auch *D. calendulacea, D. aurantiaca*), *D. pluvialis* (auch *D. annua, Calendula pluvialis*), *D.*-Hybriden
**Familie:** Korbblütler *(Compositae)*
**Heimat:** Südafrika
**Blütenfarbe:** weiß, pastell- oder orangefarben mit gelber, tiefvioletter, blauer oder brauner Mitte
**Blütezeit:** Juni bis September
**Höhe:** 25–50 cm
**Standort:** sonnig; nicht zu schwerer, am besten sandiger, durchlässiger Boden
**Merkmale:** Die in ihrer Heimat mehrjährigen Pflanzen werden bei uns einjährig kultiviert. Die aufrecht wachsenden buschigen Kapkörbchen blühen üppig, sind allerdings gegen zuviel Feuchtigkeit empfindlich. Ihre Blüten öffnen sich nur bei Sonnenschein und auch dann nur bis zum Nachmittag. *D. sinuata* zeichnet sich durch leuchtend orangefarbene, bisweilen am Grund tiefviolette Strahlenblüten aus, bei *D. pluvialis* sind die Strahlenblüten oberseits weiß, unterseits violett oder purpurn. Durch Kreuzungen entstanden Züchtungen mit teilweise bizarren Blütenformen und bis zu 12 cm großen Einzelblüten.
**Sorten:** von *D. sinuata* 'Sommermode' (Pastellschattierungen in Orange, Gelb, Lachs und Weiß, Höhe 30 cm), 'Tetra Goliath' (orange mit brauner Mitte, großblumig, zum Schnitt geeignet, Höhe 40–50 cm); von *D. pluvialis* 'Polarstern' (weiß mit tiefblauer Mitte, Höhe 30 bis 40 cm), 'Pink Polarstern' (lilarosa mit blauer Mitte, Höhe 30–40 cm)
**Verwendung:** Kapkörbchen sorgen, vor allem in Gruppen gepflanzt, in Sommerblumen- und Staudenbeeten, in Steingärten und Rabatten für hübsche Farbakzente. Größere Balkon- und Pflanzgefäße zieren sie als prächtige Leitpflanzen.
**Kultur:** Ausgesät wird ab Mitte März, dazu legt man am besten 3–4 Samen in einen 8-cm-Topf mit Anzuchterde. Bei 15°C keimen die Samen in 7–14 Tagen. Bei etwas kühlerer (etwa 12°C) und luftiger Weiterkultur

wachsen die Pflanzen gedrungen und kräftig heran, bis sie nach den Eisheiligen im Abstand von 20–25 cm ins Freiland ausgepflanzt werden können.
**Pflege:** Das anspruchslose Kapkörbchen verträgt anhaltende Trockenheit gut und braucht daher nur mäßig feucht gehalten zu werden. Ab Ende Juni müssen abgeblühte Blumen regelmäßig ausgeschnitten werden, um den Neuaustrieb und die Blütenbildung zu fördern.
**Schädlinge und Krankheiten:** Blattläuse, Schnecken; Echter Mehltau

*Dimorphotheca sinuata*

## Dolichos
Helmbohne

**Art:** *D. lablab* (auch *Lablab niger, L. purpureus, L. vulgaris*, Faselbohne)
**Familie:** Schmetterlingsblütler *(Leguminosae)*
**Heimat:** vermutlich tropisches Afrika
**Blütenfarbe:** violett, bei der Sorte 'Alba' weiß
**Blütezeit:** September bis Oktober, im Wintergarten ab Juli
**Höhe:** 3–4 m
**Standort:** warm, geschützt und sonnig; feuchter, humusreicher Boden
**Merkmale:** Die Helmbohne ist eine einjährige Schlingpflanze mit großen dreizähligen Blättern und violetten Blüten in lockeren Trauben. Eigenartig und exotisch wirken die glänzend purpurvioletten, etwa 5–6 cm langen Hülsen. Die darin enthaltenen abgeplatteten Samen sind von einem Ringwulst helmartig umgeben, daher der Name Helmbohne. In tropischen und subtropischen Gebieten wird sie als Nutzpflanze angebaut, die proteinreichen Hülsen und Samen werden als Gemüse gegessen.
**Verwendung:** Die Helmbohne eignet sich als Schlingpflanze an Spalieren oder anderen Aufleitungen im Freien oder in luftigen, hellen Wintergärten. Im Freien kommt sie nur in warmen und geschützten Lagen zur Blüte. Mögliche Standorte sind auch ein geschützter Balkon oder eine Terrasse.
**Kultur:** Wegen der Wärmebedürftigkeit der Pflanze ist eine Jungpflanzenanzucht notwendig. Dazu werden ab März jeweils drei Samenkörner in 9-cm-Töpfe in Blumenerde ausgesät und an einem hellen Ort bei 16–18°C vorkultiviert. Ab Ende Mai/Anfang Juni können die Jungpflanzen dann ins Freie.
**Pflege:** Spezielle Pflegemaßnahmen sind nicht erforderlich.

## Dorotheanthus
Mittagsblume

**Art:** *D. bellidiformis* (auch *D. criniflorus, Mesembryanthemum criniflorum*)
**Familie:** Eiskraut- oder Mittagsblumengewächse *(Aizoaceae)*
**Heimat:** Südafrika

*Dolichos lablab*

**Blütenfarbe:** rot, lila, gelb, orange und weiß
**Blütezeit:** Juni bis August
**Höhe:** 10–15 cm
**Standort:** sonnig; trockener, durchlässiger, nicht zu nährstoffreicher Boden
**Merkmale:** Die einjährige, kriechend wachsende Pflanze mit schmalen, fleischig verdickten Blättern bildet hübsche Polster. Den ganzen Sommer über erscheinen die feinstrahligen Blüten, die sich allerdings nur bei Sonnenschein öffnen; im Schatten oder bei Regen schließen sie sich sofort.
**Sorte:** Im Handel ist eine Farbmischung in bunten Pastelltönen erhältlich.
**Verwendung:** Mittagsblumen eignen sich als Bodendecker für Beetflächen, Einfassungen und Steingärten, kommen aber auch in Schalen oder Balkonkästen gut zur Geltung.
**Kultur:** Da die jungen Pflanzen sich nur schwach bewurzeln und schwer zu pikieren sind, empfiehlt sich Direktsaat. Im März/April sät man 3–5 Samen in 6–8-cm-Töpfe mit Anzuchterde, die mit Sand vermischt wurde. Bei einer Temperatur von 18°C keimen die Samen nach 2–3 Wochen. Dann genügen 10–12°C. Die Jungpflanzen brauchen einen hellen Platz und dürfen keinesfalls zu feucht gehalten werden, da sie leicht faulen. Ausgepflanzt wird nach den Eisheiligen im Abstand von 25 cm. Ab Mai kann auch direkt ins Freie gesät werden.
**Pflege:** Mittagsblumen sind ausgesprochene Schwachzehrer und blühen auf mageren Böden reicher. Gegossen wird nur wenig, Verblühtes regelmäßig entfernt.
**Schädlinge:** Schnecken

*Dorotheanthus bellidiformis*

# E

*Eccremocarpus scaber*

## Eccremocarpus
Prachtranke

**Art:** *E. scaber* (Schönranke)
**Familie:** Bignonien- oder Trompetenbaumgewächse *(Bignoniaceae)*
**Heimat:** Chile
**Blütenfarbe:** orangerot, gelb, dunkelrosa
**Blütezeit:** Juli bis Oktober
**Höhe:** 200–400 cm
**Standort:** sonnig; durchlässiger, nährstoffreicher Boden
**Merkmale:** Herrlich leuchtend hängen röhrenförmige Blüten in 10–15 cm langen Blütentrauben an den dünnen, reich verzweigten Trieben der rasch wachsenden Schönranke. Hübsch ist auch das zierliche Blattwerk der ausdauernden, immergrünen Kletterpflanze, die bei uns wegen ihrer Frostempfindlichkeit meist nur einjährig kultiviert werden kann. Die Mittelrippe der doppelfiederschnittigen Blätter endet in einer Ranke, mit der sich die dünnen, zähen Triebe Halt suchen.
**Verwendung:** Innerhalb kurzer Zeit schmückt die Schönranke Zäune, Geländer, Pergolen, Hauswände in Südlagen und kann auch in Kübeln auf Balkon und Terrasse gezogen werden.
**Kultur:** Im warmen Gewächshaus oder auf der Fensterbank wird zwischen Februar und April in sandiges, leichtes Substrat ausgesät. Bei 18°C keimen die Samen nach 10–14 Tagen, nach weiteren 14 Tagen werden jeweils 3 Pflänzchen in einen 8–10-cm-Topf pikiert und bei 12–15°C weiterkultiviert. Nach den Eisheiligen kann im Abstand von 30–40 cm ins Freie gepflanzt werden. Wird die Schönranke im Kübel gezogen, sollte ihr rascher Wuchs berücksichtigt und das Gefäß nicht zu klein gewählt werden.
**Pflege:** An einem warmen Platz in Südlage mit leichtem, nährstoffreichem Boden gedeiht die Schönranke meist problemlos. Nur in Trockenperioden muß gegossen werden, Staunässe ist jedoch unbedingt zu vermeiden.
**Tip:** Man kann in Kübeln gezogene Pflanzen im Spätherbst zurückschneiden und an einem hellen, kühlen Platz bei etwa 8°C überwintern. In Gegenden mit mildem Klima können Schönranken den Winter im Freien überstehen, wenn man sie auf 30 cm zurückschneidet und mit einer Laubdecke schützt.

## Echium
Natternkopf

**Art:** *E. plantagineum* (auch *E. lycopsis*)
**Familie:** Boretsch- oder Rauhblattgewächse *(Boraginaceae)*
**Heimat:** Süd- und Westeuropa, Nordwestafrika, Kaukasus
**Blütenfarbe:** blauviolett, auch rot bis rosa
**Blütezeit:** Juni bis August
**Höhe:** 30–60 cm
**Standort:** sonnig; durchlässiger, sandiger oder lehmiger Boden, auch auf trockenem, kargem Boden
**Merkmale:** Im Mittelmeergebiet ist der Natternkopf an Wegrändern, Ackerrainen und auf Ödflächen häufig zu finden. Seine leuchtend blauen Trichterblüten, die an

*Echium plantagineum*

verzweigten Blütenständen stehen, sind weithin zu sehen. Da Blau eine begehrte, aber im Sommer eher seltene Blütenfarbe ist, findet der Natternkopf auch in unseren Gärten immer stärkere Beachtung. Während die Art gut 50 cm hoch wird, bleiben die Züchtungen niedrig und blühen in noch intensiveren Blautönen. Die ganze Pflanze ist weich behaart, die Blätter zeigen deutliche Adern, was für Boretschgewächse typisch ist. Wie der Boretsch *(Borago officinalis)* ist der ein- bis zweijährige Natternkopf eine ausgezeichnete Bienenweide.
**Sorten:** 'Blue Bedder' (himmelblau, Höhe 30 cm), 'Dwarf Hybrids' (Mischung mit blauen, rosa und lavendelfarbenen Blüten, Höhe 30 cm)
**Verwendung:** Die strahlend blauen Blüten der niedrigen Sorten ergeben eine hervorragende Unterpflanzung für vielerlei andere Sommerblumen. Da der Natternkopf Trockenheit gut verträgt, findet er auch im Steingarten oder auf Trockenmauern Verwendung.
**Kultur:** Vorkultur unter Glas oder im Haus ist nicht nötig, der Natternkopf wächst auch bei Direktsaat problemlos und schnell. Im März/April wird der Samen direkt ins Freie breitwürfig ausgesät. Die Samen werden gut angedrückt oder mit einer dünnen Erdschicht übersiebt. Stehen die Keimlinge zu dicht, muß etwas ausgedünnt werden, der Abstand zwischen den Pflanzen sollte etwa 20–30 cm betragen.
**Pflege:** Der Natternkopf ist eine sehr robuste und widerstandsfähige Sommerblume, die keinerlei Pflegeansprüche stellt und sich ungestört am besten entfaltet. Übermäßige Nässe verträgt er nicht, er wird nur sehr sparsam gegossen. Auch eine Düngung ist nicht notwendig.

## Erigeron
Feinstrahl, Berufkraut

**Art:** *E. karvinskianus* (auch *E. mucronatus, Vittadinia triloba, Chrysanthemum foeniculaceum*, Spanisches Gänseblümchen)
**Familie:** Korbblütler *(Compositae)*
**Heimat:** Mexiko bis Venezuela, Südwesteuropa
**Blütenfarbe:** weiß bis zartrosa mit gelber Mitte
**Blütezeit:** Mai bis Oktober
**Höhe:** 20–30 cm
**Standort:** sonnig; humoser, mäßig nährstoffreicher Boden

*Erigeron karvinskianus*

**Merkmale:** Diese Staude mit dem Charakter einer Wildpflanze wird bei uns in der Regel nur einjährig gezogen. Wegen ihrer Verbreitung in Südwesteuropa und der Ähnlichkeit ihrer Blüten mit denen unseres heimischen Gänseblümchens wird die Pflanze als Spanisches Gänseblümchen bezeichnet. Die zierlichen Triebe wachsen überwiegend kriechend, ausladend und bilden auch rasch überhängende Büsche. Die zahlreichen zunächst weißen, später zartrosa getönten Strahlenblüten erscheinen den ganzen Sommer über bis in den Herbst hinein.
**Sorte:** 'Blütenmeer' (weiß bis zartrosa, kompakter Wuchs, Höhe 20–30 cm)
**Verwendung:** Das Spanische Gänseblümchen eignet sich besonders gut für die Bepflanzung von Balkonkästen und Ampeln, aber auch für Rabatten und Steingärten, vor allem in Kombination mit anderen Wildblumen.
**Kultur:** Ausgesät wird bei 15–18°C zwischen Januar und März/April in Kisten oder Schalen mit Anzuchterde. Die Samen werden nur leicht angedrückt und nicht mit Erde abgedeckt (Lichtkeimer). 3–4 Wochen später pikiert man die Sämlinge zu dritt in 9-cm-Töpfe und kultiviert sie bei 15°C weiter. Ausgepflanzt wird nach den Eisheiligen im Abstand von 20–30 cm in den Garten oder in Kästen und Ampeln mit Topferde.
An warmen, geschützten Plätzen sät sich das Spanische Gänseblümchen häufig sogar von selbst aus. Die Vermehrung durch Stecklinge ist nicht zu empfehlen, da diese sich nur schwer bewurzeln und die Pflanzen weniger blühwillig sind als durch Samen vermehrte.
**Pflege:** Spanische Gänseblümchen haben einen mittleren Nährstoffbedarf und müssen während der Wachstumszeit mäßig bewässert werden. Abgeblühte Triebe sollte man regelmäßig entfernen. Während der Vorkultur abgehärtete Pflanzen überstehen Bodenfrost bis −4°C ohne Schaden. Die Pflanzen können auch an einem hellen Standort bei Temperaturen knapp über dem Gefrierpunkt überwintert werden.

*Erysimum* x *allionii*

## Erysimum
Schöterich

**Art:** *E.* x *allionii* (auch *E.* x *marshallii, Cheiranthus* x *allionii*)
**Familie:** Kreuzblütler *(Brassicaceae, Cruciferae)*
**Heimat:** Die Urformen stammen aus Südeuropa und Mittelasien.
**Blütenfarbe:** goldgelb, orange
**Blütezeit:** Mai bis Juni
**Höhe:** 20–45 cm
**Standort:** sonnig; nährstoffreicher, kalkhaltiger Lehmboden
**Merkmale:** Die hübsche Gartenblume, entstanden aus der Kreuzung von *E. ochroleucum* x *E. perovskianum*, ist dem bekannteren Goldlack sehr ähnlich. Die zweijährige, buschig wachsende Pflanze kann auch einjährig gezogen werden. Ihre Blätter sind schmal, länglich bis eiförmig. Die einfachen Blüten sitzen dicht beieinander in endständigen Trauben und verbreiten besonders bei Sonnenschein einen angenehmen, süßlichen Duft.
**Verwendung:** Als Rabatten- und Gruppenpflanze setzt der Schöterich leuchtende Farbakzente. Auch zum Bepflanzen von Gefäßen und als Schnittblume ist er gut geeignet.
**Kultur:** Man sät im Juli an einem sonnigen Standort im Freiland oder im Frühbeetkasten aus. Wie alle Kreuzblütler keimt der Schöterich sehr schnell. Bereits nach einer Woche bei 15°C ist der Keimvorgang abgeschlossen. Bei dünner Aussaat entfällt das Vereinzeln oder Pikieren der Sämlinge. Im Spätsommer wird im Abstand von 15 bis 20 cm auf den vorgesehenen Standort gepflanzt. In kalten Gegenden oder an windgefährdeten Plätzen ist es allerdings besser, die Pflänzchen in 6-cm-Töpfe zu setzen und im Frühbeetkasten hell und luftig zu überwintern.

*Erysimum* x *allionii*

Für die einjährige Kultur wird von März bis Mai direkt ins Freiland ausgesät und bei zu dichtem Stand vereinzelt. Die Blüte beginnt bei diesen Pflanzen aber später als bei zweijährig gezogenen.
**Pflege:** Der Schöterich braucht nährstoffreiche, kalkhaltige Erde mit gutem Wasserspeichervermögen.
**Schädlinge und Krankheiten:** Erdflöhe; Keimlingskrankheiten, Stengelfäule, Kohlhernie, Mosaikkrankheit
**Tip:** Im Freien überwinternde Pflanzen sollten in Frostperioden mit einer Reisigdecke geschützt werden. Sie reagieren besonders empfindlich auf kalte Ostwinde.

*Eschscholzia californica*

## Eschscholzia
Eschscholzie, Goldmohn

**Art:** *E. californica* (Kalifornischer Mohn, Schlafmützchen)
**Familie:** Mohngewächse *(Papaveraceae)*
**Heimat:** Kalifornien, Oregon
**Blütenfarbe:** gelb, orange, rot, auch cremeweiß, karminrosa
**Blütezeit:** Juni bis Oktober
**Höhe:** 25–60 cm
**Standort:** vollsonnig und warm; sandiger, leichter Boden
**Merkmale:** Der einjährige, buschig wachsende Kalifornische Mohn gehört zu den unempfindlichen Pflanzen im Garten. Zierlich wirken seine blaugrünen, langgestielten, fiedrigen Blätter und auch die großen, schalenförmigen, seidig glänzenden Blüten. Sie sitzen auf langen, unbehaarten Stielen und öffnen sich nur bei Sonnenschein – und auch dann nur vom späten Vormittag bis zum späten Nachmittag.
**Sorten:** 'Dalli' (scharlachrot mit goldgelbem Grund, Höhe 25–30 cm), 'Gefüllte Ballerina' (Farbmischung, meist gefüllte Blüten, Höhe 30 cm), 'Prachtmischung' (einfache Blüten, Höhe 40 cm)
**Verwendung:** Einzeln oder in Gruppen gepflanzt, eignet sich der Kalifornische Mohn für bunte Blumenrabatten, Steingärten oder für Einfassungen. Als Schnittblume ist er nur bedingt verwendbar, da er sich in der Vase nur sehr kurz hält. Am besten schneidet man ihn, wenn sich die Knospen gerade zu öffnen beginnen.
**Kultur:** Der Kalifornische Mohn entwickelt schon sehr früh eine Pfahlwurzel und sollte daher nicht verpflanzt werden. Man sät ihn immer direkt an Ort und Stelle, meist im März bis spätestens Anfang April, für eine frühere Blüte und größere Pflanzen jedoch schon im September des Vorjahres. Die Sämlinge werden auf 20–30 cm Abstand ausgedünnt.
Da sich der Kalifornische Mohn leicht selbst aussät, erscheinen im Frühjahr neue Pflanzen, wenn der Boden im Herbst oder Winter nicht gestört wird.
**Pflege:** Besondere Pflegemaßnahmen sind nicht erforderlich.

## Euphorbia
Wolfsmilch

**Art:** *E. marginata* (auch *E. variegata*, Schnee auf dem Berge, Bergschnee)
**Familie:** Wolfsmilchgewächse *(Euphorbiaceae)*
**Heimat:** Nordamerika
**Blüten:** unscheinbar
**Blütezeit:** Juli bis September
**Höhe:** 50–80 cm
**Standort:** vollsonnig, warm und geschützt; durchlässiger Boden
**Merkmale:** Der einjährige Schnee auf dem Berge hat nur unauffällige Scheinblüten. Seine ganze Schmuckwirkung beruht auf dem apart gefärbten Laub. Während die unteren Blätter grün bleiben, färben sich ab Juli die Ränder oder die ganze Blattfläche der oberen weiß. Die Pflanze bildet einen dicht mit oval bis länglichen Blättern besetzten Busch, dessen Triebe sich oben mehrfach gabelig verzweigen.
**Verwendung:** Einzeln oder in kleinen Gruppen lockert der Schnee auf dem Berge bunt bepflanzte Beete und Rabatten auf und wirkt auch in größeren Pflanzgefäßen sehr hübsch. Er hält sich auch gut in der Vase und wird als Beiwerk in Sträußen oder Gestecken verwendet.
**Kultur:** Am einfachsten ist eine Direktsaat im Mai an Ort und Stelle ins Freiland. Nach der Keimung wird auf 25 cm Abstand vereinzelt. Wenn Mitte Mai schon größere Pflanzen gewünscht sind, muß eine Vorkultur an

*Euphorbia marginata*

einem sehr hellen Ort durchgeführt werden. Dazu wird Ende März/Anfang April bei 18°C in handelsübliche Blumenerde ausgesät. Wenn nach 7–14 Tagen die Keimlinge erscheinen, senkt man die Temperatur auf 14°C. Etwa 4 Wochen nach der Aussaat wird in 8–9-cm-Töpfe pikiert. Ab Mitte Mai kann dann ins Freiland gepflanzt werden.
Manchmal sät sich die Pflanze auch selbst aus, so daß im nächsten Jahr junge Pflänzchen im Garten erscheinen.
**Pflege:** Es sind keine besonderen Pflegemaßnahmen erforderlich, jedoch sollte Staunässe unbedingt vermieden werden.
**Tip:** Der Schnee auf dem Berge sondert wie alle Wolfsmilchgewächse einen Saft ab, der Hautreizungen verursachen kann. Verwendet man ihn als Schnittblume, sollten die Stiele in warmes Wasser getaucht werden, bevor man sie in die Vase stellt.

## Euryops
Euryops

**Art:** *E. tenuissimus* (auch *E. chrysanthemoides*, häufig auch als *Chrysanthemum frutescens* 'Sonnenschein' bezeichnet)
**Familie:** Korbblütler *(Compositae)*
**Heimat:** Afrika, Kapgebiet
**Blütenfarbe:** leuchtend gelb
**Blütezeit:** Mai bis Oktober
**Höhe:** 30–50 cm
**Standort:** vollsonnig; durchlässiger, nährstoffreicher Boden
**Merkmale:** Der attraktive Strauch, der in seiner Heimat mehrjährig ist, wird bei uns wegen fehlender Winterhärte meist nur einjährig kultiviert. Die dunkelgrünen Blätter mit stark gebuchtetem Rand bilden einen hervorragenden Kontrast zu den kräftig gelben Blütenkörbchen. Da die Blühwilligkeit des Euryops durch kurze Tage gefördert wird, läßt sie im Juli/August stark nach und nimmt erst ab September wieder zu.
**Verwendung:** Der Euryops wird gerne als aufrecht wachsende Beipflanze in bunte Balkonkästen gepflanzt. Bei geeigneter Überwinterungsmöglichkeit ist er auch als stattliche Kübelpflanze verwendbar.
**Kultur:** Die Vermehrung erfolgt durch Stecklinge, am besten im September/Oktober. Hierzu werden etwa 5–10 cm lange Triebenden (Kopfstecklinge) geschnitten und einzeln oder jeweils 2–3 Stück in 8–9-cm-Töpfe mit Blumenerde oder handelsüblicher Anzuchterde gesteckt. Mit Folientüten geschützt, bewurzeln sie sich an einem hellen, aber schattigen Ort bei 18–20°C in etwa 3–4 Wochen. Die bewurzelten Jungpflanzen werden in 11–12-cm-Töpfe gesetzt und bei etwa 10°C überwintert. Sie verzweigen sich auch ohne Entspitzen gut, sollten aber stets möglichst hell stehen, z.B. in einem kühlen Wintergarten. Mitte Mai stehen dann wieder kräftige Pflanzen zur Balkonbepflanzung zur Verfügung.
Will man ältere Pflanzen (Mutterpflanzen) überwintern, muß man sie Ende Oktober einräumen und an einem sehr hellen Ort bei 6–10°C aufstellen. Während der Überwinterung braucht man nur wenig zu gießen, allerdings darf der Wurzelballen nicht ganz austrocknen. Für Balkonpflanzen werden die Triebe auf etwa ein Drittel ihrer Länge zurückgeschnitten. Wer im Folgejahr jedoch große Kübelpflanzen haben will, verzichtet vorerst auf einen Rückschnitt. Er sollte erst nach 2–3 Jahren erfolgen, um Form und Größe der Pflanze in etwa zu halten.
**Pflege:** Außer dem Abschneiden abgeblühter Blütenkörbchen und reichlichen Wassergaben während der Sommermonate sind keine besonderen Pflegemaßnahmen erforderlich.
**Schädlinge:** Spinnmilben, Blattläuse, Minierfliegen

*Euryops tenuissimus*

# F

*Felicia amelloides*

## Felicia
Felicie

**Art:** *F. amelloides* (auch *Agathaea caelestis*, Kapaster, Odenwälder Kornblume)
**Familie:** Korbblütler *(Compositae)*
**Heimat:** Südafrika
**Blütenfarbe:** blau mit gelber Mitte
**Blütezeit:** ganzjährig, Hauptblütezeit im Sommer
**Höhe:** 20–50 cm
**Standort:** sonnig; lehmighumoser, mäßig nährstoffreicher Boden
**Merkmale:** Die strauchartige Kapaster wird bei uns wegen mangelnder Winterhärte meist einjährig gezogen. Sie bildet niedrige, ausladende dunkelgrüne Laubpolster, aus denen eine Fülle von lavendelblauen, goldäugigen Strahlenblüten hervorragt. Nur in kühlen und regnerischen Sommern ist die Blühfreudigkeit eingeschränkt.
**Sorte:** 'Blue Daisy' (hellblau mit gelbem Auge, Höhe 25–30 cm)
**Verwendung:** Kapastern eignen sich, vor allem in Gruppen gepflanzt, für bunte Sommerblumen- oder Staudenbeete und als Randbepflanzung. Sie zieren auch als Begleitpflanzen – am besten einzeln am Rand plaziert – Balkonkästen und größere Pflanzgefäße.
**Kultur:** Die Vermehrung erfolgt ab Januar durch 5 cm lange, krautige Kopfstecklinge, die sich in 8–9-cm-Töpfen mit Anzuchterde bei 20°C in 2–3 Wochen bewurzeln. Die bewurzelten Jungpflanzen werden in 10–11-cm-Töpfe mit Pikiererde umgetopft und bei 14–16°C weiterkultiviert. Mehrmaliges Entspitzen fördert einen buschigen Pflanzenwuchs und eine reiche Blüte. Da Kapastern durch ihren ausladenden Wuchs einen relativ großen Standraum benötigen, werden sie nach den Eisheiligen im Abstand von 30 cm ausgepflanzt.
**Pflege:** Die Pflanzen brauchen nur mäßig feucht gehalten zu werden, nur an heißen Tagen sollten sie einmal durchdringend gegossen werden. Abgeblühte Triebe entfernt man, damit keine Blühpause eintritt. Kapastern können problemlos überwintert werden, wenn man sie Ende Oktober einräumt, bei 10–12°C an einem hellen Standort aufstellt und mäßig feucht hält. Im Handel werden auch Hochstämmchen angeboten, bei denen sich die Überwinterung auf jeden Fall empfiehlt.
**Krankheiten:** Echter Mehltau

## Fuchsia
Fuchsie

*Fuchsia*-Hybride

**Arten:** *F.*-Hybriden (auch *F.* x *hybrida*, *F. speciosa*, Gartenfuchsie), *F. magellanica* (auch *F. macrostemma*, Scharlachfuchsie), *F.-Triphylla*-Hybriden (Traubenblütige Fuchsie)
**Familie:** Nachtkerzengewächse *(Onagraceae)*
**Heimat:** Südamerika
**Blütenfarbe:** vorwiegend weiß, rosa, rot, lila und blauviolett, Kelch- und Kronblätter oft unterschiedlich gefärbt
**Blütezeit:** *F.*-Hybriden und *F. magellanica* Mai bis Oktober, *F.-Triphylla*-Hybriden Juli bis Oktober
**Höhe:** *F.*-Hybriden und *F.-Triphylla*-Hybriden 20–150 cm, *F. magellanica* bis 3 m; aufrecht wachsend, halbhängend und hängend
**Standort:** hell, halbschattig bis schattig; *F.-Triphylla*-Hybriden auch sonnig, windgeschützt; durchlässiger, nährstoffreicher Boden
**Merkmale:** Die meisten der bei uns kultivierten Fuchsien sind Hybriden, die von *F. magellanica* und anderen Arten abstammen. Botanisch gehören die Halbsträucher, Sträucher oder kleinen Bäume zu den Gehölzen, aber nur wenige von ihnen sind bei uns winterhart, daher werden Fuchsien in der Regel einjährig gezogen. Obwohl sie aus tropischen, lichtreichen Gegenden in Südamerika stammen, sind sie an Schatten, Kühle und Feuchtigkeit gewöhnt. Beliebt sind sie vor allem wegen ihrer schönen, glockenförmigen, einfachen, halbgefüllten oder gefüllten Blüten, die meist achselständig, seltener endständig in Trauben oder Rispen an dünnen Stielen hängen. Fuchsienblüten sind oft zweifarbig, die Kronblätter sind dann anders gefärbt als die Kelchröhre mit den Kelchblättern. Der Griffel und 8 Staubfäden überragen bei der Mehrzahl der Fuchsien die Blütenkrone. Häufig werden die Kronblätter als Petalen, die manchmal bauschig gefüllte Krone als Korolle (Corolla) und die Kelchblätter als Sepalen bezeichnet. Die gegen- oder wechselständigen ovalen Laubblätter sind ganzrandig oder gezähnt.
**Sorten:** Dank intensiver Züchtungsarbeit ist das Sortiment immens. Allein in Deutschland dürften etwa 1000 Sorten erhältlich sein, und jedes Jahr kommen neue Formen auf den Markt. Sie lassen sich grob in aufrecht wachsende, halbhängende und hängende Sorten einteilen.
**Verwendung:** Aufrecht wachsende Sorten eignen sich für die Beet-, Rabatten- und Balkonbepflanzung oder werden als Hochstämmchen und auch als kompakte Büsche in Kübeln für Terrasse, Balkon und Dachgarten gezogen. Halbhängende und hängende Sorten pflanzt man in Kübel, Balkonkästen und Ampeln. Fuchsien können mit anderen Beetpflanzen wirkungsvoll kombiniert werden.
**Kultur:** Fuchsien kann man durch Aussaat oder Stecklinge vermehren. Die Aussaat ist jedoch schwierig und wird in der Regel nur von Züchtern zur Gewinnung von neuen Sorten durchgeführt. Zur Stecklingsvermehrung, die am besten vom späten Herbst bis April erfolgt, bringt man die Mutterpflanzen vor den ersten Frösten ins Haus, überwintert sie in einem hellen Raum bei 4 bis 8 °C und gießt nur sparsam etwa alle 3 Wochen. Wer im Frühjahr vermehren will, muß die Mutterpflanzen bereits ab Februar an einem hellen Platz bei 18–22 °C weiterkultivieren und wieder häufiger gießen. Als Kopfstecklinge nimmt man 5–8 cm lange Triebspitzen mit mindestens 4 Blattpaaren, die sich in mit Sand vermischter Vermehrungserde bei 18–21 °C, am besten unter einer Folienhaube, in etwa 2–3 Wochen bewurzeln. Die bewurzelten Pflanzen werden in einen 10–11-cm-Topf umgesetzt und bei 14–18 °C weiterkultiviert, bevor sie etwa ab Mitte Mai ausgepflanzt werden. Die meisten Fuchsien verzweigen sich ohne Stutzen. Werden die Triebe vor dem Blütenansatz maßvoll eingekürzt, erhält man breit ausladende, buschige und reichblühende Pflanzen. Häufiger Rückschnitt verzögert allerdings die Blüte. Schwachwüchsige und hängende Fuchsien sollten höchstens einmal oder gar nicht gestutzt werden.

*Fuchsia magellanica*

*Fuchsia-Triphylla*-Hybride

**Pflege:** Fuchsien bevorzugen meist halbschattige oder schattige, möglichst windgeschützte Standorte. Neuere Sorten wie z. B. 'Koralle', 'Perle', 'Leverkusen' gedeihen, wenn sie gut mit Nährstoffen versorgt sind, auch in sonnigen Lagen und blühen dann besonders üppig. Alle Fuchsien müssen während der Wachstumszeit reichlich gegossen und alle 4–6 Wochen nach der Pflanzung regelmäßig mit Nährstoffen versorgt werden. Ab Ende August wird nicht mehr gedüngt. Bei Nährstoffmangel, trockenem

Wurzelballen und zu geringer Luftfeuchtigkeit fallen Blüten und Blätter vorzeitig ab. Durch mehrfaches Übersprühen der Pflanzen an heißen Tagen kann die Luftfeuchtigkeit erhöht werden. Um den ganzen Sommer über einen üppigen Blütenflor zu haben, sollte Verblühtes regelmäßig entfernt werden.
**Schädlinge und Krankheiten:** Bei trockener Sommerhitze treten Blattläuse, Spinnmilben und Weiße Fliege auf. Besonders Jungpflanzen sind für Grauschimmel anfällig. Mit Rostbefall auf den Blattunterseiten ist bei warmer, feuchter Witterung zu rechnen.
**Tip:** Wer von Fuchsien Hochstämmchen ziehen will, pflanzt den Steckling einer starkwüchsigen Sorte in einen größeren Topf, bindet ihn später an einen Stab und entfernt sämtliche Seitentriebe. Hat sich der Haupttrieb bis zur gewünschten Höhe entwickelt, wird er entspitzt. Die neuen Austriebe stutzt man ein- bis dreimal, damit sich eine schöne Krone bildet. Diese Kübelpflanzen werden ebenfalls bei 4–8 °C überwintert.

*Fuchsia*-Hybriden

# G

*Gaillardia pulchella*

## Gaillardia
Kokardenblume

**Art:** *G. pulchella* (auch *G. bicolor*, Einjährige Kokardenblume, Malerblume)
**Familie:** Korbblütler *(Compositae)*
**Heimat:** Nordamerika
**Blütenfarbe:** rot, gelb, orange
**Blütezeit:** Juni bis September
**Höhe:** 40–60 cm
**Standort:** sonnig; durchlässiger, humoser Gartenboden
**Merkmale:** Die rasch wachsende Einjährige Kokardenblume ist eine beliebte Gartenblume mit lang anhaltendem Blütenflor. Die lanzettlichen, ganzrandigen Blätter sind behaart, die am Ende der Stiele sitzenden Zungenblüten ein- oder zweifarbig. Ihre Urform wird heute nicht mehr kultiviert. Durch Auslese und Züchtung sind Sorten mit besonders hübschen Blüten entstanden.
**Sorten:** 'Roter Federbusch' oder 'Red Plum' und 'Gelber Federbusch' oder 'Yellow Plum' (rot bzw. gelb, Blüten gefüllt, Höhe 40 cm), 'Lorenziana' (Mischung mit ein- und zweifarbigen, gefüllten Blüten, Höhe 60 cm)
**Verwendung:** Kokardenblumen bringen Sonnenfarben in Rabatten und Beete und eignen sich auch hervorragend als Schnittblumen.
**Kultur:** Die Aussaat im Haus erfolgt Ende März/Anfang April in Kisten mit Anzuchterde. Bei 15–18 °C keimen die Samen innerhalb von 2 Wochen. 4–6 Wochen nach der Aussaat wird in 6–8-cm-Töpfe pikiert, und es genügt eine Temperatur von 12 bis 15 °C. Nach den Eisheiligen wird im Abstand von 25 bis 35 cm ins Freie gepflanzt. Ab Ende April kann auch direkt ins Freiland gesät werden.
**Pflege:** Kokardenblumen haben nur einen geringen Nährstoffbedarf. Ihr Blütenflor hält bis September an, wenn man den Boden gleichmäßig feucht hält und Verblühtes regelmäßig entfernt.
**Schädlinge und Krankheiten:** Blattläuse, Schaumzikaden; Echter Mehltau

## Gazania-Hybriden
Gazanie, Mittagsgold

**Familie:** Korbblütler *(Compositae)*
**Heimat:** Südafrika
**Blütenfarbe:** weiß, rosa, rot, gelb, orange, vielfach mit hübscher Blütenzeichnung
**Blütezeit:** Mai bis September
**Höhe:** 15–30 cm
**Standort:** vollsonnig; nährstoffreicher, durchlässiger Boden
**Merkmale:** Die in unseren Gärten angepflanzten Gazanien sind meist Kreuzungen aus verschiedenen Arten. Gewöhnlich werden die sonnenhungrigen Pflanzen bei uns nur einjährig kultiviert, obwohl sie leicht überwintert werden können. Sie besitzen schmale, oft dunkelgrün glänzende, unterseits silbergrau bereifte Blätter, einige Sorten sind silbrigweiß belaubt. Die Blütenstiele erheben sich aus flachen Blattrosetten und tragen zahlreiche einzelne Blumen in vielerlei leuchtenden Farben und Farbspielen. Allerdings bleiben die Blüten an schattigen Standorten und an Regentagen geschlossen, überhaupt reagieren Gazanien empfindlich auf zuviel Regen und auf Staunässe.
**Sorten:** 'Morgensonne' (gelb, goldorange, orange, bronze, auch als Farbmischung, kompakter Wuchs, frühblühend, Höhe 15–20 cm), 'Mini Star' (weiß, rosa, gelb, orange,

*Gazania*-Hybriden

braunrot, auch als Farbmischung, frühblühend, lange tägliche Öffnungsdauer der Blüten, Höhe 20 cm), 'Talent' (Mischung aus Farbschattierungen von Weiß, Rosa, Gelb über Orange bis Braun, lange Öffnungsdauer der Blüten, silbrigweiße Belaubung, Höhe 20 cm), 'Czardas' (weiß, gelb, orange, bronzefarben, kompakter Wuchs, frühblühend, lange Öffnungsdauer der Blüten, Höhe 25 cm)
**Verwendung:** Gazanien werden gerne, besonders in Gruppen, in Beete und Rabatten, an Terrassen oder um Sitzplätze, aber auch in Steingärten gepflanzt. Kompakt wachsende Sorten eignen sich gut für die Balkon- und Gefäßbepflanzung.
**Kultur:** Die Anzucht aus Samen erfolgt in der Regel von Februar bis April in Kisten oder Schalen mit Anzuchterde bei 18–20°C. Die Samen keimen innerhalb von

*Gazania*-Hybriden

7–14 Tagen. Etwa 4 Wochen nach der Aussaat pikiert man in 8–10-cm-Töpfe und kultiviert die Pflanzen bei 12 bis 15°C hell und luftig weiter. Nach genügendem Abhärten pflanzt man Gazanien ab Mitte Mai im Abstand von 20–25 cm ins Freie.
**Pflege:** Gazanien sind Sonnenkinder und benötigen während des Wachstums nur wenig Wasser, bei sparsamem Gießen zeigen sie sich besonders blühfreudig. Dagegen haben sie einen hohen Nährstoffanspruch und sollten daher gut gedüngt werden. Damit sich immer wieder neue Knospen bilden, muß Abgeblühtes ständig ausgeschnitten werden.
An einem hellen Platz können Gazanien bei etwa 8 bis 10°C überwintert werden, wobei der Wurzelballen nicht völlig austrocknen darf. Im Frühjahr müssen die Triebe dann um die Hälfte zurückgeschnitten werden.
**Schädlinge und Krankheiten:** Blattläuse, Schnecken, gelegentlich Spinnmilben; Grauschimmel

## Gladiolus-Hybriden
Gladiole, Edelgladiole

**Familie:** Schwertliliengewächse *(Iridaceae)*
**Heimat:** Urformen im tropischen und südlichen Afrika, in Mitteleuropa, im Mittelmeerraum
**Blütenfarbe:** große Farbenvielfalt von Weiß über verschiedene Rosa-, Gelb-, Orange-, Lachs-, Rot- bis Violettöne
**Blütezeit:** Juni bis September
**Höhe:** 50–150 cm
**Standort:** sonnig; tiefgründiger, nicht zu trockener und nicht zu nasser humoser Boden, am besten sandiger Lehmboden
**Merkmale:** Von den ungefähr 250 mehrjährigen Wildarten der Gattung *Gladiolus* haben die Züchter etwa ein Dutzend ausgewählt und aus ihnen Tausende von Gladiolen-Hybriden entwickelt. Ihre aufrechten, schwertförmigen Blätter entfalten sich fächerartig am unteren Teil des Blütenstengels. Jede Pflanze

*Gladiolus*-Hybriden

bringt eine Ähre mit bis zu 20 trichterförmigen Blüten hervor. Edelgladiolen sind nicht winterhart, daher müssen ihre in der Erde sitzenden Sproßknollen im Herbst herausgenommen werden, wenn man sie wieder verwenden möchte. Auch die im Frühjahr aus der Knolle frisch austreibenden Blätter sind gegenüber Spätfrösten sehr empfindlich. Jedes Jahr bildet sich nach dem Austrieb über der alten eine neue Knolle und wächst im Lauf des Sommers und Herbstes heran, wobei die alte Knolle nach und nach aufgezehrt wird. Bei guter Ernährung der Pflanze und gesundem Laub ist die neue Knolle gleich groß oder sogar größer als die alte. Durch schlechte Wachstumsbedingungen, krankes Laub oder das Entfernen von Blättern bei der Schnittblumengewinnung bleibt die neue Knolle kleiner, entsprechend schwächer ist die Pflanze im folgenden Jahr. Daher ist es in vielen Fällen besser, die Knollen wegzuwerfen und im nächsten Jahr neue zu kaufen. Die Blütezeit der einzelnen Pflanze ist relativ kurz. Wer Wert auf die Knolle legt, muß die Pflanze bis zum Herbst stehenlassen und den verwelkten Blütenstand unter Schonung der Blätter herausschneiden.
**Sorten:** Die Bezeichnung *Gladiolus*-Hybriden umfaßt alle groß- und kleinblumigen Sorten der Edelgladiolen. Im Handel gibt es früh-, mittelfrüh- und spätblühende Sorten in vielen Farben. Zu den kleinblumigen, zierlichen Gladiolen gehören z.B. die Butterfly- und die Primulus-Gladiolen. Das Sortiment ist sehr groß und raschem Wechsel unterworfen.
**Verwendung:** Gladiolen wirken am vorteilhaftesten, wenn man sie in kleinen Gruppen in bunte Beete oder Rabatten einstreut. Sie sind als Schnittblumen sehr beliebt und werden am besten geschnitten, wenn die untersten Blütenknospen Farbe zeigen.
**Kultur:** Die Knollen werden zwischen Ende April und Mitte Mai im Abstand von etwa 15 cm möglichst gerade an Ort und Stelle so tief in die Erde gepflanzt, daß sie 3–5 cm mit Erde bedeckt sind. Ungefähr 80–100 Tage später setzt die Blüte ein.
**Pflege:** Gladiolen haben einen mäßigen Nährstoffbedarf. Sie sollten gleichmäßig mit Wasser versorgt werden. Vor allem während der Entwicklung des Blütenstands

*Gladiolus*-Hybride

darf der Boden nicht austrocknen, Staunässe ist jedoch zu vermeiden. Da Gladiolen windempfindlich sind, sollten sie vorsorglich an Stäbe angebunden werden. Zur Überwinterung nimmt man die Knollen im Oktober wieder aus der Erde und schneidet die Blätter dicht über der Knolle ab. Danach werden sie an einem warmen und luftigen Ort getrocknet und anschließend geputzt, wobei die abgestorbene Knolle und die im Lauf des Sommers gebildeten Brutknöllchen vorsichtig abgetrennt werden. Bis zur Pflanzung im nächsten Frühjahr lagert man die Knollen trokken bei 5–7 °C. Von den Brutknollen trennt man sich am besten, da ihre Weiterkultur zu aufwendig ist.
**Schädlinge und Krankheiten:** Gladiolenthripse, Wurzelmilben, Blattläuse, Erdraupen, Schnecken; Virosen, Hexenbesenkrankheit (Mykoplasmen), Lackschorf (Bakteriose), Hartfäule, Trokkenfäule, Gladiolenbrand, Grauschimmel u.a. Pilzkrankheiten. Sind solche Schäden aufgetreten, sollten auf den verseuchten Boden 4 Jahre und länger keine Gladiolen gepflanzt werden.

*Gladiolus*-Hybriden

**Tip:** Es schadet nicht, wenn beim Putzen der Knollen die trockene Haut entfernt wird. Im Gegenteil, so kann man Erkrankungen leichter erkennen und befallene Knollen beseitigen.

## Godetia
Atlasblume, Sommerazalee, Godetie

*Godetia grandiflora*

**Art:** *G. grandiflora* (auch *Clarkia amoena, G. whitneyi*)
**Familie:** Nachtkerzengewächse *(Onagraceae)*
**Heimat:** Kalifornien
**Blütenfarbe:** weiß, rosa, lachsfarben, rot, lavendelfarben
**Blütezeit:** Juni bis Frostbeginn
**Höhe:** 20–60 cm
**Standort:** sonnig (bis halbschattig); leichter, humoser Boden
**Merkmale:** Die Triebe der anmutigen einjährigen Atlasblume wachsen buschig verzweigt und tragen schmale, wechselständige Blätter. Am Ende der Stengel sitzen dicht gedrängt die seidig glänzenden, einfachen oder gefüllten Blütenkelche.
**Sorten:** Neben niedrigen Sorten wie 'Niedrige Schaumischung' (Höhe 25 cm) und 'Azaleenschau' (Farbmischung, gefülltblühend, Höhe 35–40 cm) gibt es auch die langstielige $F_1$-Hybride 'Grace' (6 Einzelfarben und Farbmischung, einfachblühend, Höhe 50–60 cm).
**Verwendung:** Mit ihren zahlreichen leuchtenden Blüten ist die Atlasblume eine Zierde für Sommerblumenbeete und Rabatten. Besonders die langstieligen Sorten eignen sich hervorragend als Schnittblumen.
**Kultur:** Die Aussaat erfolgt im März/April bei 15–18°C in Kisten. Nach 2–3 Wochen werden die Sämlinge einzeln in 6–8-cm-Töpfe pikiert. Wenn sie leicht eingewurzelt sind, senkt man die Temperatur auf 10–12°C ab. Im Mai wird im Abstand von 25–30 cm ins Freie ausgepflanzt.
Atlasblumen können bei günstiger Witterung auch ab Mitte März direkt ins Freiland ausgesät und später vereinzelt werden.
**Pflege:** Die Pflanzen haben einen mittleren Nährstoffbedarf. Verblühtes entfernt man mit den Stielen. Bei hohen Sorten ist manchmal ein Aufbinden erforderlich.
**Schädlinge und Krankheiten:** Erdflöhe; Stengelfleckenkrankheit

## Gomphrena
Kugelamarant

**Arten:** *G. globosa, G. haageana*
**Familie:** Amarant- oder Fuchsschwanzgewächse *(Amaranthaceae)*
**Heimat:** tropisches und subtropisches Amerika
**Blütenfarbe:** *G. globosa* weiß, rosa, weinrot, purpurviolett, *G. haageana* orange, rot
**Blütezeit:** Juni bis Oktober
**Höhe:** *G. globosa* 15–30 cm, *G. haageana* 30–40 cm
**Standort:** sonnig und warm; leichter, trockener Boden
**Merkmale:** Die zart behaarte einjährige Pflanze mit ovalem, glattrandigem Laub bildet an reich verzweigten Stielen zahlreiche kugelige Blütenstände, die denen des Klees ähneln. Die winzigen Blüten werden von trockenhäutigen Hochblättern verdeckt.
**Sorten:** Meist werden von *G. globosa* Farbmischungen angeboten. Es gibt jedoch von dieser Art auch verschiedene Farbsorten: 'Buddy Purpur' (Höhe 15 cm), 'Buddy Weiß' (Höhe 15 cm), 'Weiß', 'Hellrosa', 'Rosa', 'Purpurviolett' (Höhe bei allen 30 cm). Sorten von *G. haageana* sind 'Leuchtfunk' (scharlachrot, Höhe 30 cm), 'Orange' (Höhe 40 cm), 'Brillant' (leuchtend rot, Höhe 40 cm).
**Verwendung:** Die buschig wachsenden Pflanzen eignen sich gut für Einfassungen und Beetflächen, aber auch für Steingärten und Balkonkästen in Südlage. Da die Hochblätter Form und Farbe lange behalten, läßt sich der Kugelamarant ausgezeichnet als Trockenblume verwenden.
**Kultur:** Die Aussaat erfolgt von März bis Mai bei 18°C in Kisten mit Anzuchterde. Nach

3–4 Wochen werden die Sämlinge in 8–10-cm-Töpfe, die 'Buddy'-Sorten besser in 11-cm-Töpfe pikiert. Wenn die Pflänzchen leicht eingewurzelt sind, wird die Temperatur auf 10–12°C abgesenkt. Nach den Eisheiligen pflanzt man im Abstand von 25 bis 30 cm ins Freiland aus.
**Pflege:** In warmen Sommern und an hellen, trockenen Standorten gedeiht der Kugelamarant am besten. Der Nährstoff- und Wasserbedarf dieser Pflanzen ist gering. Eine übermäßige Bewässerung kann die Wurzeln sogar schädigen und das Wachstum verlangsamen. Daher sollte nur in Trockenperioden regelmäßig gegossen werden.
**Schädlinge und Krankheiten:** Bei heißer Witterung kann die Rote Spinne auftreten. Kühle Mai- und Juninächte verursachen oft vorübergehende Blattchlorosen.
**Tip:** Zum Trocknen schneidet man die Stiele am besten, sobald die Köpfchen voll aufgeblüht sind, und hängt sie in kleinen Bündeln kopfunter an einen luftigen, schattigen Platz.

*Gomphrena globosa*

*Gypsophila elegans*

## Gypsophila
Schleierkraut, Gipskraut

**Art:** *G. elegans* (Einjähriges Schleierkraut)
**Familie:** Nelkengewächse *(Caryophyllaceae)*
**Heimat:** Kleinasien, Kaukasus
**Blütenfarbe:** weiß, rosa
**Blütezeit:** Mai bis September
**Höhe:** 45–100 cm
**Standort:** sonnig; kalkhaltiger, nährstoffarmer, durchlässiger Boden
**Merkmale:** Das Einjährige Schleierkraut bildet lockere Büsche aus dünnen, gabelig verzweigten Ästen. Unter der Fülle der zierlichen sternförmigen Blüten fallen die kleinen, lanzettlichen Blätter kaum auf.
**Sorten:** 'Maxima Alba' (weiß, großblumig, Höhe 45 cm), 'Rosea' (rosa, Höhe 45 cm), 'Schneefontäne' (weiß, großblumig, Höhe 100 cm)
**Verwendung:** Schleierkraut lockert bunte Sommerblumenrabatten auf und ist als duftiges Beiwerk in Sträußen sehr beliebt. Man schneidet die Stiele am besten, bevor die Blüten ganz geöffnet sind.
**Kultur:** Ausgesät wird von März bis Mai in Kisten oder Schalen mit Anzuchterde bei einer Temperatur von 15°C. Nach etwa 3–4 Wochen pikiert man die Sämlinge in 6–8-cm-Töpfe und kultiviert sie bei 8–10°C weiter. Das Pikieren entfällt, wenn man je 3–5 Samenkörner direkt in 8-cm-Töpfe aussät und die Blumengruppe im Mai ins Freie auspflanzt. Am einfachsten ist die Direktsaat ins Freiland ab März mit anschließendem Ausdünnen auf einen Abstand von 30–40 cm.
**Pflege:** Schleierkraut braucht vor allem kalkhaltigen Boden. Es hat einen geringen Nährstoff- und Wasserbedarf. Staunässe sollte auf jeden Fall vermieden werden, da die Pflanzen sonst kümmern und leicht faulen. Hochwachsende Sorten sollte man an ungeschützten Standorten rechtzeitig aufbinden. Nach der Blüte werden die Stiele so tief wie möglich abgeschnitten.
**Schädlinge und Krankheiten:** Läuse, Raupen; Blatt- und Stengelfleckenkrankheit, Grauschimmel
**Tip:** Will man den ganzen Sommer über blühendes Schleierkraut haben, sät man bis Ende Mai im Abstand von 14 Tagen mehrmals aus.

# H

*Helianthus annuus*

## Helianthus
Sonnenblume

**Arten:** *H. annuus, H. debilis*
**Familie:** Korbblütler *(Compositae)*
**Heimat:** Nordamerika
**Blütenfarbe:** gelb, rot, weiß, braun, auch zweifarbig
**Blütezeit:** Juli bis Oktober
**Höhe:** 40–300 cm
**Standort:** sonnig und geschützt; gute, sehr nährstoffreiche Gartenerde
**Merkmale:** Die Sonnenblume stammt aus dem westlichen Teil der USA. Hier bedeckte sie wildwachsend große Flächen der Prärie. Obwohl die Indianer die Sonnenblume seit jeher als Nutzpflanze verwendeten, wurde sie in Europa bis zur Mitte des 19. Jh. ausschließlich als Zierpflanze angebaut. Heute sieht man auch bei uns, wie schon seit vielen Jahren in Osteuropa und den USA, große Sonnenblumenfelder, die für die Ölgewin-

*Helianthus annuus*

nung und als Futtermittel angebaut werden. Alle Blüten in einem Feld schauen immer in die gleiche Richtung – der Sonne zugewandt.
Die einjährige Sonnenblume ist die höchste Pflanze aus der Familie der Korbblütler, sie kann bei guter Versorgung bis 3 m hoch werden. An dem markgefüllten Stamm, der nur bei einigen Sorten verzweigt ist, sitzen wechselständig große, herzförmige, meist rauhhaarige Blätter. Der große Blütenkorb ist außen von zungenförmigen, unfruchtbaren Blütenblättern umgeben, innen sitzen kleine unscheinbare Röhrenblüten, die Samen entwickeln. Sie werden von Insekten besucht und liefern später die Sonnenblumenkerne. *H. debilis* ist eine mehrstielige Sonnenblume, sie wächst nur halb so hoch, verzweigt sich stark und bringt eine Vielzahl meist ungefüllter Blüten hervor.
**Sorten:** Groß ist das Angebot an Sorten von unterschiedlicher Höhe mit einfarbigen gelben bis braunrot gemaserten, einfachen oder gefüllten Blüten. Von *H. annuus* gibt es im Handel u.a.: als niedrige Sonnenblumen 'Zwerg Sunspot' (gelb, einfachblühend, Höhe 40 cm), 'Zwerg Sonnengold' (goldgelb, dicht gefüllt, Höhe 40 cm), 'Gelber Knirps' (gelb, gefüllt, Höhe 60 cm), 'Helios' (große gelbe Blüte mit dunkler Mitte, Höhe 60 cm), 'Musicbox' (lebhaftes Farbspiel mit dunkler Mitte, gut verzweigt, Höhe 70 cm); als halbhohe Sonnenblumen 'Holiday' (goldgelb mit dunkler Scheibe, verzweigt, Höhe 120 cm), 'Hallo' (goldgelb mit dunkler Scheibe, stark verzweigt, Höhe 150 cm); als hohe Sonnenblumen 'Hohe Sonnengold' (gelb, gefülltblühend, Höhe 180 cm), 'Abendsonne' (blutrot und braun, Höhe 200 cm), 'Hohe Riesen' (gelb, großblumig, einfachblühend, Höhe 200 cm), 'Goldener Neger' (gelb mit großer schwarzer Mitte, einfachblühend, Höhe 300 cm). Sorten von *H. debilis* sind: 'Kleinblumige Sonnenblume' (Blüten zweifarbig, gelb über orange, rötlich und braun, Höhe 150 cm), 'Einfache gemischt' (gelb, kleinblütig, Höhe 150 cm).
**Verwendung:** Die großblumigen Riesensonnenblumen wirken als Gruppe hübsch vor Hauswänden, Pergolen, Zäunen und als Hintergrundpflanzen. Die großen Blüten mit dunkler Mitte sind nicht nur auffällige Schönheiten, sie eignen sich auch hervorragend zur Ernte der Sonnenblumenkerne, die gern von Vögeln genascht werden. Mittelhohe, verzweigte Sorten liefern herrliche Schnittblumen. Als Kübelpflanzen für Balkon und Terrasse eignen sich besonders die standfesten niedrigen Sonnenblumen, die mit ihren riesigen Blüten auch Beete in ein kleines Sonnenblumenfeld verwandeln.
**Kultur:** Sonnenblumen können von April bis Juni direkt ins Freiland gesät werden. Man steckt 4–7 Kerne in kleinen Gruppen 1–2 cm tief in die Erde. Da die Pflanzen recht groß werden und somit viel Platz benötigen, ist ein Abstand von 50 cm zwischen den einzelnen Gruppen angebracht. Bevorzugt wird ein geschützter, warmer Standort ohne Zugluft.
Für das Bepflanzen von Kübeln lohnt es sich, Sonnenblumen auf der Fensterbank vorzuziehen. Dafür wird ab März in Schalen ausgesät. Die Keimtemperatur sollte 18–20°C betragen. Nach dem Aufgang der Saat, etwa nach 14 Tagen, pflanzt man die Keimlinge einzeln in 4-cm-Töpfe und nach 4 Wochen in die Gefäße im Freien.
**Pflege:** Die Sonnenblumen gehören zu den Starkzehrern und benötigen einen nährstoffreichen und gut gelockerten Boden. Trotz ihrer Größe haben die Pflanzen einen geringen Wasserbedarf und nehmen Staunässe besonders übel.

*Helianthus debilis*

**Tips:** Sonnenblumen halten in der Vase wesentlich länger, wenn man viel Blattwerk entfernt und 2 cm des Stiels eine halbe Minute lang in kochendes Wasser taucht. Allerdings dürfen Stiel und Blüte nicht über den Wasserdampf gehalten werden.
Wer Sonnenblumenkerne selbst ernten und die abreifende Blüte nicht als Vogelfutter stehenlassen möchte, tut gut daran, den Blütenkorb durch ein Netz vor Vogelfraß zu schützen.

## Helichrysum
Strohblume, Immortelle

**Art:** *H. bracteatum* (Gartenstrohblume)
**Familie:** Korbblütler *(Compositae)*
**Heimat:** Australien
**Blütenfarbe:** weiß, gelb, orange, rosa, rot, braunrot, purpurviolett
**Blütezeit:** Juli bis September
**Höhe:** 30–100 cm
**Standort:** sonnig; durchlässiger, humoser, nicht zu nährstoffreicher Boden
**Merkmale:** In ihrer Heimat wächst die farbenprächtige Gartenstrohblume ausdauernd, bei uns wird sie jedoch nur einjährig kultiviert. Die beliebte Gartenblume besticht durch ihre hübschen, papierartigen Blütenköpfe, die auf endständig verzweigten, aufrecht wachsenden Stielen mit länglichen, leicht klebrigen Blättern sitzen.
**Sorten:** 'Bikini' (in 5 leuchtenden Einzelfarben und als Formelmischung, reichblühend, Höhe 30 cm), 'Nanum' (Prachtmischung, Höhe 35–50 cm), 'Monstrosum' (in 8 Farben, darunter auch Pastelltöne, und als Pracht-

*Helichrysum bracteatum*

mischung, Höhe 60 cm), 'Riesen' (5 kräftige Farben, besonders große Blüten, Höhe 80–100 cm)
**Verwendung:** In Gruppen gepflanzt, setzen die altbewährten Gartenblumen in Beeten und Rabatten hübsche Farbakzente. Die niedrigen Sorten eignen sich auch für Pflanzschalen. Mit ihren leuchtenden, haltbaren Blüten sind sie ideale Trockenblumen.
**Kultur:** Man sät von März bis Mai bei einer Temperatur von 18°C dünn in Kisten mit Anzuchterde. Nach 3 Wochen werden die kräftigsten Sämlinge in 8-cm-Töpfe mit nährstoffarmer Anzuchterde pikiert. Für die Weiterkultur genügt eine Temperatur von 8–10°C. Wer sich das Pikieren ersparen möchte, sät je 3–5 Samenkörner in 7-cm-Töpfe. Ausgepflanzt wird erst nach den Eisheiligen im Abstand von 20–30 cm.
Eine Aussaat direkt ins Freiland ist ab April möglich.
**Pflege:** Gartenstrohblumen haben einen geringen Nährstoff- und Wasserbedarf und brauchen keine besondere Pflege. Nur Verblühtes sollte in regelmäßigen Abständen entfernt werden.
**Schädlinge und Krankheiten:** Blattläuse, Blattwanzen; Falscher Mehltau, Welkekrankheiten

**Tip:** Da sich die Blüten beim Trocknen noch weiter öffnen, schneidet man Strohblumen, solange die Köpfchen noch knospig sind. Locker gebündelt hängt man die Stiele kopfunter an einen luftigen, schattigen Ort.

## Heliotropium
Heliotrop

**Art:** *H. arborescens* (auch *H. peruvianum, H. corymbosum*, Vanilleblume, Sonnenwende)
**Familie:** Boretsch- oder Rauhblattgewächse *(Boraginaceae)*
**Heimat:** Peru
**Blütenfarbe:** marineblau bis violett
**Blütezeit:** Mai bis September
**Höhe:** 30–50 cm
**Standort:** sonnig (bis halbschattig) und windgeschützt; leichter, durchlässiger, nährstoffreicher Boden
**Merkmale:** Der in seiner Heimat ausdauernde Halbstrauch wird bei uns einjährig kultiviert. Er wächst zunächst aufrecht, später auch hängend. Die tief dunkelblauen bis violetten Blütendolden, die angenehm nach Vanille duften und auch als Bienenweide dienen, bilden einen hübschen Kontrast zu dem olivfarbenen behaarten Laub. Die Vanilleblume ist regenempfindlich und sollte vor Dauerregen geschützt werden. Im Handel werden auch Hochstämmchen angeboten.
**Sorten:** 'Mini Marine' (tiefblau, großdoldig, dunkellaubig, Höhe 30 cm), 'Marine' (tiefblau, großdoldig, dunkellaubig, Höhe 50 cm)
**Verwendung:** Nicht nur auf Beeten und Rabatten, sondern auch als Gefäßpflanze auf Balkon und Terrasse erfreut sich die reichblühende Vanilleblume großer Beliebtheit.
**Kultur:** In der Regel wird die Vanilleblume heute durch Aussaat vermehrt. Von Januar bis März kann bei 18°C in Schalen oder Kisten mit Anzuchterde ausgesät werden. Da Vanilleblumen Lichtkeimer sind, drückt man das Saatgut nur leicht an und deckt es nicht mit Erde ab.
4 Wochen später wird in 9-cm-Töpfe pikiert und bei 13–15°C weiterkultiviert. Um eine gute Verzweigung und viele Blütenansätze zu erzielen, entspitzt man die Jungpflanzen ein- oder mehrmals leicht. Ausgepflanzt wird nach den Eisheiligen im Abstand von 20–25 cm.
Möglich ist auch die Vermehrung durch Stecklinge von Juli bis August oder von März bis April, die sich am besten bei 18°C bewurzeln.
**Pflege:** Während des Wachstums sollen Vanilleblumen nur mäßig feucht gehalten werden, doch dürfen die Pflanzen nicht austrocknen. Durch Wassermangel schlaff gewordene Blätter erholen sich nur zögernd und bekommen oft braune Stellen. Die Pflanzen müssen gut mit Nährstoffen versorgt werden, wenn sie reich blühen sollen. Verwelktes sollte regelmäßig ausgeschnitten werden.
Nur bei Hochstämmchen lohnt sich die Überwinterung an einem hellen Platz im Haus bei 12–15°C und geringen Wassergaben, denn ältere Vanilleblumen werden leicht sparrig und bilden weniger Blüten aus.
**Schädlinge:** Blattläuse, Spinnmilben, Weichhautmilben, Weiße Fliege
**Tip:** Wer vorgezogene Pflanzen in der Gärtnerei kauft, sollte darauf achten, daß die Blüten noch knospig sind, denn voll blühende Vanilleblumen wachsen nach dem Verpflanzen nur schlecht weiter.

*Heliotropium arborescens*

## Helipterum
Sonnenflügel, Immortelle

**Arten:** *H. roseum* (auch *Acroclinium roseum*, Rosensonnenflügel), *H. humboldtianum* (auch *H. sandfordii*), *H. manglesii* (auch *Rhodanthe manglesii*)

*Helipterum roseum*

**Familie:** Korbblütler *(Compositae)*
**Heimat:** Australien
**Blütenfarbe:** *H. roseum* weiß, rosa oder rahmfarben, *H. humboldtianum* goldgelb, *H. manglesii* weiß, rosa oder rot
**Blütezeit:** Juli bis September
**Höhe:** 30–60 cm
**Standort:** volle Sonne, geschützt und warm; gut durchlässiger, humusreicher, leicht saurer Boden
**Merkmale:** Die einjährigen Sonnenflügel werden häufig mit Gartenstrohblumen *(Helichrysum bracteatum)* verwechselt, denen sie sehr ähneln. Die geöffneten Blütenköpfe mit trockenen, matt glänzenden Hüllblättern erinnern an gefüllte Gänseblümchen. Die ersten zarten Knospen erscheinen bereits im Juni einzeln auf dünnen Stengeln, sie öffnen sich nur bei Sonnenschein. Die schmalen Blättchen sind wechselständig angeordnet. *H. manglesii* ist eine niedrige, etwa 30 cm hoch wachsende, besonders zierliche Trockenblume mit nickenden Blütenköpfchen.
**Sorten:** Alle drei Arten werden als Mischungen angeboten. Die Sorte 'Großblumige Spielarten' ist eine großblumige Hybrid-Mischung.
**Verwendung:** Der Sonnenflügel kommt am besten zur Geltung, wenn er in Gruppen in Sommerblumenbeeten oder locker in Staudenpflanzungen eingestreut gepflanzt wird. Besonders zart wirkt er in Kombination mit Gräsern. Als Trockenblume wird er gern bei Bastelarbeiten und zu Sträußen verarbeitet.
**Kultur:** Die Aussaat erfolgt Mitte März im Kalten Kasten. Bei 15° C dauert die Keimzeit 2–3 Wochen. Nach Erscheinen der ersten Laubblätter pikiert man die Sämlinge in 6–8-cm-Töpfe. Nach den Eisheiligen im Mai werden die vorgezogenen Pflanzen dann im Abstand von 20–30 cm ausgepflanzt. Der Sonnenflügel kann auch im Mai direkt an Ort und Stelle ausgesät und nach dem Auflaufen der Samen ausgedünnt werden.
**Pflege:** Sonnenflügel bevorzugen einen kalkarmen, also leicht sauren Boden. Bei Bedarf sind Bodenverbesserungen mit Torf oder Humus anzuraten. Ein so vorbereiteter Boden hält das Wasser besser, und das Gießen beschränkt sich auf die wirklich heißen Tage.
**Tip:** Zum Trocknen schneidet man die Blumen, bevor sich die Blüten ganz geöffnet haben, bündelt sie mit einem Gummiband und hängt sie mit den Köpfen nach unten an einem luftigen Platz auf.

*Helipterum humboldtianum*

## Heterocentron-Hybride
Kaskadenblume, Centradenie

*Heterocentron*-Hybride

**Familie:** Schwarzmundgewächse *(Melastomataceae)*
**Heimat:** Urformen in Mittelamerika
**Blütenfarbe:** kräftig rosa
**Blütezeit:** April bis September
**Höhe:** 25 cm, überwiegend hängend
**Standort:** sonnig bis halbschattig; durchlässiger, nährstoffreicher Boden
**Merkmale:** Die zierliche Hängepflanze wird meist einjährig kultiviert. Ihre kleinen und zarten, intensiv pinkfarbenen Blüten, die von Mai bis Juni und nach kurzen Pausen in den Herbstmonaten üppig blühen, stehen in interessantem Kontrast zu dem kupferfarbenen Laub.
**Sorte:** 'Cascade' (rosa, Höhe 25 cm)
**Verwendung:** Die Kaskadenblume eignet sich vor allem für Balkonkästen und Gefäße und wirkt hübsch als Unterpflanzung von Hochstämmchen. Auf Balkon und Terrasse gedeiht sie auch bei etwas weniger Sonne in Ost- und Westlagen gut, in Ampeln am besten an geschützten, hellen Plätzen.
**Kultur:** Die Vermehrung erfolgt durch Kopf- und Triebstecklinge, die ab Mitte Januar von bei 12–16 °C überwinterten Mutterpflanzen geschnitten und in Gefäße mit Vermehrungserde gesteckt werden. Sie bewurzeln sich bei 20 °C in etwa 2–4 Wochen und werden dann zu zweit oder dritt in 9-cm-Töpfe pikiert. Um eine gute Verzweigung zu erzielen, entspitzt man die Jungpflanzen ein- bis zweimal. Ausgepflanzt wird nach den Eisheiligen im Abstand von etwa 20 cm.
**Pflege:** Während des Wachstums brauchen Kaskadenblu-

men ausreichend Nährstoffe und gleichmäßige Feuchtigkeit. Sowohl Staunässe wie Ballentrockenheit vertragen sie nicht. Auf Ausputzen kann verzichtet werden.
**Schädlinge:** Weiße Fliege
**Tip:** Wer genügend Platz hat, kann die Kaskadenblume an einem hellen Platz bei 12–16 °C überwintern. Je weniger die Pflanzen zurückgeschnitten werden, desto länger werden die Triebe.

## Hordeum
Gerste

**Art:** *H. jubatum* (Mähnengerste)
**Familie:** Süßgräser *(Poaceae)*
**Heimat:** Amerika
**Blütenfarbe:** gelb
**Blütezeit:** Juni bis August
**Höhe:** 40–70 cm
**Standort:** sonnig; durchlässiger, mäßig feuchter Boden
**Merkmale:** Das beliebte einjährige Gras zeichnet sich durch anmutig überhängende Ähren mit auffallend langen Grannen aus. Diese färben sich bei der Reife leuchtend gelb mit rosa bis violetten Spitzen. Die schmalen, langen Blätter fallen weich.
**Verwendung:** Das Ziergras eignet sich hervorragend als Gruppenpflanze für Sommerblumenbeete und zum Schnitt für Sträuße und Trockengebinde. Am besten schneidet man es, solange die Ähren noch weich und flaumig sind.
**Kultur:** Am erfolgreichsten ist die Anzucht von Ende März bis Anfang April im Frühbeet oder in Töpfen. Bei 12–16 °C keimen die Samen nach 1–2 Wochen. Anschließend wird in 6-cm-Töpfe pikiert und im Mai nach den Eisheiligen auf 15 cm Abstand gepflanzt. Mähnengerste kann auch Ende April direkt an Ort und Stelle gesät werden.
**Pflege:** Die Mähnengerste stellt sehr geringe Ansprüche. Sie bevorzugt mäßig feuchte Standorte, die zeitweise gewässert werden sollten.

*Hordeum jubatum*

## Humulus
Hopfen

**Art:** *H. scandens* (auch *H. japonicus*, Japanischer Hopfen)
**Familie:** Maulbeergewächse *(Moraceae)*
**Heimat:** Japan, Taiwan, China
**Blütenfarbe:** gelblich-grün, wenig auffällig
**Blütezeit:** Juli bis August
**Höhe:** 4–6 m
**Standort:** sonnig; fast alle gepflegten Gartenböden
**Merkmale:** Vom Gemeinen Hopfen *(H. lupulus)*, einer weitverbreiteten Nutzpflanze, die als wichtiger Aromalieferant des Bieres dient, unterscheidet sich der Japanische Hopfen durch seine zierlichere Gestalt. Zwar wächst er genauso rasch und üppig, bleibt aber mit etwa 4 m oder seltener 6 m kleiner als der bis zu 8 m hoch werdende Gemeine Hopfen. Die Blüten des Hopfens sind zweihäusig, das heißt, es gibt männliche und weibliche Pflanzen. Die Blüten beider Geschlechter sind unscheinbar. Als Zierde dient das dichte, bis in den Herbst frische grüne Laub. Die handförmigen, fünf- bis siebenlappigen Blätter haben einen Durchmesser von 15–20 cm. Der Japanische Hopfen ist in seiner Heimat mehrjährig, wird bei uns aber nur einjährig gezogen. Oft bilden sich Samen, die ausfallen und im folgenden Jahr keimen, so daß von selbst Jungpflanzen entstehen.
**Sorte:** Die buntlaubige Sorte 'Variegatus' mit weiß-grün gescheckten Blättern wächst etwas langsamer. Ihre Samen können gut zur Nachzucht verwendet werden.
**Verwendung:** Als raschwachsende Schlingpflanze eignet sich der Japanische Hopfen zur Begrünung von Lauben, Veranden, unschönen Mauern und alten Baumstämmen. Auch an Rankgerüsten und Zäunen bildet er eine dichte Laubwand mit ausgezeichnetem Sichtschutz.
**Kultur:** Am einfachsten ist eine Direktsaat an Ort und Stelle etwa Ende März/Anfang April und Vereinzelung der Sämlinge auf 30 cm Abstand. Werden zur Pflanzung Mitte Mai größere Pflanzen gewünscht, ist eine Vorkultur notwendig, bei der Sorte 'Variegatus' ist sie in jedem Fall zu empfehlen. Dazu wird zwischen Ende Februar und Anfang April bei 15–18 °C in Töpfe oder Schalen mit handelsüblicher Anzuchterde ausgesät. Nach der Keimung werden immer jeweils 2–3 Pflänzchen in einen 10–12-cm-Topf pikiert. Die Pflanzen müssen dann sehr hell bei 12 °C weiterkultiviert werden. Wichtig ist bei der Vorkultur, daß die Pflanzen frühzeitig Kletterstäbe erhalten und die einzelnen Töpfe nicht zu nahe nebeneinandergestellt werden, da sonst die Triebe ineinanderwachsen.
**Pflege:** Der ziemlich anspruchslose Japanische Hopfen wächst an sonnigen Plätzen in fast jedem gepflegten Gartenboden. Der Boden darf nicht zu nährstoffreich und feucht sein, dies gilt besonders für die Sorte 'Variegatus', weil ihre Blätter sonst vergrünen und somit ihre interessante weiß gescheckte Färbung verlieren.

*Humulus scandens*

# I

*Iberis amara*

## Iberis
Schleifenblume

**Arten:** *I. amara* (auch *I. coronaria*, Bittere Schleifenblume), *I. umbellata* (Doldige Schleifenblume)
**Familie:** Kreuzblütler *(Brassicaceae, Cruciferae)*
**Heimat:** *I. amara* westliches Mitteleuropa, Mittelmeerraum, *I. umbellata* Mittelmeerraum
**Blütenfarbe:** *I. amara* weiß, *I. umbellata* weiß, rosa, rot, violett
**Blütezeit:** *I. amara* Mai bis August, *I. umbellata* Juni bis August
**Höhe:** 20–40 cm
**Standort:** sonnig bis halbschattig; kalkhaltiger Boden
**Merkmale:** Schon seit Ende des 16. Jh. werden Schleifenblumen in unseren Gärten kultiviert. Die beiden ein-, seltener zweijährigen Arten haben längliche, zugespitzte Blätter und flache, aus vielen kleinen, vierblättrigen Blüten zusammengesetzte Dolden. Bei *I. amara* verlängern sich diese Dolden während des Verblühens nach oben, bei *I. umbellata* bleiben sie dagegen schirmförmig abgeflacht. *I. amara* unterscheidet sich von *I. umbellata* auch durch den starken, sehr angenehmen Duft.
**Sorten:** von *I. amara* 'Hyazinthenblütige Riesen' (schneeweiß, Höhe 30 cm), 'Eisberg' (rein weiß, Höhe 40 cm); von *I. umbellata* 'Feenkönigin' (Farbmischung, Höhe 20 cm), 'Märchenzauber' (Farbmischung, Höhe 25 cm), 'Feuerteufel' (weinrote Töne, Höhe 25 cm), 'Schöne Mischung' (Höhe 30 cm)
**Verwendung:** Besonders hübsch wirken Schleifenblumen in bunten Rabatten, als Einfassung und als Bodendecker in naturnahen Gärten. In Steingärten und zwischen Polsterstauden füllen sie rasch kahle Stellen aus. Beide Arten werden als Bienenweide geschätzt und sind auch haltbare Schnittblumen.
**Kultur:** Die Anzucht ist einfach. Am besten sät man von März bis Mai direkt ins Freiland, breitwürfig oder in Reihen. Bei Temperaturen um 18°C laufen die Keimlinge nach 2 Wochen auf und werden bald darauf auf einen

*Iberis umbellata*

Abstand von 20 cm ausgedünnt. Die Anzucht von Jungpflanzen in Töpfen ist ebenfalls möglich.
Will man eine frühe Blüte erreichen, kann auch im September/Oktober ins Freie gesät werden. Dann ist aber in strengen Frostperioden ein Winterschutz mit Fichtenreisig nötig. Oft säen sich die Schleifenblumen selbst aus und erscheinen im nächsten Jahr wieder.
**Pflege:** Schleifenblumen sind leicht zu pflegen und stellen keine besonderen Ansprüche. Schneidet man sie gleich nach der ersten Blüte zurück, blühen sie noch ein zweites Mal.

## Impatiens
Springkraut, Balsamine

**Arten:** *I. balsamina* (auch *Balsamina hortensis*, Gartenbalsamine), *I. walleriana* (Fleißiges Lieschen), *I. glandulifera* (auch *I. roylei*, Drüsiges Springkraut, Indisches Springkraut)
**Familie:** Balsaminen- oder Springkrautgewächse *(Balsaminaceae)*
**Heimat:** *I. balsamina* Indien, Malaya, China, *I. walleriana* tropisches Afrika, Sansibar, *I. glandulifera* Himalaja, Ostindien
**Blütenfarbe:** weiß, lachsfarben, orange, rosa, rot und violett, auch zweifarbig
**Blütezeit:** *I. balsamina* Juni bis September, *I. walleriana* Mai bis Oktober, *I. glandulifera* Juli bis September
**Höhe:** *I. balsamina* 20–70 cm, *I. walleriana* 15–30 cm, *I. glandulifera* 80–200 cm
**Standort:** sonnig bis halbschattig; humoser, lockerer Boden
**Merkmale:** Der lateinische Name *impatiens* des Springkrauts bedeutet „ungeduldig": eine Anspielung darauf, daß die reifen Fruchtkapseln der Pflanzen schon bei der leisesten Berührung platzen. Die einjährige Gartenbalsamine, eine sehr alte Kulturpflanze, wurde schon im 16. Jh. von den Portugiesen nach Europa eingeführt. Sie hat dicke, fleischige Stengel mit weichen, oft rötlich angelaufenen Ästen. Ihre weißen, zart rosa bis purpurfarben gezeichneten Blüten sind bespornt und besitzen eine helmartige Oberlippe. Besonders großer Beliebtheit erfreut sich das unermüdlich blühende Fleißige Lieschen, das in seiner Heimat ausdauernd wächst, bei uns aber nur einjährig kultiviert wird. Die heute erhältlichen Sorten wachsen buschig und dicht, sie tragen vom Frühjahr bis zum Herbst unzählige zierliche, langgespornte Blüten. Die Farbpalette reicht von Schnee-

*Impatiens balsamina*

weiß über Orange und Lachsrot bis zum tiefen Violett. Die Blütenteller mancher Sorten sind in der Mitte weiß gesternt. Das einjährige Drüsige Springkraut, das bei uns nicht heimisch ist, findet man häufig verwildert auch in der freien Natur, vor allem in Auwäldern und auf feuchten

*Impatiens glandulifera*

oder nassen Böden. Die dickstengelige kräftige Pflanze wird bis 200 cm hoch und besitzt zahlreiche hellpurpurne, seltener weiße gespornte Blüten in langgestielten Trauben. Diese anspruchslose Art sät sich selbst aus, ihr Samen bleibt 6 Jahre keimfähig. Daher neigt das Drüsige Springkraut leicht zum Wuchern, und man sollte unerwünschte Jungpflanzen entfernen.
**Sorten:** Die meisten im Handel erhältlichen Sorten der Gartenbalsamine haben gefüllte Blüten, u. a. 'Zwerg Tom Thumb Formelmischung' (vielfarbig, Blüten über dem Laub stehend, Höhe 20 bis 25 cm), 'Prachtmischung' (vielfarbig, großblumig, Höhe 60 cm), 'Rosenmischung' (vielfarbig, rosenartige großblumige Blüten, Höhe 70 cm). Vom Fleißigen Lieschen gibt es eine Fülle von Sorten, ja ganze Serien von $F_1$-Hybriden in vielerlei Farben, auch mit kontrastierendem Auge oder weiß gesternt, z.B.: 'Accent' (19 Farben, großblumig, Höhe 15–20 cm), 'Concorde' (9 Farben, großblumig, Höhe 15–20 cm), 'Fortuna Compacta' (18 Farben, großblumig, Höhe 15–20 cm), 'Bellizzy' (18 Farben, mittelgroße Blüten, Höhe 15–25 cm). Außerdem werden im Fachhandel halbgefüllte und gefüllte Sorten sowie solche mit rosenartig gefüllten Blüten angeboten.
**Verwendung:** Gartenbalsaminen wirken am besten, wenn sie zusammen mit anderen Sommerblumen in größeren Gruppen auf Beete und Rabatten gepflanzt werden. Am vielseitigsten verwendbar ist das Fleißige Lieschen. Mit ihm lassen sich auf Beeten farbenfrohe Blumenteppiche oder auch prächtig bunte Rabatten gestalten. Dank seiner dauerhaften Blüte und Wetterunempfindlichkeit wurde es zu einer der beliebtesten Schmuckpflanzen für Blumenkästen, Kübel und Ampeln auf Balkon und Terrasse. Das hohe Drüsige Springkraut eignet sich als einzelne Hintergrundpflanze für halbschattige, feuchte Plätze im Garten.
**Kultur:** Gartenbalsaminen zieht man von März bis Mai bei 18°C einzeln in kleinen Torftöpfen an oder sät sie in ein kaltes Frühbeet. Nach 2–3 Wochen werden die Sämlinge in 9–11-cm-Töpfe pikiert und nach Mitte Mai im Abstand von 25–30 cm ausgepflanzt.
Fleißige Lieschen werden ab Anfang März bei 18–22°C in Schalen oder Töpfe mit Anzuchterde ausgesät. Nach 6–8 Wochen pikiert man die Pflänzchen in Anzuchtplatten mit Pikiererde und stellt sie bei 16°C auf. Wenn sie sich genügend entwickelt haben, werden sie einzeln in 8-cm-Töpfe mit Pikiererde gepflanzt und bei 12–16°C weiterkultiviert. Fleißige Lieschen können aber auch durch Stecklinge vermehrt werden. Dazu schneidet man am besten im Herbst 5–10 cm lange Triebe, die sich in einem Wasserglas oder Torfquelltopf schnell bewurzeln. Danach werden die Stecklinge in 10-cm-Töpfe gepflanzt und in einem mäßig warmen Raum bei etwa 12–14°C überwintert. Da Fleißige Lieschen sehr frostempfindlich sind, pflanzt man sie erst Ende Mai im Abstand von 20–25 cm ins Freie.

*Impatiens walleriana*

Das Drüsige Springkraut wird ab April direkt an Ort und Stelle ausgesät.
**Pflege:** Alle Arten haben einen mittleren Nährstoffbedarf und sollten regelmäßig niedrig dosiert nachgedüngt werden. Am besten gedeihen sie bei gleichmäßiger und reichlicher Wasserversorgung.

*Impatiens-Neu-Guinea*-Hybriden

**Schädlinge und Krankheiten:** Spinnmilben, Blattläuse, Weiße Fliege, Schnecken; Welkekrankheiten

## Impatiens-Neu-Guinea-Hybriden

*(I. hawkeri* x *I. linearifolia)*
Neu-Guinea-Impatiens

**Familie:** Balsaminen- oder Springkrautgewächse *(Balsaminaceae)*
**Heimat:** Neu-Guinea
**Blütenfarbe:** Rot-, Orange-, Pink-, Violettöne und weiß
**Blütezeit:** März bis Oktober als Topfpflanze, Mai bis Oktober im Freiland
**Höhe:** 20–50 cm
**Standort:** sonnig bis schattig; humoser Gartenboden
**Merkmale:** Erst 1970 wurden die Kreuzungsarten *I. hawkeri* x *I. linearifolia* im Hochland Neu-Guineas gefunden und seitdem züchterisch bearbeitet. Die aufrecht

wachsenden Kräuter mit fleischig verdickten Trieben besitzen schmale oder breitlanzettlich geformte, meist mehrfarbige Blätter. Im oberen Drittel der Triebe entwickeln sich weiße, rosa, rote, lachs-, karmin- oder lilafarbene Blüten. Derzeit werden etwa 80 verschiedene Sorten auf dem Markt angeboten, die sich in Pflanzenaufbau, Blütengröße und -farbe sowie in Blattfarbe und -zeichnung unterscheiden.
**Sorten:** In der Classic-Serie: 'Aglia' (Blüten pink, Laub grün und gelb, mittlere Höhe), 'Aurore' (Blüten orange, Laub gelb und bronzefarben, mittlere Höhe), 'Delias' (Blüten rosa, Laub grün, kompakt wachsend), 'Isopa' (Blüten purpurrosa, Laub dunkeloliv, Höhe bis 50 cm) und 'Vulcain' (Blüten hellrosa und rot, Laub schwarzgrün, kompakt wachsend).

*Impatiens-Neu-Guinea*-Hybriden

In der Paradise-Serie: 'Antigua' (Blüten orangerot, Laub grün, kompakt wachsend), 'Barbados' (Blüten orange, Laub olivgrün, kompakt wachsend), 'Samoa' (Blüten weiß, Laub grün, kompakt wachsend) und 'Trinidad' (Blüten purpurlila, Laub dunkelgrün, kompakt wachsend).
**Verwendung:** Alle Sorten der Neu-Guinea-Impatiens eignen sich für die Beet- und Schalenbepflanzung, als Topfpflanzen kommen alle Sorten außer 'Aglia' und 'Isopa' in Frage. Für die Balkon- und Ampelbepflanzung sind nur niedrige Sorten ('Aglia', 'Isopa', 'Antigua', 'Barbados', 'Samoa' und 'Trinidad') geeignet.
**Kultur:** Im Gegensatz zum Fleißigen Lieschen werden Neu-Guinea-Impatiens nicht durch Samen vermehrt. In der Regel werden die Stecklinge in Jungpflanzenbetrieben herangezogen und als blühende Pflanze im Fachhandel angeboten.
Man kann aber auch selber vermehren. Dazu nimmt man von guten, bei 16–18°C überwinterten Topfpflanzen in den Frühjahrsmonaten Kopfstecklinge ab. Diese steckt man einzeln in 6–7-cm-Töpfe mit einem Torf-Sand-Gemisch. Die Stecklinge bewurzeln bei 18–20°C nach 3–4 Wochen und können dann in Topferde gesetzt werden. Je nach gewünschter Pflanzengröße wählt man 10–12-cm-Töpfe. Neu-Guinea-Impatiens werden bei 18°C weiterkultiviert und nicht vor Ende Mai im Abstand von 20–25 cm ausgepflanzt.
**Pflege:** Halbschattige bis sonnige Plätze sind für die Neu-Guinea-Hybriden besonders geeignet. An zu schattigen Standorten läßt die Blütenbildung rasch nach. Die Pflanzen haben einen geringen Nährstoffbedarf und entwickeln sich am besten bei gleichmäßiger Bodenfeuchtigkeit. Ein Austrocknen des Substrats führt zu Verbrennungen des Blattrandes und zu Blütenfall. Staunässe ist ebenfalls zu vermeiden.
**Schädlinge und Krankheiten:** Spinnmilben, Weichhautmilben, Thripse; Grauschimmel, Wurzelhalsfäule, Wurzelfäule, Stengelgrundfäule

*Ipomoea tricolor*

## Ipomoea
Prunkwinde, Trichterwinde

**Art:** *I. tricolor* (auch *I. rubrocaerulea, I. violacea, Pharbitis rubrocaerulea*, Dreifarbige Prunkwinde)
**Familie:** Windengewächse *(Convolvulaceae)*
**Heimat:** Mexiko, tropisches Amerika
**Blütenfarbe:** blau, karminrot
**Blütezeit:** Juli bis Oktober
**Höhe:** 300 cm
**Standort:** vollsonnig und geschützt; humoser, lockerer Boden
**Merkmale:** Die in ihrer Heimat ausdauernde, bei uns aber nur einjährig gezogene Dreifarbige Prunkwinde ist ein hübsches Schlinggewächs für Garten und Balkon. Ihre großen trichterförmigen Blüten, die sich schon am Nachmittag wieder schließen, zeigen ein lebhaftes Farbspiel. Kurz nach dem Öffnen tragen die kräftig blauen bis purpurfarbenen Blüten einen rötlichen Saum, der sich schnell himmelblau verfärbt. Zum Schlund hin geht die Farbe in Weiß und Gelb über. Die herzförmigen Blätter bilden einen dichten Laubvorhang, der die attraktiven Blüten wirkungsvoll untermalt.
**Sorten:** 'Crimson Rambler' (karminrot), 'Himmelblau', 'Scarlet O'Hara' (dunkelkarminrot)
**Verwendung:** Die Dreifarbige Prunkwinde klettert rasch an Maschendrahtzäunen, Pergolen oder freistehenden Spalieren empor und verdeckt unansehnliche Mauern hinter einem blühenden Vorhang. Auch auf dem Balkon oder der Terrasse, in Kübel oder Kasten gepflanzt, sorgt sie für einen dekorativen, schattenspendenden Sichtschutz.
**Kultur:** Man legt Ende März/Anfang April je 3–5 Samen in 10-cm-Töpfe mit Anzuchterde. Bei 18–20°C erfolgt die Keimung nach etwa 2 Wochen. Nach rund 4 Wochen werden je 2–3 Pflänzchen in 11–13-cm-Töpfe pikiert und an einem Stab aufgeleitet. Zur Weiterkultur genügen 12–15°C. Die Pflanzen können einmal entspitzt werden, damit sie sich verzweigen. Ab Mitte Mai pflanzt man die Prunkwinden ins Freie. Sie werden leicht schräg zur Kletterhilfe eingesetzt.
**Pflege:** Prunkwinden sind anspruchslos, wenn sie einen warmen, geschützten Standort auf nährstoffreichem, neutralem bis leicht basischem Boden (pH-Wert 7–8) erhalten. Die Triebe ranken von selbst an der Kletterhilfe empor. Bei anhaltender Trockenheit müssen die Pflanzen ausreichend gegossen werden.

## Iresine
Iresine

**Arten:** *I. herbstii* (auch *Achyranthes verschaffeltii*), *I. lindenii* (auch *Achyranthes lindenii*)

**Familie:** Amarant- oder Fuchsschwanzgewächse *(Amaranthaceae)*
**Heimat:** *I. herbstii* Brasilien, *I. lindenii* Ecuador
**Blütenfarbe:** gelb, unscheinbar
**Blütezeit:** Sommer, blüht nur sehr selten
**Höhe:** *I. herbstii* 20–40 cm, *I. lindenii* 60 cm
**Standort:** sonnig; humoser, durchlässiger, nährstoffreicher Boden
**Merkmale:** Mit ihrem leuchtend bunt gefärbten Laub sind Iresinen hervorragende Blattschmuckpflanzen, die besondere Akzente im Sommerblumenbeet setzen. *I. herbstii* ist eine einjährige Pflanze, *I. lindenii* dagegen eine

*Iresine herbstii*

Staude, die bei uns einjährig kultiviert wird. Während die Iresinen in ihrer tropischen Heimat bis zu 2 m Wuchshöhe erreichen können, bleiben sie im hiesigen Klima wesentlich kleiner und setzen kaum einmal Blüten an. Iresinen haben rundliche, eiförmige oder lanzettlich zugespitzte Blätter, deren oft pinkfarbene Nerven deutlich hervortreten. Das Laub ist je nach Art und Sorte leuchtend hellrot, bräunlichrot, blutrot oder auch hellgrün gefärbt und unterschiedlich gezeichnet.
**Sorten:** 'Wallisii' (zwergwüchsig, braunrot, Höhe um 20 cm), 'Brillantissima' (kastanienbraun mit hellroten Adern, Höhe 20–30 cm), 'Formosa' (hellgrün mit roter Aderung, Höhe 40–50 cm)
**Verwendung:** Iresinen werden zur Auflockerung zwischen andere Sommerblumen gesetzt. Auch in Ampeln und Balkonkästen kommen sie gut zur Geltung. Ihr buntes Laub setzt optisch wirkungsvolle Akzente.
**Kultur:** Vermehrt werden die Iresinen gewöhnlich durch Stecklinge. Von Januar bis März können Kopfstecklinge von den bei Zimmertemperatur sehr hell überwinterten Mutterpflanzen geschnitten werden, die sich in Anzuchterde schnell bewurzeln. Wenn man die Pflanzen entspitzt, bleiben sie gedrungen und buschig. Ausgepflanzt wird nach den Eisheiligen.
**Pflege:** Iresinen haben einen hohen Nährstoffbedarf und brauchen neutralen bis schwach sauren Boden. Außer gelegentlichem Gießen benötigen sie aber keine besondere Pflege. Während des Sommers können sie noch mehrfach entspitzt werden, damit sie nicht zu hoch und sparrig wachsen. Im Herbst nimmt man die Pflanzen vom Beet und topft sie in Blumenerde. Über den Winter können sie an einem hellen Platz wie Zimmerpflanzen weiterkultiviert werden. Sie halten im Topf etwa 2 Jahre, werden aber allmählich sparrig und unansehnlich.
**Tip:** Je intensiver die Sonnenstrahlung auf die Iresinen wirken kann, desto ausgeprägter wird die Blattfärbung.

K

*Kochia scoparia*

## Kochia
Sommerzypresse

**Art:** *K. scoparia* (auch *Bassia scoparia*, Besenkraut, Feuerbusch)
**Familie:** Gänsefußgewächse *(Chenopodiaceae)*
**Heimat:** Südosteuropa, Vorder-, Zentral- und Ostasien
**Blüten:** unscheinbar
**Blütezeit:** Juli bis Oktober
**Höhe:** 80–100 cm
**Standort:** sonnig bis halbschattig; durchlässiger, nicht zu nährstoffreicher Boden
**Merkmale:** Die einjährige Sommerzypresse bildet reichverzweigte, dichte Büsche. Ihre Schmuckwirkung beruht auf den zarten, lanzettförmigen Blättern, die Blüten dagegen sind unscheinbar. Kultiviert werden zwei Formen: Bei der Form 'Trichophylla' färbt sich das zartgrüne Laub im Herbst tiefrot, was ihr den Namen Feuerbusch einbrachte, bei der Form 'Childsii' bleiben die Blätter grün.
**Verwendung:** Einzeln oder in kleinen Gruppen gepflanzt, lockern Sommerzypressen bunte Beete mit niedrig wachsenden Blütenpflanzen auf. Sie eignen sich aber auch ausgezeichnet für einjährige Hecken und Einfassungen.
**Kultur:** Die Aussaat erfolgt im März/April bei einer Temperatur von 18 °C, entweder direkt mit je 3 Samenkörnern in 7–8-cm-Töpfe, wenn man sich das Pikieren ersparen will, oder in Kisten mit Anzuchterde. 3 Wochen nach der Aussaat werden die Sämlinge einzeln oder in Tuffs in 8–10-cm-Töpfe pikiert. Zur Weiterkultur genügen 12–15 °C. Wichtig ist, daß die Pflänzchen an einem hellen und luftigen Standort stehen und daß man sie nicht zu feucht hält. Ausgepflanzt werden kann nach den Eisheiligen im Abstand von 25–30 cm für Hecken und Abgrenzungen, bei Gruppenpflanzung soll der Abstand 30–40 cm betragen. In klimatisch begünstigten Gebieten ist ab April auch eine Direktsaat ins Freie möglich.
**Pflege:** Sommerzypressen haben nur einen geringen Nährstoffbedarf, und bei zu hohen Stickstoffgaben leidet die Standfestigkeit der Pflanzen. Sie sollten gleichmäßig bewässert werden, jedoch ist Staunässe zu vermeiden. Werden die Pflanzen als Hecke gezogen, können sie während des Sommers auch mehrmals geschnitten werden.
**Krankheiten:** Keimlingskrankheiten

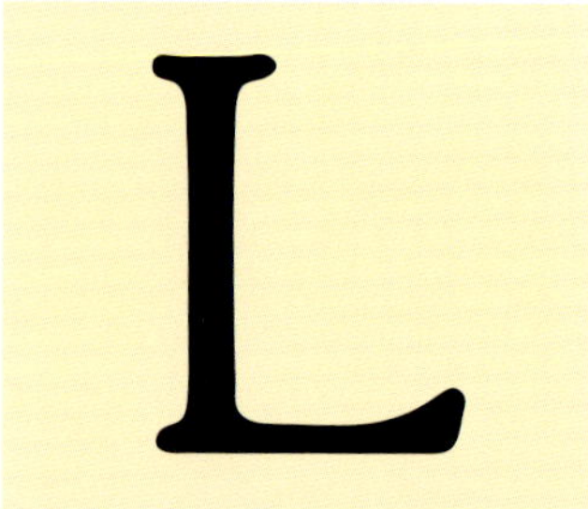

*Lagenaria siceraria*

## Lagenaria
Flaschenfrucht

**Art:** *L. siceraria* (auch *L. vulgaris, Cucurbita lagenaria, C. siceraria*, Flaschenkürbis, Kalebasse)
**Familie:** Kürbisgewächse *(Cucurbitaceae)*
**Heimat:** vermutlich tropisches Afrika
**Blütenfarbe:** weiß
**Blütezeit:** Juni bis September
**Höhe:** bis 300 cm
**Standort:** sonnig; nährstoffreicher, durchlässiger Boden
**Merkmale:** Archäologische Funde in Mexiko, Indien und Ägypten haben gezeigt, daß Flaschenkürbisse schon vor Jahrtausenden kultiviert wurden. Die einjährige, üppig wachsende Kletterpflanze hat große herzförmige, gelappte, etwas rauhe Blätter. Zierwert besitzen weniger die an jeder Pflanze sitzenden männlichen und weiblichen Blüten, vielmehr bestechen die zartgrün bis weiß gefärbten Früchte durch ihre bizarre Form und oftmals beträchtliche Länge.
**Verwendung:** Innerhalb kürzester Zeit beranken die kräftigen Triebe des Flaschenkürbis Spaliere, Lauben und Geländer. Die jungen, unreifen Früchte kann man als Gemüse verwenden, reife, getrocknete Früchte als haltbaren Zimmerschmuck.
**Kultur:** Von März bis April sät man in Schalen oder direkt je 2–3 Samen 2–3 cm tief in Töpfe mit Anzuchterde. Auf der Fensterbank oder im Frühbeet läßt man die Aussaat bei 16–18°C keimen. In Schalen herangezogene Sämlinge werden einzeln in 8-cm-Töpfe pikiert. Die Pflänzchen brauchen frühzeitig einen Halt durch Stäbe und sollten ab Anfang Mai abgehärtet werden. Nach den Eisheiligen können sie im Abstand von mindestens 1 m an einen warmen Platz im Freien ausgepflanzt werden.
Auch die Direktsaat ins Freiland ist ab Mitte Mai möglich. Jedoch gedeihen die Pflanzen dann nur in warmen Sommern zufriedenstellend.
**Pflege:** Um schnell und kräftig zu wachsen, braucht der Flaschenkürbis einen humosen, nährstoffreichen Boden und viel Wärme. Bis zum frühen Herbst muß ausreichend gegossen werden. Als Rankhilfe eignen sich Gitter, gespannte Drähte oder auch Schnüre, an denen die Pflanzen von Anfang an regelmäßig hochgebunden werden.
**Tip:** Aus den festen, wasserundurchlässigen Schalen reifer Flaschenkürbisse lassen sich mit ein wenig Geschick dekorative und ganz individuelle Vasen, Gefäße oder Lampenschirme herstellen.

*Lagurus ovatus*

## Lagurus
Hasenschwanzgras, Sammetgras

**Art:** *L. ovatus*
**Familie:** Süßgräser *(Poaceae)*
**Heimat:** Mittelmeerraum, Kanarische Inseln
**Blütenfarbe:** weiße Scheinähren
**Blütezeit:** Mai bis August
**Höhe:** 20–40 cm
**Standort:** sonnig; gut durchlässiger, sandiger Boden
**Merkmale:** Je nach Kultur ist das Hasenschwanzgras ein ein- oder zweijähriges, anspruchsloses Rispengras. An seinen Stielen sitzen eiförmige, dichte Scheinähren mit langen, seidenweichen Hüllspelzen. Durch ihre Form und die wolligweiße Behaarung sehen die Blütenstände wie kleine Hasenschwänze aus. Bei niedrigem Wuchs bildet dieses Ziergras dichte Polster.
**Verwendung:** Auf trockenen Plätzen im Garten fühlt sich das anspruchslose Gras besonders wohl. Sehr hübsch wirkt es in kleinen Gruppen zwischen Sommerblumen, als Wegeinfassung und in Steingärten. In frischen oder getrockneten Sträußen dient es als dekoratives Beiwerk.
**Kultur:** Sät man das Hasenschwanzgras Ende April direkt ins Freiland und vereinzelt die Sämlinge nach etwa 4 Wochen auf einen Abstand von 20–30 cm, blüht es erst im Juli. Wer bereits im Juni blühende Pflanzen haben will, sät schon im März in Kisten oder Schalen auf dem Fensterbrett oder im Warmen Kasten, pikiert die Sämlinge nach 3–4 Wochen in kleinen Büscheln in 6-cm-Töpfe und pflanzt sie im Mai ins Freie. Noch früher, bereits im Mai, blühen die Gräser bei frostfreier Überwinterung. Hierfür wird im August in Schalen ausgesät und 3–4 Wochen später in kleinen Büscheln in 6-cm-Töpfe pikiert. Die Jungpflanzen überwintern an einem hellen, kühlen, aber frostfreien Platz und werden im April ausgepflanzt.
**Pflege:** Die anspruchslose Pflanze gedeiht ohne besondere Pflege. Für die Trockenbinderei schneidet man die Gräser am besten, bevor sie voll aufgeblüht sind.

## Lantana-Camara-Hybriden
Wandelröschen, Lantane

**Familie:** Eisenkraut- oder Verbenengewächse *(Verbenaceae)*
**Heimat:** Urformen in Südamerika, im tropischen Afrika und in Ostasien
**Blütenfarbe:** weiß, gelb, orange, rosa, rot, lila, auch zweifarbige Blütenstände

*Lantana-Camara*-Hybride

*Lantana-Camara*-Hybride

**Blütezeit:** Mai bis Oktober
**Höhe:** 30–50 cm
**Standort:** sonnig und windgeschützt; durchlässiger, nährstoffreicher Boden
**Merkmale:** Die durch verschiedene Kreuzungen entstandenen Gartenformen des Wandelröschens sind kompakt wachsende, nicht winterharte kleine Sträucher und werden bei uns meist einjährig gezogen. An den Trieben, die im Alter verholzen, sitzen ei- bis herzförmige Blätter mit gesägtem Rand und zahlreiche Blütendolden in leuchtenden Farben. Der deutsche Name Wandelröschen nimmt Bezug auf die Farbveränderung der Blüten: Meist wechseln die Einzelblüten vom Frühsommer bis zum Frosteintritt ihre Farben. Blüten, die z. B. beim Aufblühen orangefarben sind, werden später gelb oder dunkelkarminrot, rosafarbene feuerrot oder lila. Nur wenige Sorten bleiben farbstabil. Aus stärker wachsenden Sorten lassen sich auch Hochstämmchen ziehen, die überwintert werden können. Alle Teile des Wandelröschens sind giftig.
**Sorten:** 'Arlequin' (blauviolett mit gelb, reichblühend, wetterfest, Höhe 20–30 cm), 'Schneewittchen' (cremeweiß, langanhaltende Blüte, Höhe etwa 30 cm), 'Goldsonne' (zitronengelb, sehr widerstandsfähig, für Hochstämmchen geeignet, Höhe 20–40 cm), 'Prof. Raoux' (scharlachrot mit gelborange, wuchsfreudig, Höhe 20–40 cm)
**Verwendung:** *Lantana-Camara*-Hybriden erfreuen sich nicht nur für Beete und Rabatten großer Beliebtheit, sondern auch als Beipflanze in Balkonkästen oder für Kübel auf der Terrasse.
**Kultur:** Die Vermehrung erfolgt von Mitte Februar bis Ende März durch Kopfstecklinge vom Austrieb überwinterter Mutterpflanzen oder später aus den Stutztrieben, die beim Entspitzen von Jungpflanzen anfallen. Die Stecklinge werden zunächst einzeln in 6-cm-Töpfe mit Anzuchterde gesteckt. Sie bewurzeln sich bei 20 °C in 2–4 Wochen. Die gut durchwurzelten Jungpflanzen setzt man in 10–12-cm-Töpfe mit Topferde und kultiviert sie bei 16 °C weiter. Nach der Anwachsphase genügt eine Temperatur von 12–14 °C. Durch mehrmaliges Entspitzen wird die Verzweigung der Pflanzen gefördert. Ausgepflanzt wird nach den Eisheiligen im Abstand von etwa 30 cm. Wer die schwierige Anzucht scheut, kauft am besten im Mai im Handel Jungpflanzen.
**Pflege:** Wandelröschen haben einen hohen Nährstoffbedarf und müssen stets mäßig feucht gehalten werden, wobei Staunässe zu vermeiden ist. Während der Blühphase sollen die beerenartigen Steinfrüchte regelmäßig entfernt werden, damit die Pflanze immer wieder zur Nachblüte angeregt wird. Mutterpflanzen und Hochstämmchen können an einem hellen Platz im Haus bei 6–10 °C und spärlichen Wassergaben überwintert werden.
**Schädlinge:** Weiße Fliege, Spinnmilben
**Tip:** Hochstämmchen zieht man, indem man den Steckling einer starkwüchsigen Sorte in einen größeren Topf pflanzt, ihn später an einen Stab bindet und sämtliche Seitentriebe entfernt. Wenn sich der Haupttrieb bis zur gewünschten Höhe entwikkelt hat, wird er entspitzt. Die neuen Austriebe stutzt man ein- bis dreimal, damit man eine dichte, gut verzweigte Krone erhält.

## Lathyrus
Wicke, Platterbse

**Art:** *L. odoratus* (Duftwicke, Edelwicke, Wohlriechende Wicke)
**Familie:** Schmetterlingsblütler *(Leguminosae)*
**Heimat:** Süditalien
**Blütenfarbe:** weiß, rosa, lachsfarben, rot, blau, violett
**Blütezeit:** Juni bis September
**Höhe:** 20–200 cm
**Standort:** sonnig bis halbschattig; tiefgründiger, kalkhaltiger, nährstoffreicher Boden
**Merkmale:** Wicken sind schon seit langer Zeit im Stadt- wie im Bauerngarten zu Hause. Die einjährigen Schmetterlingsblütler betören mit ihren zarten, geflügelten Blüten, die einen lieblichen Duft verströmen, und mit ihrem Farbspiel von sanften Pastelltönen bis hin zu satten Farben. Meist 3–5 Einzelblüten sitzen am Ende eines langen Blütenstiels. Die ovalen Blätter sind paarig angeordnet und laufen mit einer Ranke aus. Mit Hilfe dieser Blattranken finden die Pflanzen an Spalieren und Zäunen Halt. Heute gibt es

*Lathyrus odoratus*

jedoch auch buschige Zuchtformen, die niedrig wachsen und ohne Klettergerüst auskommen.
**Sorten:** Zahlreiche Sorten sind im Handel. Zu den niedrigen und halbhohen Sorten gehören u. a. 'Little Sweetheart' (Prachtmischung in zarten Farben, buschig wachsend, Höhe 20–25 cm), 'Knee Hi' (Farbmischung, frühblühend, klettert ohne Rankgerüst, für Schnitt geeignet, Höhe 40–60 cm). Hohe Sorten sind u. a. 'Cuthbertson Floribunda' (Prachtmischung, großblumig, frühblühend, Höhe bis 200 cm), 'Royal' (Prachtmischung und 8 Einzelfarben, großblumig, Höhe bis 200 cm), 'Mammut' (Prachtmischung und 10 Einzelfarben, großblumig, Höhe bis 200 cm).
**Verwendung:** Wicken klettern an Mauern mit Drähten oder Rankhilfen, an Stäben, Gittern und Pergolen empor. Sie verschönern jeden Gartenzaun und sind dankbare Schnittblumen. Die niedrigen Sorten sind besonders gut für Einfassungen und die Balkonbepflanzung geeignet.
**Kultur:** Der kugelige Samen wird von Ende März bis Mai direkt im Freiland im Abstand von 5–10 cm in eine 2–3 cm tiefe Reihe gelegt, gut angedrückt und mit Erde bedeckt. Nach 15–20 Tagen keimen die Samen. Nach weiteren 14 Tagen häufelt man etwas Erde an, damit die Pflanzen einen besseren Stand bekommen. Gleichzeitig erhalten sie eine Rankhilfe.
**Pflege:** Wicken sind besonders blühwillig, wenn sie regelmäßig feucht gehalten und ausreichend mit Nährstoffen versorgt werden. Häufiger Schnitt und das Entfernen der verwelkten Blüten verhindern die Samenbildung und fördern die Blühfreudigkeit.
**Schädlinge und Krankheiten:** Blattläuse; Echter Mehltau, Wurzelfäulen, Blattfleckenkrankheiten

## Lavatera
Bechermalve, Buschmalve, Pappelrose, Trichtermalve

*Lavatera trimestris*

**Art:** *L. trimestris*
**Familie:** Malvengewächse *(Malvaceae)*
**Heimat:** Mittelmeerraum, Portugal
**Blütenfarbe:** weiß, rosarot, karminrosa
**Blütezeit:** Juli bis Oktober
**Höhe:** 50–120 cm
**Standort:** sonnig; durchlässiger, humoser Boden
**Merkmale:** Mit ihrem üppigen Blütenflor und dem hohen buschigen Wuchs ziehen die einjährigen Bechermalven in jedem Garten den Blick auf sich. Ihre behaarten Blätter sind gelappt, die zarten becherförmigen, langgestielten Blüten mit meist dunklerer Aderung sitzen einzeln in den Blattachseln.
**Sorten:** 'Mont Blanc' (weiß, Höhe 50 cm), 'Silver Cup' (rosa, Höhe 50–60 cm), 'Mont Rose' (dunkelrosa, Höhe 50–60 cm), 'Ruby Regis' (rosa mit roter Aderung, Höhe 55–70 cm), 'Beauty'-Serie (weiß, hell- und dunkelrosa, gute Schnittblumen, Höhe 70–80 cm)
**Verwendung:** Die attraktiven Blumen lockern, einzeln oder in Gruppen gepflanzt, jedes Gartenbeet auf und bilden auch einen reizvollen Hintergrund. Sie liefern schöne, wenn auch nicht lange haltbare Schnittblumen und werden gern von Bienen als Nahrungsquelle aufgesucht.
**Kultur:** Man sät zwischen März und Mai bei 15 °C jeweils 5–6 Samen in 9–12-cm-Töpfe mit Anzuchterde, kultiviert aber nach der Keimung, etwa 2 Wochen später, nur 2–3 kräftige Sämlinge pro Topf bei 8–10 °C weiter. Ausgepflanzt wird ab Mitte Mai im Abstand von mindestens 60 cm, damit sich die Pflanzen ausbreiten können. Vorteilhaft ist eine satzweise Aussaat an Ort und Stelle ab April, weil die jungen Pflänzchen dann ungestört weiterwachsen können. Sie müssen nur noch auf einen Abstand von 60 cm ausgedünnt werden.
**Pflege:** Bechermalven haben einen mäßigen Nährstoffbedarf. Bei Trockenheit brauchen sie ausreichend Wasser, Staunässe vertragen sie allerdings nicht. Höher wachsende Pflanzen sollten aufgebunden werden. Wenn man die verblühten Triebe regelmäßig entfernt, hält der Blütenflor länger.
**Krankheiten:** Rostpilze (in besonders regenreichen Sommern), Brennfleckenkrankheit, Welkekrankheiten
**Tip:** Vorbeugend gegen die Brennfleckenkrankheit kann das Saatgut unmittelbar vor der Aussaat 20–30 Minuten in 50 °C warmes Wasser getaucht werden.

## Limonium
Meerlavendel, Strandflieder, Widerstoß, Statice

**Arten:** *L. sinuatum* (auch *Statice sinuata*), *L. bonduellei* (auch *Statice bonduellei*), *L. suworowii* (auch *Psylliostachys suworowii, Statice suworowii*)
**Familie:** Bleiwurz- oder Strandnelkengewächse *(Plumbaginaceae)*
**Heimat:** *L. sinuatum* Mittelmeergebiet, Nordafrika, *L. bonduellei* Nordafrika, *L. suworowii* Westturkestan
**Blütenfarbe:** *L. sinuatum* weiß, gelb, rosa, lavendel, blau, *L. bonduellei* gelb, *L. suworowii* rosa
**Blütezeit:** *L. sinuatum* und *L. suworowii* Juli bis September, *L. bonduellei* August bis Oktober
**Höhe:** *L. sinuatum* 25–90 cm, *L. bonduellei* 30–60 cm, *L. suworowii* 40–80 cm
**Standort:** sonnig und geschützt; nicht zu schwerer,

*Limonium sinuatum*

kalkhaltiger, am besten sandiger Boden
**Merkmale:** Von den Arten des Meerlavendels, die in ihrer Heimat häufig auf salzigen, vom Meer durch Flut oder Gischt bewässerten Wiesen wachsen, haben einige als Sommerblumen Einzug in unsere Gärten gehalten. Die am häufigsten angepflanzte Art ist *L. sinuatum*, eine hierzulande einjährig kultivierte, rauhhaarige Pflanze mit in Rosetten stehenden Blättern, die auf vielfach verzweigten Stengeln gabelig verästelte Blütenstände trägt. Bei der Stammform ist der Kelchsaum blau, die Kronenblätter

*Limonium suworowii*

sind gelb gefärbt, doch gibt es viele Farbsorten in Weiß, Gelb, Rosa, Lavendel und Blau. Ebenfalls einjährig kultiviert wird die ähnliche, allerdings ausschließlich gelb blühende Art *L. bonduellei*. Die einjährige Art *L. suworowii* bildet lange, dichte rosafarbene Blütenähren.
**Sorten:** Von *L. sinuatum* sind mehrere Farbsorten im Handel, z.B. 'Modra' (dunkelblau, Höhe 50 cm), 'Rosenschimmer' (karminrosa, Höhe 60–70 cm), 'Goldküste' (goldgelb, Höhe 75 cm), 'Candissimum' (weiß, Höhe 75 cm) und 'Roseum Superbum' (rosa, Höhe 90 cm) sowie Farbmischungen wie die niedrig bleibende 'Biedermeier-Mischung' (Höhe 25–30 cm).
**Verwendung:** Da sich Meerlavendel mit anderen hochwachsenden Blumen nicht gut kombinieren läßt, wird er in Beeten vor allem in kleinen Gruppen zwischen niedrige, teppichbildende Pflanzen eingestreut. Wer jedoch von allen drei Arten prächtige Schnittblumen gewinnen will, die sich hervorragend trocknen lassen, pflanzt Meerlavendel am besten in eigenen Beeten an.
**Kultur:** Da bei Direktsaat an Ort und Stelle die Blüte zu spät erscheinen würde, empfiehlt sich eine Vorkultur. Dazu wird etwa Mitte März bei 18°C in Kisten oder Schalen mit Anzuchterde ausgesät. Etwa 4 Wochen später pikiert man die Sämlinge einzeln in 8-cm-Töpfe mit handelsüblicher Blumenerde und kultiviert sie bei 12–15°C weiter. Ausgepflanzt wird Mitte Mai, für die Schnitt- und Trockenblumengewinnung im Abstand von etwa 30 cm.
**Pflege:** Meerlavendel hat einen mittleren Nährstoffbedarf und gedeiht am besten auf kalkreichen und relativ trockenen, durchlässigen Böden. Besondere Pflege ist nicht erforderlich.
**Schädlinge und Krankheiten:** Blattläuse; Welkekrankheiten, Rost, Echter Mehltau, Blattflecken- und Viruskrankheiten
**Tip:** Zur Gewinnung von Trockenblumen schneidet man den Meerlavendel am besten, wenn die Mehrzahl der Blüten geöffnet ist, und hängt die Stiele mit dem Kopf nach unten an einem schattigen, luftigen Platz auf.

*Linanthus androsaceus* ssp. *luteus*

## Linanthus
Sternenglimmer

**Art:** *L. androsaceus* ssp. *luteus* (auch *Leptosiphon luteus, Gilia lutea*)
**Familie:** Sperrkrautgewächse *(Polemoniaceae)*
**Heimat:** Kalifornien
**Blütenfarbe:** alle Farben
**Blütezeit:** Juni bis September
**Höhe:** 15 cm
**Standort:** sonnig; durchlässiger, sandiger Boden
**Merkmale:** Nur wenig bekannt ist diese außergewöhnlich reizvolle einjährige Wildblume mit zierlichen, fast nadelähnlichen Blättern. Die zarten, doch genügsamen Pflänzchen bilden schnell einen dichten Teppich, in dem die zahllosen winzigen fünfblättrigen Sternenblüten in allen Regenbogenfarben leuchten.
**Sorte:** 'Star Dust' (Farbmischung, Höhe 15 cm)
**Verwendung:** Sehr hübsch wirkt der Sternenglimmer an Beetkanten, in Steingärten, Gefäßen und Balkonkästen, besonders da, wo man die Blüten aus der Nähe betrachten kann. Auch Lücken im Beet füllen die Pflanzen rasch und effektvoll.
**Kultur:** Von April bis Juni kann direkt ins Freie gesät werden. Im Reihenabstand von 15–20 cm sät man die Samen 1–2 cm tief. Noch einfacher ist die breitwürfige Aussaat. Bei Temperaturen um 15–20°C keimen die Samen in 10–15 Tagen.
**Pflege:** Der Sternenglimmer ist anspruchslos, und obwohl die Pflanzen zart und empfindlich wirken, vertragen sie sogar Trockenperioden. Besonders üppig blühen sie in sandigem Boden an einem vollsonnigen Platz.

## Linum
Lein

**Arten:** *L. grandiflorum* (Großblütiger Lein, Roter Lein), *L. usitatissimum* convar. *crepitans* (Echter Lein, Flachs, Dreschlein, Klenglein)
**Familie:** Leingewächse *(Linaceae)*
**Heimat:** *L. grandiflorum* Nordafrika, *L. usitatissimum* nur aus Kultur bekannt

*Linum grandiflorum*

*Linum usitatissimum*

**Blütenfarbe:** *L. grandiflorum* blutrot, seltener rosa oder weiß, *L. usitatissimum* blau
**Blütezeit:** *L. grandiflorum* Juni bis September, *L. usitatissimum* Juli/August
**Höhe:** *L. grandiflorum* 30–40 cm, *L. usitatissimum* 80–100 cm
**Standort:** sonnig; magerer, trockener Boden
**Merkmale:** Neben den zahlreichen ausdauernden Arten des Leins gibt es nur zwei einjährige, die als Sommerblumen bei uns kultiviert werden: Der Großblütige Lein wächst schmal aufrecht und verzweigt. An bis zu 40 cm hohen Stengeln sitzen die schmalen graugrünen Blätter und meist tiefrote Blüten mit dunklem Auge in lockeren Doldenrispen. Die Einzelblüten halten nicht lange, was aber durch ständig sich neu öffnende Blüten ausgeglichen wird. Der Echte Lein oder Flachs, der früher auch hierzulande häufig zur Öl- oder Fasergewinnung angebaut wurde, wird wesentlich höher. Seine himmelblauen Blüten sind kleiner, und der Flor hält viel kürzer an.
**Sorten:** von *L. grandiflorum* 'Rubrum' (leuchtend rot, Höhe 30–40 cm), von *L. usitatissimum* 'Blaues Schnittwunder' (leuchtend hellblau, Höhe 100 cm)
**Verwendung:** Der auch für den Schnitt geeignete Großblütige Lein schmückt Rabatten und füllt Lücken in Staudenbeeten. Der Echte Lein wirkt in naturnahen Gärten besonders hübsch und wird wegen seiner reizvollen runden Kapselfrüchte vor allem als Trockenblume angebaut.
**Kultur:** Beide Arten werden Ende April direkt ins Freiland gesät und keimen bereits nach 1 Woche. Etwas später werden sie auf einen Abstand von 25 cm vereinzelt.
**Pflege:** Lein braucht keine besondere Pflege.

## Lobelia
Lobelie

**Arten:** *L. erinus* (Männertreu), *L. tenuior* (auch *L. ramosa*), *L. valida*, *L. fulgens* (auch *L. splendens*, Scharlachlobelie), *L.* x *speciosa* (Gartenlobelie), *L.* x *gerardii* (Gartenlobelie)
**Familie:** Glockenblumengewächse *(Campanulaceae)*
**Heimat:** *L. erinus* Südafrika, *L. tenuior* Westaustralien, *L. valida* Wildform in Mittelamerika, *L. fulgens* Mexiko, *L.* x *speciosa* und *L.* x *gerardii* Urformen in Mittelamerika

*Lobelia* x *gerardii*

**Blütenfarbe:** *L. erinus* weiß, rosa, blau, blau mit weißem Auge, lila, *L. tenuior* enzianblau mit weißem Auge, *L. valida* blau mit weißem Auge, *L. fulgens* scharlachrot, *L.* x *speciosa* rot, rosa, *L.* x *gerardii* blau, rosa
**Blütezeit:** *L. erinus, L. tenuior* und *L. valida* Mai bis Oktober, *L. fulgens* und *L.* x *speciosa* Juni bis September, *L.* x *gerardii* Juli bis September
**Höhe:** *L. erinus* 10–15 cm, Triebe bis 40 cm hängend, *L. tenuior* 20 cm, *L. valida* 25–30 cm, *L. fulgens* 45–90 cm, *L.* x *speciosa* 50–75 cm, *L.* x *gerardii* 80–100 cm
**Standort:** *L. erinus, L. tenuior, L. valida* sonnig bis halbschattig; humoser , tiefgründiger Boden, bei sand- oder tonhaltigem Boden besteht in Trockenperioden Versalzungsgefahr; *L. fulgens, L.* x *gerardii* und *L.* x *speciosa* sonnig; nährstoffreicher, humoser Boden
**Merkmale:** Wegen ihres üppigen und langanhaltenden Blütenflors erfreuen sich Lobelien großer Beliebtheit. Neben den einjährigen sind hier auch einige in ihrer Heimat ausdauernde Arten genannt, die bei uns wegen ihrer Frostempfindlichkeit meist nur einjährig kultiviert werden. Die sowohl bodendeckenden wie hängenden Arten *L. erinus* und *L. tenuior* wachsen auf Beeten und Rabatten kompakt und polsterförmig, in Gefäßen überhängend. Ihre unzähligen, zierlichen kleinen Blüten leuchten in verschiedenen Farben. Die aufrecht wachsende, gegen Wind, Regen und Trockenheit besonders unempfindliche *L. valida* besticht durch eine Fülle zart duftender, intensiv blauer Blüten mit weißem Auge, die sich bis zum ersten Frost unermüdlich bilden. Bei der aufrecht wachsenden *L. fulgens* wirken die hohen rotgefärbten Blütenschäfte mit den scharlachroten Blüten und dunkelroten Blättern besonders dekorativ. Die großen, meist scharlachroten, rings um die hohen unverzweigten Stiele angeordneten

*Lobelia fulgens*

Blüten von *L.* x *speciosa* bilden einen wirkungsvollen Farbkontrast zu dem satten dunkelgrünen Laub. Bei der starkwüchsigen *L.* x *gerardii* stehen die großen blauen oder rosa Blüten einzeln achselständig an langen Stielen und heben sich ebenfalls auffällig von den frisch grünen, schmalen Blättern ab.
**Sorten:** von *L. erinus:* Aufrecht wachsende Sorten sind u.a. 'Cambridge Blue' (leuchtend hellblau, Höhe 10 cm), 'Kristallpalast' (dunkelblau mit dunklem Laub, Höhe 10 cm), 'Kaiser Wilhelm' (kornblumenblau mit hellgrünem Laub, Höhe 10 cm), 'Blaue Perle' (ultramarinblau mit dunkelgrünem Laub, frühblühend, Höhe 10 cm), 'Schneeball' (rein weiß, großblumig, Höhe 10 cm), 'Rosamunde' (karminrosa mit weißem Auge, Höhe 10 cm); Hängelobelien sind u.a. 'Pendula' (in 5 Einzelfarben und

als Farbmischung, Ranken bis zu 40 cm hängend), 'Cascade Mix' (Mischung aus Blau, Lila, Violett und Weiß, Ranken bis zu 40 cm hängend), 'Richardii' (hellblau, Ranken bis 100 cm hängend, stecklingsvermehrt). Sorten von *L. tenuior* sind 'Blue Wings' (enzianblau, großblumig, Höhe 20 cm); von *L. valida* 'Blaustern' (enzianblau, frühblühend, Höhe 25 cm) und 'True Blue' (blau, kompakt wachsend, Höhe 25–30 cm, stecklingsvermehrt); von *L. fulgens* 'Illumination' (scharlachrot mit dunklem Laub, Höhe 45 cm) und 'Königin Viktoria' (scharlachrot mit rotbraunem Laub, Höhe 60–80 cm); von *L.* x *speciosa* 'Fan' (2 Einzelfarben: tiefrot und zinnoberrosa, Höhe 60 cm) und 'Kompliment Scharlach' (scharlachrot, großblumig, Höhe 75 cm); von *L.* x *gerardii* 'Blauzauber' (mittelblau, starkwüchsig, Höhe 80 cm) und 'Rosazauber' (karminrosa, kräftige Stiele, Höhe 100 cm).

**Verwendung:** Die niedrigen Lobelienarten *L. erinus* und *L. tenuior* schmücken, in größeren Gruppen gepflanzt, Einfassungen, Rabatten und Sommerblumenbeete. Für

*Lobelia* x *speciosa*

die Balkon- und Ampelbepflanzung eignen sich am besten die Hängesorten, die aufrecht wachsenden beginnen erst mit zunehmendem Alter zu hängen. Auch *L. valida* kann sowohl für die Balkon- und Gefäß- wie für die Beet- und Rabattenbepflanzung verwendet werden. Die hohen Lobelienarten *L. fulgens, L.* x *speciosa* und *L.* x *gerardii* wirken vor allem gruppenweise oder als Tuffs in Beeten mit kontrastierender Unterpflanzung und werden als Schnittblumen sehr geschätzt.

**Kultur:** Fast alle Sorten der genannten Lobelienarten werden durch Aussaat vermehrt. Als Lichtkeimer werden ihre Samen nicht mit Erde abgedeckt. *L. erinus* wird Anfang März bei 18 °C ausgesät; am besten legt man etwa 5 Samen in 6-cm-Töpfe

*Lobelia erinus*

mit Anzuchterde. Nach 14 Tagen werden die Sämlinge in Büscheln in 8-cm-Töpfe mit Pikiererde gesetzt und bei 12–15 °C hell und luftig weiterkultiviert. Sparsames Gießen der Jungpflanzen begünstigt kompakteren Wuchs und frühzeitigen Blütenansatz. Ausgepflanzt wird nach den Eisheiligen im Abstand von 20–25 cm. *L. tenuior* wird ähnlich angezogen, allerdings wird 2–3 Wochen früher bei maximal 15 °C ausgesät, und es werden nur höchstens 2–3 Sämlinge in 9-cm-Töpfe pikiert. *L. valida* wird bereits Anfang Februar in Töpfe gesät und wie *L. erinus* weiterkultiviert. *L. fulgens, L.* x *speciosa* und *L.* x *gerardii* sät man von Januar bis März bei 18 °C aus und senkt nach dem Auflaufen die Temperatur auf 16 °C ab. Nach 2–3 Wochen werden die Sämlinge einzeln in 9-cm-Töpfe mit Topferde pikiert und bei 10–14 °C und vollem Licht sowie reichlichem Lüften weiterkultiviert. Eine mehrmalige flüssige Nachdüngung nach dem Einwurzeln fördert die Entwicklung der Pflanzen. Ausgepflanzt wird ebenfalls nach den Eisheiligen in Gruppen im Abstand von etwa 20–30 cm. Durch Stecklinge vermehrt werden die Sorte 'Richardii' von *L. erinus* und die Sorte 'True Blue' von *L. valida.* Im November nimmt man von bei 12 °C überwinterten Mutterpflanzen der Sorte 'Richardii' Kopf- oder Teilstecklinge, die sich bei 14–16 °C in 9-cm-Töpfen mit Anzuchterde bewurzeln. Von Anfang Januar bis Mitte Februar senkt man die Temperatur auf 6–8 °C, danach kultiviert man die Pflänzchen bei 12–14 °C weiter.

Von den bei 10–12 °C überwinterten Mutterpflanzen der Sorte 'True Blue' schneidet man, ebenfalls im November, ausschließlich Kopfstecklinge und setzt sie bei 14–16 °C in 9–10-cm-Töpfe mit Anzuchterde. Auch hier muß die Temperatur von Januar bis Mitte Februar auf 6–8 °C abgesenkt werden, danach brauchen die Jungpflanzen dann eine Temperatur von 18 °C.

*Lobelia valida*

**Pflege:** Sowohl die niedrigen wie die hohen Lobelien müssen stets gleichmäßig feucht gehalten werden. Bei *L. erinus* und *L. tenuior* ist nach der ersten Blüte ein Rückschnitt um ein Drittel erforderlich, die Pflanzen treiben dann neu aus und blühen oft bis zum Herbst. Bei *L. valida* wird Verblühtes so zurückgeschnitten, daß sich die Seitentriebe weiterentwickeln können. Die für den Schnitt geeigneten hohen Arten *L. fulgens, L.* x *speciosa* und *L.* x *gerardii* haben einen hohen Nährstoffbedarf und erhalten als Grunddüngung am besten einen Mehrnährstoffdünger.

**Krankheiten:** Umfallkrankheiten, Grauschimmel u. a. Pilzerkrankungen

## Lobularia
Steinrich

**Art:** *L. maritima* (auch *Alyssum maritimum*, Duftsteinrich, Strandsteinkraut)
**Familie:** Kreuzblütler *(Brassicaceae, Cruciferae)*
**Heimat:** Südeuropa, Mittelmeergebiet
**Blütenfarbe:** weiß, rosa, violett
**Blütezeit:** Mai bis Oktober
**Höhe:** 6–15 cm
**Standort:** sonnig bis halbschattig; nicht zu nährstoffreicher, kalkhaltiger Boden
**Merkmale:** Der vom Spätfrühling bis zum ersten Frost fast ununterbrochen üppig blühende einjährige Duftsteinrich entwickelt als Bodendecker auf Beeten kompakte Polster. Setzt man ihn im Balkonkasten an den vorderen Rand, läßt er seine Triebe auch hängen. Unter den zahlreichen Blüten, die durch ihren süßen Honigduft viele Insekten anlocken, verschwinden die schmalen hellgrauen Blätter fast völlig.
**Sorten:** 'Königsteppich' (tiefviolett, Höhe 6 cm), 'Rosie O'Day' (rosa, Höhe 6 cm), 'Snow Crystals' (weiß, großblumig, Höhe 6 cm), 'Wunderland' (kräftig rosa, Höhe 6 cm), 'Orientalische Nächte' (purpurviolett, Höhe 8 cm), 'Snowdrift' (weiß, sehr frühblühend, Höhe 8 cm)
**Verwendung:** Der Duftsteinrich liefert duftende Blüten für Blumenkästen und Ampeln, wird aber auch gern als Beeteinfassung, zum Ausfüllen kahler Stellen im Garten, als Unterpflanzung für Hochstämmchen oder als Bodendecker zwischen Rosen gesetzt. Besonders gut kommt er auch in Steingärten oder zwischen Steinplatten zur Geltung.
**Kultur:** Ausgesät wird Ende März/Anfang April bei 18 °C. Am besten legt man 5 Samenkörner direkt in 6-cm-Töpfe mit Pikiererde oder in Torfquelltöpfe und kultiviert die nach 1–2 Wochen erscheinenden Keimlinge hell, kühl (10–12 °C), luftig und relativ trocken weiter. Durch sparsames Gießen der Jungpflanzen wächst der Duftsteinrich kompakter und setzt früher Blüten an. Ausgepflanzt wird ab Mitte Mai im Abstand von 15 cm. Für die Gefäßbepflanzung empfiehlt sich nährstoffarme Pikiererde.
Ab Ende April ist auch eine Direktsaat ins Freie möglich.
**Pflege:** Die anspruchslose Pflanze braucht nur wenig Nährstoffe und mäßige Wassergaben. Wichtig ist nach dem ersten Blütenflor ein Rückschnitt um die Hälfte, damit die Bildung neuer Triebe und Knospen gefördert wird. Durch eine Volldüngergabe nach dem Rückschnitt wird die Blühpause rasch überwunden.
**Krankheiten:** Echter und Falscher Mehltau

*Lobularia maritima*

## Lonas
Gelbes Ageratum, Ruhrkraut

**Art:** *L. annua* (auch *L. inodora, Athanasia annua*)
**Familie:** Korbblütler *(Compositae)*
**Heimat:** Nordwestafrika, Süditalien, Sizilien
**Blütenfarbe:** gelb
**Blütezeit:** Juli bis Oktober
**Höhe:** 20–60 cm
**Standort:** sonnig; trockener, nicht zu nährstoffreicher Boden
**Merkmale:** Das einjährige Gelbe Ageratum wächst buschig verzweigt und hat fiederspaltige Blätter. Stengel und Äste sind rötlich, die gelben Blütenköpfchen, die den Blüten des Leberbalsams *(Ageratum)* ähneln, stehen in dichten endständigen Doldentrauben.
**Sorte:** 'Goldrush' (dichte Dolden, kompakt und buschig wachsend, Höhe 20 cm)
**Verwendung:** Das Gelbe Ageratum wird gerne zusammen mit blauem Leberbalsam als Einfassung oder auf Rabatten gepflanzt und eignet sich auch gut für Steingärten und Trockenmauern. Die haltbaren Blütendolden werden als Schnitt- und Trockenblumen geschätzt.
**Kultur:** Die Aussaat erfolgt von Ende März bis April in Kisten mit Anzuchterde bei 15–18 °C. 3 Wochen später werden die Keimlinge in 6–8-cm-Töpfe pikiert und bei 12 °C hell und luftig weiterkultiviert. Ende Mai pflanzt man im Abstand von 25–30 cm ins Freie aus. Eine Aussaat ins Freiland ist in klimatisch begünstigten Regionen ab April möglich.

*Lonas annua*

**Pflege:** Das Gelbe Ageratum darf nicht zu feucht gehalten werden. Es gedeiht auf trockenem, nicht zu nährstoffreichem Boden und braucht keine besondere Pflege – nur die verblühten Dolden sollten entfernt werden. Legt man allerdings Wert auf Trockenblumen mit geraden Stielen, sollten die Pflanzen abgestützt werden, da sie trotz der kräftigen Stiele leicht umfallen. Erst wenn die Blumen voll erblüht sind, werden sie geschnitten, gebündelt und mit der Blüte nach unten an einen luftigen und schattigen Ort zum Trocknen gehängt.
**Schädlinge und Krankheiten:** Läusearten; Grauschimmel

## Lotus
Hornklee

**Arten:** *L. maculatus, L. berthelotii* (auch *L. peliorhynchus*)
**Familie:** Schmetterlingsblütler *(Leguminosae)*
**Heimat:** Kanarische und Kapverdische Inseln

**Blütenfarbe:** *L. maculatus von gelb über orange zu kupferfarben, L. berthelotii* scharlachrot
**Blütezeit:** von März/April mit Blühpausen bis zum Sommer
**Höhe:** niederliegende oder herabhängende, etwa 30 cm lange Zweige
**Standort:** hell und sonnig; durchlässiger, lehmig-humoser Boden
**Merkmale:** Die in ihrer Heimat ausdauernden Stauden werden bei uns vor allem als Ampelpflanzen kultiviert, die sich im Kalthaus oder Wintergarten am wohlsten fühlen. In der warmen Jahreszeit werden die Pflanzen, die jedes Jahr neu aus Stecklingen gezogen werden können, jedoch auch gern im Freiland, vor allem auf Balkon und Terrasse, gehalten. Die bizarren Blüten, die an den fadenförmigen Trieben aufrecht stehen, leuchten bei *L. maculatus* goldorangefarben, bei *L. berthelotii* rot aus dem silbrig glänzenden, nadelförmigen Laub heraus.
**Sorte:** von *L. maculatus* 'Gold Flash' (orangegelb, blühwilliger als *L. berthelotii*, neigt aber zu Blühpausen)
**Verwendung:** Die interessante Pflanze eignet sich für Balkonkästen und Ampeln und wird gelegentlich auch in Steingärten und Rabatten gepflanzt.
**Kultur:** Die beiden Hornkleearten werden am besten durch Kopfstecklinge vermehrt, Teilstecklinge bewurzeln sich weniger gut. Dazu steckt man im Februar/März oder im August/September etwa 5 cm lange Stecklinge in Anzuchtplatten mit Vermehrungserde. Sie bewurzeln sich bei 18–20°C in 3–4 Wochen. Dann wird die Temperatur auf 15–16°C abgesenkt. Die gut bewurzelten Jungpflanzen setzt man bei 12–16°C zu zweit oder dritt in 11–12-cm-Töpfe mit Topferde, senkt später die Temperatur noch einmal auf 8–15°C, wodurch die Blütenbildung gefördert wird. Um gut verzweigte Pflanzen zu erhalten, stutzt man sie einmal. Ausgepflanzt wird nach den Eisheiligen.
**Pflege:** Während der Wachstumszeit muß der Hornklee gleichmäßig feucht, aber nicht zu naß gehalten werden. Staunässe führt zum Absterben der Wurzeln und Ballentrockenheit zu Blattfall. Die Pflanzen haben einen hohen Nährstoffbedarf und sollten von Februar bis Oktober regelmäßig gedüngt werden. Eine Überwinterung der Pflanzen ist möglich, wenn man sie rechtzeitig vor dem ersten Frost einräumt und bei 5–10°C an einen hellen Ort stellt, wobei nur so viel gegossen werden soll, daß der Ballen nicht austrocknet.
**Schädlinge:** Blattläuse, Spinnmilben, Weichhautmilben

*Lotus berthelotii*

*Lunaria annua*

## Lunaria
Silberling

**Art:** *L. annua* (auch *L. biennis*, Judassilberling, Judaspfennig, Judastaler, Mondviole)
**Familie:** Kreuzblütler *(Brassicaceae, Cruciferae)*
**Heimat:** Südosteuropa, Italien
**Blütenfarbe:** weiß, rosa, karminrot, purpurviolett
**Blütezeit:** Mai bis Juni
**Höhe:** 40–120 cm
**Standort:** sonnig bis halbschattig; nicht zu schwerer, leicht feuchter Boden
**Merkmale:** Schon seit dem Mittelalter wird der Judassilberling in unseren Gärten kultiviert. Die ein- bis zweijährige krautige Pflanze wächst verzweigt und trägt unregelmäßig angeordnete, leicht gezackte herzförmige Blätter. Im späten Frühjahr erscheinen zahlreiche angenehm duftende Blüten in endständigen Trauben, die den Garten ebenso zieren wie später die flachen, dekorativen Samenstände.
**Verwendung:** Der Judassilberling ist eine Waldschattenpflanze und eignet sich deshalb besonders für Pflanzungen unter Bäumen, zwischen Blütenstauden und Farnen. Die auffallenden Fruchtstände (Schoten) mit silberglänzenden Scheidewänden sind begehrte, dauerhafte Trockenblumen. Nach dem Ausreifen der Samenstände schneidet man die Stiele, entfernt die Blätter und hängt die gebündelten Triebe zum Trocknen in den Schatten. Wenn man die beiden papierartigen bräunlichen Hüllen der Schote abzieht, kommt die hauchdünne, silbrig schillernde Scheidewand zum Vorschein.
**Kultur:** Judassilberlinge werden am besten zweijährig kultiviert. Man sät von Mai bis Juni ins Freiland aus. Bei Temperaturen von 14–18°C keimen die Samen in 8–10 Tagen. 3–4 Wochen nach der Aussaat, spätestens aber im August/September

*Lunaria annua,* Fruchtstand

setzt man die jungen Pflanzen in einem Abstand von 30–40 cm an die gewünschte Stelle. Wenn direkt am vorgesehenen Platz ausgesät wurde, muß nur auf diesen Abstand vereinzelt werden. Will man den Judassilberling einjährig kultivieren, sät man im April an Ort und Stelle aus. Dabei muß man allerdings in Kauf nehmen, daß sich die Pflanzen weniger kräftig entwickeln.
**Pflege:** Der anspruchslose Judassilberling benötigt keine besondere Pflege, nur sollte

an sonnigen Standorten regelmäßig gegossen werden.
**Tip:** Pflanzt man den Judassilberling an geeignete Stellen im Garten, wo er ungestört bleibt, braucht man sich um die Anzucht neuer Pflanzen nicht mehr zu kümmern: Dort sät er sich von selbst aus.

## Lysimachia
Felberich

**Art:** *L. congestiflora* (auch *L. congestifolia*, Asiatischer Felberich, Goldkörbchen, „Lyssi")
**Familie:** Primelgewächse *(Primulaceae)*
**Heimat:** Himalaja
**Blütenfarbe:** goldgelb
**Blütezeit:** April bis Juni und Herbst
**Höhe:** niederliegende oder hängende, 15–20 cm lange Triebe
**Standort:** sonnig bis halbschattig; durchlässiger, humoser Boden
**Merkmale:** Die in ihrer Heimat ausdauernde Staude, eine Verwandte unseres heimischen Felberichs, wird bei uns wegen mangelnder Winterhärte einjährig kultiviert. Ihre endständigen, kugeligen goldgelben Blütendolden bilden einen schönen Kontrast zu den dunkelgrünen Laubblättern und halten sich sehr lange.
**Verwendung:** Der für die Gefäßbepflanzung geeignete Asiatische Felberich kommt am besten in Ampeln zur Geltung. Im Balkonkasten wird er als Bei- oder Hängepflanze verwendet.
**Kultur:** Die Vermehrung erfolgt durch Teil- und Kopfstecklinge von Oktober bis Februar. Sie bewurzeln sich in 6-cm-Töpfen mit Vermehrungserde bei 18 °C. Im Januar werden die Jungpflanzen in 10–11-cm-Töpfe mit Topferde gesetzt, und die Temperatur wird nach dem Einwurzeln auf 10–15 °C abgesenkt. Damit die Pflanzen buschig wachsen und sich gut verzweigen, werden sie ein- bis zweimal gestutzt und nach den Eisheiligen am besten zu dritt in Ampeln mit 25 cm Durchmesser ausgepflanzt.
**Pflege:** Der Asiatische Felberich gedeiht sowohl an sonnigen wie auch an halbschattigen Standorten, doch läßt seine Blühwilligkeit in warmen, sonnigen Lagen schneller nach. Er muß regelmäßig gegossen werden, Staunässe verträgt er allerdings nicht. Abgeblühtes sollte immer wieder entfernt werden, um den Neuaustrieb zu fördern. Die unerwünschte Blühpause von Juni bis zum Herbst läßt sich durch regelmäßiges Zurückschneiden verkürzen.
Zum Überwintern werden die Pflanzen bei 12–16 °C an einen hellen Platz gestellt und nur mäßig gegossen.

*Lysimachia congestiflora*

# M

*Malope trifida*

## Malope
Trichtermalve, Sommermalve, Malope

**Art:** *M. trifida*
**Familie:** Malvengewächse *(Malvaceae)*
**Heimat:** Spanien, Portugal, Nordafrika
**Blütenfarbe:** weiß, rosa, rot
**Blütezeit:** Juli bis Oktober
**Höhe:** 60–100 cm
**Standort:** sonnig; durchlässiger, mäßig nährstoffreicher Boden
**Merkmale:** Die einjährige, buschig wachsende Trichtermalve sieht der Bechermalve *(Lavatera)* sehr ähnlich. Die trichterförmigen, meist dunkel geäderten Blüten sitzen einzeln in den Achseln der oberen großen, gelappten Blätter und bezaubern durch ihren seidigen Glanz.
**Verwendung:** Die stattlichen Trichtermalven kommen vor allem in größeren Beetanlagen gut zur Geltung. In Gruppen gepflanzt, zieren sie Sommerblumenrabatten und füllen Lücken zwischen Stauden hübsch aus. Auch als Schnittblumen sind sie gut geeignet.
**Kultur:** Von März bis Mai sät man bei 15–18 °C entweder in Kisten, oder man legt 2–3 Samen direkt in 6–8-cm-Töpfe mit Anzuchterde. In der Kiste gezogene Pflänzchen werden nach 1 Woche in 8-cm-Töpfe pikiert. Etwa 2 Wochen nach dem Pikieren bzw. 3 Wochen nach der Aussaat senkt man die Temperatur auf 12–15 °C ab und kultiviert die jungen Pflanzen möglichst hell weiter. Mitte Mai werden sie im Abstand von 40–50 cm ins Freie gepflanzt.
Ab Mitte April können Trichtermalven auch direkt ins Freiland gesät und später vereinzelt werden.
**Pflege:** Damit die Trichtermalve lange ihren reichen Blütenflor behält, muß man sie regelmäßig bewässern und Verblühtes entfernen. Sie hat einen mittleren Nährstoffbedarf und muß in offenen, dem Wind ausgesetzten Lagen mit Stäben gestützt werden. Auf einem zu nährstoffreichen Boden gedeihen

zwar die Blätter der Pflanze prächtig, der Blütenflor bleibt jedoch zurück.
**Schädlinge und Krankheiten:** Läuse; Malvenrost
**Tip:** Man kann Trichtermalven schon knospig als Schnittblumen verwenden, sie blühen in der Vase noch auf.

## Malva
Malve

**Art:** *M. sylvestris* (auch *M. mauritiana*, Algiermalve, Wilde Malve, Roßpappel)
**Familie:** Malvengewächse *(Malvaceae)*
**Heimat:** Europa, Nordwestafrika, Asien
**Blütenfarbe:** rosa-weiß, hellviolett, lila, hell- bis dunkelpurpurrot
**Blütezeit:** Juli bis September
**Höhe:** 80–150 cm
**Standort:** sonnig bis halbschattig; durchlässiger, humoser Boden
**Merkmale:** Die Algiermalve gehört zu den formenreichen wilden Malven, die früher bei uns häufig an Wegrändern, Zäunen, Mauern und auf Schuttplätzen zu finden waren. Die aufrecht wachsenden, ein- bis zweijährigen Pflanzen bilden hohe Stengel mit rundlichen, gelappten Blättern, in deren Achseln die großen, dekorativen Blütenkelche sitzen.
**Sorte:** Durch Selektion entstand die Ziersorte 'Atropurpurea', die dunkel- bis purpurrosa blüht.
**Verwendung:** Einzeln oder in Gruppen gepflanzt, zieren Algiermalven größere Sommerblumen- und Staudenbeete – ihres Wildpflanzencharakters wegen vor allem in naturnahen Gärten. Für den kleinen Garten sind diese stattlichen Pflanzen weniger geeignet.
**Kultur:** Am besten sät man im April direkt ins Freiland und dünnt später auf einen Abstand von 60 cm aus. Um eine frühere Blüte zu erreichen, ist ab Anfang März auch eine Vorkultur in Kisten oder 10-cm-Töpfen möglich. An geeigneten Standorten säen sich Algiermalven häufig selbst aus.
**Pflege:** Algiermalven haben einen mittleren Nährstoffbedarf und bevorzugen sonnige Lagen. Besondere Pflege brauchen sie nicht.

*Malva sylvestris*

## Matthiola
Levkoje

**Art:** *M. incana* (Gartenlevkoje, Sommerlevkoje)
**Familie:** Kreuzblütler *(Brassicaceae, Cruciferae)*
**Heimat:** östliches Mittelmeer, Mittelasien, Südafrika
**Blütenfarbe:** weiß, gelb, rosa, rot, violett, lavendelfarben
**Blütezeit:** Juni bis September
**Höhe:** 30–90 cm
**Standort:** sonnig (bis halbschattig); nährstoffreicher, lehmiger und kalkhaltiger Boden
**Merkmale:** Die seit dem 16. Jh. in unseren Gärten kultivierte Pflanze wächst in ihrer Heimat als Halbstrauch, wird bei uns aber einjährig gezogen. Ihre stark duftenden Blüten stehen in endständigen Trauben, die länglichen Blätter sind meist grauweiß behaart. Levkojen gibt es in vielfältigen Zuchtformen: als 30 cm hohe Zwerglevkojen, als bis zu 50 cm hohe Buschlevkojen oder als einstielige, bis 90 cm hohe Stangen- oder Schnittlevkojen, sowohl mit einfachen wie mit gefüllten Blüten.
**Sorten:** Bewährte Sorten sind u. a.: von Buschlevkojen 'Großblumige Erfurter Prachtmischung' (großblumig, Höhe 35 cm); von Schnittlevkojen 'Dresdner immerblühende Prachtmischung' (großblumig, dichtgefüllt, Höhe 60 cm), 'Mammut Excelsior Levkoje' (Farbmischung, hoher Anteil an gutgefüllten Blüten, Höhe 60–90 cm).
**Verwendung:** Gartenlevkojen sind hervorragende Beet- und Rabattenpflanzen. Die niedrigen Sorten eignen sich auch für Pflanzgefäße, Schalen und Balkonkästen, die hohen Sorten liefern wunderschöne, lange haltbare Schnittblumen.
**Kultur:** Für eine erfolgreiche Anzucht von Levkojen sind keimfreie Erde und gebeiztes Saatgut besonders wichtig. Ausgesät wird bei 15–18 °C ab Ende März in Saatkisten mit Anzuchterde, wobei die Samen nur leicht abgedeckt werden (Lichtkeimer). Da das

*Matthiola incana*

*Matthiola incana*

Saatgut neben gefüllt blühenden meist auch ungefüllt blühende Pflanzen hervorbringt, werden nur die kräftigsten Sämlinge in Anzuchtplatten mit Pikiererde vereinzelt, um den Anteil an gefüllt blühenden Pflanzen zu erhöhen. Die Pikierlinge kultiviert man bei 10–12 °C hell und luftig weiter. Ausgepflanzt wird nach Mitte Mai im Abstand von 15 cm.
**Pflege:** Levkojen brauchen einen nährstoffreichen Boden, doch sollte man beachten, daß sie salzempfindlich sind und zu hohe Düngergaben zwar das Wachstum beschleunigen, aber die Stiele schwächen. Die hohen Schnittblumensorten sollten abgestützt werden. Geschnitten werden die Blumen am besten, wenn mindestens 10 Blüten offen sind, da sie dann länger halten.
**Schädlinge und Krankheiten:** Blattwanzen, Erdflöhe, Raupen; Fuß- und Welkekrankheiten, Stengelfäule, Falscher Mehltau
**Tip:** Noch länger halten sich Levkojen in der Vase, wenn vor dem Schnitt ausgiebig gewässert wird. Hohe einstielige Pflanzen erntet man mitsamt der Wurzel.

## Melampodium
Melampodie

**Art:** *M. paludosum* (Sterntaler, Gelbe Margeritenblume)
**Familie:** Korbblütler *(Compositae)*
**Heimat:** Louisiana, Mexiko, Mittel- und Südamerika
**Blütenfarbe:** goldgelb
**Blütezeit:** Mai bis September/Oktober
**Höhe:** 20–40 cm
**Standort:** sonnig; humoser Boden

*Melampodium paludosum*

**Merkmale:** Bei der einjährigen, kugelig wachsenden und reichverzweigten Pflanze sitzen goldgelbe Zungenblüten um das orangefarbene Blütenkörbchen. Das kurzbehaarte, ganzrandige Laub ist hellgrün gefärbt.
**Sorten:** 'Showstar' (tiefgelb, großblumig, niedriger, breitrunder Wuchs, Höhe 20 bis 25 cm), 'Medaillon' (gelb, reichblühend, gut verzweigt, Höhe anfangs 20 cm, später 30–40 cm)
**Verwendung:** Der Sterntaler bereichert mit seinem leuchtenden Gelb Beete und Rabatten, aber auch Steingärten oder naturnahe Pflanzungen und eignet sich auch als Balkon- und Kübelpflanze.
**Kultur:** Ausgesät wird im Februar/März bei 20°C in Kisten oder Schalen mit Anzuchterde, die Samen werden nur dünn mit Erde abgesiebt. 3 Wochen später pikiert man die Sämlinge in 9-cm-Töpfe und kultiviert sie möglichst hell bei 16–18°C weiter. Ein Stutzen der Jungpflanzen ist nicht erforderlich, da sie sich von selbst gut verzweigen. Die wärmebedürftige Pflanze sollte nicht zu früh nach den Eisheiligen im Abstand von 30 cm ausgepflanzt werden.
**Pflege:** Der Sterntaler hat einen hohen Nährstoffbedarf und braucht viel Wasser, besonders bei intensiver Lichteinstrahlung. Daher sollte die Erde nie trocken werden.
**Schädlinge:** Weiße Fliege, Rote Spinne, Blattläuse, Schnecken

## Mimulus-Hybriden
(M. x tigrinus, M. x hybridus)
Gauklerblume, Affenblume

**Familie:** Braunwurzgewächse oder Rachenblütler *(Scrophulariaceae)*
**Heimat:** Urformen in Chile und im westlichen Nordamerika
**Blütenfarbe:** cremeweiß, gelb, orange, rot, oft zweifarbig
**Blütezeit:** Juni bis Oktober
**Höhe:** 15–30 cm
**Standort:** sonnig bis halbschattig; feuchter, humoser, nährstoffreicher Boden
**Merkmale:** In ihrer Heimat wachsen die hübschen Gauklerblumen ausdauernd, doch bei uns werden sie meist nur einjährig kultiviert. Anders als die meisten Sommerblumen gedeihen die Pflanzen an kühlen, feuchten Standorten und blühen dort sogar besonders üppig. Den ganzen Sommer über sind die buschigen Pflanzen von unzähligen samtigen Blüten übersät. Sie sitzen einzeln oder in lockeren Trauben über dem kleinen gezähnten Laubwerk und sind oft auffallend gefleckt oder getigert. Besonders kompakt und geschlossen wachsen die neuen Züchtungen der Gauklerblume.
**Sorten:** Im Handel sind zahlreiche $F_1$-Hybriden erhältlich: 'Malibu' (in 3 Farbsorten und als Mischung, reichblühend, Höhe 15 cm), 'Magic' (in 5 Farbsorten und als Formelmischung, früh- und reichblühend, Höhe 15 cm), 'Mystic' (Formelmischung, besonders früh und reich blühend, Höhe 15 cm), 'Viva' (gelb mit braunroten Flecken, sehr großblumig, Höhe 20 cm), 'Royal Velvet' (rotbraun, gelb gesprenkelt, großblumig, Höhe 20–30 cm), 'Yellow Velvet' (goldgelb mit braunroten Flecken, großblumig, Höhe 20–30 cm).
**Verwendung:** Mit ihren farbenprächtigen Blüten schmücken Gauklerblumen Beete, Rabatten, Blumenkästen und Schalen auf Balkon und Terrasse gleichermaßen. Besonders gut eignen sie sich aber zur Bepflanzung von Teichrändern.
**Kultur:** Die sehr feinen Samen werden ab Mitte März bei 12–18°C breitwürfig in Gefäße mit Anzuchterde ausgesät. Die Samen werden nur leicht angedrückt (Lichtkeimer) und keimen innerhalb von 1–3 Wochen. Dann werden je 4 Pflänzchen in 8-cm-Töpfe mit Blumenerde pikiert und hell und luftig weiterkultiviert. Wenn sich die Jungpflanzen gut entwickelt haben, entspitzt man den Haupttrieb, um eine bessere Verzweigung zu erzielen. Ab Mitte Mai, wenn keine Frostgefahr mehr besteht, kann im Abstand von 20–30 cm ins Freie gepflanzt werden.
**Pflege:** Um gut zu gedeihen, brauchen Gauklerblumen nährstoffreichen, humosen, feuchten Boden, der auch im Sommer niemals austrocknen darf. Staunässe muß jedoch unbedingt vermieden werden. Läßt die Hauptblüte nach, schneidet man die Pflanzen zurück und erreicht so eine zweite Blüte, die bis zum Frostbeginn anhält.
**Tip:** Von besonders schönen Pflanzen können im Spätsommer auch Stecklinge geschnitten werden. Sie bewurzeln im Wasserglas recht schnell und werden dann in Töpfe mit Blumenerde gepflanzt. An einem hellen, kühlen, aber frostfreien Platz werden die Jungpflanzen überwintert. Während des Winters wird nur so viel gegossen, daß der Wurzelballen nicht ganz austrocknet.

*Mimulus*-Hybriden

*Mirabilis jalapa*

## Mirabilis
Wunderblume

**Art:** *M. jalapa*
**Familie:** Wunderblumengewächse *(Nyctaginaceae)*
**Heimat:** tropisches Amerika
**Blütenfarbe:** weiß, gelb, rot, auch mehrfarbig
**Blütezeit:** Juni bis Oktober
**Höhe:** 60–100 cm
**Standort:** sonnig; feuchter, durchlässiger, nährstoffreicher Boden
**Merkmale:** Der Tatsache, daß auf einer Pflanze oft unterschiedlich gefärbte Blüten erscheinen, verdankt die Wunderblume ihren Namen und auch das Interesse, das sie bei der Erforschung der Vererbungsgesetze fand. Die ausdauernde buschige Pflanze, die bei uns nur einjährig kultiviert wird, hat gestielte herzförmige Blätter und fünfzipflige Röhrenblüten, die endständige Büschel bilden. Ihre Blüten öffnen sich erst am Spätnachmittag und schließen sich in der Morgendämmerung. Geöffnet verströmen sie einen zarten Duft, der viele Nachtfalter anlockt.
**Verwendung:** Da die Blüten der Wunderblume nicht sehr auffällig sind, wird sie heute nur selten angepflanzt. In Gruppen kommt sie jedoch als Hintergrundpflanzung in größeren Rabatten recht gut zur Geltung.
**Kultur:** Die Aussaat erfolgt von März bis Mai in Kisten mit Anzuchterde bei einer Temperatur von 18–20 °C. Nach etwa 1–2 Wochen werden die Pflanzen in 8–9-cm-Töpfe pikiert und bei 15–18 °C hell und sonnig weiterkultiviert. Ab Mitte Mai kann man im Abstand von 50 cm auspflanzen. In klimatisch begünstigten Regionen ist ab April auch eine Aussaat direkt ins Freie möglich.
**Pflege:** Wunderblumen benötigen einen gut mit Nährstoffen versorgten Boden. Damit sie lange und reich blühen, müssen sie regelmäßig gegossen werden, und Verblühtes muß immer wieder entfernt werden.
**Schädlinge:** Blattläuse

*Moluccella laevis*

## Moluccella
Muschelblume

**Art:** *M. laevis*
**Familie:** Lippenblütler *(Lamiaceae, Labiatae)*
**Heimat:** Westasien
**Blütenfarbe:** weiß
**Blütezeit:** Juli bis August bei Vorkultur, August bis Oktober bei Direktsaat
**Höhe:** 60–100 cm
**Standort:** sonnig; durchlässiger, nährstoffreicher Boden
**Merkmale:** Die einjährige, aufrecht wachsende Muschelblume wird in unseren Gärten bisher wenig angepflanzt. Auffallend sind die hellgrünen, trichterförmigen Hochblätter, die dichtgedrängt wie Glocken an den hohen, unverzweigten Stengeln sitzen. Darin fallen die kleinen, weißen Blüten kaum auf.
**Sorte:** 'Glocken von Irland', auch 'Irlandglocke' (Höhe 60–70 cm)
**Verwendung:** In Gruppen gepflanzt, wirkt die Muschelblume in Sommerblumenbeeten äußerst apart. Sie eignet sich hervorragend als grünes Beiwerk für frische Sträuße, kann aber auch gut getrocknet werden. Dazu schneidet man voll erblühte Stiele und entfernt die Blätter.
**Kultur:** Die Vorkultur von Muschelblumen ist nicht ganz einfach. Auch bei idealen Temperaturen um 18 °C keimen die Samen ungleichmäßig, und erst nach 2 bis 4 Wochen laufen die Sämlinge auf. Von Februar bis April kann in Kisten mit Anzuchterde ausgesät werden. Man drückt die Samen nur leicht an (Lichtkeimer). Die Keimlinge werden in 8-cm-Töpfe pikiert und bei 12–15 °C hell und luftig weiterkultiviert.
Ende Mai kann im Abstand von 25 cm ausgepflanzt werden. Auch eine Aussaat ins Freie ist ab Ende April/Anfang Mai möglich.
**Pflege:** Damit sich lange Blütenstiele entwickeln, braucht die Muschelblume ausreichend Nährstoffe und einen sonnigen, warmen Standort.
**Tip:** Die Samen der Muschelblume keimen besser, wenn man sie vor der Aussaat bei 2–4 °C im Kühlschrank lagert. Auch wechselnde Temperaturen bei Tag (18 °C) und bei Nacht (10 °C) wirken sich günstig aus.

## Myosotis
Vergißmeinnicht

**Arten:** *M. sylvatica* (auch *M. alpestris, M. oblongata*), *M.*-Hybriden
**Familie:** Boretsch- oder Rauhblattgewächse *(Boraginaceae)*
**Heimat:** Europa, Asien, Nordwestafrika
**Blütenfarbe:** blau, rosa, weiß
**Blütezeit:** März bis Mai
**Höhe:** 15–40 cm
**Standort:** sonnig bis halbschattig; mittelschwerer, lehmiger Boden
**Merkmale:** Der beliebte Frühjahrsblüher wächst bei günstigen Bedingungen ausdauernd, wird jedoch meist zweijährig gezogen. Die reichverzweigte Pflanze hat länglich-lanzettliche, behaarte Blätter und zahlreiche überwiegend blaue, aber auch weiße und rosafarbene Blütentrauben. Oft erreicht die Blüte ihren Höhepunkt erst im Mai. Das Vergißmeinnicht ist zwar winterhart, übersteht aber häufig strenge Frostperioden nicht ohne einen guten Winterschutz.

**Sorten:** Im Handel gibt es zahlreiche Sorten, u. a. 'Blaue Kugel' (leuchtend blau, kugeliger Wuchs, Höhe 15 cm), 'Weiße Kugel' (weiß, Höhe 15 cm), 'Rosa Kugel' (hell-lachsrosa, Höhe 15 cm), 'Compindi' (dunkelblau, Höhe 15 cm), 'Rosa Traum' (rosa, frühblühend, Höhe 15 cm), 'Indigo Compacta' (tiefblau, Höhe 20–25 cm), 'Blauer Strauß' (tiefblau, großblumig, Höhe 30 cm), 'Blaues Wunder' (tiefblau, großblumig, Höhe 30 cm), 'Schnittwunder' (tiefblau, robuster Wuchs, Höhe 30 cm), 'Blaue Schönheit' (tiefblau, Höhe 40 cm).
**Verwendung:** Vergißmeinnicht eignen sich gut für Blumenbeete, Wegkanten und Rabatten. Zusammen mit Tausendschön, Goldlack und Stiefmütterchen lassen sich bunte Frühjahrsbepflanzungen gestalten. Die niedrigen Sorten schmücken auch Balkonkästen, die höheren Sorten liefern ausgezeichnete, haltbare Schnittblumen.
**Kultur:** Ausgesät wird von Mitte Juni bis Mitte Juli in einen Frühbeetkasten oder

*Myosotis sylvatica*

eine ins Freie gestellte Aussaatkiste mit Blumenerde, die mit einem Drittel Lehm vermischt wurde. Der Samen muß gut mit Erde abgedeckt (Dunkelkeimer) und immer gleichmäßig feucht gehalten werden. Trocknet die Saat aus, ist die Keimung in Frage gestellt, wird sie zu naß gehalten, drohen Keimlingskrankheiten. Zur Keimförderung empfiehlt sich eine Abdeckung mit Schattiergewebe oder Vlies; sie wird nach der Keimung anfangs nur abends und nachts, an trüben Tagen auch tagsüber, einige Tage später dann ganz weggenommen. Bei zu dichter Aussaat pikiert man die Sämlinge etwa 4 Wochen später ins Frühbeet, in Kisten oder 7-cm-Töpfe, bei lockerer Aussaat entfällt das Pikieren. Während des Augusts wird dann im Abstand von 20 cm auf ein Freilandbeet ausgepflanzt. Von hier aus können die kräftigen Jungpflanzen im Oktober an den gewünschten Endstandort verpflanzt werden. Sollen die Pflanzen im Frühjahr zeitiger blühen, überwintert man die Jungpflanzen am besten in 10-cm-Töpfen bei maximal 6–10°C im Kleingewächshaus und pflanzt sie erst im Frühjahr an den endgültigen Standort.
Wer die aufwendige Vorkultur scheut, kann im Frühjahr oder Herbst auch bereits kräftige Jungpflanzen im Handel erwerben. Einmal im Garten angesiedelt, sät sich das Vergißmeinnicht leicht von selbst aus.
**Pflege:** Vergißmeinnicht gedeihen auf jedem Gartenboden problemlos, wenn sie genügend Wasser erhalten. Je trockener und sonniger der Standort ist, desto schneller verblühen sie im Frühjahr. In strengen Frostperioden sollten sie mit Vlies oder Fichtenreisig abgedeckt werden, um ein Erfrieren zu verhindern.
**Schädlinge und Krankheiten:** Blattläuse; Echter Mehltau, Grauschimmel, Keimlingskrankheiten

# N

*Nemesia*-Hybriden

## Nemesia-Hybriden
Nemesie, Elfenspiegel, Venusspiegel

**Familie:** Braunwurzgewächse oder Rachenblütler *(Scrophulariaceae)*
**Heimat:** Urformen in Südafrika
**Blütenfarbe:** weiß, gelb, orangefarben, scharlach, karminrot und blau
**Blütezeit:** Juni bis September
**Höhe:** 20–60 cm
**Standort:** sonnig; leichter, nährstoffarmer Boden
**Merkmale:** Die zahlreichen Gartenhybriden der einjährigen Nemesie stammen alle entweder direkt von *N. strumosa* und *N. versicolor* ab oder sind aus Kreuzungen dieser beiden Arten entstanden. Die buschig wachsende, anspruchslose Sommerblume bezaubert durch ihren farbenprächtigen Flor aus großen trichterförmigen, in doldigen Trauben angeordneten Blüten. Besonders hübsche Blütenpolster bilden die zwergwüchsigen Formen.
**Sorten:** Im Handel werden vorwiegend Farbmischungen angeboten: 'Triumph' (meist zweifarbige Blüten, großblumig, kompakter Wuchs, Höhe 20 cm), 'Karneval' (meist reine Farben, sehr großblumig, Höhe 25 cm), 'Tetra Märchenzauber' (reiches Farbenspiel, sehr großblumig, Höhe 25–30 cm).
**Verwendung:** In Gruppen gepflanzt, wirkt die reichblühende Nemesie in bunten Sommerblumenbeeten und auf Rabatten sehr dekorativ. Sie ist auch für die Kultur in Töpfen gut geeignet und liefert haltbare Schnittblumen für kleine Sträuße.
**Kultur:** Im März/April wird in Kisten mit Anzuchterde ausgesät. Die Samen keimen bei 12–15°C in 2–3 Wochen. Dann pikiert man jeweils 3–5 Pflänzchen in 6–8-cm-Töpfe mit Anzuchterde und kultiviert sie hell, luftig und kühl bei 10°C weiter. Um eine bessere Verzweigung der Nemesien zu erreichen, wird der Haupttrieb entspitzt.

Erst ab Mitte Mai pflanzt man im Abstand von 25 cm ins Freie aus.
**Pflege:** Da Nemesien weder zu feuchten, noch zu trockenen Boden vertragen, muß vor allem auf eine gleichmäßige Bewässerung geachtet werden. Ihr Nährstoffbedarf ist nur gering. Verblühtes sollte regelmäßig entfernt werden.
**Tip:** Schneidet man die Nemesie nach dem ersten Blütenflor zurück, dann blüht sie im September noch ein zweites Mal.

## Nemophila
Hainblume

**Art:** *N. menziesii* (auch *N. insignis*)
**Familie:** Wasserblattgewächse *(Hydrophyllaceae)*
**Heimat:** Kalifornien und Oregon
**Blütenfarbe:** weiß, blau
**Blütezeit:** Juni bis August
**Höhe:** bis 20 cm
**Standort:** sonnig bis halbschattig; humoser Gartenboden
**Merkmale:** Reich, aber nur relativ kurz blüht die einjährige Hainblume an niederliegenden bis halb aufrechten Trieben. Ihre graugrünen, fiedrig geteilten Blätter bilden einen hübschen Kontrast zu den meist blauen, flachschaligen Blüten.

*Nemophila menziesii*

**Verwendung:** Diese etwas ausgefallenere Sommerblume eignet sich hervorragend für Einfassungen. In kleineren Gruppen gepflanzt, füllt sie rasch Lücken in Rabatten und Staudenbeeten.
**Kultur:** Ab März kann direkt an Ort und Stelle ins Freiland gesät und dann auf 10 bis 15 cm Abstand vereinzelt werden. Wenn im Garten bis in den Herbst hinein Hainblumen blühen sollen, müssen bis Juni mehrere Folgesaaten durchgeführt werden, denn die Pflanzen blühen nur sehr kurz.
**Pflege:** Die Hainblume, ein Schwachzehrer, stellt weder an den Boden noch an die Pflege besondere Ansprüche.
**Tip:** Läßt man die Pflanzen ungestört, säen sie sich häufig auch selbst aus.

## Nicotiana
Ziertabak, Tabak

**Arten:** *N. alata* (auch *N. affinis*), *N.* x *sanderae* (Gartenziertabak), *N. sylvestris* (Bergtabak, Waldtabak)
**Familie:** Nachtschattengewächse *(Solanaceae)*
**Heimat:** Arten und Urformen in Südamerika
**Blütenfarbe:** *N.* x *sanderae* weiß, cremefarben, gelbgrün, rosa, rot, violett, *N. alata* und *N. sylvestris* nur weiß
**Blütezeit:** Juni bis September/Oktober
**Höhe:** *N. alata* 80–150 cm, *N.* x *sanderae* 25–80 cm, *N. sylvestris* 100–150 cm
**Standort:** sonnig und windgeschützt; tiefgründiger, mittelschwerer und nährstoffreicher Boden
**Merkmale:** Diese Verwandten der Tabakpflanze *(N. tabacum)*, die in ihrer Heimat oft ausdauernd wachsen, werden bei uns einjährig gezogen. Sie betören vor allem

*Nicotiana* x *sanderae*

durch ihren angenehmen, zum Teil starken Duft, den ihre langröhrigen, in lockeren Rispen angeordneten Blüten verströmen. Während die Wildarten und einige ältere Sorten die Blüten tagsüber geschlossen halten, bleiben sie bei den neuen Züchtungen den ganzen Tag über geöffnet. Die Arten *N. alata* und *N. sylvestris* blühen weiß, die Züchtungen dagegen in mehreren Farben und Farbschattierungen.
**Sorten:** Im Handel sind zahlreiche $F_1$-Hybriden, u. a. 'Gnom' (in 4 Einzelfarben, auch als Farbmischung, kompakt wachsend, Höhe 25 cm), 'Starship' (in 4 Einzelfarben, frühblühend, kompakt wachsend, Höhe 30 cm), 'Nico' (in 2 Einzelfarben, frühblühend, reich verzweigt, Höhe 30 cm), 'Domino' (in 4 Einzelfarben, auch als Farbmischung, kompakt wachsend, Höhe 30–35 cm), 'Nicky' (in 4 Einzelfarben, auch als Farbmischung, kompakt wachsend, Höhe 30–40 cm), 'Vip' (in 4 Einzelfarben, auch als Farbmischung, Höhe 45 cm), 'Crimson Rock' (rot, Höhe 60 cm), 'Daylight' (weiß, Höhe 80 cm).
**Verwendung:** Mit dem lange und üppig blühenden Ziertabak lassen sich Beete und Rabatten phantasievoll gestalten. Die niedrigen Sorten haben sich auch in Balkonkästen, Schalen und Kübeln bewährt.
**Kultur:** Ausgesät wird ab März in Anzuchterde bei 18–20 °C, wobei das Saatgut nicht oder nur leicht mit Erde abgedeckt werden soll (Lichtkeimer). Nach dem Keimen wird die Temperatur auf 16 °C abgesenkt. 2–3 Wochen später pikiert man die Sämlinge in 8–10-cm-Töpfe und kultiviert sie nur mäßig feucht, sehr hell und luftig bei 14–16 °C weiter. Zum Abhärten wird die Temperatur vor dem Auspflanzen auf 12 °C

*Nicotiana* x *sanderae*

gesenkt. Nach den Eisheiligen pflanzt man die niedrigen Sorten im Abstand von etwa 25 cm, die hohen Arten und

*Nicotiana sylvestris*

Sorten im Abstand von etwa 100 cm aus.
Wer die langwierige Anzucht scheut, kauft besser im Frühjahr im Handel Jungpflanzen.
**Pflege:** Ziertabak hat einen hohen Nährstoffbedarf und muß bei längerer Trockenheit reichlich gegossen werden. Ein Rückschnitt der verwelkten Blütentriebe gegen Ende Juli fördert den Neuaustrieb und damit einen weiteren Blütenflor.
**Schädlinge:** Blattläuse, Schnecken

## Nierembergia
Nierembergie, Weißbecher

**Art:** *N. hippomanica* var. *violacea* (auch *N. caerulea*)
**Familie:** Nachtschattengewächse *(Solanaceae)*
**Heimat:** Argentinien
**Blütenfarbe:** weiß, rosa, purpurn bis violettblau
**Blütezeit:** Juni bis September
**Höhe:** 15–20 cm
**Standort:** sonnig bis halbschattig; durchlässiger, nährstoffreicher Boden
**Merkmale:** Die in ihrer Heimat mehrjährige Pflanze wird bei uns wegen ihrer Frostempfindlichkeit nur einjährig gezogen. Sie bildet hübsche kleine Polster, die den ganzen Sommer über von zahlreichen becherförmigen Blüten bedeckt sind. Die schmalen kleinen Blätter sitzen an schlanken, meist oben verzweigten Trieben.
**Sorte:** 'Königsmantel' (2 Einzelfarben, purpurrot und weiß, Höhe 15–20 cm)
**Verwendung:** Die niedrig wachsenden Nierembergien setzen bunte Farbtupfer in Steingärten und auf Rabatten, kommen aber auch in Schalen, Ampeln und Balkonkästen gut zur Geltung.
**Kultur:** Wer schon ab Anfang Juni blühende Pflanzen haben möchte, sät im September bei 18 °C in Schalen oder Kisten mit Anzuchterde aus. Nach 2–3 Wochen werden die Sämlinge tuffweise in Schalen, Kisten oder auch in 10-cm-Töpfe mit humoser, lehmiger Erde pikiert. Um einen buschigeren Wuchs zu erzielen, entspitzt man die Jungpflanzen ein- bis zweimal und überwintert sie bei 6–8 °C hell und luftig. Für eine Sommerblüte ab Juli reicht die Aussaat im Februar oder März. Da die Anzucht der Nierembergie nicht sehr einfach ist, empfiehlt es sich, die Jungpflanzen im Frühjahr im Gartenhandel zu kaufen.
**Pflege:** Die Nierembergie braucht nährstoffreichen Boden und sollte vor allem an warmen Tagen oder bei längerer Trockenheit ausreichend gewässert werden. Bei sandigen Böden ist eine Nachdüngung während der Blüte Ende Juli erforderlich.

*Nierembergia hippomanica* var. *violacea*

## Nigella
Schwarzkümmel

**Art:** *N. damascena* (Jungfer im Grünen, Braut in Haaren, Gretel im Busch)
**Familie:** Hahnenfußgewächse *(Ranunculaceae)*
**Heimat:** Mittelmeergebiet, Kleinasien, Kanarische Inseln
**Blütenfarbe:** blau, rosa, weiß
**Blütezeit:** Juni bis September
**Höhe:** 40–50 cm
**Standort:** vollsonnig; mittelschwerer, nährstoffreicher Boden
**Merkmale:** Schon seit dem 16. Jh. wird die Jungfer im Grünen in unseren Gärten angepflanzt. Die zierliche einjährige Sommerblume mit nadelfein zerteilten Blättern wächst aufrecht verzweigt und bildet am Ende der Triebe aparte, pastellzarte Blüten, die von einem dichten Kranz feingeschlitzter Hochblätter umgeben sind. Ebenso interessant wie die Blüten sind ihre aus 5–10 Balgkapseln zusammengesetzten kugelig aufgeblähten Fruchtstände mit den am oberen Ende wie Hörner herausragenden Stempeln.
**Sorten:** 'Persische Juwelen' (Mischung aus weißen, blauen und rosa Farbtönen, Höhe 40 cm), 'Plena' (in Weiß und in Rosa, Höhe 45 cm), 'Miss Jekyll' (himmelblau, Höhe 45 cm), 'Persian Rose' (rosa, Höhe 50 cm)
**Verwendung:** Die Jungfer im Grünen kommt, in Gruppen gepflanzt, zwischen niedrigen Grün- oder Blütenpflanzen in Blumenbeeten und Rabatten am besten zur Geltung. Sowohl die Blüten als auch die frischen Fruchtstände wirken hübsch in bunten Sommersträußen. Vor allem die Samenkapseln eignen sich auch hervorragend zum Trocknen, sie müssen allerdings vor der Samenreife geschnitten werden, da sie sich sonst öffnen.
**Kultur:** Am einfachsten ist die Direktsaat an Ort und Stelle von Mitte März bis Mitte April. Später muß auf 20–30 cm Abstand ausge-

*Nigella damascena*

dünnt werden, damit sich kräftige Büsche entwickeln können. Wer den ganzen Sommer über blühende Pflanzen im Garten haben möchte, muß bis Mai alle 2–3 Wochen Folgesaaten durchführen, denn die Jungfer im Grünen blüht nur relativ kurz. Auch eine Vorkultur ist möglich. Dazu sät man Ende März/Anfang April in Kisten mit Anzuchterde. Bei 18 °C keimen die Samen nach 14–20 Tagen. Die Keimlinge werden einzeln in 8-cm-Töpfe pikiert und bei 12 °C bis zum Auspflanzen Mitte Mai weiterkultiviert.
**Pflege:** In sonnigen Lagen und bei nährstoffreichem, ausreichend feuchtem Gartenboden gedeiht die Jungfer

im Grünen ohne besondere Pflege.
**Tip:** Läßt man im Herbst einige Fruchtstände stehen, sät sich die Pflanze selbst aus und erscheint im nächsten Jahr wieder.

## Nolana
Glockenwinde, Blautöpfchen

**Arten:** *N. acuminata* (auch *N. lanceolata*), *N. napiformis, N. paradoxa* (auch *N. atriplicifolia, N. grandiflora*)
**Familie:** Glockenwindengewächse *(Nolanaceae)*
**Heimat:** Chile
**Blütenfarbe:** weiß, blau, lila, violett mit weiß-gelblichem Schlund
**Blütezeit:** Juni bis September
**Höhe:** 10–20 cm, Triebe bis zu 50 cm kriechend oder hängend
**Standort:** vollsonnig; nicht zu nährstoffreicher, durchlässiger Boden
**Merkmale:** Die zierlichen einjährigen Glockenwinden sind in unseren Gärten nur selten zu finden und zeigen auch nur in warmen, trockenen Sommern ihre volle Schönheit. Die krautigen Pflanzen wachsen kriechend und bilden lange Triebe mit kräftig grünem Laub. In den Blattachseln sitzen einzeln große glockenförmige Blüten mit weiß-gelbem Schlund, die sich allerdings nur bei Sonnenschein öffnen; an trüben Tagen bleiben sie dagegen geschlossen.
**Sorte:** Im Handel wird meist nur die Sorte 'Blauer Vogel' oder 'Blue Bird' (blau, Höhe 15–20 cm, Triebe bis zu 50 cm lang) von *N. napiformis* angeboten.
**Verwendung:** Die niedrig wachsenden Glockenwinden eignen sich gut als Bodendecker für Einfassungen und sonnige Böschungen, sehen mit ihren hängenden Trieben aber auch in Schalen und Balkonkästen oder Ampeln hübsch aus.
**Kultur:** Am einfachsten ist die Direktsaat im April an Ort und Stelle mit späterem Vereinzeln auf 20 cm Abstand. Besser jedoch kultiviert man Glockenwinden vor: Anfang März wird im Haus in Gefäße ausgesät, bei 20 bis 22 °C keimen die Samen nach 2–3 Wochen. 4 Wochen nach der Aussaat pikiert man jeweils 3 Sämlinge in 8-cm-Töpfe mit Blumenerde und kultiviert sie bei 10–16 °C kühl und sehr hell weiter. Damit die Pflanzen sich gut verzweigen, werden sie in der zweiten Aprilhälfte entspitzt, und ab Anfang Mai wird wöchentlich schwach gedüngt. Nach Mitte Mai kann im Abstand von 20 cm ins Freie ausgepflanzt werden.
**Pflege:** Glockenwinden gedeihen auf mäßig nährstoffreichem, nicht zu feuchtem Boden. Besondere Pflege ist nicht erforderlich. Lediglich Pflanzen, die in Gefäßen kultiviert werden, muß man regelmäßig düngen.

*Nolana napiformis*

# O

*Oenothera biennis*

## Oenothera
Nachtkerze

**Art:** *O. biennis* (auch *Onagra biennis*, Gemeine Nachtkerze, Schinkenkraut, Rapontikawurzel)
**Familie:** Nachtkerzengewächse *(Onagraceae)*
**Heimat:** Nordamerika bis Mexiko
**Blütenfarbe:** gelb
**Blütezeit:** Juni bis September
**Höhe:** 80–100 cm
**Standort:** sonnig bis halbschattig; durchlässiger, humoser Boden
**Merkmale:** Ursprünglich in Nordamerika beheimatet, hat sich die Gemeine Nachtkerze auch in Europa als Wildpflanze eingebürgert. Man findet sie an Wegrändern, Bahndämmen und auf sandigen Plätzen. Die zweijährige Sommerblume bildet im ersten Jahr nur eine fleischig verästelte Wurzel und eine flache Blattrosette. Erst im folgenden Jahr erhebt sich daraus der nach oben hin verzweigte, mit lanzettlichen, leicht gezahnten Blättern besetzte Haupttrieb, an dessen Ende in lockeren Ähren leuchtend gelbe, becherförmige Blüten sitzen. Sie sind vom Abend bis zum Vormittag geöffnet und verbreiten dann einen süßlichen Duft.
**Verwendung:** Wegen ihres Wildblumencharakters und weil sie Insekten, vor allem Falter, anlockt, paßt die reichblühende Nachtkerze besonders gut in naturnah angelegte Gärten, aber auch in Steingärten und Staudenrabatten. Mit ihren hohen, standfesten Blütenstielen eignet sie sich hervorragend zum Schnitt.
**Kultur:** Von Juni bis August kann breitwürfig oder in Reihen ins Freie ausgesät werden. Die Samen werden 1–2 cm mit Erde bedeckt. Sie keimen bei Temperaturen um 15–20 °C in 10–20 Tagen. Bei Aussaaten an Ort und Stelle vereinzelt man die Pflanzen auf 20–25 cm Abstand, andernfalls werden sie im Herbst im selben Abstand an den vorgesehenen Platz gepflanzt.
**Pflege:** Wie die meisten Wildpflanzen ist auch die Nachtkerze äußerst anspruchslos. Sie gedeiht auf jedem Boden und benötigt keinen Winterschutz. Ganz besonders gut entwickelt sie sich aber auf leichtem, nur mäßig feuchtem Boden.
**Tip:** Die Gemeine Nachtkerze sät sich leicht selbst aus und neigt zum Verwildern im Garten. Überzählige Pflanzen liefern vom Spätherbst bis zum zeitigen Frühjahr ein wohlschmeckendes Wurzel-

gemüse, das wie Schwarzwurzeln zubereitet wird. Hat allerdings die Blütenbildung begonnen, verholzen die Wurzeln und sind nicht mehr genießbar.

## Osteospermum
Kapkörbchen, Kapmargerite

**Art:** *O. ecklonis* (auch *Dimorphotheca ecklonis*)
**Familie:** Korbblütler *(Compositae)*
**Heimat:** Südafrika
**Blütenfarbe:** weiß, rosa, gelb, auch zweifarbig
**Blütezeit:** Mai bis September
**Höhe:** 25–50 cm
**Standort:** sonnig; tiefgründiger, nährstoffreicher Boden

*Osteospermum ecklonis*

**Merkmale:** Die in ihrer Heimat ausdauernde Pflanze wird bei uns meist einjährig kultiviert, gedeiht aber mehrjährig, wenn sie frostfrei überwintert wird. Die hübschen Blütenköpfe, die auch löffelartige Strahlenblüten tragen können, erscheinen einzeln auf langen Stielen über lanzettlichen graugrünen Blättern. Dank seines reichen und lange haltbaren Blütenflors erfreut sich das Kapkörbchen immer größerer Beliebtheit.
**Sorten:** 'Candy Pink' (lilarosafarben mit löffelartigen Strahlenblüten, gut verzweigt, Höhe 30–45 cm), 'Sparkler' (weiß mit blauer Mitte, kompakt wachsend, robust, glänzend dunkelgrüne Blätter, Höhe 35–50 cm), 'Silver Sparkler' (rein weiß, großblumig, kompakt wachsend, gemustertes Laub, Höhe 35–50 cm)
**Verwendung:** Die Kapkörbchen wirken in Beeten besonders attraktiv, wenn sie in Gruppen gepflanzt werden. Aber auch als Rabatten-, Balkon- oder Kübelpflanzen kommen sie gut zur Geltung. Im Balkonkasten gruppiert man sie am besten zu zweit oder dritt als Leitpflanzen.
**Kultur:** Die Vermehrung erfolgt von Januar bis Februar durch Kopfstecklinge von Mutterpflanzen, die bei 8–12 °C hell überwintert wurden. Die Kopfstecklinge werden bei 18 °C einzeln in Anzuchtplatten oder Torftöpfe mit Vermehrungs- oder Pikiererde gesteckt. 4–5 Wochen später pflanzt man die gut bewurzelten Jungpflanzen in 10–12-cm-Töpfe mit Topferde und kultiviert sie anfangs bei 16 °C, später bei 12 °C weiter. Ein ein- bis zweimaliges Stutzen fördert die Verzweigung. Nach den Eisheiligen wird im Abstand von 25–30 cm ausgepflanzt.
**Pflege:** Kapkörbchen brauchen eine gute Nährstoffversorgung, aber nur mäßige Wassergaben. Staunässe ist zu vermeiden. Ab Ende Juni werden die abgeblühten Blumen regelmäßig zurückgeschnitten, damit Neuaustriebe gefördert werden.
**Schädlinge und Krankheiten:** Blattläuse, Schnecken; Echter Mehltau

# P

*Papaver rhoeas*

## Papaver
Mohn

**Arten:** *P. nudicaule* (Islandmohn), *P. rhoeas* (Klatschmohn, Seidenmohn)
**Familie:** Mohngewächse *(Papaveraceae)*
**Heimat:** *P. nudicaule* arktische und subarktische Gebiete Asiens und Amerikas, *P. rhoeas* Nordafrika, Asien, Europa
**Blütenfarbe:** *P. nudicaule* weiß, gelb, orange, rosa, rot, *P. rhoeas* weiß, rosa, scharlachrot
**Blütezeit:** *P. nudicaule* Juni bis September, *P. rhoeas* Mai bis Juli
**Höhe:** *P. nudicaule* 20–60 cm, *P. rhoeas* 30–80 cm
**Standort:** sonnig; durchlässiger, kalkhaltiger Boden

**Merkmale:** Die umfangreiche Gattung Mohn umfaßt sowohl staudige wie auch einjährige Arten, von denen einige zu den bekanntesten Gartenblumen gehören. Der eigentlich ausdauernde Islandmohn *(P. nudicaule)* wird bei uns nur ein- oder zweijährig kultiviert. Seine zahlreichen zarten, schalenförmigen Blüten, die auf hohen, blattlosen Stielen sitzen, bestechen durch ihre intensive Leuchtkraft. Die blaugrünen Blätter sind buchtig gefiedert und rauh behaart. Vom einjährigen Klatschmohn *(P. rhoeas)*, der

*Papaver rhoeas*

wild auf Äckern und Schutthalden wächst, sind zahlreiche einfach oder gefüllt blühende Gartenformen entstanden, die auch als Seidenmohn bezeichnet werden: Seine hauchdünnen, in Pastellfarben schimmernden oder leuchtend roten, manchmal auch zweifarbigen Blütenblätter glänzen wie zerknitterte Seide. Auch seine Blätter und Blütenstiele sind behaart und enthalten wie die des Islandmohns einen Milchsaft.
**Sorten:** Von *P. nudicaule* sind u. a. im Handel 'Gartenzwerg' (Farbmischung, Höhe 30 cm), 'Wunderland' (in 4 Einzelfarben, Höhe 30 cm), 'Illumination' (Mischung, sehr großblumig, Höhe 50 cm), 'Matador' (scharlachrot, sehr großblumig, Höhe 50 cm), 'Giganteum Prachtmischung' (sehr großblumig, Höhe 50 cm); von *P. rhoeas* u. a. 'Einfachblühende Prachtmischung' (Höhe 60 cm), 'Allgefüllte Prachtmischung' (Höhe 60 cm).
**Verwendung:** Die zarten, farbenprächtigen Blüten des Mohns schmücken Rabatten und Beete am wirkungsvollsten, wenn er in Gruppen gepflanzt wird. Mohn paßt auch gut in naturnah gestaltete Gärten. Der Islandmohn bringt Farbe in Steingärten und eignet sich besonders gut als Schnittblume. Die getrockneten Samenkapseln des Klatschmohns kann man für hübsche Trockensträuße verwenden.
**Kultur:** Seidenmohn sät man am besten im März/April breitwürfig an Ort und Stelle aus. Stehen die Sämlinge zu dicht, werden sie auf einen Abstand von 20–25 cm ausgedünnt. Auch eine Vorkultur ist möglich. Dazu sät man bei 12 °C je 6–8 Samen in 8-cm-Töpfe mit Anzuchterde. Nach 2–3 Wochen wird die Temperatur auf 8 °C abgesenkt, und die Pflanzen werden bis zum Auspflanzen ab Mitte Mai hell und luftig weiterkultiviert.
Islandmohn wird im Juli in Saatgefäße oder ins Frühbeet ausgesät und bald nach dem Auflaufen in 8-cm-Töpfe pikiert, in denen man die Pflänzchen vor starkem Frost geschützt überwintert. Im Frühjahr werden sie im Abstand von 20–25 cm ins Freie gepflanzt. Für eine Blüte im Herbst des gleichen Jahres kann Islandmohn aber auch im März/April direkt ins Freiland gesät werden. Damit die Pflanzen sich gut entwickeln, muß frühzeitig ausgedünnt werden.
Läßt man die Samenkapseln ungestört reifen, säen sich beide Arten leicht selbst aus.
**Pflege:** Mohn ist sehr anspruchslos und gedeiht auf jedem Gartenboden. Nur bei lange anhaltender Trockenheit muß gegossen werden. Durch regelmäßiges Entfernen von Verwelktem kann man die kurze Blütezeit etwas verlängern.
**Krankheiten:** Echter und Falscher Mehltau
**Tip:** Mohnblumen halten in der Vase länger, wenn man sie schneidet, sobald sich die nickenden Knospen aufrichten und Farbe zeigen, und die Stiele dann kurz in kochendes Wasser hält.

*Papaver nudicaule*

## Pelargonium

Pelargonie, volkstümlich Geranie

*Pelargonium-Zonale*-Hybride

**Hybriden:** *P.-Zonale*-Hybriden (auch *P. x hortorum*, Aufrechte Pelargonien, Zonalpelargonien, „Stehende Geranien"), *P.-Peltatum*-Hybriden (Hängepelargonien, Efeupelargonien, „Hängegeranien")
**Familie:** Storchschnabelgewächse *(Geraniaceae)*
**Heimat:** Urformen in Südafrika
**Blütenfarbe:** weiß, rosa, lachsfarben, lila, rot, auch zweifarbig
**Blütezeit:** Mai bis Oktober/November
**Höhe:** *P.-Zonale*-Hybriden 25–35 cm, *P.-Peltatum*-Hybriden bis 30 cm, jedoch überwiegend hängend mit bis zu 150 cm langen Trieben
**Standort:** sonnig bis halbschattig; nährstoffreicher Boden
**Merkmale:** Pelargonien sieht man fast überall auf der Welt in den Gärten, denn diese anpassungsfähigen Pflanzen gedeihen bei einem Minimum an Pflege. Obwohl sie in ihrer wärmeren Heimat mehrjährig sind, werden sie bei uns wegen mangelnder Winterhärte meist einjährig kultiviert. Die ersten Pelargonien wurden bereits um 1700 von Kaufleuten aus Südafrika nach Europa gebracht und zunächst als *Geranium* bezeichnet. Erst 1789 wurden die Pflanzen der Gattung *Pelargonium* zugeordnet, doch ist bis heute im Volksmund der falsche Name „Geranie" erhalten geblieben. Die Züchtungen haben von ihren südafrikanischen Vorfahren zum Teil halbsukkulente Eigenschaften vererbt bekommen, daher überdauern sie in der Regel Trockenzeiten relativ unbeschadet. Der Herkunft entsprechend bevorzugen Pelargonien sonnige Standorte, vertragen aber ebenso Halbschatten, so daß sie auch in Ost- und Westlagen gepflanzt werden können. Allerdings ist ein lichtreicher Standort für die Entwicklung der Pflanzen

*Pelargonium-Zonale*-Hybriden

und den Blütenansatz günstiger. Pelargonien gehören zu den klassischen Balkonpflanzen. Die aufrecht wachsenden *P.-Zonale*-Hybriden bestechen durch die große Farbskala der Blüten und die lange Blütezeit vom frühen Mai bis in den November hinein. Die Bezeichnung „Zonale" (Gürtel, Streifen) erhielten sie wegen der mehr oder weniger ausgeprägten braunen Ringzone auf ihren Blättern. Die

Stengel sind leicht behaart und verholzen mit zunehmendem Alter von unten. Auch die rundlichen oder nur wenig gelappten Blätter sind flaumig behaart. Die ein-

*Pelargonium-Zonale*-Hybride

fachen, halbgefüllten oder gefüllten Blüten stehen in Dolden zusammen. Zonalpelargonien zeichnen sich durch Blütenreichtum, gleichmäßiges Nachblühen und gute Wetterfestigkeit aus. *P.-Peltatum*-Hybriden, die beliebten Hängepelargonien, besitzen mit ihren langen, reichverzweigten Trieben und unzähligen einfachen, halbgefüllten oder gefüllten Blüten eine ausgezeichnete Nah- und Fernwirkung. Ihre Farbpalette reicht von Weiß, Rosa, Lachs, Rot bis Dunkellila, auch zweifarbige Blüten gibt es. Hängepelargonien dominieren wegen ihrer Widerstandsfähigkeit gegen Witterungseinflüsse und ihrer Windunempfindlichkeit in vielen Regionen. Die meisten Sorten vertragen auch Halbschatten gut.

**Sorten:** Von den *P.-Zonale*-Hybriden sind zahlreiche Sorten im Handel, u.a. 'Alba' (weiß, halbgefüllt, Höhe 25 cm), 'Rio' (rosa, einfach, dunkelgrünes Laub, Höhe 25 cm), 'Vulkan' (rot, einfach, Höhe 25 cm), 'Fidelio' (lachsfarben, halbgefüllt, Höhe 30 cm), 'Merkur' (orangerot, einfach, große Dolden, Höhe 30 cm), 'Wienerblut' (orangerot, einfach, dunkelgrünes Laub, Höhe 30 cm), 'Kardinal' (rot, einfach, Höhe 35 cm), 'Casino' (dunkellachsfarben, gefüllt, Höhe 35 cm); von den *P.-Peltatum*-Hybriden u.a. die 'Cascade'-Gruppe, deren Sorten alle selbstreinigend sind, wie 'Rote-Mini-Cascade' (rot, einfach, Triebe 50 cm), 'Leucht-Cascade' (rot, einfach, Triebe 80 cm), 'Lila-Compact-Cascade' (lila, einfach, Triebe 80 cm), 'Feuer-Cascade' (rot, einfach, Triebe 150 cm), 'Lila-Cascade' (lila, einfach, Triebe 150 cm), außerdem 'Lachskönigin' (lachsfarben, einfach, wetterfest, Triebe 80 cm), 'Mexikanerin' (zweifarbig rot/weiß, halbgefüllt, Triebe 100 cm), 'Rigi' (dunkelrosa, gefüllt, großblumig, Triebe 100 cm), 'Tavira' (rot, gefüllt, wetterfest, Triebe 100 cm), 'Cocorico' (rot, einfach, Triebe 120 cm), 'Ville de Paris' (rosa, einfach, Triebe 150 cm).

*Pelargonium-Peltatum*-Hybriden

**Verwendung:** Die Aufrechten Pelargonien sind hervorragende Beet- und Rabattenpflanzen, in Balkonkästen und Gefäßen wirken sie als Leitpflanzen am besten. Hängepelargonien gehören zu den beliebtesten Ampel-, Balkon- und Kübelpflanzen. Durch ihre Blütenteppiche an langen und reichverzweigten Trieben sowie die oft kissenartigen Wuchseigenschaften lassen sich mit ihnen ganz besondere Effekte erzielen.

**Kultur:** Die Vermehrung von Aufrechten und Hängepelargonien erfolgt am besten im August oder im Frühjahr bis Mitte März durch Kopfstecklinge mit 3–4 Blättern. Dazu schneidet man den Kopftrieb mit einem scharfen Messer unmittelbar unter dem Blattknoten ab und steckt ihn bei 18–20 °C in einen 5–6-cm-Topf mit Vermehrungserde, der ein geringer Anteil Sand beigemischt wurde. Der Steckling sollte in der Erde leicht angedrückt werden, so daß er im Topf stehen bleibt. Nachdem sie sich bewurzelt haben, werden die Jungpflanzen in 10–11-cm-Töpfe mit Topferde gesetzt und zunächst bei 16 °C, später bei 10–12 °C hell weiterkultiviert. Einmaliges Entspitzen fördert die Verzweigung. Sparsames Gießen der Jungpflanzen begünstigt einen kompakteren Wuchs, einen frühzeitigen Blütenansatz sowie die Widerstandsfähigkeit gegenüber Krankheitserregern und Witterungseinflüssen. Im August vermehrte Pelargonien werden von Mitte Oktober bis Mitte Februar bei 4–6 °C hell überwintert und dabei nur mäßig feucht gehalten. Nach den Eisheiligen kann ausgepflanzt werden. Neben der Stecklingsvermehrung wird im Handel auch Saatgut von $F_1$-Hybriden angeboten, das im Dezember/Januar ausgesät wird. Da diese Form der Anzucht langwierig und recht mühsam ist, kauft man besser im Frühjahr Jungpflanzen.

**Pflege:** Pelargonien brauchen während der Wachstumsphase ab Mitte März ausreichend Nährstoffe. Ansonsten ist außer regelmäßigem Gießen kaum Pflege nötig. Hängepelargonien zeigen sich bei sparsamen Wassergaben besonders blühfreudig. Abgesehen von den selbstreinigenden Sorten wie z.B. der 'Cascade'-Gruppe sollten die verwelkten Blütenstände regelmäßig entfernt werden, damit bei feuchter Witterung kein Schimmelbefall auftritt.

**Schädlinge und Krankheiten:** Blattläuse, Spinnmilben, Weiße Fliege, Thripse; Pelargonienrost, Bakterienwelke, Grauschimmel, Korkbildung durch Weichhautmilben

**Tip:** Pelargonien eignen sich hervorragend zur Überwinterung. Der Wurzelballen sollte

*Pelargonium-Peltatum*-Hybride

nicht naß sein, wenn die Mutterpflanzen ab Mitte/Ende Oktober eingeräumt werden. Die langen Triebe werden eingekürzt und Verwelktes und Vergilbtes entfernt. Man stellt die Pflanzen hell bei 4–6 °C auf und gießt sie nur mäßig. Im Februar schneidet man die Triebe auf 3–4 Knoten zurück, topft die Pflanzen in 11-cm-Töpfe mit Topferde und kultiviert sie bei 16 °C hell weiter, bis sie nach den Eisheiligen wieder ins Freie können.

## Pennisetum
Federborstengras

**Arten:** *P. setaceum* (auch *P. macrostachyum, P. rueppellianum, P. rueppellii*, Kleines Pampasgras), *P. villosum* (auch *P. longistylum*)
**Familie:** Süßgräser *(Poaceae)*
**Heimat:** *P. setaceum* Sizilien, Nordafrika, Vorder- und Südwestasien, *P. villosum* Äthiopien
**Blütenfarbe:** *P. setaceum* rosa bis purpurfarben, *P. villosum* weißlich-grün, rosa überhaucht
**Blütezeit:** August bis Oktober
**Höhe:** *P. setaceum* 90–120 cm, *P. villosum* 30–70 cm
**Standort:** sonnig; nährstoffreicher, durchlässiger Boden
**Merkmale:** Beide Arten dieses hübschen Ziergrases mit schmalen, am Ende überhängenden Blättern wachsen in ihrer Heimat ausdauernd, werden bei uns jedoch wegen mangelnder Frosthärte einjährig kultiviert. Sie ähneln sich sehr, doch ist *P. villosum* kleiner im Wuchs. Im Spätsommer bildet das horstartig in lockeren Büschen wachsende Federborstengras an langen Halmen seine Blütenähren, die von rosa- bis purpurschimmernden Hüllborsten umgeben sind. Bei *P. setaceum* sind sie lang und schlank, bei *P. villosum* walzenförmig, wollig und leicht geneigt.
**Verwendung:** Das hohe *P. setaceum* setzt als Einzelpflanze vor Zäunen, Hauswänden oder an Teichrändern auffallende Akzente, das niedrigere *P. villosum* wirkt auf Rabatten zwischen Sommerblumen und Stauden sowie in Steingärten sehr dekorativ. In Trockengestecken und -sträußen dient es als effektvolles Beiwerk.
**Kultur:** Weil das Federborstengras kälteempfindlich ist und erst sehr spät blüht, empfiehlt sich die Vorkultur. Wenn die Pflänzchen frostfrei überwintert werden können, sät man im November, sonst ab März im Haus in Schalen oder Kisten mit Anzuchterde aus und pikiert später jeweils mehrere Sämlinge in 10- bis 11-cm-Töpfe. Im Mai wird dann im Abstand von 40 bis 50 cm ins Freie ausgepflanzt.
**Pflege:** Federborstengras braucht einen Standort in voller Sonne, nährstoffreichen Boden und muß ausreichend feucht gehalten werden.
**Tip:** Zum Trocknen schneidet man die Ähren erst, wenn sie in voller Blüte stehen. Damit die Borsten nicht miteinander verfilzen, bindet man nur lockere Bündel, die kopfunter aufgehängt werden.

*Pennisetum setaceum*

## Penstemon-Hybriden
(P. x hybridus, P. gentianoides var. hybridus, P. hartwegii var. hybridus, P. gloxinioides)
Bartfaden

**Familie:** Braunwurzgewächse oder Rachenblütler *(Scrophulariaceae)*
**Heimat:** Urformen in Nordamerika und Mexiko
**Blütenfarbe:** weiß, rosa, rot, violett
**Blütezeit:** Juli bis September/Oktober
**Höhe:** 40–80 cm
**Standort:** sonnig bis halbschattig; nährstoffreicher, durchlässiger Boden
**Merkmale:** In seiner Heimat und in Regionen mit mildem Klima wächst der Bartfaden mehrjährig, bei uns wird er jedoch in aller Regel einjährig kultiviert. Durch Züchtung entstanden zahlreiche Sorten mit besonders großen, glokkenförmigen Blüten in Weiß oder leuchtenden Farbtönen, meist mit einem weißen, gefleckten oder gestreiften Schlund. Sie sitzen rund um die aus einer Blattrosette aufrecht emporwachsenden

*Penstemon*-Hybriden

hohen Stiele und ähneln ein wenig den Blüten des Löwenmauls. Die Blätter des Bartfadens sind lanzettlich.
**Sorten:** 'Skyline Prachtmischung' $F_1$-Hybride (sehr großblumig, frühblühend, buschig wachsend, Höhe 60 cm), 'Schönholzeri' (scharlachrot mit weißem Schlund, Höhe 60 cm), 'Giganteus' (sehr großblumig, schönes Farbspiel, Höhe 75 cm), 'Scharlachkönigin' (leuchtend rot mit getigertem Schlund, auch für halbschattige Lagen geeignet, Höhe 75 cm)
**Verwendung:** In Gruppen gepflanzt und mit anderen Spätblühern kombiniert, wirkt der Bartfaden in bunten Sommerbeeten und Rabatten besonders hübsch. Auch als Schnittblume eignet er sich hervorragend.

**Kultur:** Die Aussaat erfolgt von Februar bis Ende März bei einer Temperatur von 18° C in Kisten mit Anzuchterde. Legt man Wert auf eine sehr frühe Blüte, kann auch schon im Januar ausgesät werden. 4–5 Wochen nach der Aussaat pikiert man die Sämlinge in 7–8-cm-Töpfe und kultiviert sie dann bei 12–14°C weiter. Man erspart sich das Pikieren, wenn man 4–5 Samen direkt in 7–8-cm-Töpfe mit Anzuchterde legt und nur die kräftigsten Sämlinge weiter heranzieht. Ausgepflanzt wird nach den Eisheiligen im Abstand von 25–30 cm.
**Pflege:** Der Bartfaden benötigt einen warmen Standort mit nährstoffreichem, ausreichend feuchtem Boden. Naßkalte Witterung verträgt er sehr schlecht. Wenn man Verblühtes regelmäßig ausschneidet, blüht der Bartfaden bis zum Frostbeginn.
**Schädlinge und Krankheiten:** Blattläuse; Stengelgrundfäule

## Perilla
Schwarznessel

**Art:** *P. frutescens* (auch *P. ocymoides, Ocimum frutescens*)
**Familie:** Lippenblütler *(Lamiaceae, Labiatae)*

*Perilla frutescens*

**Heimat:** Himalaja, Burma, China, Japan
**Blütenfarbe:** weißlich, unscheinbar
**Blütezeit:** September bis Oktober
**Höhe:** 50–100 cm
**Standort:** sonnig; humoser, nicht zu schwerer Boden
**Merkmale:** Die aus Großmutters Blumengarten wiederentdeckte einjährige Schwarznessel ist bei uns nur in der Kulturform 'Nankinensis' anzutreffen. Mit ihrem dekorativen, buschig dichten Blattwerk hat sie große Ähnlichkeit mit der Buntnessel. Die purpurbraunen bis schwarzroten, wie Bronze glänzenden Blätter sind herzförmig, an den Rändern tief gezackt und an der Oberfläche blasig erhöht. Wenn man an ihnen reibt, verströmen sie einen würzigen Duft. Im Gegensatz zu ihrem auffälligen Laub entwickelt die Schwarznessel nur ganz unscheinbare weiße Blüten, die erst spät im Herbst erscheinen.
**Verwendung:** Schwarznesseln sind einzeln oder in Gruppen ein interessanter Blickfang in Blumenbeeten und Einfassungen. Aber auch in Kübeln bildet diese Blattschmuckpflanze einen guten Kontrast zu bunten Sommerblumen.
**Kultur:** Wegen der Wärmebedürftigkeit wird im März bei Zimmertemperatur in Kisten mit Anzuchterde gesät. Die Sämlinge pikiert man in 8-cm-Töpfe und kultiviert sie bei 12–15°C weiter. Mit dem Ausbrechen des Haupttriebes kann man erreichen, daß sich die Jungpflanzen besser verzweigen. Ins Freie sollte die Schwarznessel nicht vor Mitte Mai gepflanzt werden.
**Pflege:** Schwarznesseln haben einen hohen Nährstoffbedarf und sollten warm und sonnig stehen. Um ein zügiges Einwachsen der Pflänzchen zu gewährleisten, muß in den ersten 2 Wochen nach dem Auspflanzen regelmäßig gegossen werden. Später sind nur noch bei Trockenheit Wassergaben nötig.
**Tip:** Wird die Schwarznessel zu hoch, verträgt sie auch einen Rückschnitt gut.

einjährig gezogen. *P.*-Hybriden weisen eine Vielfalt an Größen, Farben und Blütenformen auf. Die achselständigen, trichterförmigen Blüten können einfach oder gefüllt, gekräuselt oder gefranst sein und duften z. T. abends herrlich. Die behaarten Blätter der Petunien sind klebrig.

*Petunia*-Hybriden „Surfinia"

## Petunia-Hybriden
*(P. x hybrida, P. x atkinsiana)*
Petunie, Gartenpetunie

**Familie:** Nachtschattengewächse *(Solanaceae)*
**Heimat:** Urformen in Argentinien, Brasilien
**Blütenfarbe:** weiß, gelb, rosa, lachs, rot, purpurn, blau, violett, auch zweifarbig gesternt, mit Auge, mit Rand oder geadert
**Blütezeit:** Mai bis Oktober
**Höhe:** 20–30 cm, Triebe bis 80 cm, *P.*-Hybriden „Surfinia" Triebe bis 150 cm
**Standort:** sonnig und möglichst wind- und regengeschützt; durchlässiger, nicht zu nährstoffreicher Boden
**Merkmale:** Die aus der weißblühenden *P. axillaris* und der roten *P. violacea* neu gezüchteten *P.*-Hybriden erinnern nur noch entfernt an die aus Südamerika stammenden Urformen. Da sie nur bedingt winterhart sind, werden sie in unserem Klima in der Regel

Die Vielfalt an Sorten, meist $F_1$-Hybriden, ist nicht einfach zu überschauen. Zur besseren Übersicht werden die Sorten in Gruppen eingeteilt. Die heute größte Bedeutung haben die großblumigen Grandiflora-$F_1$-Hybriden mit einfachen oder gefüllten, meist sehr früh erscheinenden Blüten und die klein- und vielblütigen Multiflora-$F_1$-Hybriden mit einfachen oder gefüllten Blumen, die besonders reich blühen und regenfest sind. Andere Gruppen wie z. B. die Nana-Gruppe (aufrecht wachsend, Höhe 20–30 cm), die Pendula-Gruppe (hängender Wuchs, Triebe bis 80 cm) und die Superbissima-Gruppe (sehr großblumig, Triebe bis 80 cm) werden seit 1992 von den aus Japan kommenden, bis 150 cm rankenden *P.*-Hybriden „Surfinia" (Surfinia-Petunien) verdrängt, die rasch und stark wachsen und erstaunlich wetterfest sind.
**Sorten:** Empfehlenswerte Sorten der einzelnen Grup-

*Petunia*-Hybriden

pen sind u.a. von den Grandiflora-$F_1$-Hybriden 'Fanfare' (Mischung in vielen Farben, gefüllt, Höhe 20 cm), 'Picotee' (4 Farben, alle mit weißem Rand, und Farbmischung, Höhe 25 cm), 'Hit Parade' (11 Farben, z.T. zweifarbig gesternt oder geadert, Höhe 25 cm), 'Glorious' (Mischung in vielen Farben, gefüllt, Höhe 25 cm), 'Frost' (in Blau und in Rot, mit weißem Rand, Höhe 25 cm), 'Circus' (rot/weiß, gefüllt, sehr früh blühend, Höhe 25 cm), 'Allgefüllter Zwerg' (viele Farben, gefüllt, Höhe 25 cm), 'Daddy' (6 Farben, mit dunkler Aderung, und Farbmischung, frühblühend, Höhe 30 cm), 'Magic' (4 Farben, Höhe 30 cm); von den Multiflora-$F_1$-Hybriden 'Primetime' (10 Farben und Farbmischung, z.T. weiß gesternt oder dunkel geadert, frühblühend, Höhe 20 cm), 'Carpet' (9 Farben und Farbmischung, z.T. geadert, Höhe 25 cm), 'Resisto' (5 Farben, Höhe 20–30 cm), 'Bonanza' (Farbmischung, gefüllt, Höhe 25–30 cm); von den Surfinia-Petunien 'Revolution' (dunkelpurpurn, frühblühend), 'Shihi Brilliant' (rosalila), 'Shihi Purple' (purpurn), 'Shihi Weiß' (weiß), bei allen Triebe 100–150 cm.
**Verwendung:** Die niedrig und buschig wachsenden Sorten eignen sich sowohl für Beete und Rabatten wie für die Bepflanzung von Balkonkästen, Pflanzkübeln, Schalen und Ampeln. Die überreich blühenden, starkwüchsigen Surfinia-Petunien, deren Triebe bis 150 cm lang werden, sind nicht nur unübertroffene Balkon- und Ampelpflanzen, sondern lassen sich auch als großflächige, dauerblühende Bodendecker verwenden.
**Kultur:** Abgesehen von den Surfinia-Petunien lassen sich alle anderen durch Aussaat vermehren. Ausgesät wird im Februar/März bei 18–20°C in Kisten oder Schalen mit Anzuchterde. Die Samen werden nicht mit Erde bedeckt und dürfen nicht zu feucht gehalten werden. Etwa 2–3 Wochen später werden die Keimlinge kühler gestellt (15–17°C), 3–4 Wochen nach der Aussaat in 8–9-cm-

*Petunia*-Hybriden „Surfinia"

Töpfe pikiert und bei 10 bis 14°C weiterkultiviert. Ausgepflanzt wird nach den Eisheiligen im Abstand von 20–30 cm. Wer die recht aufwendige Anzucht scheut, kauft im Mai besser Jungpflanzen im Handel. Dort erhält man zu diesem Zeitpunkt auch die Surfinia-Petunien, die nur durch Stecklinge vermehrt werden können und deren Nachvermehrung verboten ist, da die Sorten geschützt sind.
**Pflege:** Bei heißer und trokkener Witterung müssen alle Petunien ausreichend gegossen werden. Es sollte nicht zu üppig gedüngt werden, da sonst das Triebwachstum auf Kosten der Blütenbildung zunimmt. Um den üppigen Flor bis zum Herbst auszudehnen, empfiehlt sich – außer bei Surfinia-Petunien – Ende Juli ein kräftiger Rückschnitt um ein Drittel, maximal bis zur Hälfte der Triebe. Außerdem fördert ein rechtzeitiges Entfernen aller abgeblühten Teile den Blütenreichtum, weil man dadurch die unerwünschte Samenbildung, die sich nachteilig auf die Blütenbildung auswirkt, verhindert. Die Mutterpflanzen der Surfinia-Petunien können auch überwintert werden. Dazu räumt man die Pflanzen vor dem ersten Frost ein und schneidet die Triebe auf 15–20 cm zurück. Dann stellt man sie bei etwa 10°C an einen hellen Platz und gießt sie nur mäßig.
**Schädlinge und Krankheiten:** Blattläuse, Weiße Fliege; Wurzelhalsfäule, Umfallkrankheiten, Virosen
**Tip:** Die klein- und vielblumigen Sorten der Multiflora-Gruppe blühen reicher und sind weniger regenempfindlich als die großblumigen Petunien. Grundsätzlich vertragen einfachblühende Sorten Regen besser als die gefüllten, deren schwere Blüten bei starken Regenfällen leicht zu Boden gedrückt werden.

## Phacelia
Bienenfreund, Büschelschön, Phazelie

**Arten:** *P. campanularia, P. tanacetifolia*
**Familie:** Wasserblattgewächse *(Hydrophyllaceae)*
**Heimat:** *P. campanularia* Colorado, Kalifornien, *P. tanacetifolia* Kalifornien bis Arizona, Mexiko
**Blütenfarbe:** *P. campanularia* blau, *P. tanacetifolia* hell- bis lavendelblau

*Phacelia tanacetifolia*

**Blütezeit:** *P. campanularia* Juli bis September, *P. tanacetifolia* Juni bis August
**Höhe:** *P. campanularia* 15–30 cm, *P. tanacetifolia* 60–90 cm
**Standort:** sonnig; normaler, auch trockener Boden
**Merkmale:** Wie ihr deutscher Name schon sagt, sind die beiden anspruchslosen einjährigen Bienenfreundarten hervorragende Bienenweiden und sollten allein

*Phacelia campanularia*

schon deshalb in keinem Garten fehlen. Die kleine Wildblume *P. campanularia* bezaubert in sonniger Lage durch eine Fülle strahlend blauer Glockenblüten. Ihre herzförmigen, gesägten Blätter sind wie die Stengel rauh behaart. Ebenfalls behaart sind die großen, stark gefiederten Blätter von *P. tanacetifolia*. Diese Art wächst jedoch höher, und ihre hellblauen Blüten stehen in eigentümlichen, reich verzweigten Ähren zusammen. Sie spielt im Garten vor allem als Gründüngungspflanze eine wichtige Rolle.
**Sorten:** Von *P. campanularia* werden im Handel niedrige Züchtungen angeboten, u.a. 'Bienenglück' (strahlend blau, Höhe 20–25 cm), 'Blue Bells' (leuchtend blau, Höhe 20 bis 25 cm), 'Blaues Wunder' (enzianblau, Höhe 25 cm).
**Verwendung:** *P. campanularia* wirkt als Beet- und Rabattenpflanze am hübschesten, wenn sie sich teppichartig ausbreiten kann. *P. tanacetifolia* eignet sich vor allem zur Gründüngung, da die Pflanzen in kürzester Zeit den Boden bedecken und für Schattengare und reiche Tätigkeit der Bodenbakterien sorgen.
Die Pflanze gedeiht auch auf Böschungen und Ödland und verbessert in neuen Gartenanlagen oder auf frei gewordenen Plätzen im Staudenbeet oder in Blumenrabatten den Boden.
**Kultur:** Beide Arten werden von April bis Juni breitwürfig ausgesät; *P. campanularia* kann auch in Reihen von 10–20 cm Abstand in die Erde gebracht werden. Die Samen sollten nur dünn mit Erde bedeckt und gut angedrückt werden. Sie keimen nach 10–20 Tagen und entwickeln sich rasch. Um bis zum Frost den Anblick der hübschen blauen Blüten genießen zu können, empfiehlt es sich, in Abständen einige Folgesaaten vorzunehmen. Zur Gründüngung kann *P. tanacetifolia* bis Anfang September ausgesät werden. Die Pflanzen kommen dann aber nicht mehr zur Blüte.
**Pflege:** Der Bienenfreund ist sehr anspruchslos und benötigt keine Pflege.

## Phalaris
Glanzgras

**Art:** *P. canariensis* (Kanariengras, Spitzsamen)
**Familie:** Süßgräser *(Poaceae)*
**Heimat:** Kanarische Inseln, Nordwestafrika, Mittelmeerraum
**Blütenfarbe:** grün-weiß gescheckt, später grüngelb
**Blütezeit:** Juli bis August
**Höhe:** 60–120 cm
**Standort:** sonnig; jeder Boden
**Merkmale:** Im Gegensatz zu allen anderen Arten aus der Gattung der Glanzgräser wächst das Kanariengras nur einjährig. Zuweilen findet man es verwildert an Mauern, auf Äckern und Schuttplätzen; besonders üppig gedeiht es auf feuchtem Boden. Seine schilfartigen Blätter sind scharfrandig, die dichten, zapfenförmigen bis länglichen Blütenähren sind zunächst apart grün-weiß gescheckt und verfärben sich mit zunehmender Reife grüngelb.
**Verwendung:** Das hübsche Ziergras eignet sich besonders zur großflächigen Pflanzung in Naturgärten. Die grünen Halme werden als Beiwerk für frische Sträuße verwendet und können auch gut getrocknet werden. Die Samen sind als Futter für Kanarienvögel geschätzt.
**Kultur:** Die Anzucht erfolgt zeitig im Frühjahr im Frühbeetkasten oder in Kisten mit Anzuchterde auf der Fensterbank. Die Samen keimen nach etwa 2 Wochen, später werden bis zu 3 Sämlinge in 8-cm-Töpfe pikiert. Erst im Mai pflanzt man im Abstand von 30–40 cm an Ort und Stelle ins Freie.
**Pflege:** Das Kanariengras gedeiht auf jedem Boden, bevorzugt aber feuchte Standorte. Es braucht keine Pflege und kann nach dem Auspflanzen sich selbst überlassen werden.
**Tip:** Für frische Sträuße und auch zum Trocknen schneidet man das Kanariengras, solange die Blütenähren noch unreif und grün-weiß gescheckt sind. Aus den reifen gelben Ähren kann man Saatgut für das nächste Jahr gewinnen.

*Phalaris canariensis*

*Pharbitis purpurea*

## Pharbitis
Trichterwinde, Prunkwinde

**Arten:** *P. purpurea* (auch *P. hispida, Ipomoea purpurea*), *P. nil* (auch *Convolvulus nil, Ipomoea nil*, Kaiserwinde)
**Familie:** Windengewächse *(Convolvulaceae)*
**Heimat:** *P. purpurea* tropisches Amerika, *P. nil* tropisches Afrika und Asien
**Blütenfarbe:** purpurrot, blau, weiß
**Blütezeit:** Juli bis September
**Höhe:** *P. purpurea* 200–300 cm, *P. nil* bis 200 cm
**Standort:** sonnig, warm und windgeschützt; humoser, durchlässiger Boden
**Merkmale:** Diese Trichter- oder Prunkwindenarten wurden früher zur Gattung *Ipomoea* gezählt. Sie ähneln diesen verwandten Prunkwinden sehr und sind auch oft noch unter dem Namen *Ipomoea* im Handel. Die einjährige *P. purpurea* ist ein schnell-

wachsender Schlinger, der herzförmige Blätter trägt und sich den ganzen Sommer über mit großen Trichterblüten in feurigem Purpurrot schmückt. Auch weiße, rosafarbene und violette Sorten werden angeboten. *P. nil* ist eine recht empfindliche Staude, bleibt niedriger im Wuchs, und auch ihre Blüten sind kleiner, jedoch nicht weniger farbintensiv. Beim Aufblühen sind sie blau gefärbt, später verfärben sie sich rot.
**Sorten:** *P. purpurea* wird meist nur als vielfarbige Mischung angeboten; von *P. nil* gibt es die Sorte 'Japanische Kaiserwinde', die hellblau und weiß blüht.
**Verwendung:** Die robustere *P. purpurea* eignet sich zum schnellen Begrünen von Zäunen, Pergolen und freistehenden Spalieren. Die empfindlichere *P. nil* bevorzugt geschütztere Standorte in der Nähe einer Hauswand. Beide Arten können auch in Kübeln auf Balkon oder Terrasse gezogen werden.
**Kultur:** Im März/April legt man je 3–5 Samen in mit Anzuchterde gefüllte 8-cm-Töpfe. Bei 18 °C keimen sie nach 1–2 Wochen, dann werden die Töpfe etwas kühler, bei 12–15 °C, aufgestellt. Um später einen dichten, gut verzweigten Wuchs zu erreichen, pikiert man nach einigen Wochen je 2–3 Pflanzen zusammen in einen 10–13-cm-Topf und entspitzt sie. In jeden Topf steckt man Stäbe, an denen die Pflanzen aufgeleitet werden. Ab Mitte Mai können die Trichterwinden ins Freie gepflanzt werden.
**Pflege:** Trichterwinden sind genügsame Kletterpflanzen, die an geschützten Standorten kaum Pflege beanspruchen. Nur bei Trockenheit sollte reichlich gegossen werden.

*Phaseolus coccineus*

## Phaseolus
Bohne

**Art:** *P. coccineus* (auch *P. multiflorus*, Feuerbohne, Prunkbohne)
**Familie:** Schmetterlingsblütler *(Leguminosae)*
**Heimat:** vermutlich Mittelamerika
**Blütenfarbe:** rot, weiß
**Blütezeit:** Juni bis September
**Höhe:** 200–400 cm
**Standort:** sonnig; nährstoffreicher, durchlässiger Boden
**Merkmale:** Feuerbohnen sind mit ihren zahlreichen roten oder weißen, in achselständigen Trauben hängenden Blüten nicht nur eine Augenweide für den Betrachter, sondern schützen durch ihr dichtes Blattwerk auch vor unerwünschten Blicken. Die linkswindenden Triebe dieser schnellwachsenden einjährigen Kletterpflanze finden fast überall Halt, und sie bedeckt mit ihren herzförmigen, fein behaarten Blättern in kurzer Zeit große Flächen.
**Sorten:** Rotblühende Sorten sind u. a. 'Butler' (fadenlos, kräftiger Wuchs), 'Polestar' (fadenlos), 'Preisgewinner' (sehr hoher Wuchs); weißblühende Sorten sind 'Desiree' (fadenlos, mittelstarker Wuchs), 'Mergoles' (fadenlos, kräftiger Wuchs) und 'Weiße Riesen' (sehr hoher Wuchs).
**Verwendung:** Feuerbohnen wachsen überall schön, wo sie Halt zum Hochranken finden. Da sie unempfindlich gegen Wind und naßkalte Witterung sind, eignen sie sich nicht nur als Sicht-, sondern auch als Windschutz. Zugige Balkonecken können durch solche lebenden grünen Mauern schnell in lauschige Nischen verwandelt werden. Die Feuerbohne ist zugleich Zier- und Nutzpflanze: Die grünen Hülsen schmecken, sehr jung geerntet, köstlich, und auch die ausgereiften, getrockneten Bohnensamen können gegessen werden.
**Kultur:** Die Aussaat erfolgt ab Mitte Mai an Ort und Stelle im Freiland. Dazu werden im Abstand von 80 bis 100 cm Bohnenstangen in den Boden gesteckt und um jede Stange 5–6 Samen rund 2–3 cm tief in die Erde gelegt. Sollen die Feuerbohnen an einem Maschendraht hochwachsen, sät man in Reihen in einem Abstand von 20–30 cm aus. Die Samen keimen bei kalter und nasser Witterung schlecht, sie benötigen mindestens 6–8 °C, besser sind 20–25 °C. Möchte man schon im Frühsommer gut entwickelte Pflanzen haben, empfiehlt es sich, die Feuerbohnen auf der Fensterbank vorzukultivieren: Ab Anfang April legt man 3 bis 4 Samen in 8-cm-Töpfe. Bei Zimmertemperatur keimen sie nach 8–10 Tagen. Die jungen Pflänzchen dürfen nie austrocknen und benötigen bereits Halt durch einen Stab. Ab Mitte Mai wird dann im Abstand von 60–80 cm ins Freie ausgepflanzt.
**Pflege:** Feuerbohnen sind wie alle Schmetterlingsblütler dank der mit ihnen in Symbiose lebenden Knöllchenbakterien in der Lage, Luftstickstoff zu binden. Daher brauchen die Pflanzen trotz ihres enorm schnellen Wachstums und ihres hohen Nährstoffbedarfs während der Kulturzeit nur 1–2mal schwach nachgedüngt zu werden. Bei Trockenheit müssen sie gleichmäßig mit ausreichend Wasser versorgt werden. Feuerbohnen benötigen Kletterhilfen wie Stangen, Drähte oder Zäune.

## Phlox
Phlox

**Art:** *P. drummondii* (Sommerphlox, Einjahresphlox, Flammenblume)
**Familie:** Sperrkrautgewächse *(Polemoniaceae)*
**Heimat:** Texas und angrenzende Staaten
**Blütenfarbe:** weiß, gelb, lachsfarben, rosa, rot, violett
**Blütezeit:** Juli bis September
**Höhe:** 10–50 cm

*Phlox drummondii*

**Standort:** sonnig; humoser, nährstoffreicher, durchlässiger Boden
**Merkmale:** Ein leuchtendes Farbspiel bringt der einjährige Sommerphlox in den Garten. Aus der Wildform

sind durch Züchtung zahlreiche kompakt oder auch höher wachsende Kulturformen des beliebten Sommerblühers entstanden. Die locker verzweigte Pflanze mit lanzettlichen, stengelumgreifenden behaarten Blättern entwickelt vor allem in warmen, trockenen Sommern eine Fülle von farbintensiven Blüten, die in dichten Trugdolden beieinanderstehen. Die flachen ganzrandigen, geschlitzten oder sternförmigen Kronblätter über schlanken Röhren sind ein- oder mehrfarbig und weisen bei einigen Sorten ein andersfarbiges Auge auf.

**Sorten:** Im Handel sind zahlreiche niedrige und höher wachsende Sorten erhältlich, u.a. 'Petticoat' (Farbmischung, gesternte Blüten, Höhe 15 cm), 'Sternenzauber' (Farbmischung, gesternte Blüten, Höhe 20 cm), 'Beauty' (in 6 Einzelfarben oder als Farbmischung, großblumig, Höhe 20 cm), 'Cäcilien'-Phlox (Farbmischung, mit weißem Auge, Höhe 20 cm), 'Palona' (in 3 Einzelfarben, Höhe 20 cm), 'Bianca' (rein weiß, Höhe 40–50 cm), 'Nadine' (lachsrosa mit weißem Auge, Höhe 40–50 cm), 'Nina' (rosa mit dunklem Auge, Höhe 40–50 cm).

**Verwendung:** Die niedrigen Sorten eignen sich gut für Rabatten und als Einfassung, aber auch zur Bepflanzung von Schalen und Balkonkästen. Die höheren Sorten setzen, gruppenweise gepflanzt, in Blumenbeeten schöne Farbakzente und liefern auch haltbare Schnittblumen.

**Kultur:** Am besten sät man von März bis Mai bei 18°C in Kisten mit Anzuchterde aus und pikiert die Sämlinge nach 3–4 Wochen in 7–8-cm-Töpfe, damit sich feste Wurzelballen bilden. Ein Verpflanzen mit losem Wurzelballen verträgt der Sommerphlox schlecht. Nach dem Einwachsen genügt eine Temperatur von 10–13°C. Die Pflänzchen verzweigen sich besser, wenn man sie entspitzt, sobald sie 6–8 cm groß sind. Man gießt nur sparsam, um einen kompakten Wuchs, eine frühe Blüte und die Widerstandsfähigkeit zu fördern. Nach den Eisheiligen kann im Abstand von 20–25 cm ins Freiland ausgepflanzt werden. Der Boden darf keinesfalls frisch gedüngt sein.

*Phlox drummondii*

**Pflege:** An warmen, geschützten Plätzen mit nährstoffreichem Boden gedeiht der Sommerphlox am besten. Er blüht am üppigsten, wenn mit kalibetontem Volldünger nachgedüngt wird; zu hohe Stickstoffgaben sind zu vermeiden, weil darunter die Standfestigkeit und die Widerstandskraft der Pflanzen leiden. Bei Trockenheit muß regelmäßig gegossen werden. In der Regel brauchen auch die hohen Sorten keine Stütze.

**Schädlinge und Krankheiten:** Blattälchen; Blattflecken- und Welkekrankheiten

**Tip:** Sommerphlox hat nur eine relativ kurze Blütezeit. Durch einen Rückschnitt auf 10–15 cm kann man eine zweite Blüte fördern. Andernfalls nutzt man die frei gewordenen Stellen im Beet am besten zum Auspflanzen zweijähriger Sommerblumen.

## Plectranthus
Harfenstrauch

**Art:** *P. madagascariensis* (auch *P. coleoides*, Elfengold, Elfenblume, Weihrauchkraut)
**Familie:** Lippenblütler *(Lamiaceae, Labiatae)*
**Heimat:** Südafrika, Asien
**Blütenfarbe:** weiß
**Blütezeit:** Spätsommer/Herbst
**Höhe:** überwiegend hängende, bis 100 cm lange Triebe
**Standort:** sonnig bis halbschattig; lehmig-humoser Boden
**Merkmale:** Das immergrüne Elfengold wächst in seiner Heimat ausdauernd, wird bei uns wegen seiner Frostempfindlichkeit jedoch einjährig kultiviert. Die robuste, kräftig wachsende Blattschmuckpflanze hat kleine ovale, grün-weiß gemusterte Blätter, die beim Zerreiben einen herben Duft verströmen. Die Blüten sind nur unscheinbar. Die Form 'Marginatus' bildet lange dekorative Ranken mit weiß gerandeten Blättern.

*Plectranthus madagascariensis*

**Verwendung:** Das Elfengold wirkt in Balkonkästen, in Ampeln und Gefäßen am besten, wenn es mit blühenden Pflanzen kombiniert wird, kann aber auch in Beeten als Bodendecker verwendet werden.

**Kultur:** Die Vermehrung erfolgt im März/April oder im Sommer durch Kopfstecklinge. Diese werden bei 16–18°C entweder einzeln in 6-cm-Töpfe oder zu dritt in 10-cm-Töpfe mit Pikiererde gesteckt. Etwa 4 Wochen später setzt man die bewurzelten Jungpflanzen einzeln in 9–10-cm-Töpfe oder zu dritt in 15–25-cm-Ampeln mit Topferde und senkt die Temperatur auf 12°C ab. Ein- bis zweimaliges Stutzen fördert die Verzweigung und liefert gleichzeitig weitere Stecklinge. Nach den Eisheiligen wird im Abstand von 20 bis 30 cm ausgepflanzt.

**Pflege:** Elfengold hat einen mittleren Nährstoffbedarf und braucht nur mäßig feucht gehalten zu werden. Die Überwinterung ist an einem hellen Platz bei 10 °C möglich. Es empfiehlt sich, vorzugsweise die im Sommer vermehrten Jungpflanzen zu überwintern.

## Plumbago
Bleiwurz

**Art:** *P. auriculata* (auch *P. capensis*)
**Familie:** Bleiwurz- oder Strandnelkengewächse *(Plumbaginaceae)*
**Heimat:** Südafrika
**Blütenfarbe:** hellblau, weiß
**Blütezeit:** Mai bis Oktober
**Höhe:** als Balkonpflanze bis 60 cm, als Kübelpflanze bis 200 cm
**Standort:** sonnig, wind- und regengeschützt; lehmig-humoser Boden
**Merkmale:** Die in ihrer Heimat ausdauernde Pflanze, die bei uns wegen ihrer hohen Frostempfindlichkeit einjährig kultiviert wird, gehört zu den Langtagpflanzen. In südlichen Ländern wird sie häufig als lockerer Strauch oder als Kletterpflanze, bei uns vor allem als Hochstamm gezogen. Daß sich der zuverlässige Dauerblüher auch für die Balkonkastenkultur eignet, ist wenig bekannt. Die dünnen, verzweigten Triebe, an deren Ende sich die großen Blütendolden entwickeln, wachsen zunächst aufrecht, später überhängend.
**Sorte:** 'Alba' (weiß, 60 bis 200 cm lange Triebe)
**Verwendung:** Die Bleiwurz eignet sich als Hochstämmchen, Pyramide, Ampel- oder Balkonpflanze und kann auch an Spalieren hochgezogen werden.
**Kultur:** Vermehrt wird durch Kopfstecklinge, die im Januar/Februar oder ab Juli bei 18–20 °C am besten zu dritt in 8-cm-Töpfe mit Vermehrungserde gesteckt werden. Stecklinge, die im Juli geschnitten werden, müssen halb verholzt sein. Nach etwa 4 Wochen werden die bewurzelten Jungpflanzen in 11-cm-Töpfe mit Topferde gepflanzt und ebenfalls bei 18–20 °C weiterkultiviert. Mehrmaliges Entspitzen fördert die Verzweigung. Ausgepflanzt wird nach dem 15. Mai im Abstand von 25–30 cm.
**Pflege:** Die Bleiwurz muß ausreichend und regelmäßig mit Nährstoffen und Wasser versorgt werden. Verblühtes sollte man immer wieder auszupfen.
Die Pflanze läßt sich problemlos überwintern, wenn ihre Triebe nach dem Einräumen vor dem ersten Frost um die Hälfte gekürzt werden und sie bei 5–8 °C an einem hellen Platz fast trocken gehalten wird. Verliert die Pflanze viel Laub, muß noch stärker zurückgeschnitten werden. Ab Februar/März wird sie umgetopft und zum Antreiben heller und wärmer aufgestellt.
**Schädlinge und Krankheiten:** Blattläuse; Echter Mehltau
**Tip:** Wer von der Bleiwurz Hochstämmchen ziehen will, braucht ein wenig Geduld, denn es dauert meist 3 Jahre, bis eine schöne, blühende Krone herangewachsen ist. Man setzt 3–5 Jungpflanzen in einen Kübel und leitet sie, locker angebunden, an einem Stab bis zur gewünschten Höhe hoch. Durch mehrmaliges Stutzen rundum erhält man entweder ein Kronenbäumchen oder eine Pyramide.

*Plumbago auriculata*

*Polygonum orientale*

## Polygonum
Knöterich

**Arten:** *P. capitatum* (auch *Persicaria capitata*, Kriechender Knöterich), *P. orientale* (auch *Persicaria orientalis*, Orientknöterich)
**Familie:** Knöterichgewächse *(Polygonaceae)*
**Heimat:** *P. capitatum* Nordindien, Himalaja, Ostasien, *P. orientale* Südostasien, Australien
**Blütenfarbe:** *P. capitatum* hellrosa, *P. orientale* weiß, rosa, karminrot
**Blütezeit:** *P. capitatum* Mai bis August, *P. orientale* Juli bis Oktober
**Höhe:** *P. capitatum* 10–15 cm, *P. orientale* 100–200 cm
**Standort:** sonnig bis halbschattig; feuchter Boden
**Merkmale:** Beide Knötericharten wachsen sehr schnell und begrünen innerhalb kürzester Zeit große Flächen. Der ausdauernde, aber nur einjährig kultivierte Kriechende Knöterich bleibt niedrig und breitet sich polsterartig über dem Boden aus, der einjährige Orientknöterich dagegen wächst mit verzweigten Trieben bis zu zwei Meter hoch. Der Kriechende Knöterich hat rötliche, leicht wurzelnde Stengel und ovale behaarte Blättchen. Auf kurzen Stielen, die aus den obersten Blattachseln wachsen, sitzen zahlreiche kleine Blütenköpfe. In nickenden lockeren Trauben stehen die vielen besonders schönen Blüten des seltener angepflanzten Orientknöterichs, der aufrecht verzweigt wächst und weich behaart ist.
**Sorten:** von *P. capitatum* 'Afghan' (Höhe 15 cm); von *P. orientale* 'Rubin' (Höhe 100 cm)

**Verwendung:** Der Kriechende Knöterich paßt gut in den Vordergrund einer bunten Sommerblumenrabatte, ist aber auch eine hübsche Ampelpflanze. Außergewöhnlich dekorativ wirkt der Orientknöterich, in Gruppen gepflanzt, zwischen Sommerblumen oder Stauden, vor Mauern oder als blühende einjährige Hecke.
**Kultur:** Beide Arten zieht man auf der Fensterbank oder im Gewächshaus aus Samen heran. Ausgesät wird im März bei 18°C in Kisten mit Anzuchterde. Die Samen keimen nach 2–3 Wochen. Dann pikiert man in 8-cm-Töpfe und senkt die Temperatur auf 10–12°C. Das Pikieren erspart man sich, wenn man direkt 1–2 Samen in 8-cm-Töpfe sät. Ende Mai setzt man die Pflanzen ins Freie – den Kriechenden Knöterich im Abstand von 30 cm, den Orientknöterich im Abstand von 40 cm.
**Pflege:** Knöterich wächst auf jedem Boden, gedeiht bei guter Nährstoffversorgung

*Polygonum capitatum*

aber besonders üppig. Immer muß jedoch für ausreichende Feuchtigkeit gesorgt werden. Der Orientknöterich braucht eine Stütze oder Kletterhilfe.
**Krankheiten:** Echter Mehltau

*Portulaca grandiflora*

## Portulaca
Portulak

**Arten:** *P. grandiflora* (Portulakröschen, Großblütiger Portulak), *P. umbraticola*
**Familie:** Portulakgewächse *(Portulacaceae)*
**Heimat:** Südamerika
**Blütenfarbe:** weiß, gelb, orange, rosa, lachsfarben, rot
**Blütezeit:** Mai bis August/September
**Höhe:** 10–15 cm
**Standort:** sonnig und regengeschützt; trockener, leicht sandiger und nicht zu nährstoffreicher Boden
**Merkmale:** Die reizvollen einjährigen Pflanzen bringen zahlreiche Blüten hervor, die sich nur bei Sonne öffnen und bunte Farbteppiche bilden. Die heckenrosenähnlichen, einfachen oder gefüllten Blüten, die bei *P. umbraticola* kleiner sind als bei *P. grandiflora*, zeigen viele verschiedene Schattierungen von Gelb, Orange, Rosa, Lachs und Rot. Die nadelförmigen fleischigen Blätter sitzen an niederliegenden Sprossen.
**Sorten:** von *P. grandiflora* 'Sunshine' $F_1$-Hybride (Formelmischung aus 7 Einzelfarben, halbgefüllt, frühblühend, Höhe 10–15 cm), 'Sundance' $F_2$-Hybride (Formelmischung aus 5 Farben, halbgefüllt, Blüten bleiben fast den ganzen Tag geöffnet, Höhe 15 cm), 'Cupido' $F_1$-Hybride (weiß, gelb, rosa, ideale Sommertopf- und Ampelpflanze, Höhe 10–15 cm); von *P. umbraticola* 'Aprikot', 'Schwefelgelb', 'Silberrosa', 'Karminrot' und 'Schneeweiß' (alle einfachblühend, Höhe 15 cm)
**Verwendung:** Portulakröschen gedeihen am besten an trockenen heißen Plätzen, an Wegrändern, im Steingarten, als Bodendecker oder in Töpfen auf der Terrasse. Vor allem *P. umbraticola* ist eine ideale Balkonpflanze.
**Kultur:** *P. grandiflora* wird sowohl durch Aussaat als auch durch Stecklinge vermehrt. Ausgesät werden bei 18–22°C im März 3–5 Samenkörner in einen 8-cm-Topf mit Vermehrungserde. Das Saatgut sollte nur leicht abgedeckt werden. Oder man steckt im März/April 5 cm lange Kopfstecklinge von bei 10–14°C überwinterten Mutterpflanzen bei 20–22°C in ein Sand-Torf-Gemisch. Bei beiden Vermehrungsarten werden die bewurzelten Pflanzen nach 2–3 Wochen in einen 11-cm-Topf mit Pikiererde getopft und dann bei 12–16°C nicht zu feucht weiterkultiviert. Da die Pflanzen je nach Farbe unterschiedlich stark wachsen, pikiert man am besten 3 Pflanzen einer Farbe bzw. gleicher Größe in einen Topf. Ein einmaliges Stutzen fördert buschigen Wuchs. Ende Mai wird im Abstand von 15 cm ausgepflanzt.
*P. umbraticola* wird durch 5 cm lange Kopf- oder Teilstecklinge ab Februar/März vermehrt, die sich bei 18 bis 22°C in einem 8-cm-Topf mit Pikiererde in etwa 2 Wochen bewurzeln. Man kann auch gleich 3–5 Stecklinge in einen 11-cm-Endtopf setzen. Ansonsten erfolgt die Weiterkultur wie bei *P. grandiflora*. Diese Art verzweigt sich auch ohne Stutzen gut.
**Pflege:** Nur niedrige Temperaturen und Staunässe vertragen die anspruchslosen Portulakarten nicht. Nach dem Auspflanzen ins Freie wird nur noch wenig gegossen und kaum gedüngt.
**Schädlinge:** Thripse, Blattläuse

*Portulaca grandiflora*

# Q

*Quamoclit lobata*

## Quamoclit
Sternwinde

**Art:** *Q. lobata* (auch *Q. mina, Mina lobata*, Gelappte Sternwinde)
**Familie:** Windengewächse *(Convolvulaceae)*
**Heimat:** Mexiko
**Blütenfarbe:** orangefarben bis gelblichweiß
**Blütezeit:** Juli bis September
**Höhe:** bis zu 500 cm lange Triebe
**Standort:** sonnig und geschützt; humoser, kalkhaltiger, durchlässiger Boden
**Merkmale:** Die hochwachsende Gelappte Sternwinde ist eine ausdauernde, bei uns aber nur einjährig kultivierte Schlingpflanze, die sich nur in warmen Sommern zu ihrer vollen Schönheit entwickelt. Ihre dreilappigen Blätter laufen am Grund herzförmig zusammen, die ungewöhnlichen Blüten erscheinen an gegabelten, bis 40 cm langen Blütenständen (Wickeln). Als Knospen sind sie kräftig rot, beim Aufblühen orangefarben und geöffnet gelblichweiß.
**Verwendung:** Diese hübsche Schlingpflanze eignet sich hervorragend zum Begrünen von Gitterwänden, Zäunen, Lattengerüsten und Pergolen, ihr genügen aber auch schon Schnüre und Drähte als Rankhilfe. Sie bildet einen guten Sichtschutz und kann auch in Gefäßen auf Balkon und Terrasse gezogen werden.
**Kultur:** Die Aussaat erfolgt im März, wobei jeweils 3–4 Samen direkt in einen 9–10-cm-Topf mit Anzuchterde gesät werden. Bei 18 °C keimen sie in 10–14 Tagen, dann wird bei 12–15 °C weiterkultiviert. In jeden Topf steckt man einen Stab, an dem die Triebe emporwachsen können. Etwa ab der 4. Woche nach dem Keimen sollte man wöchentlich schwach flüssig düngen. Vor dem Auspflanzen Ende Mai im Abstand von 30 bis 40 cm empfiehlt sich eine Bodenverbesserung mit 10 l Kompost pro $m^2$.
**Pflege:** Damit die Sternwinde den ganzen Sommer hindurch blüht, braucht sie viel Sonne und Wärme. Der Boden sollte ausreichend mit Nährstoffen versorgt und nicht zu feucht sein.

*Quamoclit lobata*

# R

*Reseda odorata*

## Reseda
Reseda

**Art:** *R. odorata* (Gartenreseda, Wohlriechende Reseda)
**Familie:** Resedengewächse *(Resedaceae)*
**Heimat:** Nordafrika, südöstlicher Mittelmeerraum
**Blütenfarbe:** grünlichgelb, grünlichbraun, rötlich, orangerot
**Blütezeit:** Juli bis September
**Höhe:** 20–60 cm
**Standort:** sonnig bis halbschattig; nährstoffreicher, kalkhaltiger Boden
**Merkmale:** Schon seit dem 18. Jh. wird die Gartenreseda hierzulande kultiviert, und zu Großmutters Zeiten war sie die beliebteste Duftblume im Garten. Heute wird die auch mehrjährig wachsende, bei uns aber nur als Einjahresblume gezogene Pflanze wieder sehr geschätzt. Sie wächst verzweigt, und ihre fleischigen, meist niederliegenden Triebe sind mit kleinen, länglich gelappten dunkelgrünen Blättern besetzt. Die zierlichen unscheinbaren Einzelblüten, die in dichten Trauben erscheinen, verströmen vor allem am Abend einen angenehmen Duft und sind eine gute Bienenweide.
**Sorten:** 'Machet Rubin' (kupferrote Staubbeutel, Höhe 30 cm), 'Grandiflora' (rötlich, lange Trauben, Höhe 30–40 cm), 'Machet Riesen' (orangerot, Höhe 40 cm)
**Verwendung:** Gartenreseden eignen sich gut als Zwischenpflanzung für Beete und Rabatten. Wegen ihres herrlichen Duftes pflanzt man sie gern in die Nähe des Hauses, auch in Blumenkästen, Kübel, Tröge und Töpfe. In frischen Sträußen und auch getrocknet verbreiten sie lange Zeit Wohlgeruch.
**Kultur:** Gartenreseden können bei günstigen Witterungsbedingungen ab Mitte April breitwürfig ins Freiland ausgesät und Mitte/Ende Mai auf 25 cm Abstand vereinzelt werden. Kräftigere Pflanzen erhält man, wenn man sie vorkultiviert. Dazu werden ab Anfang April je 4–6 Samen in 12-cm-Töpfe gelegt. Bei 15–18 °C keimen sie in 2–3 Wochen. Nur 3–5 Keimlinge pro Topf kultiviert man bei 16–18 °C weiter und pflanzt sie ab Mitte Mai im Abstand von 25 cm ins Freie aus.
**Pflege:** Damit Gartenreseden kräftig wachsen und lange blühen, brauchen sie ausreichend Nährstoff und sollten jedes Jahr einen anderen Standort erhalten. In der Nähe von Rosen und auf Böden mit Staunässe gedeihen sie schlecht.

**Schädlinge:** Erdflöhe
**Tip:** Wer Gartenreseden in Kästen, Kübeln oder Töpfen überwintern will, räumt sie Ende Oktober ein und stellt sie bei 12°C an einen hellen Platz. Gegossen wird nur wenig, allerdings darf der Wurzelballen nicht austrocknen.

*Rhodochiton atrosanguineus*

## Rhodochiton
Rosenkelch, Rosenkleid, Purpurglockenwein

**Art:** *R. atrosanguineus* (auch *R. volubilis, Lophospermum atrosanguineum*)
**Familie:** Braunwurzgewächse oder Rachenblütler *(Scrophulariaceae)*
**Heimat:** Mexiko
**Blütenfarbe:** dunkelrosa und dunkelrot bis violett
**Blütezeit:** August bis Oktober
**Höhe:** bis 3 m kletternd
**Standort:** sonnig; nährstoffreicher Boden
**Merkmale:** Lange Zeit war diese immergrüne, meist einjährig gezogene Hänge- oder Kletterpflanze nur wenig bekannt. Sie wurde hauptsächlich als Topf- oder Kübelpflanze im Kalthaus kultiviert. Neuerdings findet man sie immer öfter auf Balkon oder Terrasse und in Gärten. Auffällig sind die dunkelroten, röhrenförmigen Blüten, die einzeln in den Blattachseln erscheinen. Sie sind von großen, hellvioletten Tragblättern (Brakteen) umgeben, die noch lange nach der Blüte die Pflanze schmücken. In sonnigen, warmen Sommern sind die rankenden Triebe mit den herzförmigen, gezackten Blättern übervoll von diesen aparten Blüten bedeckt.
**Sorte:** 'Purple Bells' (dunkelviolette Blüten mit purpurrosa Tragblättern)
**Verwendung:** Am besten pflanzt man die sonnenhungrige, eher schwach wachsende Kletterpflanze in Kübel und Töpfe und läßt sie an Balkongittern und Trennwänden hochwachsen. Aber auch an einem geschützten Standort im Garten ziert sie mit ihrem dichten Blütenflor Pergolen, Sichtschutz- und Hausmauern. Nicht weniger hübsch wirkt der Rosenkelch als Ampelpflanze.
**Kultur:** Die Vermehrung erfolgt im März durch Aussaat in Schalen mit Anzuchterde. Die Samen keimen unregelmäßig und laufen bei 15 bis 20°C nach 2–4 Wochen auf. Nach 6 Wochen können 1 bis 3 kräftige Sämlinge in 9-cm-Töpfe pikiert werden. Man kultiviert die Pflänzchen sehr hell bei 15–18°C weiter und stutzt 1–2 Wochen nach dem Einwurzeln die Triebspitzen, um eine bessere Verzweigung zu erzielen. Schon bevor die Pflanze Ende Mai ins Freie kommt, sind kleine Stäbe oder Gitter als Kletterhilfe vorteilhaft.
Wer sich die eigentlich einfache Vermehrung durch Aussaat im folgenden Frühjahr ersparen möchte, kann im Sommer Stecklinge schneiden, die sich in einem Sand-Torf-Gemisch bewurzeln und an einem hellen, aber nur 5–10°C warmen und mäßig feuchten Ort überwintert werden.
**Pflege:** Während des Sommers verlangt die Pflanze gleichmäßige Feuchtigkeit und einen sehr nährstoffreichen Boden. Sie reagiert empfindlich auf Staunässe im Wurzelbereich und benötigt etwas Halt in Form von Gittern oder gespannten Drähten.
Rosenkelche lassen sich gut überwintern. Vor Eintritt des ersten Frostes schneidet man die Triebe zurück, topft die Pflanzen, falls sie im Beet gewachsen sind, in 12–18-cm-Töpfe ein und stellt sie, wie die Stecklinge, an einen hellen, aber nicht zu warmen Platz. Gegossen wird nur so viel, daß der Wurzelballen nicht austrocknet.
**Tip:** Bei sonnigem Stand und Temperaturen um 15°C blüht der Rosenkelch sogar den Winter über, daher seine große Beliebtheit als Kalthauspflanze.

*Rhynchelytrum repens*

## Rhynchelytrum
Natalgras

**Art:** *R. repens* (auch *R. roseum, Tricholaena repens, T. rosea*, Wollhaargras, Weingras, Rubingras)
**Familie:** Süßgräser *(Poaceae)*
**Heimat:** tropisches Afrika, östliches Südafrika
**Blütenfarbe:** bräunlichrosa bis purpurrosa
**Blütezeit:** Juli bis August
**Höhe:** 50–100 cm
**Standort:** sonnig; durchlässiger, sandiger Boden
**Merkmale:** Das in seiner Heimat ausdauernde, bei uns einjährig kultivierte Natalgras wirkt, wie alle Gräser, allein schon durch den lockeren Wuchs seiner linearischen Blätter außerordentlich apart. Voll zur Geltung kommt es aber erst im Hochsommer, wenn die bräunlichen, pyramidenförmig verzweigten Blütenrispen eine wunderschöne rosa schimmernde Färbung annehmen.
**Verwendung:** Das grazile Natalgras sorgt in Rabatten, Blumen- und Staudenbeeten für Abwechslung und lockert

sie hübsch auf. Es ist als dekoratives Beiwerk sowohl für frische Blumensträuße als auch für Trockengestecke geeignet.
**Kultur:** Man sät die Samen ab Mai direkt ins Freiland und vereinzelt oder verpflanzt die Sämlinge später auf etwa 30–40 cm Abstand. Wer früher kräftige Pflanzen haben möchte, sät im März/April bei 18°C in Kisten mit Anzuchterde. Die Samen keimen innerhalb von 2–3 Wochen. Die Pflänzchen werden in 7-cm-Töpfe pikiert und im Mai, wenn keine Frostgefahr mehr besteht, ebenfalls im Abstand von 30–40 cm ausgepflanzt.
**Pflege:** Das Natalgras stellt keine großen Ansprüche an den Boden und gedeiht in sonniger, warmer Lage auch ohne besondere Pflegemaßnahmen gut.

*Ricinus communis*

## Ricinus
Wunderbaum, Palma Christi, Rizinus

**Art:** *R. communis*
**Familie:** Wolfsmilchgewächse *(Euphorbiaceae)*
**Heimat:** vermutlich tropisches Afrika
**Blütenfarbe:** gelblichgrün, rötlichbraun
**Blütezeit:** August bis Oktober
**Höhe:** 150–300 cm
**Standort:** sonnig und warm; sehr nährstoffreicher, durchlässiger Boden
**Merkmale:** Der exotisch wirkende Wunderbaum ist eine überaus schnell wachsende, baumartig verzweigte Pflanze. Er kann in wenigen Monaten bis zu 3 m hoch werden. In wärmeren Gegenden ist er mehrjährig, bei uns wird er wegen fehlender Frosthärte nur einjährig gezogen. Das an Kastanienblätter erinnernde, mehrfach gelappte Laub an roten Stengeln ist von roten Blattadern durchzogen und entwickelt sich zu einer beachtlichen Breite. Im Sommer erscheinen an den Triebspitzen Blütenrispen, an denen die weiblichen und die männlichen Blüten getrennt sitzen. Später bilden sich walnußgroße leuchtend rote, weichstachelige Früchte, die je 3 Samenkörner enthalten. Die Samen sind etwa bohnengroß und dekorativ marmoriert, aber auch sehr giftig und gehören nicht in Kinderhände. Aus ihnen wird Rizinusöl gewonnen, weshalb der Wunderbaum in verschiedenen tropischen und subtropischen Ländern auch gewerbsmäßig angebaut wird.

*Ricinus communis*

**Sorten:** 'Impala' (dunkelgrünes bis bronzefarbenes Laub, gelbblühend, Früchte scharlachrot, Höhe 150–200 cm), 'Carmencita' (dunkelbraunes Laub, Fruchtstände leuchtend rot, sehr früh blühend, Höhe 200 cm), 'Sanguineus' (grünlaubig mit roten Blattadern, Fruchtstände rot, Höhe 200 cm), 'Zanzibar(i)ensis' (Mischung, grünlaubig, sehr große Blätter, Höhe 200 cm)
**Verwendung:** Mit dem Wunderbaum lassen sich rasch unschöne Stellen oder Mauern verbergen. Man kann ihn einzeln oder als kleine Gruppe auch als dekoratives Zentrum von größeren Beeten pflanzen, sollte aber immer den sehr großen Platzbedarf dieser schnellwachsenden Pflanze berücksichtigen. Sehr eindrucksvoll wirkt der Wunderbaum auch in Kübeln und Pflanzbecken.
**Kultur:** Die Anzucht erfolgt von Anfang März bis Mitte April. Man steckt je 1 Samenkorn 1 cm tief in einen 8-cm-Topf mit Blumenerde. Bei 18–20°C dauert die Keimzeit 10–20 Tage. Dann senkt man die Temperatur auf 12–14°C ab, um kräftig wachsende Pflanzen zu erhalten, und topft nach dem Durchwurzeln in 12–14-cm-Töpfe um. Für die Anzucht ist viel Licht erforderlich, und wegen des hohen Nährstoffbedarfs sollten die Jungpflanzen ab der 3. Woche nach dem Umpflanzen wöchentlich gedüngt werden. Ab Ende Mai wird im Abstand von 1–1,5 m an einem warmen, hellen Platz ausgepflanzt.
**Pflege:** Der Wunderbaum hat wegen seines außerordentlich schnellen Wuchses einen hohen Nährstoffbedarf und braucht auch viel Wasser. Um der Vergiftungsgefahr durch die Samen vorzubeugen, bricht man die Blütenstände nach dem Verblühen aus.

## Rudbeckia
Sonnenhut, Rudbeckia

**Art:** *R. hirta*
**Familie:** Korbblütler *(Compositae)*
**Heimat:** Nordamerika
**Blütenfarbe:** goldgelb, orange, rotbraun, auch zweifarbig, mit dunkler Mitte
**Blütezeit:** Juli bis Oktober
**Höhe:** 30–100 cm
**Standort:** sonnig; mittelschwerer, nährstoffreicher Boden

*Rudbeckia hirta*

**Merkmale:** Der in seiner Heimat zweijährige, bei uns aber einjährig gezogene Sonnenhut bietet mit seinem lange anhaltenden Blütenflor im Garten einen prächtigen Anblick. Er wächst aufrecht

verzweigt, ist rauh behaart und hat große margeritenähnliche Blüten in leuchtenden gelben bis rotbraunen Farbtönen. Die Blütenkörbe haben einen dunklen Knopf in der Mitte und blühen je nach Sorte einfach, halbgefüllt oder gefüllt.
**Sorten:** 'Marmalade' (goldorange, einfachblühend, breitbuschiger Wuchs, Höhe 50–60 cm), 'Goldilocks' (goldgelb, gefüllt und halbgefüllt, buschig verzweigter Wuchs, Höhe 50–60 cm), 'Rustic' (Mischung gelber bis rotbrauner Farbtöne, teils zweifarbig, einfachblühend, von unten verzweigend, Höhe 50–60 cm), 'Meine Freude' (goldgelb, einfachblühend, großblumig, Höhe 80 cm), 'Doppelte Freude' oder 'Gloriosa Double Daisy' (goldgelb, teilweise gefüllt, Höhe 80 cm)
**Verwendung:** Der Sonnenhut bringt warme Farben in Sommerblumenbeete und Rabatten. Unschöne Lücken, z.B. in neu angelegten Staudenbeeten, schließen diese Sommerblumen rasch, außerdem liefern sie lange haltbare Schnittblumen.
**Kultur:** Ausgesät wird im März/April bei 15–18°C in Kisten mit Anzuchterde. Nach 4 Wochen pikiert man die Sämlinge in 8–10-cm-Töpfe mit Blumenerde und kultiviert sie bei 8–10°C hell und luftig weiter. Man kann aber auch direkt mehrere Samen in 8–10-cm-Töpfe säen, zieht dann aber pro Topf nur die 3 kräftigsten Sämlinge heran. Ausgepflanzt wird nach den Eisheiligen im Abstand von 25–30 cm.
**Pflege:** Der Sonnenhut sollte ausreichend mit Nährstoffen und Wasser versorgt werden. Nur die höheren Sorten müssen manchmal abgestützt werden, bei den neueren kompakteren Züchtungen ist das meist nicht erforderlich. Werden abgeblühte Stiele immer wieder entfernt, bilden sich bis zum Frostbeginn neue Blütenköpfe.
**Krankheiten:** Falscher Mehltau
**Tip:** Für die Vase schneidet man nur voll erblühte Blumen. Sie bleiben länger frisch, wenn man die Stiele, bevor man sie ins Wasser stellt, noch einmal schräg anschneidet und das auch in den folgenden Tagen einige Male wiederholt.

*Rudbeckia hirta*

S

*Salpiglossis sinuata*

## Salpiglossis
Trompetenzunge, Brokatblume

**Art:** *S. sinuata* (auch *S. variabilis*)
**Familie:** Nachtschattengewächse *(Solanaceae)*
**Heimat:** Chile
**Blütenfarbe:** weiß, gelb, rosa, rot, purpurn, violett
**Blütezeit:** Juni bis September
**Höhe:** 50–100 cm
**Standort:** sonnig und geschützt; nährstoffreicher Boden
**Merkmale:** Trotz ihrer bezaubernden Blüten ist die einjährige Trompetenzunge in unseren Gärten nur selten zu finden – vielleicht, weil sie in regenreichen Sommern nur schlecht gedeiht. Die zierlich verzweigte, weich behaarte Pflanze bildet am Ende langer Stengel große trompetenförmige, samtige Blüten aus, die in warmen Farbtönen leuchten und oft andersfarbig geadert oder gezeichnet sind.
**Sorten:** 'Casino Mix' ($F_1$-Hybride, Mischung leuchtender Farben, groß- und reichblütig, kompakter, standfester Wuchs, Höhe 50–60 cm), 'Grandiflora' (Prachtmischung, schönes Farbspiel, Höhe 80 cm)
**Verwendung:** Trompetenzungen kommen am besten zur Geltung, wenn man in Rabatten kleine Gruppen vor graugrünes Blattwerk pflanzt, vorzugsweise an Plätzen, wo man sie aus der Nähe betrachten kann, denn aus der Ferne wirken die Blüten nicht. Sie sind auch als Schnittblumen verwendbar.
**Kultur:** Trompetenzungen sollte man vorkultivieren, denn die Aussaat ins Freiland (Ende April) hat nur in sehr milden Regionen Aussicht auf Erfolg. Besser sät man Ende März/Anfang April bei 18°C je 4–5 Samen in einen 6–8-cm-Topf mit Anzuchterde und kultiviert nach dem Auflaufen nur die 3 kräftigsten Sämlinge bei 12–15°C weiter. Ausgepflanzt wird nach den Eisheiligen im Abstand von 20–30 cm. Der Boden sollte keinesfalls frisch gedüngt sein.
**Pflege:** Trompetenzungen brauchen viel Sonne und

*Salpiglossis sinuata*

nährstoffreichen, gleichmäßig feuchten Boden, da sie weder Trockenheit noch Nässe vertragen. An Stellen, die dem Wind ausgesetzt sind, benötigen diese hoch wachsenden Pflanzen Holzstäbe als Stütze.
**Krankheiten:** Bei feuchter Witterung treten Welkekrankheiten, Stengel- und Wurzelhalsfäule auf.

## Salvia
Salbei

**Arten:** *S. splendens* (Feuersalbei, Prachtsalbei), *S. coccinea* (Scharlachroter Salbei), *S. farinacea* (Ziersalbei, Mehliger Salbei), *S. horminum* (auch *S. viridis*, Buntschopfsalbei), *S. officinalis* (Gartensalbei, Edelsalbei)
**Familie:** Lippenblütler *(Lamiaceae, Labiatae)*
**Heimat:** *S. splendens* Brasilien, *S. coccinea* Nordamerika, *S. farinacea* Texas, *S. horminum* und *S. officinalis* Mittelmeerraum bis Vorderasien
**Blütenfarbe:** *S. splendens* cremefarben, lachs, rot, violett, *S. coccinea* rot, *S. farinacea* weiß, blau, violett, *S. horminum* weiß, rosa, violett, *S. officinalis* weiß, violett
**Blütezeit:** *S. splendens* Mai bis September, *S. coccinea* und *S. farinacea* Mai bis Oktober, *S. horminum* Juni bis September, *S. officinalis* Juni bis Juli
**Höhe:**
*S. splendens* 20–30 cm,
*S. coccinea* 30–60 cm,
*S. farinacea* 60–80 cm,
*S. horminum* 50–60 cm,
*S. officinalis* 30–60 cm
**Standort:** sonnig; durchlässiger, trockener, leicht kalkhaltiger Boden
**Merkmale:** Von den genannten Salbeiarten ist eigentlich nur *S. horminum* eine echte Sommerblume, alle anderen sind ausdauernde Pflanzen, die bei uns meist einjährig gezogen werden. Allen gemeinsam sind die netznervigen Blätter und die reichverzweigten, vierkantigen Stengel, die vielblütige Blütenquirle tragen. Sie sind reich an ätherischen Ölen, ihre zweilippigen Blüten locken Bienen und andere Insekten an. *S. splendens* stammt aus den Regenwäldern Brasiliens und wird dort bis 150 cm hoch. Durch gärtnerische Züchtung entstanden zahlreiche Sorten mit eiförmigen Blättern und gedrungenem Wuchs. Während die reine Art 15–20 cm lange, scharlachrote Blüten hat, sind die der Sorten auch creme- oder lachsfarben oder dunkelviolett. *S. coccinea*, ein zierlicher, reichverzweigter Busch, besitzt scharlachrote, rutenförmig-schlanke Blütentrauben und herzförmige oder eirunde Blätter. Die graufilzig behaarte Art *S. farinacea* wächst buschig, die langstieligen Blütenquirle sind blau, violett oder silberweiß gefärbt. *S. horminum* wirkt durch seine weißen, rosa oder blauvioletten Hochblätter besonders attraktiv, die kleinen Blüten in entfernt stehenden Scheinquirlen fallen dagegen kaum auf. *S. officinalis*, ein kompakt und überwiegend aufrecht, manchmal auch hängend wachsender Halbstrauch, wird im Garten gern als mehrjährige Gewürzpflanze angebaut, die dort 60 cm hoch wird. In seiner Form 'Tricolor', die sich durch auffallend weiß-rosa-grün gefleckte Blätter auszeichnet, findet er jedoch als schmükkende Blattpflanze für den Balkon immer mehr Liebhaber. In Blumenkästen oder Schalen wird er allerdings nur 30–40 cm hoch.
**Sorten:** von *S. splendens* u. a. 'Carabiniere' (scharlachrot, dunkelgrünes Laub, Höhe 20–25 cm), 'Johannisfeuer' (scharlachrot, Höhe 25 cm), 'Laser Purple' (dunkelviolett, sehr früh blühend, Höhe 25 cm), 'Melba' (lachsrosa, Höhe 25 cm); von *S. coccinea* 'Lady in Red' (scharlachrot, zwergwüchsig, Höhe 30 cm); von *S. farinacea* 'Viktoria' (tiefblau, Höhe 60 cm), 'Silber' (silberweiß, Höhe 60 cm), 'Blauähre' (dunkelblau, für Schnitt geeignet, Höhe 70 cm); von *S. horminum* 'Oxford Blue' (blauviolett, für Schnitt geeignet, Höhe 60 cm), 'Pink Sunday' (rosa, für Schnitt geeignet, Höhe 60 cm)
**Verwendung:** Alle Arten sind prächtige Beetpflanzen, die auch in Gruppen gepflanzt wirkungsvoll zur Geltung kommen. *S. splendens* eignet sich außerdem für Einfassungen und Rabatten, *S. officinalis* wird gern für gemischte Gefäßpflanzungen verwendet. Hübsche und haltbare Schnittblumen liefern *S. coccinea, S. horminum* und auch einige Sorten von *S. farinacea.*

*Salvia splendens*

*Salvia farinacea*

*Salvia coccinea*

**Kultur:** *S. splendens* wird im März bei 22°C in Kisten oder Schalen mit Anzuchterde ausgesät und 4–6 Wochen später in 9-cm-Töpfe pikiert. Nach dem Einwurzeln wird bei 12–16°C weiterkultiviert. Bei den 6–8 cm hohen Pflanzen entfernt man die Triebspitzen, damit sie sich buschig verzweigen.

*Salvia horminum*

*S. coccinea, S. farinacea* und *S. horminum* werden ab Anfang März bei 18–20°C ausgesät und bereits nach 3 Wochen einzeln in 8-cm-Töpfe pikiert. Nach dem Einwurzeln erfolgt die Weiterkultur bei 12–14°C. Alle vier Arten werden nach den Eisheiligen im Abstand von 20–30 cm ausgepflanzt.
*S. officinalis* wird durch Teilung vermehrt. In nicht zu rauhen Gegenden kann diese Art auch im Freien überwintern, ansonsten nach dem Einräumen an einem hellen Platz im Haus bei 10–14°C und mäßigen Wassergaben.
**Pflege:** *S. splendens* braucht regelmäßige, niedrig dosierte Düngergaben und sollte gleichmäßig gegossen werden, wobei Staunässe unbedingt zu vermeiden ist. Nach dem Abblühen des ersten Flors schneidet man die braunen Blütenstände aus, damit die Pflanzen neu austreiben können. Bei den übrigen Arten fördert ein nährstoffreicher Boden den Blütenreichtum. Sie brauchen nur mäßige Wassergaben.
**Schädlinge:** Spinnmilben, Blattwanzen, Blattläuse, Blattälchen, Weiße Fliege, Schnecken
**Tip:** Die Blütenstiele von *S. horminum* lassen sich auch als Trockenblumen verwenden, da die Hochblätter ihre Farbe behalten.

## Sanvitalia
Sanvitalie

**Art:** *S. procumbens* (Husarenknopf, Mexikanisches Goldrandblümchen, Miniatursonnenblume)
**Familie:** Korbblütler *(Compositae)*
**Heimat:** Mexiko, Guatemala
**Blütenfarbe:** goldgelb mit braunschwarzer Mitte
**Blütezeit:** Mai bis Oktober
**Höhe:** 10–25 cm
**Standort:** sonnig; lockere durchlässige Erde
**Merkmale:** Viel zu selten wächst diese unempfindliche, bodendeckende Beetpflanze mit ihren goldgelben und in der Mitte braunschwarzen kleinen Blüten im Garten. Dabei blüht sie von Mai bis zum Frosteintritt unermüdlich ohne irgendeine besondere Pflege. Die einjährige Rabattenpflanze bildet stark verästelte Stengel, an denen oval-lanzettliche Blättchen sitzen. Im Balkonkasten am vorderen Kastenrand in Gruppen von 2–3 Pflanzen plaziert, gehören Sanvitalien zu den dankbarsten Hängepflanzen.
**Sorten:** 'Goldteppich' (goldgelb, frühblühend, Höhe 20 cm), 'Mandarin-Orange' (leuchtend orange, Höhe 25 cm)
**Verwendung:** Der reichblühende Bodendecker eignet sich ebenso für die Bepflanzung von Beeten, Gräbern, Einfassungen, Blumenschalen, Ampeln und Balkonkästen wie auch zum Blumenschnitt für zierliche Gebinde.
**Kultur:** Die Aussaat unter Glas erfolgt im März/April bei 15–18°C mit 3–5 Samen in einem 7–8-cm-Topf. Nach der Keimung wird hell, luftig und kühl (8–12°C) weiterkultiviert. Die Jungpflanzen werden Mitte Mai ausgepflanzt. Etwa 10 Wochen nach der Aussaat beginnen die Pflanzen zu blühen.
**Pflege:** Der Nährstoffbedarf der Sanvitalie ist gering. Sie braucht nur mäßig gegossen zu werden. Wenn man die abgeblühten Teile der Pflanze im Lauf des Sommers immer wieder zurückschneidet, hält der Blütenflor bis in den Herbst hinein.

*Sanvitalia procumbens*

*Scabiosa atropurpurea*

## Scabiosa
Skabiose

**Arten:** *S. atropurpurea* (Purpurskabiose, Witwenblume), *S. stellata* (auch *Trochocephalus stellatus*, Sternskabiose)
**Familie:** Kardengewächse *(Dipsacaceae)*
**Heimat:** Südeuropa, Mittelmeerraum
**Blütenfarbe:** *S. atropurpurea* weiß, rosa, rot, purpurn, blau, lila, *S. stellata* weiß, grünlich
**Blütezeit:** *S. atropurpurea* Juli bis Oktober, *S. stellata* Juni bis August
**Höhe:** 40–90 cm
**Standort:** sonnig; mittelschwerer, kalkhaltiger Boden
**Merkmale:** Die anspruchslosen Skabiosen erfreuen sich dank neuer Hybridzüchtungen wieder zunehmender Beliebtheit. Die einjährigen Sommerblumen wachsen aufrecht verzweigt und haben leicht behaarte fiederspaltige Blätter. Auf langen dünnen Stielen sitzen bei der Purpurskabiose endständig runde, dicht gefüllte Blütenköpfe, deren Farbpalette von Weiß über Rot bis Blau reicht. Die Sternskabiose hat im Vergleich dazu eher unscheinbare weiße, kugelförmige Blütenstände.

**Sorten:** von *S. atropurpurea* 'Grandiflora Plena' (Farbmischung, dichtgefüllt blühend, Höhe 90 cm), 'Olympia-Hybriden' (Prachtmischung, dichtgefüllt blühend, Höhe 90 cm); von *S. stellata* 'Sternkugel' und 'Pingpong' (beide weiß, Höhe 60 cm)
**Verwendung:** Purpurskabiosen lassen sich gut in bunte Sommerblumenbeete einbeziehen und füllen rasch Lükken in Staudenbeeten. Sie liefern haltbare Schnittblumen und können auch getrocknet werden. Für dauerhafte Sträuße eignen sich vor allem die Sternskabiosen, deren kugelige Fruchtstände getrocknet besonders schön wirken.
**Kultur:** Ab Mitte März wird bei 18°C in Kisten mit Anzuchterde ausgesät. Die Samen keimen innerhalb von 1–2 Wochen, werden dann in 6–8-cm-Töpfe pikiert und bei 8–10°C bis zum Auspflanzen im Mai weiterkultiviert. Der Pflanzabstand sollte 20 bis 25 cm betragen. Ende April/Anfang Mai ist auch eine Direktsaat ins Freie möglich, wobei die Sämlinge später auf den notwendigen Abstand vereinzelt werden müssen. Diese Pflanzen blühen allerdings später als vorkultivierte.
**Pflege:** Skabiosen brauchen einen sonnigen Platz auf nicht zu schwerem, kalkhaltigem Boden. Sie haben nur einen mäßigen Nährstoffbedarf. Werden regelmäßig Blumen für die Vase geschnitten, erübrigt sich das Entfernen von Verblühtem. So gepflegt, bringen die Purpurskabiosen bis in den Herbst immer wieder neue Blüten hervor.
**Schädlinge und Krankheiten:** Spinnmilben; Echter Mehltau, Grauschimmel
**Tip:** Zum Trocknen schneidet man die Sternskabiosen, solange die Samenstände noch grün sind.

*Scabiosa stellata*

## Scaevola
Fächerblume, Scaevole

**Arten:** *S. aemula* (auch *S. saligna*, Blaue Fächerblume), *S.*-Hybriden
**Familie:** Goodeniengewächse *(Goodeniaceae)*
**Heimat:** Australien
**Blütenfarbe:** lilablau
**Blütezeit:** April bis Herbst
**Höhe:** 20–30 cm bodendeckend, hängend sogar bis 100 cm
**Standort:** sonnig bis halbschattig; humoser, kalkfreier Boden
**Merkmale:** Die buschig wachsenden, halbhängenden Pflanzen mit ihren unablässig neu sich öffnenden lilablauen Fächerblüten an zahlreichen Trieben sind äußerst robust und wetterunempfindlich. Sie werden bei uns wegen mangelnder Winterhärte einjährig gezogen. Da ihre Blätter leicht dickfleischig sind, können sie zeitweilige Trockenheit gut überstehen. Die aus einer Kreuzung zweier kleinblütiger Wildformen gezüchtete *S.*-Hybride 'Petit' wächst flach, bleibt wesentlich kleiner und gedrungener, ist dichter verzweigt und besitzt kleinere Blüten und Blätter.
**Sorte:** von *S. aemula* 'Blue Wonder' (starkwüchsig, Triebe 20–100 cm)
**Verwendung:** Die Blaue Fächerblume ist wegen ihres üppigen und lange haltbaren Blütenflors als Balkon- und Ampelpflanze sehr beliebt, vor allem die flach wachsende Züchtung kann aber auch in sonnigen Lagen als Bodendecker auf Beeten verwendet werden.
**Kultur:** Da die Vermehrung durch Teil- und Kopfstecklinge Sprühnebel erfordert und nur im Gewächshaus möglich ist, empfiehlt es sich, Mitte Mai im Handel blühende Jungpflanzen zu kaufen. Außerdem ist die Sorte 'Blue Wonder' geschützt und darf deshalb nicht nachvermehrt werden. Ausgepflanzt wird nach den Eisheiligen im Abstand von 30 cm.
**Pflege:** Die salz- und kalkempfindlichen Blumen sollten mit weichem Wasser regelmäßig gegossen und nur niedrig dosiert gedüngt werden. Ein Rückschnitt ist nicht erforderlich. Dank ihrer „Selbstreinigung" fällt Verblühtes von allein ab, die Pflanzen brauchen daher kaum Pflege. Mutterpflanzen können bei 10–14°C an einem hellen Ort mit mäßigen Wassergaben überwintert werden.

*Scaevola aemula*

**Schädlinge und Krankheiten:** Minierfliegen, Weiße Fliege; gelegentlich durch Pilze verursachte Welkekrankheiten

## Schizanthus-Wisetonensis-Hybriden
*(S. x wisetonensis)*
Spaltblume, Schmetterlingsblume

**Familie:** Nachtschattengewächse *(Solanaceae)*
**Heimat:** Urformen in Chile
**Blütenfarbe:** weiß, gelb, lachs, rot, purpurn, violett
**Blütezeit:** Juli bis September
**Höhe:** 20–50 cm; seltener bis zu 100 cm
**Standort:** sonnig und geschützt; kalkhaltiger, nährstoffreicher Boden

**Merkmale:** Die einjährige Spaltblume ist eine buschig wachsende Pflanze mit feinen, farnartigen Blättern. Sie

*Schizanthus-Wisetonensis*-Hybriden

kann bis zu 1 m hoch werden, ist bei uns jedoch meist nur in niedrigen, kompakten Sorten erhältlich. Die in großer Zahl erscheinenden endständigen Blüten blühen in vielen Farben, sind manchmal auch gefleckt oder hübsch gezeichnet. Ihr Kronsaum ist tief eingeschnitten, daher der deutsche Name Spaltblume. Diese Sommerblume entfaltet ihre volle Blütenpracht jedoch nur an geschützten Plätzen und bei günstiger Witterung. Vor allem die Blüten sind sehr regenempfindlich. Unter heftigen Sommerregen kann die ganze Pflanze erheblich leiden. Auch große Hitze schadet ihr.
**Sorten:** 'Starparade' (Formelmischung, großblumig, kompakter Wuchs, Höhe 20 cm), 'Hitparade' (Formelmischung, reiches Farbenspiel, kompakter Wuchs, Höhe 20–30 cm), 'Excelsior' (Mischung, kompakter Wuchs, Höhe 40 cm)

**Verwendung:** Sehr hübsch sehen Spaltblumen als kleine Gruppe oder auch einzeln in gemischten Sommerblumenbeeten aus. Am besten gedeihen sie in Pflanzgefäßen an einem sonnigen, regengeschützten Ort. Spaltblumen eignen sich gut als Schnittblumen. In der Vase halten sie bis zu 2 Wochen.
**Kultur:** Eine Direktsaat im April an Ort und Stelle ist möglich. Die Pflanzen müssen später auf 20–25 cm Abstand vereinzelt werden. Die Blüten erscheinen dann im Juli/August. Besser ist jedoch eine Vorkultur, da die Pflanzen kräftiger werden und die Blüten früher erscheinen. Dazu wird im März/April in Kisten mit Anzuchterde ausgesät. Bei 13–15°C keimen die Samen in 14–20 Tagen, bei 16–18°C schon in 10–14 Tagen, allerdings keimen Spaltblumen uneinheitlich. Die Keimlinge pikiert man dann einzeln in 8–9-cm-Töpfe mit Blumenerde und kultiviert sie bei 10°C kühl, sehr hell und luftig weiter, da sie sonst leicht vergeilen. Beim Gießen sollte man darauf achten, daß die Blätter nicht naß werden, da dies leicht zu Fäulnis führt. Bei zu engem Stand vergilben die Blätter. Ab etwa der 3. Woche nach dem Pikieren sollte wöchentlich schwach gedüngt werden. Nach den Eisheiligen kann man im Abstand von 30 cm auspflanzen. Da die Anzucht der Pflanzen recht schwierig ist, empfiehlt es sich, bereits blühende Spaltblumen im Fachhandel zu kaufen, wo sie im Frühjahr häufig als Kalthaus-Topfpflanzen angeboten werden. Nachdem man die Pflanzen genügend abgehärtet hat, pflanzt man sie, sobald keine Frostgefahr mehr besteht, ins Freie, wo sie dann allerdings nur bis Juli blühen.
**Pflege:** Die empfindlichen Spaltblumen sollten sonnig und geschützt auf einem nährstoffreichen Boden stehen. Vor allem in Gefäße gepflanzte Blumen müssen regelmäßig gedüngt werden. Während der Blüte haben sie außerdem einen hohen Wasserbedarf.
**Schädlinge und Krankheiten:** Blattläuse, Weiße Fliege, Blattnematoden; Blattfleckenkrankheiten, Grauschimmel, Wurzel- und Stengelgrundfäule

*Schizanthus-Wisetonensis*-Hybriden

## Senecio
Kreuzkraut

**Art:** *S. bicolor* (auch *S. maritimus, S. cineraria, Cineraria maritima, Cineraria bicolor*, Cinerarie, Aschenblume, Greiskraut, Silberblatt)
**Familie:** Korbblütler *(Compositae)*
**Heimat:** Mittelmeergebiet
**Höhe:** 15–40 cm
**Standort:** sonnig, warm; mittelschwerer, kalkhaltiger, nährstoffreicher Boden
**Merkmale:** Die Cinerarie, die in ihrer Heimat als ausdauernder Halbstrauch wächst, wird wegen ihrer Frostempfindlichkeit bei uns einjährig kultiviert. Ihre Bedeutung als Gartenschmuck verdankt die niedrig wachsende, buschig verzweigte Pflanze nicht ihren gelben Blüten, die auch erst im zweiten Jahr erscheinen würden, sondern ihrem attraktiven – je nach Sorte fein gefiederten, gebuchteten, gewellten oder ungeteilten – Laub. Es ist filzig behaart und schimmert silbergrau bis weiß.
**Sorten:** Im Handel sind Sorten mit unterschiedlicher Belaubung erhältlich, u. a. 'Silberzwerg' (silberweißes, tief eingeschnittenes Laub, Höhe 15–20 cm), 'Rauhreif' (silberweißes, fein gefiedertes Laub, Höhe 30 cm), 'New Look' (großes weißes, wollig behaartes, gebuchtetes Laub, Höhe 30 cm), 'Diamant' (silbergrünes, wenig gegliedertes Laub, Höhe 40 cm).
**Verwendung:** Besonders dekorativ wirken Gruppen von 3–5 Cinerarien in Rabatten oder Beeten zwischen kräftig rot oder blau blühenden Sommerblumen, und sie mildern auch starke Farbkontraste. Wegen des niedrigen Wuchses eignen sie sich auch

*Senecio bicolor*

gut als Einfassung sowie für Schalen und andere Pflanzgefäße.
**Kultur:** Ausgesät werden kann von Mitte Februar bis Mitte März in Kisten mit Anzuchterde. Die Samen keimen bei 16–18°C in 1 bis 2 Wochen. Ist die Keimung abgeschlossen, wird die Temperatur auf 8–12°C abgesenkt. Ungefähr 5–6 Wochen nach der Aussaat werden die Sämlinge einzeln in 8–10-cm-Töpfe mit Blumenerde, der ein Anteil von etwa 5–10 % Quarzsand beigemischt wurde, pikiert und weiterhin bei 8–12°C an einem sehr hellen, ruhig auch sonnigen Platz weiterkultiviert. Die Pflänzchen dürfen nicht zuviel Stickstoff erhalten und sollten trocken kultiviert werden, da das Laub sonst vergrünt. Ins Freie ausgepflanzt wird nach den Eisheiligen im Abstand von 20–30 cm.
**Pflege:** Damit sich die attraktive Behaarung des Blattwerks, die die Pflanze vor Austrocknung schützt, gut entwickelt, braucht die Cinerarie einen Platz in voller Sonne. Der Boden sollte nährstoffreich sein, aber nicht zu stickstoffhaltig und auch nicht zu feucht.
**Schädlinge und Krankheiten:** Blattläuse, Minierfliegen; Echter und Falscher Mehltau, Rost, Blattfleckenkrankheiten, Stengelgrund- und Wurzelhalsfäule

## Setaria
Borstenhirse, Fennich

**Art:** *S. italica* (Kolbenhirse, Vogelhirse)
**Familie:** Süßgräser *(Poaceae)*
**Heimat:** vermutlich Südostasien
**Blütenfarbe:** rosa bis grüngelb
**Blütezeit:** Juli bis August
**Höhe:** bis 100 cm
**Standort:** sonnig; humoser, lockerer Gartenboden
**Merkmale:** Die einjährige Borstenhirse erinnert mit ihren borstenartigen, seidig rosa bis grüngelb glänzenden Blütenständen, die leicht überhängen, an einen Fuchsschwanz. Ihre langen Blätter sind linealisch zugespitzt.
**Verwendung:** In Sommerblumenbeeten kommt das stattliche Ziergras zwischen Stauden oder als Solitärpflanze gut zur Geltung. Wegen seiner hübschen Fruchtstände wird es auch gern getrocknet in Gestecke eingebunden.
**Kultur:** Die Anzucht ist einfach. Man sät im April/Mai breitwürfig direkt an den gewünschten Platz. Während der 2–3 Wochen dauernden Keimung darf die Aussaat nicht austrocknen. Um kräftige Pflanzen zu bekommen, entfernt man bei zu dichtem Stand einige Sämlinge. Für das hoch wachsende Gras ist ein Abstand von mindestens 30 cm erforderlich.
**Pflege:** Die anspruchslose Pflanze braucht nur mäßige Wassergaben.

*Setaria italica*

## Silene
Leimkraut

**Arten:** *S. armeria* (Morgenröschen, Gartenleimkraut), *S. coeli-rosa* (auch *Viscaria oculata*, Himmelsröschen), *S. pendula* (Hängendes Leimkraut)
**Familie:** Nelkengewächse *(Caryophyllaceae)*
**Heimat:** *S. armeria* Mittel-, Süd- und Osteuropa, *S. coeli-rosa* Südwesteuropa, westlicher Mittelmeerraum, Kanarische Inseln, *S. pendula* Mittelmeerraum
**Blütenfarbe:** weiß, lachsrosa, rosa, rot, *S. coeli-rosa* auch blau bis violett
**Blütezeit:** Juni bis September
**Höhe:** *S. armeria* und *S. coeli-rosa* 30–80 cm, *S. pendula* 10–50 cm
**Standort:** sonnig; durchlässiger, sandiger, kalkhaltiger Boden
**Merkmale:** Das Leimkraut verdankt seinen deutschen Namen der Tatsache, daß die

*Silene coeli-rosa*

Stiele und Blütenstände einiger Arten mit einer klebrigen Flüssigkeit überzogen sind. Das niedrig wachsende Hängende Leimkraut *(S. pendula)* hat gabelig verzweigte Stengel und spatelförmige, weiche Blättchen. Auffallend sind die großen, gefüllten oder einfachen Blüten in zarten Tönen von Weiß über Rosa bis Rot, die in traubenförmigen Blütenständen sitzen. Dagegen erscheinen beim besonders reich blühenden Himmelsröschen *(S. coeli-rosa)* die weißen, rosa, roten, blauen oder violetten Blüten einzeln auf langen Stielen. Seine Blätter sind schmal lanzettlich. Das Morgenröschen *(S. armeria)* bringt eine üppige Fülle zartfarbiger Blüten in großen Trugdolden hervor. Alle drei Arten des Leimkrauts werden einjährig gezogen und gedeihen problemlos.

**Sorten:** Von den Arten sind Einzelfarben oder bunte Mischungen im Handel erhältlich, u. a. von *S. armeria* 'Morgenröschen' (karminrosa, Höhe 25–30 cm), von *S. coeli-rosa* 'Rosa Engel' (karminrosa, Höhe 30 cm), 'Blauer Engel' (azurblau, Höhe 40 cm).
**Verwendung:** Alle drei Arten des Leimkrauts sind dankbare Beetpflanzen, die aber auch für Einfassungen und Steingärten verwendet werden können. Das besonders niedrig wachsende Hängende Leimkraut *(S. pendula)* wirkt auch in Balkonkästen und Schalen sehr hübsch. Vom Himmelsröschen *(S. coeli-rosa)* kann man hübsche Sträuße schneiden, die anderen beiden Arten halten in der Vase weniger lange.
**Kultur:** In der Regel werden alle drei Arten im April direkt ins Freie in Reihen mit 15 bis 20 cm Abstand gesät. Bei dichtem Aufgang wird innerhalb der Reihen vereinzelt, damit sich die Pflanzen kräftig entwickeln. Die Blüten erscheinen dann von Juli bis September. Sollen die Pflanzen jedoch schon im Juni blühen, wird im März ins Frühbeet ausgesät, nach 2–3 Wochen pikiert und Anfang Mai im Abstand von 15–20 cm ins Freie gepflanzt. *S. pendula* läßt sich in sonniger Lage auch zweijährig kultivieren. Ausgesät wird in diesem Fall im August. Die Überwinterung ist allerdings etwas problematisch und gelingt nur mit ausreichendem Winterschutz, etwa aus Fichtenreisig.
**Pflege:** Leimkraut gedeiht in sonnigen Lagen und auf kalkhaltigem, nur mäßig feuchtem Boden am besten. Beim Himmelsröschen ergibt ein Rückschnitt nach der Blüte einen zweiten Flor.

# T

*Tagetes tenuifolia*

## Tagetes
Studentenblume, Sammetblume, Samtblume

**Arten:** *T.-Erecta*-Hybriden, *T.-Patula*-Hybriden, *T. tenuifolia* (auch *T. signata*)
**Familie:** Korbblütler *(Compositae)*
**Heimat:** *T.-Erecta-* und *T.-Patula*-Hybriden Urformen in Mexiko, *T. tenuifolia* Mexiko, Mittelamerika
**Blütenfarbe:** gelb, orangefarben, rotbraun, auch zweifarbig
**Blütezeit:** Mai bis Oktober
**Höhe:** *T.-Erecta*-Hybriden Zwergsorten 15–50 cm, höhere Sorten 60–120 cm; *T.-Patula*-Hybriden Zwergsorten 15–30 cm, höhere Sorten 30–60 cm; *T. tenuifolia* 20–30 cm
**Standort:** sonnig; mittelschwerer, nicht zu nasser, nährstoffreicher Boden
**Merkmale:** Die einjährigen Studentenblumen gehören zu den beliebtesten Sommerblumen, weil sie sehr einfach zu kultivieren sind und ihre unzähligen leuchtend bunten Blütenköpfchen vom Frühjahr bis zum ersten Frost erscheinen. Die Farbskala reicht über viele Gelb- und Orangetöne bis zu bräunlichem Rot und Kastanienbraun. Studentenblumen verströmen einen stark aromatischen, nicht für jedermann angenehmen Geruch. Am größten, bis zu 120 cm, werden die aufrecht wachsenden *T.-Erecta*-Hybriden. Ihre meist dichtgefüllten gelben oder orangefarbenen Blütenköpfe mit bis zu 12 cm Durchmesser stehen überwiegend einzeln über den fiedrig-geteilten Blättern. Wesentlich niedriger bleiben die *T.-Patula*-Hybriden, die Zwergsorten bilden kleine, dichte Büsche. Ihre einfachen oder gefüllten, etwa 3 cm großen Blüten kommen in allen Schattierungen von Gelb, Orange, Rotbraun oder Kombinationen dieser Farben vor. Die polsterartig wachsenden, nur bis 30 cm hoch werdenden *T. tenuifolia* zeichnen sich gegenüber den Hybriden durch ihr fein zerteiltes, zarteres Laub aus. An den Stengeln sitzen zahlreiche einfache Blüten in gelben, orangefarbenen oder rotbraunen Tönen. Sie sind besonders unempfindlich gegen Regen.
**Sorten:** Die Auswahl an Sorten im Handel ist immens. Bewährte Sorten sind u. a.: *T.-Erecta*-Hybriden: 'Discovery' $F_1$-Hybriden (3 Farbvariationen in Gelb und Orange, gefüllt, sehr großblumig, buschiger Wuchs, Höhe 15–25 cm), 'Excel' $F_1$-Hybriden (3 Farbvariationen in Gelb, dichtgefüllt, großblumig, sehr früh blühend, Höhe 30–40 cm), 'Jubilee' $F_1$-Hybriden (3 Farbvariationen in Gelb und Orange, dichtgefüllt, nelkenblütig, breitbuschiger Wuchs, für den Schnitt geeignet, Höhe 50–60 cm), 'American' $F_1$-Hybriden (3 Farbvariationen in Gelb und Orange sowie Mischung, dichtgefüllt, sehr großblumig, für den Schnitt geeignet, Höhe 80–120 cm).
*T.-Patula*-Hybriden: Einfachblühende Sorten sind u. a. 'Espana Mix' (Farbmischung in Gelb, Orange, Rot, teils mehrfarbig, großblumig, frühblühend, Höhe 20–25 cm), 'Disco Orange' und 'Disco Goldgelb' (orange bzw. gelb, beide großblumig und sehr früh blühend, Höhe 25 bis 30 cm); gefüllt blühen: 'Boy'-Serie (5 Farbvariationen in Gelb, Orange, Braun sowie Formelmischung, großblumig,

*Tagetes-Erecta*-Hybriden

*Tagetes-Patula*-Hybriden

frühblühend, Höhe 20 cm), 'Aurora'-Serie (3 Farbvariationen in Gelb und Orange sowie Formelmischung, nelkenblütig, frühblühend, Höhe 20–25 cm), 'Goldfink' (leuchtend gelb, skabiosenblütig, dichtgefüllt, frühblühend, Höhe 20–25 cm), 'Honeycomb' (leuchtend braun, skabiosenblütig, dichtgefüllt, Höhe 20–25 cm), 'Bonita'-Serie (6 Farbvariationen sowie Farbmischung, überwiegend mehrfarbig, nelkenblütig, frühblühend, Höhe 25 cm). Sorten von *T. tenuifolia* sind u. a. 'Ornament' (rotbraun, Höhe 20–25 cm), 'Gnom' (orange, Höhe 25–30 cm), 'Lulu' (gelb, Höhe 25–30 cm).
**Verwendung:** Mit ihrer Farbenpracht schmücken Studentenblumen Beete und Rabatten, aber auch Kübel, Schalen und Blumenkästen. Hochwachsende Sorten pflanzt man am besten als Mittelpunkt oder Hintergrund in großflächige Beete, sie eignen sich auch gut als Schnittblumen. Mittelhohe und niedrige Sorten setzen Farbakzente in Beeten und Rabatten, die bis 30 cm hohen Blumen werden aber auch gern für die Gefäßbepflanzung verwendet.
**Kultur:** Wer Ende Mai blühende Pflanzen haben will, sät bereits ab Januar bis März bei 18–24 °C in Kisten oder Schalen mit Anzuchterde. Für spätere Blühtermine kann man auch noch von Mitte April bis Mitte Mai an Ort und Stelle aussäen. Bei Frühaussaat pikiert man die Sämlinge nach 1–2 Wochen in Anzuchtplatten oder 8–10-cm-Töpfe mit Pikiererde – Zwergsorten und *T. tenuifolia* in 6-cm-Töpfe – und kultiviert sie bei 12 bis 18 °C. Zur Abhärtung vor dem Auspflanzen, das wegen der Frostempfindlichkeit der Pflanzen nach den Eisheiligen erfolgt, senkt man die Temperatur auf 10–12 °C. Bei den hohen Sorten sollte der Pflanzabstand 40–50 cm, bei den halbhohen 20–30 cm und bei den Zwergsorten 15–20 cm betragen.

*Tagetes-Patula*-Hybriden

**Pflege:** Studentenblumen brauchen einen nährstoffreichen Boden und gleichmäßige Feuchtigkeit. Die verwelkten Blüten entfernt man regelmäßig, damit sich ein neuer Flor entwickeln kann.
**Schädlinge und Krankheiten:** Blattläuse, Spinnmilben, Schnecken; Grauschimmel, Blattflecken- und Welkekrankheiten
**Tip:** Studentenblumen gelten als gutes biologisches Abwehrmittel gegen Nematoden. Man sät sie einfach zwischen die gefährdeten Pflanzen, um sie vor Befall zu schützen.

## Thunbergia
Thunbergie

**Art:** *T. alata* (Schwarzäugige Susanne)
**Familie:** Akanthusgewächse *(Acanthaceae)*
**Heimat:** Südostafrika
**Blütenfarbe:** orangefarben bis gelb mit schwarzem Auge, weiß mit verschiedenfarbigem Auge
**Blütezeit:** Mai bis Oktober
**Höhe:** bis etwa 150 cm
**Standort:** warm und sonnig; nährstoffreicher Boden oder Substrat mit guter Wasserversorgung

**Merkmale:** Obwohl die Schwarzäugige Susanne ursprünglich aus Südostafrika stammt, ist sie heute in allen tropischen Ländern als Wildpflanze verbreitet. In tropischen Gebieten ist sie mehrjährig, bei uns wird sie gewöhnlich nur einjährig gezogen. Ihren Namen ver-

*Thunbergia alata*

dankt die Schwarzäugige Susanne den auffallenden, orangefarbenen bis gelben Blüten mit dem schwarzen Auge, die einzeln in den Blattachseln stehen. Die Einzelblüte hält zwar nicht sehr lange, was aber durch die Reichblütigkeit dieser Pflanze kaum auffällt. Die langsam wachsende Schlingpflanze mit den dreieckigen bis herzförmigen Blättern kann während des Sommers eine Höhe von anderthalb Metern erreichen.
**Sorten:** Im Handel gibt es mehrere Sorten, auch mit weißen Blüten und verschiedenfarbigem Auge.
**Verwendung:** Für die Schwarzäugige Susanne gibt es vielfache Verwendungsmöglichkeiten. So eignet sie sich ausgepflanzt für sonnige Hauswände oder Pergolen, wo sie an Spalieren aufgeleitet werden kann; allerdings

bleibt sie wegen ihres langsamen Wuchses dabei oft nur niedrig. Dank dieser Eigenschaft schmückt sie auch als Hängepflanze in Blumenkästen oder Ampeln Balkon oder Terrasse. Als hübsche Topfpflanze wird sie vor allem gern in Rundbogenform gezogen. In dieser Form eignet sie sich auch für Balkonkästen.
**Kultur:** Da der Blühbeginn der Schwarzäugigen Susanne erst rund 15 Wochen nach der Aussaat eintritt, sollte etwa Mitte Februar ausgesät werden, um in der zweiten Maihälfte kräftige und blühende Pflanzen zu erhalten. Bei der Anzucht werden die Samen in Schalen ausgesät. Die Keimtemperatur sollte 18–20°C betragen. Die Sämlinge pikiert man entweder einzeln in 9-cm-Töpfe oder jeweils drei in 11-cm-Töpfe. Die Jungpflanzen müssen sehr hell bei 12–16°C weiterkultiviert werden und sollten rechtzeitig eine Rankhilfe erhalten. Wenn sie sich gekräftigt haben, werden die Triebspitzen gestutzt, damit sich die Pflanzen besser verzweigen. Für die gesamte Anzucht wird am besten ein handelsübliches Topfpflanzensubstrat verwendet.

*Thunbergia alata*

**Pflege:** Sofern die Pflanzen Mitte Mai, nach den Eisheiligen, im Freiland z.B. an Hauswänden ausgepflanzt werden, sollte man den Gartenboden vorher gut lockern. Bei Weiterkultur in Balkonkästen oder anderen Gefäßen wird wiederum handelsübliches Topfpflanzensubstrat verwendet.
Im Freien stehend, braucht die Schwarzäugige Susanne viel Wärme und Sonne. Sie hat dann einen hohen Wasser- und Nährstoffbedarf. Regelmäßiges Bewässern ist angebracht. Zu reichliches Wässern und Staunässe sollten allerdings vermieden werden. In kühlen und regenreichen Sommern blüht die Schwarzäugige Susanne nur spärlich.
Soll die Schwarzäugige Susanne überwintert werden, so ist dies nur an einem sehr hellen und kühlen Ort (bei etwa 5–10°C) möglich, da sie sonst mit dünnen Trieben weiterwächst und zu Blattfall neigt. Ist die Überwinterung gelungen, dann muß die Pflanze im Frühjahr kräftig zurückgeschnitten werden. Im allgemeinen ist es aber besser, jedes Jahr neu auszusäen.
**Schädlinge:** Blattläuse, Spinnmilben, Weiße Fliege

## Thymophylla
Gelbes Gänseblümchen, Gelbe Brachycome

**Art:** *T. tenuiloba* (auch *Dyssodia tenuiloba*)
**Familie:** Korbblütler *(Compositae)*
**Heimat:** südliche USA, Mexiko
**Blütenfarbe:** gelb
**Blütezeit:** Juni bis September
**Höhe:** 15–20 cm, in Gefäßen hängend

*Thymophylla tenuiloba*

**Standort:** sonnig; humoser, durchlässiger Boden
**Merkmale:** Die zierliche, breit wachsende, einjährige Pflanze mit fein gefiedertem Laub und zahlreichen goldgelben Sternchenblüten gleicht – abgesehen von der Blütenfarbe – dem Blauen Gänseblümchen.
**Sorten:** 'Sternschnuppe' (goldgelb, Höhe 15 cm), 'Goldener Fleck' (goldgelb, Höhe 15 cm)
**Verwendung:** Der unermüdliche Dauerblüher erfreut sich auf Beeten und Rabatten, vor allem aber als Balkon- und Ampelpflanze immer größerer Beliebtheit.
**Kultur:** Ausgesät wird von Februar bis April bei 18 bis 20°C in Schalen oder Kisten mit Anzuchterde. Nach 4 Wochen werden die Sämlinge zu dritt in 8–9-cm-Töpfe mit Pikiererde vereinzelt und bei 12–16°C weiterkultiviert. Stickstoffhaltigen Dünger vertragen die Pflanzen nicht gut. Nach den Eisheiligen werden sie im Abstand von 20 cm ausgepflanzt.
**Pflege:** Gelbe Gänseblümchen haben einen geringen Nährstoffbedarf und brauchen nur niedrig dosiert gedüngt zu werden. Wegen ihrer empfindlichen Wurzeln sollte man sie nur mäßig feucht, eher trocken halten.
**Schädlinge und Krankheiten:** Blattläuse; Echter Mehltau

## Tithonia
Tithonie, Mexikanische Sonnenblume

**Art:** *T. rotundifolia* (auch *T. speciosa, T. tagetiflora*)
**Familie:** Korbblütler *(Compositae)*
**Heimat:** Mexiko
**Blütenfarbe:** orange, orangerot mit gelber Mitte
**Blütezeit:** August bis Oktober
**Höhe:** 75–150 cm
**Standort:** sonnig; tiefgründiger, mittelschwerer, nährstoffreicher Boden
**Merkmale:** Die einjährige Tithonie wächst sparrig verzweigt und erreicht oft eine stattliche Höhe. Die Pflanze ist leicht behaart und hat meist große herzförmige, dreilappige Blätter. Ihre leuchtend orangefarbenen Blütenkörbe sitzen auf langen verdickten Stielen.
**Sorten:** 'Goldfinger' (orange, reichblühend, Höhe 75 cm), 'Fackel' (leuchtend orangerot, reichblühend, Höhe 100–150 cm)
**Verwendung:** Sowohl einzeln als auch in kleinen Gruppen paßt die Tithonie gut in

*Tithonia rotundifolia*

größere bunte Sommerblumenbeete oder in den Hintergrund von Rabatten. Besonders hübsch fügt sie sich in naturnahe Gärten ein, und als Schnittblume ist sie lange haltbar.
**Kultur:** Die Aussaat erfolgt im März/April bei 18°C in Kisten mit Anzuchterde. Die Samen keimen nach 1–2 Wochen. 3–4 Wochen nach der Aussaat werden die Sämlinge in 8–10-cm-Töpfe pikiert. Nach dem Anwachsen genügen 12–14°C für die Weiterkultur. Etwa 8 Tage vor dem Auspflanzen Ende Mai muß mit dem Abhärten der frostempfindlichen Pflanzen begonnen werden. Der Pflanzabstand im Freien beträgt 40–50 cm.
**Pflege:** Wenn Tithonien an einem sonnigen warmen Platz und auf nährstoffreichem Boden stehen, blühen sie bis spät in den Herbst hinein. In trockenen Sommern muß allerdings regelmäßig gegossen werden, vor allem zu Beginn der Blüte dürfen die Pflanzen nie trocken stehen. Verblühtes sollte man entfernen, und an ungünstigen Standorten ist manchmal eine Stütze erforderlich.

## Tropaeolum
Kapuzinerkresse, Kapuzinerli

**Arten:** *T. majus* (Große Kapuzinerkresse, Salatblume), *T.*-Hybriden, *T. peregrinum* (auch *T. aduncum, T. canariense*, Kletternde Kapuzinerkresse, Kanarienkresse)
**Familie:** Kapuzinerkressengewächse *(Tropaeolaceae)*
**Heimat:** Kolumbien, Peru
**Blütenfarbe:** cremeweiß, gelb, orange, rot, *T. peregrinum* nur gelb
**Blütezeit:** Juli bis Oktober
**Höhe:** *T. majus* und *T.*-Hybriden niedrige Sorten 25 bis

*Tropaeolum peregrinum*

30 cm, rankende Sorten 200–300 cm lange Triebe, *T. peregrinum* 300–400 cm lange Triebe
**Standort:** vollsonnig, windgeschützt; lockerer, mäßig nährstoffreicher Boden
**Merkmale:** Seit Jahrhunderten ist die Kapuzinerkresse in Europa als Zierpflanze bekannt und beliebt. Die Große Kapuzinerkresse *(T. majus)* wächst in ihrer Heimat als ausdauernde Staude, wird aber bei uns wegen ihrer hohen Frostempfindlichkeit ebenso wie die Hybrid-Formen und die Kletternde Kapuzinerkresse *(T. peregrinum)* nur einjährig gezogen. Kultiviert werden heute sowohl kriechende, buschig wachsende als auch kletternde Sorten der Großen Kapuzinerkresse und der Hybriden. Charakteristisch sind die fleischigen Stengel, die großen schildförmigen Blätter und ihre hübschen, häufig gespornten einfachen, halbgefüllten oder gefüllten Trichterblüten, die in allen Sonnenfarben vom zarten Gelb bis zum intensiven Rot leuchten. Die zitronengelben Blüten der Kletternden Kapuzinerkresse, die stattliche Höhen erreichen kann, weisen dagegen gefranste Kronblätter auf, ihre Blätter sind kleiner und handförmig gelappt. Wenig bekannt ist, daß die Kapuzinerkresse auch als Gewürz- und Heilpflanze verwendet werden kann.
**Sorten:** Im Handel sind von *T. majus* und den *T.*-Hybriden zahlreiche niedrige und rankende Sorten mit einfachen, halbgefüllten oder gefüllten Blüten erhältlich.
**Verwendung:** Niedrig wachsende Sorten sind anspruchslose Bodendecker, mit denen sich Rabatten, Beete und Balkonkästen schön gestalten lassen. In Balkonkästen sollte die Kapuzinerkresse bevorzugt mit Sommerblumen kombiniert werden, die ebenfalls eine trockene Kulturführung vertragen, z. B. Pelargonien. Die hoch wachsenden Sorten und vor allem natürlich die Kletternde Kapuzinerkresse begrünen als reichblühende Schlinger in kurzer Zeit Zäune, Terrassengeländer, Spaliere und andere Kletterhilfen. Sehr dekorativ wirken sie auch, wenn man sie an Mauern herunterhängen oder an Böschungen herabwachsen läßt.
**Kultur:** Um rasch kräftige und frühblühende Pflanzen zu bekommen, empfiehlt sich bei der Großen Kapuzinerkresse und den Hybriden eine Vorkultur. Dazu werden von Anfang April bis Anfang Mai jeweils 3–4 Samenkörner direkt in 7–8-cm-Töpfe mit Blumenerde, der Lehm im Verhältnis 1:3 beigemischt wurde, gelegt. Sie keimen bei 18°C in etwa 2–3 Wochen, und die Sämlinge werden dann bei 10–15°C relativ trocken und bei sehr viel Licht weiterkultiviert. Es wird nicht gedüngt. In der zweiten Maihälfte, wenn keine Fröste mehr zu erwarten sind, wird im Abstand von 20–25 cm ins Freie gepflanzt. In der zweiten Maihälfte ist auch eine Direktsaat an Ort und Stelle im Freien möglich. Dabei legt man im Abstand von 20–25 cm pro Pflanzstelle jeweils 2–3 Samenkörner aus. Der Boden darf bei der Aussaat keinesfalls zu kühl oder zu naß sein, da die Samen sonst leicht faulen.
Die Kletternde Kapuzinerkresse wird immer in Töpfen vorkultiviert. Dies geschieht in der oben beschriebenen Weise als Direktsaat mit 3 Samenkörnern pro 8-cm-Topf. Aussaattermin ist allerdings schon Mitte März.
**Pflege:** Alle Arten der Kapuzinerkresse brauchen, um gut

*Tropaeolum majus*

zu gedeihen, einen sonnigen, warmen Platz. *T. majus* und die *T.*-Hybriden sollten auf einem mäßig nährstoffreichen Boden ohne hohen Stickstoffgehalt stehen, da sonst ein übermäßiges Blattwachstum einsetzt und sich nur wenige Blüten entwikkeln. Nur bei längerer Trokkenheit muß gegossen werden.
*T. peregrinum* benötigt dagegen wegen seines starken Wuchses etwas nährstoffreichere Böden und muß bei Trockenheit auch stärker gegossen werden.
**Schädlinge:** Blattläuse

# U

*Ursinia anethoides*

## Ursinia
Bärenkamille, Ursinie

**Arten:** *U. anethoides, U. anthemoides, U. versicolor* (auch *U. pulchra*)
**Familie:** Korbblütler *(Compositae)*
**Heimat:** Südafrika
**Blütenfarbe:** gelb, orange
**Blütezeit:** *U. anethoides* und *U. versicolor* Juni bis August, *U. anthemoides* Juli bis September
**Höhe:** *U. anethoides* 30–60 cm, *U. anthemoides* und *U. versicolor* 20–40 cm
**Standort:** sonnig; durchlässiger, nährstoffarmer Boden
**Merkmale:** Nur selten findet man in unseren Gärten die einjährige Bärenkamille, die allerdings in kühlen, regnerischen Sommern auch nicht ihre volle Schönheit zeigt. Die vorwiegend kultivierte Art *U. anethoides* trägt auf hohen Stengeln über feingliedrigem Laub hübsche gelbe oder orangefarbene margeritenähnliche Blütenkörbchen mit einem dunklen Ring, die bis abends geöffnet bleiben. Nur bei Sonnenschein öffnen sich dagegen die gelben, außen violett überlaufenen Blüten der zierlicheren *U. anthemoides* und die großen gelben Strahlenblüten der *U. versicolor*, die einen purpurfarbenen Fleck um dunklere Scheibenblüten aufweisen.
**Sorte:** Im Handel wird meist nur die Sorte 'Brillant Orange' (orange mit braunroter Zone, Höhe 30 cm) von *U. anethoides* angeboten.
**Verwendung:** Besonders hübsch wirken die Pflanzen als Gruppen in Sommerblumenbeeten, Steingärten, Balkonkästen, Schalen und Ampeln.
**Kultur:** Ausgesät wird ab April bei 16–18 °C in Kisten mit Anzuchterde. 4–5 Wochen später werden je 3 Sämlinge in 6–8-cm-Töpfe pikiert und bei 15 °C weiterkultiviert. Ausgepflanzt wird nach den Eisheiligen im Abstand von 20–25 cm. Ab Mai ist auch eine Direktsaat ins Freiland möglich. Bei zu dichter Saat wird auf den Pflanzabstand ausgedünnt.
**Pflege:** Die Bärenkamille gedeiht nur an sonnigen, warmen Plätzen gut. Sie hat einen geringen Nährstoffbedarf und verträgt keine Staunässe. Ihren Blütenflor kann man verlängern, wenn man Verblühtes regelmäßig entfernt.

*Ursinia anethoides*

# V

*Verbascum olympicum*

## Verbascum
Königskerze, Fackelblume

**Arten:** *V. bombyciferum* (auch *V. lagurus*), *V. olympicum* (Riesenkönigskerze, Kandelaber-Königskerze)
**Familie:** Braunwurzgewächse oder Rachenblütler *(Scrophulariaceae)*
**Heimat:** Europa, Vorderasien, Nordafrika
**Blütenfarbe:** gelb
**Blütezeit:** Juni bis September
**Höhe:** 150–200 cm
**Standort:** sonnig; magerer, trockener und sandiger Boden
**Merkmale:** Königskerzen findet man häufig auf Schuttplätzen und an Wald- und Wegrändern, an geschützten Stellen gedeihen sie sogar zwischen Steinen und Kies. Wind und Kälte sind die einzigen Feinde dieser stattlichen zweijährigen Pflanzen. Zunächst bildet sich nur die wollig behaarte Blattrosette, und erst im zweiten Jahr treibt der dicht beblätterte, kerzenförmige Blütenstengel mit kurzgestielten gelben Blüten. Während *V. olympicum* einen ziemlich stark verzweigten Blütenstand besitzt, sind die Blütenstiele von *V. bombyciferum* nur im unteren Teil verzweigt.
**Sorte:** Im Handel ist meist nur die Sorte 'Polarsommer' (hellgelb, Höhe 160 cm) von *V. bombyciferum* erhältlich.
**Verwendung:** Die stolzen Königskerzen sind eine auffällige Erscheinung in Natur- und Heidegärten sowie zwischen Stauden. Sie kommen als Einzelpflanzen besonders gut zur Wirkung.
**Kultur:** Ausgesät wird von Mai bis Juni auf ein Freilandbeet oder in Kisten im Freien. Das Saatgut sollte nur leicht mit Erde bedeckt, gut angedrückt und anfangs recht feucht gehalten werden, bis die Samen nach 2–3 Wochen aufgelaufen sind. Ab August wird im Abstand von 30–60 cm an den vorgesehenen Standort gepflanzt. Königskerzen säen sich oft selbst aus und erscheinen jedes Jahr aufs neue.
**Pflege:** Die anspruchslosen Pflanzen brauchen keine besondere Pflege, nur an windigen Stellen sollte man mit

*Verbena bonariensis*

Tannenzweigen oder Reisig für Windschutz sorgen.
**Krankheiten:** Echter Mehltau, Blattfleckenkrankheiten

## Verbena
Verbene, Eisenkraut

**Arten:** *V.*-Hybriden (auch *V.* x *hybrida*, Gartenverbene), *V. bonariensis, V. canadensis* (auch *V. aubletia*), *V. peruviana* (auch *V. chamaedryfolia*), *V. rigida* (auch *V. venosa*), *V. tenera*
**Familie:** Eisenkraut- oder Verbenengewächse *(Verbenaceae)*
**Heimat:** Urformen der Hybriden, *V. peruviana* und *V. tenera* Südamerika, *V. bonariensis* Nord- und Südamerika, *V. canadensis* südöstliches Nordamerika, *V. rigida* Nord-, Mittel- und Südamerika
**Blütenfarbe:** *V.*-Hybriden weiß, rosa, lachsfarben, rot, blau, violett, *V. bonariensis* violett, *V. canadensis* weiß, purpurn, *V. peruviana* rot, *V. rigida* violett, *V. tenera* rosa, rot, blau
**Blütezeit:** Juni bis Oktober
**Höhe:** *V.*-Hybriden 20–35 cm, *V. bonariensis* 70–120 cm, *V. canadensis* 20–40 cm, *V. peruviana* 15 cm, *V. rigida* 25–30 cm, *V. tenera* 25 cm hängend
**Standort:** sonnig, nur *V. rigida* verträgt auch Halbschatten; durchlässiger, humoser Boden
**Merkmale:** Kultiviert man die in ihrer ursprünglichen Heimat ausdauernden Verbenen einjährig, so wachsen sie zu kompakten Pflanzen heran und bringen vom Juni bis zum ersten Frost eine Fülle von Blüten hervor. Die *V.*-Hybriden sind aus Kreuzungen verschiedener Arten entstanden. Sie wachsen je nach Sorte aufrecht oder leicht überhängend. Die prächtigen Blüten sind zu breiten Trugdolden angeordnet, ihre Farbskala reicht von Schneeweiß über Rosa und Rot zu Blau und Violett. Die länglich-eiförmigen, am Rand gezackten Blätter sind behaart. Von den Arten erreicht *V. bonariensis* die stattlichste Höhe, der lockere und stark verzweigte Strauch mit den dunkelvioletten Blütendolden kann bis 120 cm hoch werden. Die 20–40 cm hohe, buschig wachsende Art *V. canadensis* besitzt lange, meist tief dreispaltig gelappte Blätter und blüht rötlichpurpurn oder purpurlila, selten auch weiß. Die dicht verzweigte *V. peruviana* entwickelt lange, am Boden aufliegende Triebe, an denen nur die Spitzen und kleinen Zweige aufstrebend wachsen. Sie bringt zahlreiche feurig zinnoberrote Blüten hervor. *V. rigida*, ein wetterfester Dauerblüher, bildet dichte Büsche. Die violetten Blüten sitzen in gewöhnlich zu dritt beisammenstehenden, gestielten, gleich hohen Ähren. *V. tenera*, eine weiß, rosa, rot oder blau blühende Hängeverbene, wächst besonders kräftig und entwickelt einen üppigen Blütenflor.
**Sorten:** Vor allem von den *V.*-Hybriden gibt es im Handel zahlreiche Sorten, die unterschiedlich vermehrt werden: Samenvermehrt sind u. a. 'Novalis' (6 Farben und Mischung, Höhe 20 cm), 'Gartenparty' (rubinrot, scharlachrot und Formelmischung, Höhe 20 cm), 'Derby' (4 Farben und Mischung, große Einzelblüten, Höhe 25 cm), 'Amore' (5 Farben und Formelmischung, Höhe 25 bis 30 cm); stecklingsvermehrte Sorten sind u. a. 'Blaze' (rot), 'Flammenspiel' (zweifarbig rosa und rosarot), 'Weißer Zwerg' (weiß), Triebe alle 30–50 cm. Stecklingsvermehrte Sorten haben den Vorteil, daß sie wesentlich früher eine Hängefunktion einnehmen und im Sommer besser durchblühen als samenvermehrte. Sorten von *V. canadensis* 'Perfecta' (rotviolett, Höhe 20 cm), von *V. rigida* 'Polaris' (zartblau, Höhe 30 cm), von *V. tenera* 'Kleopatra' (altrosa), 'Ophelia' (dunkelblau), 'Salome' (rot), alle Höhe 15 cm.
**Verwendung:** Weil Verbenen für dichte Farbflächen sorgen, sind sie nicht nur auf Beeten, Rabatten oder als Randbepflanzung sehr beliebt, sondern – abgesehen von den hohen Arten und Sorten – auch in Balkonkästen, Ampeln und Schalen.

*Verbena*-Hybriden

*Verbena canadensis*

Die höheren *V.*-Hybriden eignen sich hervorragend zur großflächigen, tuffartigen Beetbepflanzung, die 20 bis 25 cm hohen Sorten vor allem für die Gefäßbepflanzung. *V. bonariensis* wirkt in Beeten am besten als Hintergrund- oder Leitpflanze, *V. peruviana* wird meist als Bodendecker oder zum Schmuck von Mauern verwendet. *V. tenera* ziert als Bei- oder Hängepflanze Balkonkästen und Ampeln. Hübsche Schnittblumen liefern vor allem die hohen *V.*-Hybriden, *V. bonariensis* und *V. rigida.*
**Kultur:** Die eigene Anzucht von Pflanzen ist möglich, aber nicht einfach. Verbenen gehören zu den Frostkeimern. Damit die Samen besser keimen, setzt man sie vor dem Aussäen mindestens eine Nacht dem Frost aus oder lagert vorgequollenes Saatgut mehrere Nächte bei 2–5 °C im Kühlschrank. *V.*-Hybriden werden von Februar bis April in Kisten oder Schalen mit bereits feuchter Anzuchterde ausgesät und dann nach der Aussaat nicht angegossen. Bis zur Keimung, die bei 18–20°C in 20–30 Tagen erfolgt, sollte

*Verbena tenera*

*Verbena rigida*

das Saatgut mit schwarzer Folie abgedeckt werden. 5 Wochen nach der Aussaat vereinzelt man die Sämlinge in 8-cm-Töpfe mit Pikiererde und kultiviert sie bei 12 bis 16°C möglichst hell weiter. Die Jungpflanzen sollten nur sparsam gegossen werden. Einige Sorten (siehe dort) der *V.*-Hybriden vermehrt man durch Stecklinge: Von Februar bis Mitte April werden von bei 12–14°C überwinterten Mutterpflanzen Kopfstecklinge geschnitten und bei 18–20°C in 5- bis 6-cm-Töpfe mit Anzuchterde gesteckt. Nach dem Bewurzeln kultiviert man sie wie die ausgesäten Verbenen weiter. *V. bonariensis* und *V. rigida* werden von Januar bis März, *V. canadensis* im Februar/März bei 18–20°C ausgesät, nach der Keimung in 7–8-cm-Töpfe pikiert und bei 14°C, später bei nur 10–12°C hell weiterkultiviert. *V. peruviana* und *V. tenera* werden genauso wie die stecklingsvermehrten Sorten der *V.*-Hybriden angezogen. Wer die nicht einfache Anzucht scheut, kann im Mai Jungpflanzen im Handel kaufen.
Ausgepflanzt werden die Verbenen nach den Eisheiligen, *V. bonariensis* im Abstand von 30–40 cm, alle übrigen im Abstand von etwa 20–30 cm.
**Pflege:** Verbenen haben einen mittleren Nährstoffbedarf; wenn sie einige Male nachgedüngt und die verblühten Dolden regelmäßig entfernt werden, bilden sie bis zum Spätsommer reichlich neue Blüten. Während *V.*-Hybriden einen relativ trockenen Standort brauchen und bei sparsamem Gießen besonders blühfreudig sind, vertragen die übrigen Verbenen etwas mehr Wasser. Staunässe sollte aber, vor allem auch in Balkonkästen oder anderen Gefäßen, vermieden werden.
**Schädlinge und Krankheiten:** Blattläuse, Spinnmilben, Thripse, Weiße Fliege; Echter Mehltau

*Viola-Wittrockiana*-Hybriden

## Viola
Veilchen

**Arten:** *Viola-Wittrockiana*-Hybriden (auch *V.* x *wittrockiana, V. hortensis*, Gartenstiefmütterchen), *V. tricolor* (Stiefmütterchen)
**Familie:** Veilchengewächse *(Violaceae)*
**Heimat:** Wildformen weit verbreitet, vor allem in den gemäßigten Zonen
**Blütenfarbe:** weiß, rosa, gelb, orange, rot, rotbraun, blau und violett, auch mehrfarbig, mit und ohne Auge
**Blütezeit:** *V.-Wittrockiana*-Hybriden Oktober bis November und März bis Mai, *V. tricolor* Mai bis November
**Höhe:** 15–30 cm
**Standort:** sonnig bis halbschattig; humoser, nährstoffreicher Boden
**Merkmale:** Mit ihrer Vielfalt an Farben und Zeichnungen gehören Gartenstiefmütterchen zu den beliebtesten Garten- und Balkonpflanzen. Die *V.-Wittrockiana*-Hybriden entstanden aus Kreuzungen verschiedener heimischer Arten und werden bei uns meist zweijährig gezogen. Sät man sie im Sommer aus, blühen stark entwickelte Pflanzen noch im späten Herbst, die Hauptblütezeit aber ist das Frühjahr. Die großen Einzelblüten der Gartenstiefmütterchen haben fünf einander überlappende Blütenblätter und ähneln der Form nach Veilchen. Bei *V. tricolor*, einer alten Heilpflanze, sind die bunten Blüten kleiner.

**Sorten:** Da sich Züchter seit Jahrzehnten intensiv um immer wieder neue Formen bemühen, ist im Handel eine

*Viola tricolor*

umfangreiche Auswahl an Sorten und Jungpflanzen erhältlich.
**Verwendung:** Stiefmütterchen sind mit ihren samtenen Farben in Rabatten und Beeteinfassungen ein schöner Blickfang. Sie werden gern mit Tulpen, Hyazinthen u. a. Frühjahrsblühern gemischt, schmücken aber auch allein ein Blumenbeet. Auch in Blumenkästen, Töpfen und in Schalen kommen sie bestens zur Geltung.
**Kultur:** Sollen Stiefmütterchen im Herbst blühen, sät man bereits Mitte Juni Sorten aus, die gute Herbstblüher sind, wie z. B. 'Schweizer Riesen'. Ansonsten wird der Samen bis Ende Juli im Frühbeetkasten oder auf einem freien Platz im Garten auf gut feuchten Boden ausgebracht. Pilliertes Saatgut kann man auch in Töpfe säen. Da Stiefmütterchen Dunkelkeimer sind, muß das Saatgut mit Erde abgedeckt, nochmals überbraust und bis zur Keimung kühl (bei 15°C), feucht und dunkel gehalten werden. Zum Schattieren verwendet man am besten Rohrmatten oder schwarze Folie. Wenn die Samen nach 2–3 Wochen gekeimt sind, wird gelüftet und nur noch teilweise schattiert. Zu dicht stehende Sämlinge vereinzelt man. An den endgültigen Standort wird 5–6 Wochen nach der Aussaat im Abstand von 20 cm gepflanzt. Damit die Stiefmütterchen beim Überwintern nicht durch Frost geschädigt werden, sollte man sie in strengen Frostperioden mit Fichtenreisig abdecken.
Wer die etwas mühevolle Vorkultur scheut, erhält im Herbst und im Frühjahr Pflanzen im Handel.
**Pflege:** Stiefmütterchen brauchen genügend Nährstoffe; die zweijährig kultivierten düngt man am besten im Herbst und im Frühjahr nach dem Auftauen des Bodens.
**Schädlinge und Krankheiten:** Wurzelälchen, Gallmükken, Gallmilben, Schnecken; Wurzelfäule, Blattfleckenkrankheiten, Falscher Mehltau
**Tip:** Auch Stiefmütterchen, die in voller Blüte stehen, vertragen das Verpflanzen. Reicher und länger blühen sie jedoch, wenn man Jungpflanzen schon im Herbst an den vorgesehenen Standort pflanzt.

*Viola-Wittrockiana*-Hybride

# W

## Wedelia
Wedelie

**Art:** *W. trilobata* (Goldsternwedelie)
**Familie:** Korbblütler *(Compositae)*
**Heimat:** Westindien, Südflorida, tropisches Amerika
**Blütenfarbe:** gelb
**Blütezeit:** Juni bis September
**Höhe:** hängend bis 150 cm
**Standort:** vollsonnig; nährstoffreicher Boden
**Merkmale:** Die Goldsternwedelie, eine Staude, die bei uns einjährig kultiviert, aber auch überwintert werden kann, wurde erst vor einigen Jahren als starkwachsender Hänger für die Balkon- und Ampelbepflanzung eingeführt. Sie hat glänzend grüne Blätter, aber nur wenige, hellgelbe Körbchenblüten. Bei nährstoffreichem Boden ist durch die rasch bis zu 150 cm lang wachsenden Triebe eine Begrünung auch von größeren Balkonbrüstungen zu erreichen.
**Sorte:** Im Handel wird eine weniger wüchsige, aber reicher blühende Auslese angeboten.
**Verwendung:** Die Wedelie eignet sich als Bei- und Hängepflanze für Balkongefäße und Ampeln.
**Kultur:** Die Vermehrung erfolgt aus Kopfstecklingen. Diese werden bei günstigen Bedingungen im Kleingewächshaus ab Januar, unter normalen Bedingungen ab März in handelsüblicher Anzuchterde mit einem Sandzuschlag bei 15–18°C angezogen. Nach der Bewurzelung werden in einen 11-cm-Topf 2–3, in Ampeln sogar 3 bis 5 Stecklinge gesetzt, die nach dem Anwachsen (etwa 2–3 Wochen später) entspitzt werden.
Im Herbst, vor dem Einräumen in den Überwinterungsraum, muß die Goldsternwedelie auf 25–30 cm zurückgeschnitten werden. Die Pflanze wird bei 6–8 °C überwintert, ab Februar dann zunehmend heller und wärmer aufgestellt. Die Steck-

*Wedelia trilobata*

linge werden nach der Neubildung der Seitentriebe in einer Länge von 5–7 cm geschnitten. Nach den Eisheiligen können neben den Jungpflanzen auch die überwinterten Mutterpflanzen ins Freie.
**Pflege:** Die Goldsternwedelie gedeiht am besten in einem nährstoffreichen Kultursubstrat (z. B. in Topferde) und sollte während des ganzen Sommers regelmäßig gegossen werden.
**Schädlinge:** Weiße Fliege

# X

*Xeranthemum annuum*

## Xeranthemum
Papierblume

**Art:** *X. annuum*
**Familie:** Korbblütler *(Compositae)*
**Heimat:** Südosteuropa bis Vorderasien, in Spanien eingebürgert
**Blütenfarbe:** weiß, rosa, purpurn, purpurviolett
**Blütezeit:** Juli bis September
**Höhe:** 50–100 cm
**Standort:** sonnig; durchlässiger, mäßig nährstoffreicher Boden
**Merkmale:** Die filzig behaarten einjährigen Papierblumen wachsen aufrecht verzweigt und tragen nur am unteren Teil der langen Stengel wechselständige, graugrüne lanzettliche Blätter. Am Ende der Stiele sitzen einzeln die zierlichen einfachen oder gefüllten Blütenköpfe mit ihren papierartigen Hüllblättern, denen die Pflanze den deutschen Namen verdankt.
**Sorten:** Im Handel sind meist Farbmischungen erhältlich, aber auch Farbsorten, u. a. 'Double White' (weiß, gefüllt, Höhe 50 cm), 'Double Superbissima' (purpurviolett, gefüllt, Höhe 50 cm), 'Lumina' (altrosa, gefüllt, großblumig, Höhe 50–60 cm), 'Violetta' (violett, große sternförmige Blüten, Höhe 50–60 cm).
**Verwendung:** Papierblumen schmücken, in kleinen Gruppen gepflanzt, Sommerblumenbeete und Rabatten und lassen sich auch für Einfassungen verwenden. Außerdem sind sie ausgezeichnete Schnitt-, vor allem aber Trockenblumen.
**Kultur:** Von April bis Mai kann direkt an Ort und Stelle ausgesät und später auf 20–30 cm Abstand vereinzelt werden. Kräftigere Pflanzen erhält man durch Vorkultur. Dazu sät man von März bis Mai bei 15 °C in Kisten mit Anzuchterde. 4 Wochen nach der Aussaat werden die Sämlinge in 8-cm-Töpfe pikiert und bei 10–12 °C bis zum Auspflanzen ab Mitte Mai weiterkultiviert.
Ebenfalls möglich ist eine Aussaat im September. Dann brauchen die Pflänzchen allerdings einen starken Winterschutz, blühen dafür aber auch schon im Frühsommer prächtig.
**Pflege:** Papierblumen brauchen einen sonnigen Platz auf trockenem, nicht zu magerem Boden. Damit der Flor lange anhält, sollte Verblühtes regelmäßig entfernt werden.
**Tip:** Beim Trocknen bleibt die Farbe besser erhalten, wenn man Papierblumen schneidet, solange die Blüten noch knospig sind.

# Z

*Zea mays* var. *japonica*

## Zea
Mais

**Art:** *Z. mays* var. *japonica* (auch *Z. japonica foliis variegatis, Z. vittata,* Ziermais, Japanischer Mais)
**Familie:** Süßgräser *(Poaceae)*
**Heimat:** Mexiko, Mittelamerika
**Kolbenfarbe:** cremefarben, gelb, rot, braun, Körner z. T. bunt gefärbt
**Blütezeit:** Juli bis September
**Höhe:** 80–200 cm
**Standort:** sonnig; nährstoffreicher Boden
**Merkmale:** Vom Mais, einem einjährigen Gras, gibt es viele Varietäten, die weltweit meist als Nutzpflanzen angebaut werden. Der Ziermais, dessen Frucht nicht eßbar ist, wird im Garten vor allem wegen seiner hübschen grün, rosa, gelb oder weiß gestreiften, meist welligen und gedrehten Blätter sowie der bei einigen Sorten sehr attraktiven Kolben kultiviert. Er bildet eine endständige Rispe mit männlichen Blüten, die Kolben mit weiblichen Blüten sitzen in den Blattachseln.
**Sorten:** 'Erdbeermais' (Kolben dunkelpurpurn, Höhe 80 cm), 'Gelbe Beere' (Kolben gelb, Höhe 100 cm), 'Rote Beere' (Kolben tiefpurpurn, Höhe 100 cm), 'Gigantea quadricolor' (Blätter rosa, gelb und weiß gestreift, Höhe 120 cm), 'Harlekin' (bunte Mischung mit gelben, cremefarbenen, roten und braunen, von dunklen Körnern durchsetzten Kolben, Höhe 150 cm), 'Amero' (bunte Kolben, Höhe 180–200 cm)
**Verwendung:** Wegen der farbenprächtigen Blätter und Kolben findet man Ziermais häufig als dekoratives Element im Garten, auch als Sichtschutz wird er gern gepflanzt. Die buntgefärbten Kolben lassen sich gut trocknen und für herbstliche Dekorationen verwenden.
**Kultur:** Die Anzucht ist ziemlich einfach. Man legt im

*Zinnia elegans*

April/Mai bei 18°C je 2 Samenkörner in einen 6–8-cm-Topf. Ist die Saat dann nach 1–2 Wochen aufgelaufen, wird die Temperatur auf 10–12°C abgesenkt. Ausgepflanzt wird nach den Eisheiligen im Abstand von 30 cm.
Auch eine Direktsaat ist von Ende April bis Mitte Mai möglich. Dazu legt man je 3 Maiskörner 3–4 cm tief im Abstand von 30 cm aus und deckt sie gut mit Erde ab.
**Pflege:** Damit der Ziermais gut gedeiht, braucht er nährstoffreichen Boden und ausreichende Wassergaben. Dank seiner kräftigen Stengel braucht er nicht gestützt zu werden.
**Tip:** Die Kolben erntet man mitsamt den als Lieschen bezeichneten Hüllblättern erst, wenn sie voll ausgereift sind. Nur dann erreichen sie ihre volle Farbenpracht.

## Zinnia
Zinnie

**Arten:** *Z. angustifolia* (auch *Z. linearis, Z. haageana, Z. mexicana*), *Z. elegans*
**Familie:** Korbblütler *(Compositae)*
**Heimat:** Mexiko, Mittelamerika
**Blütenfarbe:** *Z. angustifolia* weiß, gelb, orange, braunrot, oft zweifarbig, *Z. elegans* weiß, gelb, orange, rot, rosa, violett
**Blütezeit:** *Z. angustifolia* Juli bis Oktober, *Z. elegans* Juli bis Ende September
**Höhe:** *Z. angustifolia* 25–50 cm, *Z. elegans* 20–100 cm
**Standort:** sonnig und windgeschützt; durchlässiger, nährstoffreicher Boden
**Merkmale:** Zinnien werden wegen ihrer samtigen Blüten in warmen leuchtenden Far-

*Zinnia elegans*

ben seit langem von Gärtnern sehr geschätzt. Die einjährigen Pflanzen wachsen aufrecht und gut verzweigt. Die ganzrandigen, gegenständig angeordneten rauhhaarigen Blätter sind bei *Z. angustifolia* schmal, bei *Z. elegans* herzförmig bis oval. Zinnien gibt es in vielen verschiedenen Höhen, Blütengrößen und -formen. Einige Sorten werden nur 20 cm hoch und haben runde kleine Blütenköpfchen, während andere bis 100 cm aufragen und auf kräftigen Stengeln bis 15 cm große Blüten tragen.

*Zinnia angustifolia*

**Sorten:** von *Z. angustifolia* u.a. 'Classic' (goldorange, einfachblühend, Höhe 25–25 cm), 'Perserteppich' (Mischung, meist zweifarbig, gefüllt, kleinblumig, Höhe 40 cm), 'Old Mexico' (orangerot mit goldgelben Spitzen, gefüllt, Höhe 40–50 cm); von *Z. elegans* u.a. 'Dreamland' $F_1$-Hybriden (5 Farben und Mischung, gefüllt, großblumig, Höhe 20–25 cm), 'Peter Pan' $F_1$-Hybriden (5 Farben und Mischung, gefüllt, Höhe 30 cm), 'Dasher' $F_1$-Hybriden (5 Farben und Mischung, gefüllt, großblumig, Höhe 30–40 cm), 'Liliput' (6 Farben und Mischung, pomponartig gefüllt, kleinblumig, Höhe 40–60 cm), 'Riesenkaktus' (zweifarbige Einzelblüten als Mischung, großblumig, Höhe 60–70 cm), 'Dahlienblütige Riesen' (11 Farben und Mischung, großblumig, Höhe 90 cm), 'Chrysanthemenblütige Riesen' (Mischung, großblumig, Höhe 90 cm)
**Verwendung:** In Gruppen gepflanzt, kommen Zinnien auf Beeten gut zur Geltung. Die niedrigen Sorten eignen sich als Randbepflanzung, aber auch für Balkonkästen und Pflanzkübel. Die hohen Sorten sind als Schnittblumen sehr beliebt.

**Kultur:** Ausgesät wird bei 18°C von Februar bis April in Kisten oder Schalen mit Anzuchterde. 4–6 Wochen später pikiert man die Sämlinge in 7–10-cm-Töpfe und kultiviert sie hell und nicht zu naß bei 14–16°C weiter. Man kann auch 4–5 Samen in einem 8-cm-Topf auslegen und nur die drei kräftigsten Sämlinge heranziehen. Da Zinnien sehr kälteempfindlich sind, sollten sie nicht vor Ende Mai im Abstand von 25–35 cm ausgepflanzt werden.
**Pflege:** Zinnien brauchen nährstoffreichen Boden ohne hohen Stickstoffgehalt und müssen gleichmäßig gegossen werden. Je öfter sie geschnitten werden, desto blühfreudiger sind die Pflanzen. Vor allem verblühte Teile sollte man regelmäßig entfernen. Die ganz hohen Zinnien benötigen besonders in

*Zinnia angustifolia*

Regenperioden einen Stab als Stütze.
**Schädlinge und Krankheiten:** Blattälchen, Schnecken; Stengelfäule, Blattflecken- und Viruskrankheiten
**Tip:** Zinnien halten in der Vase länger, wenn man sie erst voll aufgeblüht schneidet.

# Adressen

## Pflanzenschutzdienst in der Bundesrepublik Deutschland

*Bundesministerium und Bundesanstalten*

Bundesministerium für Ernährung, Landwirtschaft und Forsten
– Referat Pflanzenschutz –
Rochusstraße 1
53123 Bonn

Biologische Bundesanstalt für Land- und Forstwirtschaft
Königin-Luise-Straße 19
14195 Berlin

Biologische Bundesanstalt für Land- und Forstwirtschaft
Messeweg 11/12
38104 Braunschweig

Bundesanstalt für Züchtungsforschung an Kulturpflanzen
Neuer Weg 22/23
06484 Quedlinburg

*Pflanzenschutzdienst der Länder*

**Baden-Württemberg**
Landesanstalt für Pflanzenschutz
Reinsburgstraße 107
70197 Stuttgart

**Bayern**
Bayerische Landesanstalt für Bodenkultur und Pflanzenbau
– Abteilung Pflanzenschutz –
Menzinger Straße 54
80638 München

**Berlin**
Pflanzenschutzamt Berlin
Mohriner Allee 137
12347 Berlin

**Brandenburg**
Landesamt für Ernährung, Landwirtschaft und Flurneuordnung
– Dezernat Pflanzenschutzdienst (Abteilung 3) –
Wildbahn/PF 379
15236 Frankfurt/Oder

**Bremen**
Der Senator für Umweltschutz und Stadtentwicklung
– Pflanzenschutzdienst –
Slevogtstraße 48
28209 Bremen

**Hamburg**
Institut für Angewandte Botanik der Universität Hamburg
– Abteilung Pflanzenschutz (Pflanzenschutzamt Hamburg) –
Marseiller Straße 7
20355 Hamburg

**Hessen**
Hessisches Landesamt für Regionalentwicklung und Landwirtschaft
– Pflanzenschutzdienst –
Friedrich-Wilhelm-von-Steuben-Straße 2
60487 Frankfurt

**Mecklenburg-Vorpommern**
Landespflanzenschutzamt Mecklenburg-Vorpommern
Sitz Rostock
Graf-Lippe-Straße 1
18059 Rostock

**Niedersachsen**
Landwirtschaftskammer Hannover
– Pflanzenschutzamt –
Wunstorfer Landstraße 9
30453 Hannover

Landwirtschaftskammer Weser-Ems
– Pflanzenschutzamt –
Sedanstraße 4
26121 Oldenburg

**Nordrhein-Westfalen**
Pflanzenschutzamt der Landwirtschaftskammer Rheinland
Siebengebirgsstraße 200
53229 Bonn

Institut für Pflanzenschutz, Saatgutuntersuchung und Bienenkunde der Landwirtschaftskammer Westfalen-Lippe
Nevinghoff 40
48147 Münster

**Rheinland-Pfalz**
Landespflanzenschutzamt Rheinland-Pfalz
Essenheimer Straße 144
55128 Mainz

**Saarland**
Landwirtschaftskammer für das Saarland
– Pflanzenschutzamt –
Lessingstraße 12
66121 Saarbrücken

**Sachsen**
Sächsische Landesanstalt für Landwirtschaft
Institut für Integrierten Pflanzenschutz
Stübelallee 2
01307 Dresden

**Sachsen-Anhalt**
Landespflanzenschutzamt Sachsen-Anhalt, Halle
Sitz Magdeburg
Zum Waldsee 1
39114 Magdeburg

**Schleswig-Holstein**
Pflanzenschutzamt des Landes Schleswig-Holstein
Westring 383
24118 Kiel

**Thüringen**
Thüringer Landesverwaltungsamt
Abt. Landwirtschaft
– Referat 808/Pflanzenschutzdienst –
Carl-August-Allee 4 a
99423 Weimar

## Pflanzenschutzdienst in Österreich

Bundesanstalt für Pflanzenschutz
Trunnerstraße 5
1020 Wien

Magistrat der Stadt Wien
MA 42: Stadtgartenamt
Am Heumarkt 2 b
1030 Wien

Österreichische Gartenbaugesellschaft
Parkring 12
1010 Wien

## Pflanzenschutzdienst in der Schweiz

Bundesamt für Landwirtschaft
– Sektion Zertifizierung und Pflanzenschutz –
Mattenhofstraße 5
3003 Bern

## Staatliche Bodenuntersuchungsanstalten in der Bundesrepublik Deutschland

**Baden-Württemberg**
Landwirtschaftliche Untersuchungs- und Forschungsanstalt (LUFA) Augustenberg
Neßlerstraße 23
76227 Karlsruhe

Landesanstalt für landwirtschaftliche Chemie (710) der Universität Hohenheim
Emil-Wolff-Straße 14
70599 Stuttgart

**Bayern**
Bayerische Hauptversuchsanstalt für Landwirtschaft der Technischen Universität München
Weihenstephan
85354 Freising

Bayerische Landesanstalt für Weinbau und Gartenbau, Kellerwirtschaft und Untersuchungswesen
Herrnstraße 8
97209 Veitshöchheim

**Berlin**
Pflanzenschutzamt Berlin
Mohriner Allee 137
12347 Berlin

**Brandenburg**
Landwirtschaftliche Untersuchungs- und Forschungsanstalt (LUFA) Potsdam
Templiner Straße 21
14473 Potsdam

**Hamburg**
Institut für Angewandte Botanik der Universität Hamburg
Marseiller Straße 7
20355 Hamburg

**Hessen**
Verband Deutscher Landwirtschaftlicher Untersuchungs- und Forschungsanstalten e.V. (VDLUFA)
Bismarckstraße 41 A
64293 Darmstadt

Hessische Landwirtschaftliche Versuchsanstalt
– Landwirtschaftliches Untersuchungsamt Darmstadt –
Rheinstraße 91
64295 Darmstadt

Hessische Landwirtschaftliche Versuchsanstalt
– Landwirtschaftliches Untersuchungsamt Kassel –
Am Versuchsfeld 13
34128 Kassel

**Mecklenburg-Vorpommern**
Landwirtschaftliche Untersuchungs- und Forschungsanstalt (LUFA) Rostock
Graf-Lippe-Straße 1
18059 Rostock

**Niedersachsen**
Landwirtschaftliche Untersuchungs- und Forschungsanstalt (LUFA) Hameln
Finkenborner Weg 1 A
31787 Hameln

Landwirtschaftliche Untersuchungs- und Forschungsanstalt (LUFA) Oldenburg
Jägerstraße 23–27
26121 Oldenburg

**Nordrhein-Westfalen**
Landwirtschaftliche Untersuchungs- und Forschungsanstalt (LUFA) Bonn
Siebengebirgsstraße 200
53229 Bonn

Landwirtschaftliche Untersuchungs- und Forschungsanstalt (LUFA) Münster
Nevinghoff 40
48147 Münster

**Rheinland-Pfalz**
Landwirtschaftliche Untersuchungs- und Forschungsanstalt (LUFA) Speyer
Obere Langgasse 40
67346 Speyer

Landeslehr- und Versuchsanstalt für Weinbau, Gartenbau und Landwirtschaft Trier
Egbertstraße 18/19
54295 Trier

**Sachsen**
Sächsische Landesanstalt für Landwirtschaft
Fachbereich LU (LUFA)
Gustav-Kühn-Straße 8
04159 Leipzig

**Sachsen-Anhalt**
Landwirtschaftliche Untersuchungs- und Forschungsanstalt (LUFA) des Landes Sachsen-Anhalt
Schiepziger Straße 29
06120 Halle

**Schleswig-Holstein**
Landwirtschaftliche Untersuchungs- und Forschungsanstalt (LUFA) Kiel
Gutenbergstraße 75–77
24116 Kiel

**Thüringen**
Landwirtschaftliche Untersuchungs- und Forschungsanstalt (LUFA) Jena
Naumburger Straße 98
07743 Jena

## Staatliche Bodenuntersuchungsanstalten in Österreich

Bundesanstalt für Agrarbiologie
Wieningerstraße 8
4020 Linz

Bundesanstalt für Bodenwirtschaft
Denisgasse 31–33
1200 Wien

Landwirtschaftlich-Chemische Landesversuchs- und Untersuchungsanstalt
Burggasse 2
8010 Graz

LUVA-TIROL
Tiroler Landwirtschaftliche Untersuchungs- und Versuchsanstalt
Rotholz
6200 Jenbach

## Staatliche Bodenuntersuchungsanstalten in der Schweiz

Staatliches (Eidgenössisches) Fachinstitut
Eidgenössische Forschungsanstalt für Obst-, Wein- und Gartenbau
Schloss
8820 Wädenswil

# Register

**Halbfette** Seitenzahlen bedeuten, daß es sich um einen ausführlichen Eintrag handelt. *Kursive* Seitenzahlen weisen auf eine Abbildung hin.

## A



## B

# C



# D

# E



# F

## M



## N

## X



## Z

# Bildnachweis

Titelfoto: Silvestris Fotoservice/ Eckhardt, Kastl
T. Angermayer/Pfletschinger, Holzkirchen: 18 l., r. u., 21 l. (2.), 21. r. (3.), 140 o.
J. Apel, Elmshorn: 66 r., 82 r., 126 u., 138 u., 147 u., 155 o., 220 l.
R. Bäßler, Besigheim: 110 u., 113 u., 114, 115 o., u., 116 r., u., 119 o., 121 r. u.
Bayer AG, Mannheim: 113 o., 118 o.
E. Benary, Hann. Münden: 132 M., 162 r.
U. Borstell, Essen: 162 u., 165 r., 167 r., 170 u., 173 u., 186 l. o., 208 l. u.
R. Bühl, Stuttgart: 115 l., 116 l., 117, 118 u., 120 o., 121 r. o., l.
Bildarchiv de Cuveland, Norderstedt: 4 r. u., 53 M. u., 62/63, 173 r. M., 219 r.
E. Deiser, Wolfschlugen: 34 r., 42, 44/45 M., 47, 79, 127, 153 u., 158 u., 187 r., 190 u., 199 r., 225 r. o.
W. Essig, Heidelberg: 52 r., 131 o., 132 o., 161 o., 171 M., 186 u.
Bildagentur Geduldig, Vaihingen: 21 r. (5.), 41 r. o., 93 r., 109 (3.), 155 r., 159, 160 r., 186 r., 189 M. r., 191 l. u., 192 u., 194 r., 204 r., 205 o., 211 o., r. u., 212 l. u., o., 214 u., 221 o., 224 o., 225 l., 225 u., 227 o.
–/Layer: 20 l. (4.)
–/Slancek: 21 r. (2.)
D. Herbel, München: 5 l., 10 l., 90 r., 124/125, 139 u., 147 o., 164 o., 169 u., 174 u., 180 u., 203 o., 215 r., 217 l., 222 l. o.
Institut für botanisch-ökologische Beratung, München: 27 r., 40 l., 43, 83 o. r., 84 l. o., 92, 108, 128 u., 130 o., 133 u., 135 l., 137 l., 139 o., 144 o., M., 146, 150 u., 152 u., 156 o., 157 u., 158 o., 162 o., 166 u., 168 r., 171 o., 176 u., 178 r., 179 o., 181 l., 182 l., u., 204 u., 206 o., 214 r. o., 217 u., 220 o., 222 u., 226 l.
Bildarchiv M. Keil, Neckargemünd: 18 l. o., 19 l., 20 l. (3.)
Dr. F. Köhlein, Bindlach: 161 u., 199 o., 202 u.
M. Pforr, Langenpreising: 21 l. (1.), 84 l. u., 170 o., 203 r., 219, 223 o., r., 227 u.
W. Redeleit, Bienenbüttel: 56, 57 M., r. o., 59 r., 86 l., 93 l. u.
Reinhard Tierfoto, Heiligkreuzsteinach-Eiterbach 60 o., 124 l.
Bildarchiv Sammer, Neuenkirchen: 24, 66 l., 67 r., 68 l., 71 l., 75, 86 r. u., 87 o., 90 l., 98 u. r., u. l., 105 u., 111 r., 171 u., 177 u., 194 u., 197 u.
F. Sauer, Karlsfeld: 5 r. o., r. u., 17 u., 19 r. o., 20 r. (1.), r. (3.), r. (5.), 21 l. (3.), 91 r. u., 106/107, 109 (2.), 110 o., 111 o., 112, 122
T. Schneiders, Lindau: 3 r., l., 12 M., 22/23, 26 l., 61, 70 r., 131 l., 154 r., 169 o., 226 u.
U. Schneiders, Lindau: 1, 27 l., 36 l., 37, 40/41 M., 52 l. u., 100, 100/101 M., 130 u., 157 l., r., 172 u., 184 o., 198 r. o.
S. Seidel, München: 26 r., 41 r. u., 104, 126 o., 143 M., 145 u., 151 u., 152 l., 158 l., 164 l., 168 u., 175 u., 176 l., 177 o., 182 o., 188 l., 190 o., 196 r., 198 l., 201 u., 209 o. l., o. r.
Silvestris Fotoservice, Kastl: 17 o., 142 o., 160 o.
–/Alberti: 221 r.
–/Albinger: 54 r.
–/Bartsch: 128 l.
–/Brandl: 19 r. u.
–/Brockhaus: 20 r. (2.), 21 l. (4.)
–/Bühler: 13, 15 r. M., 16 u., 65 r. o., r. u., 136 o., 144 u., 148 u., 166 o., 201 o. l., 218
–/de Cuveland: 53 r. o.
–/Eckhardt: 15 r. o.
–/Fischer: 3 u., 8/9
–/Gebhard: 174 o.
–/Göhler: 68 r.
–/Gross: 109 (1.), 111 u.
–/Hanneforth: 60 l.
–/Heine: 64 l. u.
–/Heitmann: 21 r. (1.)
–/Hilpert: 15 l., 138 o., 176 o. r., 200 o.
–/Jung: 54 l.
–/Jürgen: 178 o.
–/Kerscher: 83 u. r., 200 u., 224 r.
–/Kuch: 21 r. (4.)
–/Lane: 120 u.
–/Lindenburger: 4 l. u., 50/51, 57 r. u., 83 M., 136 u.
–/Maywald: 20 r. (4.)
–/Nill: 109 (4.)
–/Rausch: 4 l. o., 50 l.
–/Riedmiller: 89 r. o., r. u., 97, 98 o., 140 u., 142 u., 148 o., 160 u., 187 u., 195 r. u., 219 u.
–/Robba: 16 o., 119 u.
–/Scholz: 145 o.
–/Studer: 14
–/Wahl: 197 o.
–/Walz: 20 l. (1.), l. (2.)
–/Wendler: 148 l. M.
–/Wilke: 21 l. (5.)
–/Willner: 196 o.
–/Wothe: 169 r. M.
D. Smit, Amsterdam: 193 o., 226 M.
M. Stangl, Hohenschäftlarn: 25 l., 34 l., 35 r., 52 l. o., 67 M., 70 l., 77, 94 o., 134 o., 141 o., 143 u., 154 o. l., 154 u., 155 u. l., 167 l., 183 u., 191 r. u., 198 r. u., 208 o., u.
B. Stein, Vastorf: 4 r. o., 5 u., 15 r. u., 25 r. o., r. u., 30, 31 r. 53 M. o., 64 l. o., r., 65 l., 71 r., 72, 80/81, 84/85 M., 85 r., 87 u., 88, 89 M., 94 u., 123, 128 o., 129, 131 u., 132 u., 133 o., 134 u., 141 u., 143 o., 149 o., 150 o., M., 151 o., 156 u., 163 u., 165 l., 172 o., 173 o., 178 u., 185 o. M., 187 o., 188 r., 191 o., 192 l., 195 l. u., 196 u., 199 u., 202 o., 203 u., 204 o. l., 205 u., 209 u., 213 o., 214 l., 215 u., 216 l., 222 r. o.
F. Strauss, Au/Hallertau: 10/11, 12 l., 31 M., 36 r., 58/59 M., 69, 82 l., 95, 105 o., 135 r., 136 l., 137 r., 149 M., u., 153 o., 159 o., 161 r. 163 o., 164 u., 166 l., 175 o., 179 r., u., 180 o., 181 r., 183 o., 184 u., 185 u., 189 o., 189 u., 193 u., 195 o., 201 o. r., 206 u., 207 l., r., 210 l., u., 211 l. u., 212 r. u., 213 u., r., 216 u., 217 r., 220 u., 223 u., 224 l. u., 227 r.

Abbildungen auf der Rückseite des Einbandes: aus dem Inhalt

**Entwurf für Zeichnungen:**
Karin Greiner (10, 11, 30/31, 44, 45, 46, 47, 55, 88)
Brigitte Stein (13, 24, 35)
Gisela Zinkernagel (28/29, 32/33, 38/39)